革命萬歲

VIVA LA REVOLUCIÓN

Hobsbawm
On Latin America

★★★

霍布斯邦論拉丁美洲

艾瑞克・霍布斯邦 ERIC HOBSBAWM——著

萊斯利・貝瑟爾 LESLIE BETHELL——選編

周全——譯

序文　Preface …………… 9
導言：艾瑞克與拉丁美洲／萊斯利・貝瑟爾 …………… 11
Introduction: Eric and Latin America

Ⅰ 第一印象
First Impressions

1 古巴的前景 …………… 41
Cuban Prospects

2 南美洲之旅 …………… 47
South American Journey

3 波薩諾瓦 …………… 55
Bossa Nova

4 拉丁美洲：世界上最動盪的地區 …………… 59
Latin America: The Most Critical Area in the World

5 拉丁美洲的社會發展 …………… 69
Social Developments in Latin America

6 哥倫比亞的革命形勢……77
The Revolutionary Situation in Colombia

7 對哥倫比亞暴力的剖析……95
The Anatomy of Violence in Colombia

II 農業結構
Agrarian Structures

8 拉丁美洲發展進程中的封建因素……107
Feudal Elements in the Development of Latin America

9 新封建主義的一個案例：秘魯拉貢文雄……129
A Case of Neo-Feudalism: La Convención, Peru

III 農民
Peasants

10 農民成為社會盜匪……153
Peasants as Social Bandits

11 農民起事……169
Peasant Insurrection

12 意識形態與農民運動……179
Ideology and Peasant Movements

13 農民占領土地行動：秘魯的案例……187
Peasant Land Occupations: The Case of Peru

14 秘魯的農民運動……207
A Peasant Movement in Peru

15 哥倫比亞的農民運動……223
Peasant Movements in Colombia

16 農民與政治……253
Peasants and Politics

17 政治中的農民與鄉間移民……263
Peasants and Rural Migrants in Politics

IV

革命與革命分子
Revolutions and Revolutionaries

18 墨西哥的革命……285
The Mexican Revolution

19 古巴革命及其後果……291
The Cuban Revolution and Its Aftermath

20 一條硬漢：切．格瓦拉……297
A Hard Man: Che Guevara

21 拉丁美洲的游擊隊……305
Guerrillas in Latin America

22 拉丁美洲游擊隊：一項調查……323
Latin American Guerrillas: A Survey

23 美利堅帝國主義與拉丁美洲革命……333
US Imperialism and Revolution in Latin America

V

秘魯軍方的革命分子
Military Revolutionaries in Peru

24 成為革命分子的將軍們……357
Generals as Revolutionaries

25 秘魯有何新鮮事……363
What's New in Peru

26 秘魯：奇特的「革命」……377
Peru: The Peculiar 'Revolution'

VI

智利的社會主義之路
The Chilean Road to Socialism

27 智利：元年……409
Chile: Year One

28 智利的謀殺案……441
The Murder of Chile

VII 晚年的反思
Late Reflections

29 殺氣騰騰的哥倫比亞……449
Murderous Colombia

30 拉丁美洲的民族主義和民族性……467
Nationalism and Nationality in Latin America

31 與拉丁美洲的四十年關係……487
A Forty-Year Relationship with Latin America

原始文章的日期及出處
Dates and Sources of Original Publication……[27]

註釋……[15]

譯名對照……[1]

序文
Preface

艾瑞克・霍布斯邦於二〇一二年以九十五歲高齡逝世之前，曾經編撰完成《如何改變世界》（利特爾布朗出版社，二〇一一）一書，收錄了他在一九五六至二〇〇九年之間有關馬克思和馬克思主義的作品。與此同時，他也將自己從一九六四至二〇一二年間，關於二十世紀文化與社會的作品和講稿彙整成書，在其逝世後被發表為《斷裂的年代》（利特爾布朗出版社，二〇一三）。他並留下遺願，希望出版一本選集，發表他自己有關拉丁美洲的文章、論文和評論。

艾瑞克的遺稿保管人布普斯・亨特和克里斯・瑞格利於是邀請了拉丁美洲歷史學家，同時也是艾瑞克五十多年的朋友萊斯利・貝瑟爾，負責查找、挑選和編輯艾瑞克以該地區為主題的撰述——其範圍從《新政治家》一篇探討古巴革命的文章（一九六〇年十月），一直到其自傳《趣味橫生的時光》（二〇〇二）以第三世界，而且主要是以拉丁美洲為主題的章節。此外，並委託他撰寫導言介紹艾瑞克與拉丁美洲長達四十年的關係。艾瑞克的遺孀瑪蓮對此計畫給予熱烈的支持。

基思・麥克萊倫慷慨地向主編提供了他手上艾瑞克・霍

布斯邦的著作清單（截至二〇一〇年二月）。艾瑞克在大衛・海厄姆聯合經紀公司的文稿經紀人安德魯・戈登，和他的助理瑪莉哥德・阿特基、大衛・埃文斯，共同處理了諸多文稿的數位化。利特爾布朗出版社的佐伊・格倫負責安排本書出版，莎拉・埃雷拉編制全書索引。

導言：艾瑞克與拉丁美洲
Introduction: Eric and Latin America

萊斯利．貝瑟爾

歷史學家艾瑞克．霍布斯邦（一九一七～二〇一二）於八十五歲之際，在其出版於二〇〇二年的自傳《趣味橫生的時光：我的二十世紀人生》中寫道，歐洲以外唯一讓他覺得熟悉、讓他完全感到賓至如歸的地區，就是拉丁美洲。

四十多年前，艾瑞克首度受到拉丁美洲吸引，是由於當地可能發生社會革命的緣故。自從菲德爾．卡斯楚一九五九年一月在古巴獲得了勝利，特別是在一九六一年四月美國企圖推翻卡斯楚的行動失敗之後，「歐洲和美國的（左派）知識分子無不著迷於拉丁美洲，因為社會革命的岩漿顯然正在那個大陸沸騰。」[1]一九六七年一月，艾瑞克在一篇未對外發表、以二十世紀革命為主題的書籍導讀中指出：

> 第二次世界大戰引發了一種革命解放運動的連鎖反應……。解放運動終於開始在殘餘資本主義勢力最龐大、最頑強的非正式帝國內取得進展——在那些名義上

獨立，但其實是半殖民地的拉丁美洲國家。當地革命運動的發展未能超出無政府狀態的內戰範圍（例如一九四八年後的哥倫比亞），或只在玻利維亞這般相當特殊的情況下獲得了成功（一九五二年）。然而，卡斯楚一九五九年在古巴的勝利卻很快地將第一個社會主義政權帶入美洲，並且在那裡開啟一個「還沒有結束的」動盪時代（引號為編選者所加）。

主要是因為對發生社會革命——或至少是重大社會變革——的期待或希望（特別是在秘魯和哥倫比亞、短期曾在智利，之後在中美洲和委內瑞拉，最後則是在巴西），使得艾瑞克對拉丁美洲的興趣於之後數十年持續不衰。

艾瑞克自從一九三〇年代末期就讀劍橋大學以來，就是英國共產黨的黨員。他在一九六〇年應卡洛斯·拉斐爾·羅德里格斯的邀請前往古巴訪問。羅德里格斯是古巴共產黨的要人，在馬埃斯特拉山加入七月二十六日運動後，成為卡斯楚最親密的盟友之一。[1] 艾瑞克之前才剛在史丹福大學待了三個月，接著與擔任《每月評論》雜誌編輯的兩位美國朋友——馬克思主義經濟學家保羅·史威濟和保羅·巴蘭——在哈瓦那同進同出。他後來回憶說：「當時正是革命獲勝不久之後的蜜月期，產生一種讓人無法抗拒的魅力。」[2] 艾瑞克十月返回倫敦後，除了向英國共產黨的國際事務委員會進行簡報，還為《新政治家》撰寫一篇文章，將古巴革命描述為「一種獨特類型（以知識分子為核心的農民群眾運動）之實驗室樣品」，而且它「格外令人喜愛並鼓舞人心」，以致「除非美國人進行武力干預，否則古巴很快就會成為西半球的第一個社會主義國家」。[3][2]

一九六一年四月，艾瑞克與戲劇評論家肯尼斯·泰南動員了一些高尚而善良的人聯名寫信給《泰晤士報》，譴責美國對古巴的侵略。他們二人還在海德公園組織了一場聲援古巴人民的示威游行。艾瑞克事後回想表示：「就記憶所及，在我曾經見過的政治示威活動當中，那一次聚集了最多令人驚豔——想必來自戲劇界和模特兒經紀公司——的女孩子。」[4]艾瑞克也是英國古巴委員會的創始成員，並於一九六一年十二月至一九六二年一月之間重新造訪古巴。他是陪同一個英國左派代表團一起去的，而且「該團的組成方式相當典型：包括一名工黨左翼的國會議員；一些主張單方面裁減核武的人士；一名頑固而通常忠於共黨路線、對異國豔

1 譯註：卡洛斯·拉斐爾·羅德里格斯（Carlos Rafael Rodriguez, 1913-1997）為古巴作家、新聞記者與經濟學家，曾代表古巴共產黨前往馬埃斯特拉山的游擊隊基地與卡斯楚進行談判，促成共黨與後者的「七月二十六日運動」合流。他在革命成功後歷任黨政要職，最高官拜至副總理，並主導了古巴的外交政策。

2 一九六〇年十月艾瑞克從古巴回來後不久，我在倫敦第一次遇見了他。我們都居住於亨特利街上的「戈登大廈」（Gordon Mansions），在布魯姆斯伯里靠近大學的地方。當時我是倫敦大學學院歷史專業的研究生，以及工人教育協會（WEA）倫敦分會的助教，為了搜集關於廢除巴西奴隸貿易的博士論文資料才剛剛結束我的首次巴西之旅。艾瑞克比我年長二十歲，正在伯貝克學院擔任講師，而且更令我印象深刻的是，他還以法蘭西斯·牛頓（Francis Newton）為筆名替《新政治家》撰寫爵士樂評。

遇不無興趣的工會領袖；我這個古怪而激進的顛覆謀反者；還有一些共產黨幹部之類的。」[5]

說來奇怪的是，除了在《泰晤士報文學增刊》關於一九六八年一月「哈瓦那文化大會」（一場由來自七十個國家的五百名國際新左派知識分子參加的大雜燴活動）的一篇趣味報導，以及在《極端的年代：一九一四～一九九一》（一九九四）一書的幾頁說明，艾瑞克在他短暫的二十世紀歷史中，對古巴革命在一九六〇年代及隨後的進展著墨不多。在《泰晤士報文學增刊》中，他將古巴形容為：「一個身陷困境的英雄國度，而且非常具有吸引力，即便僅僅因為它顯然世所罕見，是人民真正喜愛和信任政府的少數國家之一。除此之外，目前自由蓬勃發展的文化活動、值得讚賞的社會和教育成就，以及令人愉悅的反唯物主義烏托邦嘗試，都很難不對知識分子產生吸引力。」[6]但儘管古巴曾取得過各種成就，到了一九六〇年代末葉，它已經很難稱得上是拉丁美洲社會主義革命的成功榜樣。而且「不喜歡這個地方的人可以自由移民出去」的講法，很快就再也無法成立。更何況正如我們即將看見的，艾瑞克猛烈抨擊了古巴革命在整個地區之內——以及之外——激發出來的各種游擊隊運動。

一九六二年十月三十一日，艾瑞克展開了他的第一次拉丁美洲大陸之旅，前往巴西、阿根廷、智利、秘魯、玻利維亞和哥倫比亞進行為期三個月的訪問。[3] 他獲得洛克斐勒基金會的旅行補助，從事有關「古樸」(archaic）社會反叛形式的研究。那也是他當時（一九五九年）剛出版的新書《原始的叛亂》所探討的主題，只是該書主要聚焦於歐洲南部。他在旅行補助金申請書中強調，拉丁美洲的「現代」政治意識形態和政黨雖早已被當地精英所接受，卻並沒有對大眾產生明顯影響——大眾政治意識的出現不過是最近幾十年的事。艾瑞克不光是期待在拉丁美洲發現「許多真正古樸的運動」而已，他還更希望能夠找到「表面上的現代化與古樸形式之結合」。在他看來，這方面的現象總是受到了誤解：

> 比方說蓋坦運動因為其領導人恰巧在哥倫比亞的一個傳統政黨內運作，於是被形容成「自由主義者」；或者譬如在裴隆（阿根廷）案例中的「法西斯主義者」；或者像是在卡斯楚運動案例中很可能被稱呼的「共產主義者」……。近幾十年來知識精英階層意識形態之模糊（例如在玻利維亞，名義上的托洛茨基主義者、裴隆主義者、共產主義者，可以互換標籤與合作對象）已經表明，套用二十世紀成型的歐洲運動來進行描述時，可能會造成更多誤解，而非帶來啟發。[4]

3 艾瑞克在動身前往南美幾天之前與瑪蓮結婚，並且告訴她：萬一古巴導彈危機果真變得一發不可收拾，她應該買一張飛往布宜諾斯艾利斯的機票，並且在那裡跟他會合。

4 現在我們知道，艾瑞克對拉丁美洲的訪問引起了英國安全部門——軍情五處（MI5）——的猜疑，該單位長年來監視了他的一舉一動，以及他的通信和電話。參見弗蘭西斯·斯托納·桑德斯（Frances Stonor Saunders）二〇一五年四月九日在《倫敦書評》所發表有關艾瑞克軍情五處檔案的文章。該檔案於二〇一四年底開放，開放內容為截至一九六三年十二月為止的檔案，且仍有許多為空白貞。然而，桑德斯錯誤地聲稱，軍情五處試圖透過警告美國中央情報局和聯邦調查局，來阻止艾瑞克獲得洛克斐勒基金會的旅行補助，只不過以失敗告終。其實該單位之無能，以致在艾瑞克抵達拉丁美洲一個多月之後，才從「一個極艾瑞克返回倫敦之後，於一九六三年四月至七月之間發表了一系列的文章，分別刊登在《勞工月刊》、《新社會》、《聽眾雜誌》（內容為ＢＢＣ廣播三台的兩篇廣播稿），以及《今日世界》（以提交給英國皇家國際事務研究所拉丁美洲研討會的一篇論文為基礎）。他在其中探討了拉丁美洲自一九三〇年代世界大蕭條以來的人口、經濟與社會變革，並特別強調傳統農業社會的解體（「舊拉丁美洲」的崩潰、「中世紀的結束」），以及一般大眾——城市工人階級、城市貧民，尤其是農民——在二十世紀四〇和五〇年代的政治覺醒。艾瑞克第一次從拉丁美洲訪問回來，就已經確定在此後一、二十年內，那裡恐怕會變成「世界上最具爆炸性的地區」。[7]他相信有一些拉丁美洲國家（或許阿根廷和烏拉圭除外）已經到了「發生劇變的時候」，如果組織和領導得當，社會革命的時機已臻成熟。

他對秘魯和哥倫比亞農民運動的革命潛力留下了特別深刻的印象，尤其是「幾乎不為外界所知的」哥倫比亞農民運動。秘魯中部和南部的高原地帶從一九五〇年代末期開始（並且於一九六〇年代初期達到巔峰），見證了自從殖民時代晚期的圖帕克．阿馬魯叛變以來最大規模的印第安農民起事和政治動員。艾瑞克寫道：「如果有任何國家已經時機成熟到需要一場社會革命的話，那就是秘魯。」哥倫比亞則是拉丁美洲的特例，那裡從一九二〇年代即已開始「醞釀著」一場社會革命。「從邏輯上講，那場革命應該會產生出某種類似卡斯楚主義（*Fidelismo*）的東西，亦即一個與共產黨密切合作的民粹主義左翼政權。」一九四八年四月發生於波哥大的暴亂事件，俗稱的「波哥塔索」（*Bogotazo*），則是一個「帶有革命味道的現象」。但因為沒有人出面領導，沒有人把它組織成一場「典型的社會革命」，它在自由黨領袖霍黑．埃列塞爾．蓋坦遇刺身亡之後，即告流產。隨之而來的內戰與無政府狀態卻成為所謂「大暴力」（*La Violencia*）的開端。哥倫比亞見證了「西半球當代史上最大型的農民武裝動員行動（由共產黨組織起來的游擊隊、土匪或自衛團體）」——其規模或許僅次於一九一〇至一九二〇年間的墨西哥革命時期。艾瑞克強調，哥倫比亞的革命形勢在一九六〇年代初持續高漲。此外，由於其面積、人口、「全面均衡的經濟發展」，以及地處加勒比海、中美洲、委內瑞拉、安地斯山區各國和巴西之間的重要戰略位置，哥倫比亞「能夠對拉丁美洲的未來產生決定性的影響，古巴卻不太可能這樣」。

就巴西而言，艾瑞克對他在累西腓發現的經濟落後和貧窮環境深感震驚——累西腓是他南美洲之行所造訪的第一座城市。不過艾瑞克也認識到巴西東北部農民組織的「巨大」潛力，「那一片大約有著二千萬居民的遼闊地帶，為該國提供了最著名的盜匪與農民起事行動」。代表巴西鄉間政治運動第一波浪潮的各種農民聯盟，自一九五五年開始便非常活躍。「然而，」

其微妙的消息來源」獲悉，艾瑞克這名「強硬派共產主義者」已獲得「一個身分不詳的基金會」支持，「即將離開十二個月」以便「撰寫一本關於南美洲革命的書」。他們在艾瑞克準備離開拉丁美洲的時候第一次聯絡美國當局，等到他回家幾個月後才又舊事重提。

他後來回憶道，那個運動「影響力並未遍及全國，而且顯然已開始後繼乏力」。[8]巴西共產黨於第二次世界大戰結束之際，是拉丁美洲最大的共產黨。然而它在一九四七年冷戰開始的時候已被宣布為非法。（艾瑞克似乎沒有意識到，巴西共產黨其實依然保持活躍，與進步的天主教神父們並肩合作，在東北部的鄉間地區組織農業僱傭勞動者加入工會。）無論如何，一九六四年三月（即艾瑞克造訪一年後）的一場軍事政變導致為時長達二十一年（一九六四～一九八五）的軍事獨裁統治，徹底粉碎了巴西社會革命的一切希望。

艾瑞克以巴西革命潛力為主題的論述相對較少。但就像他會做的，艾瑞克仍然抽時間發揮觀察能力，為《新政治家》針對「波薩諾瓦」（*bossa nova*）撰寫了一篇關於巴西流行音樂最新發展的文章。艾瑞克寫道：「它是巴西城市音樂和爵士樂的混合體，孕育於花花公子型的巴西年輕富豪（以及）……那些最有可能遇見來訪美國樂手的專業音樂人之間。……我這個來訪的爵士樂迷懷著敬畏心情和對此歷史性時刻的感知來觀察這一切，因為波薩諾瓦是爵士樂第一次對新領域進行重大征服。……或許意義重大的是，（它）發生在一個拉丁美洲國家，而且該國看樣子似乎已經進入了現代工業文明時代。」除此之外，他還總結表示：「波薩諾瓦不僅將持續下去，還會更進一步發展。」[9]

從一九六〇年代中葉到一九七〇年代中葉，社會革命的可能性已成為艾瑞克描寫拉丁美洲時的主要焦點（限於西班牙語系的美洲，巴西並不包括在內）。在一篇探討農民和鄉間移民所扮演政治角色的論文中，他認為拉丁美洲的城市工人階級和城市貧民（亦即由「國內移民」與「流離失所的農民」所構成的「龐大且不斷擴充的無產階級和次無產階級」），將因為他們的貧窮、不安全感與低劣到駭人的生活條件，繼續成為「一股潛在的爆炸性力量」。然而他們多半在政治上「不成熟」、相對比較被動，更容易被民粹主義政黨與政治人物由上而下動員（例如秘魯的阿亞・德拉托雷和阿普拉黨[5]、委內瑞拉的民主行動黨、阿根廷的裴隆、巴西的瓦加斯[6]），而非由左派的共產主義者或非共產主義者加以動員。[10]因此艾瑞克對拉丁美洲城市工人的描寫少得驚人。他更感興趣的是有組織的農民運動的潛在革命作用——特別是在安地斯山區。

他本著第一手實地觀察和研究成果的學術文章，分別發表於一本出版於巴黎的文集《拉丁美洲的農業問題》（一九六七），以及《拉丁美洲研究》（一九六九）和《過去與現在》（一九七四），重點考察了秘魯中央高地庫斯科大區的拉貢文雄省。當地新封建主義的大莊園（*hacienda*）制度面臨著農民動員、土地入侵和土地占領等情況，正在陷入崩潰（「但願永遠如此」）。艾瑞克總結表示：「傳統農民階層的革命潛力十分巨大，但實際的力量和影響力卻相當有限。」他並

5 譯註：阿普拉黨（APRA）全名為美洲人民革命聯盟（Alianza Popular Revolucionaria Americana），亦被翻譯成「秘魯人民黨」，由維克托・勞爾・阿亞・德拉托雷（Víctor Raúl Haya de la Torre, 1895-1979）創立於一九二四年。

6 譯註：Vargas這個姓氏同時出現在巴西（葡萄牙語）和其他的拉丁美洲國家（西班牙語）。由於發音不同的緣故，巴西的Vargas譯成「瓦加斯」，西班牙語系的Vargas則譯成「巴爾加斯」。

警告道，農民革命只有在以下這種情況才會產生效果：「若非是在數目夠多的政治關鍵地區，由現代化（可能為革命性）的組織與領導促使農民團結並動員起來；否則就是在國家結構深陷危機之際，以致位於戰略要地的區域性農民運動能夠在全國事務中發揮決定性的作用。這曾發生於一九一〇至一九二〇年間的墨西哥，當時出現了潘喬．比亞[7]的北方人……，以及……薩帕塔在莫雷洛斯州的追隨者……。而這兩種情況都沒有在秘魯發生。」[11]

在一篇撰寫於一九六九年，但一九七六年才首次刊出的論文中，艾瑞克探討了哥倫比亞的農民運動並指出，哥倫比亞「在武裝行動和農民暴力（例如游擊戰）方面的紀錄，應該僅次於墨西哥」，然而直到二十世紀中葉為止，由整個農民**階級**進行的社會運動相對較少。他在這篇文章裡追溯了哥倫比亞從一九二〇年代到一九四八年「波哥塔索」之間的農民運動歷史（「非但山頭林立，而且缺乏組織結構，〔卻〕還是極為強大」），並強調了共產黨所產生的影響。（根據他的回憶，哥倫比亞共產黨曾在一九三五年向共產國際抱怨其大多數成員都是印第安人和農民，而非城市工人！）但儘管農民的反抗在一九四八年後仍舊持續，一九六九年的艾瑞克已不再像一九六三年時那樣，對哥倫比亞的革命前景抱持樂觀態度了。「社會革命或民粹主義政權並未出現，取而代之的是無政府狀態和內戰。左派的希望被埋葬於『大暴力』之中。」[12]

艾瑞克認為，拉丁美洲在一九六〇年代和一九七〇年代初期並非是要決定走向漸進式變革還是革命，而是只能在革命、停滯或混亂之間做選擇。他寫道，雖然古巴革命鼓舞了所有的社會革命者，卻不太可能在拉丁美洲的其他地區被複製：「它的條件非常特殊而且很難重複。」[13]此外，艾瑞克在一系列發表於《社會主義紀錄》（一九七〇）、《紐約書評》（一九七一）和《拉丁美洲書評》（一九七四）的文章中，強烈批評了一九六〇年代和一九七〇年代初期受到古巴啟發的各種游擊隊運動——例如瓜地馬拉、委內瑞拉、哥倫比亞、秘魯和玻利維亞，以及烏拉圭和巴西。[14]

極左派年輕中產階級知識分子的策略受到了卡斯楚和切·格瓦拉（以及法國學者雷吉斯·德布雷[8]的著作）啟發，相信藉由一小群武裝好戰分子的行動，即可全面在拉丁美洲催生革命——那在艾瑞克眼中卻是「極其錯誤」的。散布各地的游擊隊「中心焦點」（*focos*）注定將會失敗，而且它們果真全都失敗了（我們即將看見，只有哥倫比亞是其中的例外）。拉丁美洲革命固然沒有單一的配方，但艾瑞克認為，革命肯定還是不能隨興而為。若想獲得成功，就需要把各種不同的因素結合在一起，諸如：擁有堅實農民基礎的鄉間游擊隊（他後來寫道，一九六〇年代和一九七〇年代初期的游擊隊運動「既不明白，也不想了解為什麼拉丁美洲的農民會拿起武器來進行抗爭」[15]）；城市暴動（他曾在《社會主義紀錄》撰文表示：「任何未能擬定攻占首都計畫……的革命者，都不值得認真看待」）；或許需要持不同政見者的武

7 譯註：潘喬·比亞（Pancho Villa）亦被譯成潘喬·維拉、潘喬·比利亞或龐丘·比利亞。

8 譯註：雷吉斯·德布雷（Régis Debray, 1940-）為法國作家、左派革命理論家，同時也是切·格瓦拉的革命夥伴。他在玻利維亞遭政府軍俘虜、被判刑三十年、入獄三年後提前獲釋，一九八〇年代曾擔任法國總統密特朗的政治顧問。

裝力量；以及絕對不可或缺的政治分析、組織和領導。艾瑞克在評論約翰·鄧恩所著的《現代革命》時指出，儘管鄧恩並不認為馬克思為二十世紀的革命或其結局帶來許多啟發，不過「他坦率地承認，列寧至今依舊是理解那些革命發生經過的最佳指南，而共產主義革命是迄今最驚人且最成功的革命」。[16]

古巴或許只是一道虛幻的曙光，但人們不必因此對拉丁美洲政治與社會劇烈變化的前景過於悲觀。艾瑞克寫道，革命並不像德布雷和格瓦拉認為的那樣「近在咫尺」，但也沒有「超出現實政治的範圍」。拉丁美洲依舊是一個革命的大陸。左派只需要認清前進的道路不止一條，那麼前景還是令人鼓舞的。包括共產主義者在內的馬克思主義左派一直都誤解了拉丁美洲（或許哥倫比亞除外），因此在該地區的政治中老是無足輕重。它沒有繼續固守純正（但成效不彰）的意識形態，反而只能在變幻莫測的不利情況下勉力而為，並與其他進步的政治運動聯合起來。正如艾瑞克在《紐約書評》撰文指出的那樣：

拉丁美洲左派的歷史（扣除古巴和一九七〇年九月由阿言德當選總統的智利之類的罕見例外狀況後），是一部這樣的歷史：必須不斷做出抉擇，究竟應該選擇固守成效不彰的純正黨派教義呢，抑或從各種惡形惡狀當中找出最佳的替代選項——無論那是文職或軍職的民粹主義者、民族主義派系的中產階級人士，抑或其他任何人選。那往往也是一部讓左派後悔不已的歷史，因為他們還來不及與那些政府或運動達成共識，就已經有更壞的東西取代了它們。

與當時拉丁美洲的任何游擊隊運動比較起來，艾瑞克對一九六八年十月在胡安・維拉斯科・阿爾瓦拉多將軍領導下接掌秘魯政權的軍事革命政府寄予更大期望。[9] 他為《紐約書評》撰文評論一些以秘魯為主題、完成於軍政府上台之前的書籍時指出：「秘魯國內的社會不公不義和赤裸裸的苦難令人不寒而慄。如果有任何國家曾經需要——而且仍然需要——一場革命，那就是這個國家。然而事情似乎不太可能。」[17] 一九五〇年代末、一九六〇年代初的農民運動和土地入侵帶來了高地大莊園系統的崩潰，不過正如他發表於《過去與現在》的一篇有關秘魯農民土地占領行動的文章所言：「不同於馬克思的無產階級，農民的自發力量雖足以鏟除地主所有制，卻無法為它挖掘墳墓。」還需要一場軍事政變（發生於一九六八年），「才得以在經過若干年的游移不定之後，終於埋葬了高地大莊園的屍體。」

艾瑞克從一開始就同情秘魯的反寡頭和反帝國主義軍事政權，儘管他總是帶著一定程度的懷疑。該執政團率先正視了秘魯的廣大群眾，承認那些住在和來自安地斯山區、口操蓋楚

9 譯註：維拉斯科・阿爾瓦拉多（Juan Velasco Alvarado, 1910-1977）在一九六八年發動不流血政變推翻無能政府，翌年出任革命政府總統，極力推動改革（如將美國在秘魯的油田收歸國有、全面進行土地改革、削弱寡頭家族勢力）。保守派在一九七五年八月發動政變強迫他從病床上退位。維拉斯科去世後，首都街頭有數十萬群眾護衛其靈柩——他至今仍為秘魯最受百姓敬仰的總統。

瓦語[10]的印第安人是潛在的國家公民。此外它率先實行激進的土地改革，即便那是由上而下施加的，並沒有出現農民動員。但既然缺少了與人民群眾息息相關的革命幹部，他忍不住向自己問道：「這是一場革命嗎？」軍事革命政權執政三年後，他變得比較挑剔和悲觀了一些。不過有異於秘魯左派的是，艾瑞克並沒有把它一筆勾銷。如果武裝力量保持團結，就無法預見軍事政權被取代的前景。但當然啦，除了馬克思主義群眾革命之外，也別無其他選擇。[18]艾瑞克在一篇文章中比較了秘魯、葡萄牙等一些國家的軍事革命經驗，並看出它們在政治與體制上的侷限，但他堅持認為秘魯已經與一九六七年時的情況「大相徑庭」，而且「那些變革是不可逆轉的」。[19]

與此同時，薩爾瓦多·阿言德在一九七〇年九月當選總統，為艾瑞克開啟了「振奮人心的前景」，也就是智利將以前所未有的方式，在民主之下和平地過渡到社會主義。艾瑞克在為《紐約書評》特別增刊撰寫的一篇文章中，表達出他對人民團結聯盟獲得成功的期盼——那是一個由社會主義者和共產主義者組成的同盟，堅定地建立在拉丁美洲極為強大工人階級運動之一的基礎上。[20]他私底下認為其前景並不看好：賠率是六比四。如果不把他自己對阿言德的同情納入考量，賠率或許會是二比一。阿言德經歷了三個困難的年頭，甚至有可能存活不下去。他確實面臨著被軍事政變推翻的危險，而且這場政變會得到智利資產階級的支持。等到政變在一九七三年九月爆發後，艾瑞克寫道：「無論……消息有多麼悲慘，那都在意料之中，並且受到預期。它沒有讓任何人感到驚訝。」[21]阿言德政府並不是自我了斷，它是被謀殺的。就像拉丁美洲左翼人士普遍表現的那樣，他們低估了右派的恐懼和仇恨，以及在法制與憲政對其不利的時候，右派會不惜冒著內戰危險來毀棄法制的偏執意願。「衣著光鮮的男男女女」多麼容易喜歡上血腥味，以及他們準備釋放出來的暴力有多麼凶殘，一直讓艾瑞克印象深刻。

智利的軍事獨裁政權在南美洲並非獨一無二。巴西從一九六四年開始，阿根廷則自一九六六年以來，兩國皆一直處於軍事統治之下。（一九七三年，裴隆的重新上台固然暫時提供了喘息機會，但軍方於一九七六年再次掌權，且表現得甚至比智利軍方更加凶殘。）此外，玻利維亞在一九七一年、烏拉圭在一九七二年爆發軍事政變，二者都得到了巴西軍方的奧援（智利的政變也是如此）。秘魯軍事政權的激進階段則在一九七五年八月隨著維拉斯科被罷黜而告結束，由一個比較傳統的軍政府加以取代。一九七〇年代這些右翼軍事政權的特點是「官方和半官方的處決或屠殺、系統化的凌虐囚犯，以及大規模流放政治對手」——艾瑞克認為其原因來自地方寡頭集團對被民粹主義政客動員的城市群眾，以及對卡斯楚激發出來的農村武裝游擊隊運動之畏懼；再加上冷戰背景下，美國擔心共產主義會繼古巴革命之後在拉丁美洲蔓延下去。南美洲的政變全都「受到美國的強力支持，甚或根本就是由美國組織起來的」。[22]

10 譯註：蓋楚瓦語（Quechua）為昔日印加帝國的國語，以及今日秘魯和玻利維亞印第安人的官方語言。

「守舊得非比尋常」，一九五四年以來始終由史托斯納爾將軍[11]掌權的巴拉圭獨裁政府，則是一個例外。艾瑞克於一九七五年前往該國，並為《紐約書評》撰寫了一篇文章，而且為它下了個很不幸的標題，〈有魅力的獨裁〉。[23]斯特羅納托[12]雖是「拉丁美洲為時最久、最右傾的獨裁政權」，卻沒有過分壓迫政治反對派（至少對那些尚未入獄或流亡的成員），而且在很大程度上願意讓占全國人口三分之二的農民繼續不受干擾地過生活。艾瑞克總結表示：「以南美洲窮苦人家的卑微標準來衡量，他們日子過得其實不算太糟。」不過，他在《趣味橫生的時光》中承認自己是委曲求全向巴拉圭表達善意，其中主要原因在於巴拉圭是唯一承認印第安語言——瓜拉尼語——為官方語言的拉丁美洲國家。另一個原因是，他發現《巴拉圭社會學雜誌》的主編竟然對他的名字相當熟悉，曉得他是《原始的叛亂》一書的作者。他問道：「有哪一個學者能夠抗拒在巴拉圭成名的誘惑呢？」[24]

艾瑞克已經「永遠歸附了拉丁美洲」。[25]他曾在一九六〇和一九七〇年代定期造訪該地，其中包括一九七一年花了六個月的時間，帶著瑪蓮和孩子們遊歷墨西哥、哥倫比亞、厄瓜多、秘魯和智利——那是自從他在一九三三年四月從柏林來到英國之後，連續停留於英國境外的最長時間。[13]他在接下來的幾十年繼續周遊拉丁美洲，特別是前往秘魯、墨西哥、哥倫比亞、智利和巴西等國，發表演說、參加講座和會議、推廣他被翻譯成西班牙文和葡萄牙文的各種著作、接受公共當局的致敬（例如一九九八年十一月由布宜諾斯艾利斯議會舉辦於聖馬丁劇院的頒獎儀式，當時除在座的一千五百人外，另有七百人在街頭觀看實況轉播），以及獲頒榮譽學位（例如一九九八年十一月在布宜諾斯艾利斯大學、一九九九年七月在蒙特維多的共和國大學）。艾瑞克在《趣味橫生的時光》中表示，他除了委內瑞拉和圭亞那之外，已經跑遍南美各國。

艾瑞克感興趣的主要仍是拉丁美洲的經濟、社會、政治——特別是其革命潛力。同時他還寫道：「我甚至從未抗拒過拉丁美洲較富戲劇性、更加多彩多姿的地區，縱使其中也包含了一些地球上最不利人類生存的地帶（例如安地斯山上幾已超出植物生長線的阿爾蒂普拉諾高原、墨西哥北部矗立著仙人掌的半沙漠地帶），以及全球最不適人居的巨型城市（例如墨西哥城與聖保羅）。」[26]他與許多傑出的學術界和文化界人物成為好友，例如哥倫比亞社會學家奧蘭多・法爾斯－博爾達（其早期著作深深影響了艾瑞克對安地斯山區農民和哥倫比亞「大暴力」的看法）、秘魯歷史學家巴布羅・馬塞拉、阿根廷政治學家何塞・努恩（二人曾在阿根廷的查科省一同長途跋涉）、墨西哥小說家卡洛斯・富安蒂斯，以及他的巴西出版商費

11 譯註：史托斯納爾（Alfredo Stroessner, 1912-2006）為德裔巴拉圭將領，一九四八年成為南美洲最年輕的將軍。他在一九五四年發動政變，從此成為巴拉圭總統，一九八九年於第九屆總統任內被軍事政變推翻下台，卒於巴西。

12 譯註：斯特羅納托（*El Stronato*）指的是巴拉圭在史托斯納爾將軍獨裁統治下的三十五年期間（一九五四～一九八九）。

13 艾瑞克與智利有著悠久的家庭聯繫。他父親的哥哥柏克伍德（柏克、艾克或唐・伊西德羅〔Berk, Ike or Don Isidro〕）——一位採礦專家——在第一次世界大戰期間帶著自己的威爾斯妻子和五個小孩一起移居智利。一九三九年第二次世界大戰爆發之後，艾瑞克的悉德尼叔父也帶著他的妹妹南茜和堂弟彼得移居智利。悉德尼一直留在智利，但南茜和彼得在戰爭結束後即已離開。

爾南多・加斯帕里揚（事實上是整個加斯帕里揚家族）。他吸引了好幾位拉丁美洲的研究生前往伯貝克學院就讀。他在《趣味橫生的時光》針對拉丁美洲的段落寫道：「我在那個大陸有許多朋友和學生，並與他們交往了四十多年，而且我不完全明白為何拉丁美洲對我特別友善。」全世界也唯有在拉丁美洲，「我才不會因為老是遇見卸任、現任或未來的總統而大驚小怪（例如在智利遇上阿言德、在巴西遇到卡多索還有魯拉・達・席爾瓦[14]）。……首開先例在辦公室接見我的人，就是精明的玻利維亞總統帕斯・埃斯登索羅。他曾經從總統府陽台指著拉巴斯市中心廣場的一座街燈柱告訴我，他的前任比利亞羅埃爾如何在一九四六年被一群叛亂的印第安人吊死在那裡。」[27]

然而，在一九七〇年代中期以後，艾瑞克對拉丁美洲當代問題和革命前景的撰述相對較少。巴西、阿根廷、烏拉圭、巴拉圭、智利、玻利維亞和秘魯（更別說大多數的中美洲共和國），都生活在軍事獨裁統治之下。艾瑞克唯一繼續保持聯繫的國家是哥倫比亞。當地由共產黨領導、立基於農民和農村勞工支持的一支老式游擊隊——「既可怕又具破壞性的」哥倫比亞革命武裝力量——已在一九六〇年代倖存下來，並於一九七〇年代和一九八〇年代初葉成為南美洲唯一持續壯大實力的游擊運動。此外還有其他游擊隊加入它的行列，諸如毛派的「人民解放軍」、乞靈於古巴的「民族解放軍」和「四月十九日運動」。然而，武裝鬥爭並沒有讓哥倫比亞更接近社會革命。這種「地方性的和毫無意義的準內戰狀態」看似漫無止境，然後貝坦庫爾總統在一九八四年開始至少與哥倫比亞革命武裝力量和人民解放軍一同推動和平談判政策（民族解放軍則對此表示拒絕），時斷時續地一直維持至今。艾瑞克在波哥大的總統官邸與貝坦庫爾討論了哥倫比亞（以及中美洲）的局勢，而後在《衛報》上發表一篇文章。[28]哥倫比亞為時三十五年的游擊戰，以及受困於「一種非常特殊的殺人傾向」的那個國家，隨即成為《紐約書評》一篇長文的主題。[29]

然而巴西越來越吸引了艾瑞克的興趣與關注。艾瑞克看來跟大多數人一樣，也喜歡巴西人。他在《趣味橫生的時光》寫著：「一旦發現了南美洲以後，就沒有人能夠抗拒該地區的吸引力，尤其如果一開始就接觸到巴西人的話。」[30]而巴西人當然也很欽佩和讚賞他。一九七五年五月，他在軍事獨裁統治期間，自一九六二年以來第一次訪問了巴西，參加坎皮納斯州立大學舉辦的歷史與社會科學國際會議。巴西首屈一指的新聞雜誌《觀察》在一九七五年六月四日報導說：「經過十一年的沉寂之後（從一九六四年的政變起算），巴西社會科學出現了復甦的第一個跡象。」會議上聚集了好幾位國際「巨星」，「其中最偉大的——至少從觀眾的欽佩程度來看——就是艾瑞克·霍布斯邦那位歷史學家」。[31] [15] 艾瑞克以「周邊地區的前政

14 譯註：路易斯·伊納西奧·魯拉·達·席爾瓦（Luiz Inácio Lula da Silva, 1945-）後來在二〇〇三至二〇一〇年之間擔任巴西總統，二〇一八年四月因為貪瀆案入獄服刑十二年。

15《觀察》接下來談論了艾瑞克對爵士樂的熱愛，但很奇怪地批評他「在知識上的狂妄自大」——理由是他撰寫爵士樂評時所使用的筆名為法蘭西斯·牛頓（Francis Newton），乃法蘭西斯·培根（Francis Bacon）和艾薩克·牛頓（Isaac Newton）的結合體！其實，那個筆名是用來向法蘭基·牛頓（Frankie Newton）致敬。那位美國黑人爵士小號手曾經

治運動」為題的演說，讓整整一代巴西社會史學家和社會科學家留下了深刻印象。新聞媒體對會議的廣泛報導則使艾瑞克引起了公眾的注意。而他也發現馬克思主義不僅僅是一小部分學術界少數派的標籤，更是巴西年輕知識分子的主流意識形態。

獨裁統治結束之後，艾瑞克在一九八五年十二月與瑪蓮連袂前往巴西度假。一九八八年六月，他回到坎皮納斯州立大學參加紀念巴西廢除奴隸制一百週年的會議，並在會上發表了兩篇論文：《關於公民身分的概念》，以及《關於種族的概念》。一九九二年十二月，他在阿雷格里港向數百位來賓露天演說、在弗洛里亞諾波利斯的聖卡塔琳娜聯邦大學發表談話，並且在聖保羅的一家餐廳與巴西勞工黨的領導人路易斯·伊納西奥·魯拉·達·席爾瓦討論了政治。一九九五年八月，他（再度與瑪蓮）前往安格拉杜斯雷斯以及帕拉蒂度假，[16]在聖保羅藝術博物館舉行公開演說、在里約熱內盧為一千名觀眾進行公開講座（此場講座由媒體巨擘環球集團[17]組織安排，門外並有數百人排隊等候），以及在巴西利亞與費爾南多·恩里克·卡多索總統會面。二〇〇三年在里約南部海岸的第一屆「帕拉蒂國際文學節」上，他與我一同登台。令人嘆為觀止的是，時年八十六歲的艾瑞克宛如來訪的搖滾樂巨星一般，在街頭受到口中高呼「Eric, Eric」（發音為「艾里基」）的人們熱烈歡迎。有些女性甚至喊著：「艾里基，給我一個吻」（*Eriky, Dê-me um beijo*）。聖保羅和里約熱內盧的書店從以前到現在都擺滿他的著作，而且幾乎都很暢銷。艾瑞克聲稱，有一段時間他在巴西的圖書銷量超過了英國以外的任何國家。他曾經表示：「我在巴西是個大人物。」

艾瑞克當然對巴西的歷史感興趣，除此之外他也對巴西的藝術、建築、文學和足球興致盎然（他在《極端的年代》寫道：「只要欣賞過巴西足球隊全盛時期的演出〔一九七〇年〕，誰還能夠否認運動也是一門藝術？」），而且他尤其喜歡音樂。他有一次告訴我，他認為二十世紀流行樂壇有兩位真正的天才，分別是艾靈頓公爵和安東尼奧・卡洛斯（湯姆）・裘賓。二〇一二年，我去醫院探望高齡九十五歲的艾瑞克，他告訴我有關一位激進巴西黑人饒舌歌手克里奧羅的消息——我不得不承認從來沒聽說過那個人，儘管當時我居住在巴西。但一如既往，艾瑞克主要的興趣仍在於政治。巴西看來是拉丁美洲最後的機會，既使不發生社會革命，至少也將出現重大的社會變革。

艾瑞克在一九七八年的「馬克思紀念講座」上，發表了〈工黨已停止向前挺進？〉那篇頗具影響力的演說（後來轉載於《今日馬克思主義》）。他指出歐洲的勞工運動已不再能扮演變革者的角色，其結果是社會主義者與社會民主左派正在世界各地節節敗退。然而時隔兩年，巴西在一九八〇年成立了勞工黨。艾瑞克將巴西勞工黨辨識為一個典型的社會主義政黨，其根植於有組織的勞工，類似第一次世界大戰前歐洲所出現的情況。它在拉丁美洲和幾

為貝西・史密斯（Bessie Smith）的最後幾張唱片，以及為比莉・哈樂黛（Billie Holiday）《奇異的果實》（Strange Fruit）的原始錄音進行伴奏。此外，法蘭基・牛頓是共產主義者。

16 譯註：安格拉杜斯雷斯（Angra dos Reis）和帕拉蒂（Paraty）都在里約熱內盧州的西南端，鄰近聖保羅州。

17 譯註：環球集團（Grupo Globo）是拉丁美洲最大的傳媒集團，位於里約熱內盧市內。

乎世界上所有地方都極為特殊，是一個以成立於二戰結束後的勞工組織為基礎的社會主義政黨。甚至更加引人注目的是，其領導人魯拉本身即為一名工業工人。鑑於巴西的政治歷史、政治文化和政治制度（以及當時社會主義左派幾乎在全球各地的挫敗），巴西勞工黨在一九九〇年代的成長是一個不同凡響的故事。儘管魯拉在三次總統大選中均告落敗，但其個人得票率卻不斷增加，從一九八九年的百分之十七增加到一九九四年的百分之二十七，再到一九九八年的百分之三十二。更不用說巴西勞工黨在每次選舉中都增加了在參議院和眾議院的席位，以及它所控制的聯邦州和主要城市的數目。艾瑞克於是在《趣味橫生的時光》中寫道，巴西勞工黨在魯拉領導下的穩步上升，足以「溫暖每一位老左派心中的皺紋」。[32]

回顧四十多年來與拉丁美洲的接觸之後，艾瑞克在《趣味橫生的時光》承認：「眾人所預料將會爆發，而且在許多國家確有必要的革命，並未真正出現。革命已遭到該國軍方和美國聯手夾殺，但其失敗也應該怪罪於當地人民的軟弱、分裂與無能。」此外他還補充表示：「現在它再也不會爆發了。」[33]

艾瑞克對委內瑞拉的查維茲略表同情——但主要是由於其反美主義，以及得到委內瑞拉共產黨殘餘勢力支持的緣故，而非因為對查維茲在該國建設社會主義社會懷有任何信心。他雖然從未造訪過查維茲時代的委內瑞拉，但正如同他每次和我見面時總是殷殷詢問有關巴西的事宜那般，他也會向我們共同的朋友理查·戈特提出問題——戈特撰寫過《拉丁美洲游擊戰運動》一書、關於古巴歷史的著作，以及《烏戈·查維茲與委內瑞拉革命》。二〇〇二年，當查維茲在反對他的政變結束後重新掌權之際，艾瑞克寄了一張明信片給理查，上面僅僅寫著，「查維茲的豬灣？」[34]

然而巴西還是有一點希望，即便巴西勞工黨在一九九八年總統大選失敗後的那幾年持續向中間靠攏（它甚至從黨綱中刪除了「社會主義」一詞），並且將馬克思主義者、托洛茨基主義者和社會主義左派驅逐出黨或予以架空。儘管如此，二〇〇二年十月的時候，我開車從牛津前往北倫敦的納辛頓路，與艾瑞克在他家的花園，慶祝魯拉做出第四次嘗試並當選總統。艾瑞克雖然終其一生是個寄望於拉丁美洲發生社會革命的樂觀主義者，但正如我們已經看見的，他在晚年對實現此目標的可能性越來越感到悲觀。等到香檳酒瓶空了以後，他看著我說道：「現在我想我們只能等待再一次的失望了。」我們等待了，而且我們再一次地失望了。

身為專業歷史學家，艾瑞克主要感興趣的對象是現代歐洲。但是藉由自身廣泛的閱讀，以及與學術界、知識界朋友和同事的對話，他累積了關於世界其他地區歷史的驚人知識，特別是關於第三世界——非洲、印度、中國，而且當然還有拉丁美洲。他認為拉美大陸是「歷史變革的實驗室」，「存在的目的就是為了要顛覆傳統公認的真理」，而對拉丁美洲的研究則豐富並改變了他對全球歷史的觀感。艾瑞克筆下關於拉丁美洲的一切事物幾乎都具有歷史意義。不過他那麼寫的時候與其說是專業歷史學家，倒不如說是活動於二十世紀中葉那幾十年——尤其是在古巴革命之後那段關鍵時期——的當代社會與政治變革之觀察者和分析者，並以此方式為我們對拉丁美洲的知識和理解做出了卓越貢獻。但他從未試圖成為，或者自認為是拉丁美洲歷史專家。

他的第一本書《原始的叛亂》出版於一九五九年，研究對象為有組織的社會抗爭之古樸形式，以及十九和二十世紀的改革與革命。該書聚焦於南義大利，缺乏來自拉丁美洲的例證，不過在序言中提到了歐幾里德・達・庫尼亞的文學傑作《腹地》（出版於一九〇二年，英譯版標題為 *Rebellion in the Backlands*），[18]是一部「研究原始社會叛亂的經典著作」，講述了巴西東北部巴伊亞州內陸爆發的卡努杜斯戰爭（一八九六～一八九七）。[19]在《原始的叛亂》一九六八年西班牙文第一版的後記，以及一九七一年英文第三版的序言，都提到了一九五九年以來關於千禧年主義和彌賽亞運動新的研究結果——主要是在歐洲以外的地區，特別是社會學家馬利亞・伊紹拉・佩雷拉・德・凱羅斯關於巴西的論述。

艾瑞克將《原始的叛亂》第一章（〈社會盜匪〉）擴充為《盜匪》一書，並在一九六九年出版。該書對一八七〇年代至一九三〇年代巴西東北部「塞爾唐」（*sertão*，窮鄉僻壤）[20]的「坎加塞羅」（*cangaçeiros*）盜匪進行了研究，尤其是維古里諾・費雷拉・達・席爾瓦，即那位著名的「蘭皮昂」（*Lampião*）。[21]艾瑞克認為，盜匪——或至少「社會盜匪」（social bandits）——並不單純是罪犯而已。他們是農民中的亡命之徒，盜匪行為——或至少「社會盜匪」行為——是農民不滿的一種表現、是農民行動的一種形式。他感興趣的是傳統農業社會中出現社會盜匪的經過，以及那些人與鄉間彌賽亞運動和有組織農民運動之間的關係。盜匪活動可能是各種重大社會運動的前兆，並且被它們吸納了進去。但由於盜匪與地方權力結構之間的模糊關係，以及盜匪在意識形態和軍事上的侷限性，他們往往演變成那些運動的替代品，甚至成為其發展中的障礙。艾瑞克總結道：「盜匪對現代革命的貢獻因而曖昧不清、值得懷疑，並且為時短暫。那是他們的悲劇。」[35]

在艾瑞克從法國大革命到冷戰結束的現代世界史「年代四部曲」的第一部，《革命的年代》（一九六二）中，拉丁美洲僅僅被附帶提及——畢竟該書的副標題是：歐洲一七八九～一八四八。拉丁美洲各地爭取獨立的革命被處理得相當簡潔，主要成為對歐洲各種事件的回應，以及「貴族、軍人和法國化進步分子等少數集團的事。信仰天主教的窮苦白人群眾仍處於消

18 譯註：《腹地》（*Os Sertões*）一書是巴西隨軍記者歐幾里德・達・庫尼亞（Euclides da Cunha, 1866-1909）最著名的小說。其英譯版的標題 *Rebellion in the Backlands* 或被誤譯成「背離叛亂」。

19 譯註：卡努杜斯（Canudos）是位於巴伊亞州（Bahia）「塞爾唐」的內陸城鎮，一八九三年在一名傳道者領導下建立了農民政權。巴西官方於一八九六、一八九七年之交圍剿三次均鎩羽而歸，一八九七年六月中旬出動五千大軍才終於在十月初攻下卡努杜斯，演變成巴西歷史上最血腥的內戰。

20 譯註：巴西東北部內陸的半沙漠荒野——塞爾唐（單數 sertão，複數 sertões）——在本書第十章具有重要意義。

21 譯註：維古里諾・費雷拉・達・席爾瓦（Virgulino Ferreira da Silva, 1897-1938）是巴西東北部「塞爾唐」最著名的「坎加塞羅」大盜，以及本書第十章〈農民成為社會盜匪〉的要角。「蘭皮昂」（Lampião 或譯為「蘭皮奧」）是其綽號，因為他的射擊速度很快，使得他的槍看起來彷彿燈籠（lantern）一般。

極狀態，而印第安人則持冷漠或敵視態度。只有墨西哥獨立是由農民大眾的主動精神所贏得，亦即印第安人的……一場獨立運動。」[36]《資本的年代：一八四八～一八七五》（一九七五）一書則在標題為〈失敗者〉的章節中，有六頁篇幅關於拉丁美洲。艾瑞克在此總結表示，儘管有一些外國資本——特別是英國資本——對該地區的自然資源進行了開發，然而「直到十九世紀七〇年代，拉丁美洲內陸地區的變化甚微，有的只是地主權力加強，而農民處境更糟罷了」。[37]在《帝國的年代：一八七五～一九一四》（一九八七），拉丁美洲主要出現於評論中，例如關於該地區融入國際經濟後的負面影響，以及當地精英如何成為外國剝削的從屬（與合作）代理人。不過書中有四頁專門討論墨西哥革命，一場「大規模的民眾武裝革命……，殖民和非獨立世界爆發的第一場大型革命，而且勞動群眾在其中扮演了主要的角色」。艾瑞克在此明顯受到兩部著作的影響，分別是弗里德里希・卡茨關於潘喬・比亞在墨西哥北部，以及約翰・沃馬克關於埃米利亞諾・薩帕塔在墨西哥南部所發揮作用的論述。

只有在《極端的年代：一九一四～一九九一》（一九九四）一書，拉丁美洲才成為第三世界在「短暫的二十世紀」革命政治中的一個突出部分。[22] 該書所涵蓋的內容包括了墨西哥革命；一九一八年阿根廷科爾多瓦的學生革命運動（艾瑞克對此聲稱，它「很快……便傳遍拉丁美洲……並在各地產生出革命馬克思主義的領袖和政黨」）；日後巴西共產黨領導人路易斯・卡洛斯・普列斯特斯的「長征」，以及一九二〇年代晚期的「尉官起義」（*rebel tenentes*）；尼加拉瓜在奧古斯托・塞薩爾・桑定諾領導下，於一九二七至一九三三年之間抵抗美國海軍陸戰隊的行動；一九三二年在「名字很響亮的馬爾馬杜克・葛洛夫上校」領導下，短命的「智利社會主義共和國」；秘魯的美洲人民革命聯盟（阿普拉黨）；哥倫比亞的自由黨「護民官」霍黑・埃列塞爾・蓋坦，以及他在一九四八年遇刺身亡之後所引發的「波哥塔索」群眾暴亂事件；民族民粹主義領導人對城市工人的政治動員──例如巴西的熱圖利奧・瓦加斯、阿根廷的裴隆；玻利維亞民族革命運動黨，以及一九五二年將錫礦收歸國有並實行徹底土地改革的革命；最後還有古巴革命和智利阿言德總統的悲劇。

與此同時，艾瑞克還撰寫了一篇很長的論文，文中指出現代資本主義世界經濟的發展，「於不同的地點和不同的時間產生（或重新產生）依附性、與資本主義無關的社會關係，……（卻）可明顯看出具有封建性質。」就拉丁美洲的案例而言，「新封建主義」的現象雖然既邊緣化又具有過渡性質，卻值得在從十九世紀晚期至一九三〇年代世界危機之間的那個階段被認真看待──拉丁美洲在此期間全面融入不斷擴大的資本主義／帝國主義世界經濟。然而一九三〇年代以後卻不是這樣，「除了一些相當特殊的現象，比如一九三〇年代至一九六〇年代初期盛行於秘魯亞馬遜河谷（例如拉貢文雄）的情況。」[38]

22 伯貝克學院在二〇一四年四月舉行「霍布斯邦之後的歷史」學術會議時，倫敦大學學院拉丁美洲歷史學家保羅・德里諾（Paulo Drinot）探討了艾瑞克在其偉大的「四部曲」中，對拉丁美洲所持的態度。德里諾總結指出，在《革命的年代》中，拉丁美洲「幾乎沒有露面」。在《資本的年代》中，拉丁美洲只是「難得和偶然」被提及。在《帝國的年代》中，拉丁美洲「曇花一現」。不過在《極端的年代》中，拉丁美洲終於獲得「較全面的處理」。

艾瑞克對民族主義也非常感興趣，並對此抱持非常負面的看法。他於一九八五年五月在貝爾法斯特女王大學主持「懷爾斯講座」後，根據講座內容改寫的《一七八〇年之後的民族與民族主義》（劍橋，一九九〇）一書，對拉丁美洲隻字未提。不過他為一九九五年出版於日內瓦的保羅・貝洛什紀念論文集，撰寫了一篇關於「拉丁美洲的民族主義與民族性」的論文。[39]該文總結表示：「就目前而言，拉丁美洲是幸運的」——因為如同他在《趣味橫生的時光》所言，「那個大洲只有單一宗教，所以迄今都躲過了全球各地由語言、種族和信仰所造成的民族主義大瘟疫。」

最後，他繼續修訂和擴充其《盜匪》一書。在第三版的後記（一九八一），以及第四版的序言和後記（二〇〇〇）中，他回顧了自從該書一九六九年初版以來關於這個主題的若干深入研究，並且答覆了一些對他提出的最中肯的批評。批評者主要的關注點是，儘管有各種神話圍繞著那批盜匪（他們並且主張，霍布斯邦的分析過於依賴文學資料），然而那批人多半未必是典型的社會反叛者，更不用說是革命者了。艾瑞克在《西班牙美洲歷史評論》（一九八八）評介理查・斯拉塔的《Bandidos：拉丁美洲盜匪的種類》時，將該書描述為：「對拉丁美洲這個主題的第一次全面處理」，「本質上是對我有關盜匪的各種拙作的批評」。他寫道，他為自己是「一整個歷史分支的創始人」而自豪。[40]

I

第一印象
FIRST IMPRESSIONS

1

古巴的前景
Cuban Prospects

除非美國人進行武力干預，否則古巴很快就會成為西半球的第一個社會主義國家。在古巴，已經有大約百分之七十的小型工業、幾乎所有的糖廠，以及百分之六十的農業（包括糖）受到政府或合作社的控制，對外貿易就更不用說了。現在已有超過二千家人民商店（*tiendas del pueblo*），幾乎全部位於鄉間，以略高於成本的價格向農民出售消費品。這種轉型最近加快了速度，最顯著的跡象就是沒收美國的石油公司和銀行、將菸草工業收歸國有，並且徵用糖廠、大型商店和紡織廠。

這個過程中有兩件事情值得注意。第一個事實是政府持續獲得壓倒性的民意支持，在工人間的支持率甚至還有不斷增加的趨勢。六月份的一項非官方民意調查顯示了驚人的數據，有百分之八十八受訪者給予政府全面、或近乎毫無保留的支持：其支持度在鄉間為百分之九十四，在二十至三十歲族群為百分之九十一，在工人階級則為百分之九十二。另一方面，在哈瓦那省「只有」百分之七十二受訪者給予毫無保留的支持，白領族和上班族為百分之七十三（自一九五九年以來大幅下降），規模較小的業主、經理和專業人士階層則為百分之六十一。

被問及他們眼中政府最大的成就時，受訪者中有百分之四十九列出了土地改革、百分之四十二認為是提供更多的學校和教師、百分之三十七表示是修建新房屋和道路之類的、百分之三十則是較低的城市生活開銷（像是房租減少一半、降低電費等等），此外有百分之五十七是難以確切表達的那些最好事物的組合，諸如「解放」、「造福和幫助窮人」、「關心農民」、「民主與自由」、「人人享有和平、安全與幸福」、「照顧人民」、「治理良好」、「進行一場真正的革命來擺脫過去」、「革命正義」等等。

至於他們認為政府所做過最糟糕的事情，超過百分之一受訪者表達不滿的，僅限於「進行土地改革時的專斷與無能」（百分之二點五）以及政府所稱的「支持共產主義」（百分之一點五）這類選項。當被問起「政府到目前為止遺漏了些什麼」的時候，百姓們即便提出了一些建議，然而遙遙領先的單一群體（百分之三十四）的回答就只是：「一切都完美圓滿。」對沒有去過古巴的那些人而言，這些數字可能顯得簡直難以置信。對曾經實地見識過那場格外令人喜愛並鼓舞人心的革命的人來說，它們只不過是證實了日常的印象而已。

第二個事實是，社會主義顯然並非七月二十六日運動的自覺目標。和大多數拉丁美洲知識分子一樣，最初的卡斯楚主義者雖然帶有馬克思主義色彩，但該運動一九五七年的「經濟論綱」在任何意義上都不是一份社會主義文件。實際的革命宣傳工作也沒有強調社會主義。這可以用一句話來概括：「自由與繁榮的古巴必須擺脫帝國主義、貧窮和無知。」所有的革命都製造出數量驚人的群眾口號，而這場革命的主要口號或者純粹強調愛國，像是「祖國或死亡」、「我們必勝」、「要古巴，不要美國佬」，否則就是帶有濟貧的意味（「背叛了窮人就是背叛了基督」），要不然就是反帝國主義。卡斯楚運動中的社會主義者以及深具影響力的共產黨無疑都對社會主義的目標念念不忘，然而，實際作為是由現實需求的壓力所決定的。

政府擬定的一切改進措施都需要有計畫的行動配合，可是革命不能等待。事實上，反叛軍的軍官團已有很大一部分立刻轉入國家土地改革研究所，負責組織合作農場與國營農場、建造房屋和學校、經營工廠、籌備工業化和開設商店。一旦卡斯楚做出重大發現，曉得了沒有土地的勞動者其實並不打算成為小農戶，反而可以立刻將其組織成較大型的單位，計畫中的土地改革所享有的主要技術優勢於是呼之欲出。因此，正在把古巴轉變成社會主義國家的，並非教條主義，是實證主義。

迄今快速而平順的轉型可歸因於古巴歷史上的好運氣結合了革命的純古典性質。古巴幸運地擁有極其肥沃、卻人口稀疏且耕種不足的土壤，這使得產量能夠立刻大幅度提高；其豐富的通訊資源（尤其是電視），還可以產生出類似直接民主的東西。它的天主教信仰甚至比常見的還要有名無實，以致該國僅僅有百分之十的婦女上教堂望彌撒。古巴的西班牙背景讓它很容易吸引其他拉丁美洲國家的專家——該國大多數的頂尖經濟人才似乎都是智利人。最重要的是，一個世紀以來的單一種植讓古巴擺脫了最棘手的農民問題。簡而言之，經濟奴隸制度的特殊性質已經成了革命的對立面。

與此同時，古巴革命不僅僅是一種獨特類型（以知識分子為核心的農民群眾運動）之實驗室樣品，而且並沒有被先入為主的觀念所蒙蔽。大多數社會主義者都認為不太可能直接從大莊園轉向合作社，卡斯楚卻看出了古巴的現實。儘管三十年來的國際糾葛已模糊有關國家與革命的問題，那些來自山區的革命者卻自動重新發現了古典的解決方案。侍應生們會向你解釋卡斯楚是如何看出來，若想避免委內瑞拉貝當古[1]的無能為力，或者瓜地馬拉阿本斯[2]的一敗塗地，就必須徹底摧毀舊軍隊並且把人民武裝起來。原先的軍隊已經完全遭到解散。如今有一支龐大的城市民兵（從其外觀判斷或許還不是令人生畏的戰鬥力量），以及四十萬武裝農民正在捍衛革命，對抗流亡者和加勒比地區的僱傭兵。大多數政府面對這麼主動的政治幫手和這麼熱心的群眾支持，又怎麼會不感恩圖報呢？

迄今的紀錄是如此引人矚目，以至於將古巴過度理想化的做法恐怕會讓人忽視了日益浮現的種種難題。但那些都是技術上和政治上的困難，既然目前蘇聯和中國明顯願意維繫古巴的小型經濟體於不墜，技術上的困難當可望獲得緩解。畢竟這花不了多少錢，卻可在政治上獲得十分巨大的收益。可是古巴的低效率行政工作仍舊治絲益棼，還需要花一些時間來整理出頭緒。伴隨著日益快速的社會化和成長，政府在政治上不僅得面對小中產白領階級的異議，還會引起若干來自農民的反對。此外，它的經濟計畫無法期待在未來幾年內提高城市工資，各個城鎮卻將對美國的制裁產生最強烈的感受（主要是涉及零部件和大多數的耐久消費品）。在這種情況下，革命者所面臨的首要問題，就是革命應該以多快的速度向前推進（只要國際局勢不決定其動向的話）。儘管在所有的群體當中都找得到謹慎者和莽撞者，但我矛盾地猜測，卡斯楚主義者更傾向於快速，而共產主義者更傾向於謹慎。

然而，以上那些問題都不是無法克服的，也未必非常嚴重。在可預見的未來，它們應該都不會在古巴製造出任何支持反革命的重要意見團體，儘管美國的政策早已把此類團體跟第五縱隊成功地畫上了等號。沒有確切的理由能夠阻止我的朋友貝貝——一個親英、支持英國工黨左派、信奉新教的西班牙難民——繼續向所有願意傾聽的人如此解釋著：「這是一場好的革命。沒有出現像西班牙那樣的浴血事件。不再有人遭受酷刑折磨。我們如今享有法治。這是第一個為我們做事、不向老百姓撒謊的政府。」

當然啦，除非世界允許美國人把古巴變成另外一個蘇伊士危機。

一九六〇年十月

1 譯註：羅慕洛・貝當古（Rómulo Betancourt, 1908-1981）是委內瑞拉的政變者與改革者（「民主之父」），曾經兩度擔任委內瑞拉總統（一九四五～一九四八、一九五九～一九六四）並三次流亡海外。貝當古或被譯成「貝坦科爾特」，但Betancourt其實是法國姓氏，此處保留其法語發音。

2 譯註：哈科沃・阿本斯（Jacobo Árbenz, 1913-1971）是瓜地馬拉的革命者、改革者和民選總統（一九五一～一九五四）。阿本斯進行土地改革得罪了美國聯合水果公司（United Fruit Company），結果美國國務院（約翰・杜勒斯）和中情局（艾倫・杜勒斯）在一九五四年策動武裝政變將他推翻，由軍人獨裁政權取而代之。

2

南美洲之旅
South American Journey

巴西：累西腓

誰要是想知道低度開發地區究竟是何模樣，不妨從巴西東北部貧困地帶的首府累西腓著手。那一片大約有著二千萬居民的遼闊地帶為該國提供了最著名的盜匪與農民叛亂行動，而且仍持續向它大量注入營養不良的移民。累西腓目前有八十萬居民，是該市一九四〇年人口的兩倍多，其中一半居住在那種難以言狀、圍繞著每一座南美洲城市的棚戶區和違章建築之中，瀰漫著熱帶貧民窟那種混雜了髒汙環境和腐爛植物的獨特氣味。沒有人知道他們是怎麼過日子的。如同南美洲其他大多數城市，那裡沒有足夠產業來吸納從外地湧入的移居者。

到處都陷入極度的貧困。當地百姓彷彿十代人都沒有吃過一餐像樣的飯似的——發育不良、身材矮小、身體孱弱。與此同時出現的是叛亂的跡象。書報攤擺滿左派的刊物，諸如《和平與社會主義問題》、《中國建設》，以及在該地區聲勢浩大的農民聯盟所發行的報紙。（但那裡也有許多本聖經。）以累西腓作為首府的那一州剛剛選出了一位相當左傾的州長，而他的得票主要來自市內工人。鄉間百姓——主要為昔日蔗糖和棉花農場的奴隸或偏遠地區的小農——大多是文盲，因而沒有投票權。農民聯盟的力量分布不均，讓人感覺不到最近曾經有過很大的進展，但是農民組織的潛力還是無可限量。

這裡的農民聯盟已經學會了用農民自己的語言與他們交談。他們用自行作曲的吟遊吉他手來做宣傳員。他們的報紙每星期刊登「農民曆」，上面列出聖人們的日子、宗教與俗世的「假日」（例如俄羅斯和古巴革命的紀念日）、每週一歌、星座運勢、醫藥建議，以及箴言或「名言語錄」。這個星期的箴言分別來自聖經（有關「駱駝與針眼」的話語）、聖安布羅斯，以及卡斯楚。我們被提醒著，聖安布羅斯曾經教誨說，神是為所有的人創造了萬物；菲德爾·卡斯楚指出工人們不僅要為進步而戰，更要為權力而戰。如果世界上有任何一個部分需要如此有用的建議，那就是這個可怕的地區。

巴西：聖保羅

實在令人難以想像，我竟然置身於累西腓所在的同一個國家。一棟棟摩天大樓拔地而起，霓虹燈熠熠生輝，成千上萬輛、大多是本國製的汽車在典型的巴西無政府狀態下從街頭呼嘯而過。最重要的是，這裡有產業吸納每年湧入這座巨型城市的十五萬人，包括東北地區的人、日本人、義大利人、阿拉伯人和希臘人。聖保羅有一點像是十九世紀的芝加哥：盛氣凌人、行動快速、活力充沛、摩登時髦（任何超過二十年以上的東西都屬於古老的歷史），而且腐敗不堪。當地有一位名叫阿代馬爾．德．巴羅斯的政治領袖，[1] 他如今因為其反共作風深受美國人青睞，從前卻喜歡用一句讓人不設防的口號來打選戰：「我當然會偷東西，但我也送貨上門。」聖保羅同時也是激進勞工運動的首都，共產黨在運動中非常強而有力，尤其是在組織最嚴密、技能最嫻熟的勞工組織之間。就技術層面而言，共產黨屬於非法，不能提出自己的候選人名單，但即便如此，巴西的政治複雜性使得一些候選人還是可以公開宣稱自己獲得了該黨著名領導人路易斯．卡洛斯．普列斯特斯的背書。

聖保羅的工業化正在向前躍進，這是南美洲的一個獨特案例。然而，其基礎之薄弱也無法不讓人感到震驚。巴西產業的國內市場極度貧乏，以致當地甚至連襯衫和鞋子都可以用分期付款來賣。出口市場並不存在。通貨膨脹使得經濟維持擴張，可是在它讓富人變得更有錢的同時，也讓窮人陷入赤貧。按照巴西的標準來看，聖保羅工人們的生活相當寬裕，而使上述現象在此地並不那麼明顯——因為各大公司會試圖透過定期提高工資來強化自己的市場壟斷地位，外地較小的公司就無力負擔這種加薪的做法了。但無論如何，整體工商業形勢仍然

1　譯註：阿代馬爾．德．巴羅斯（Ademar de Barros, 1901-1969）是同時以貪腐和能幹出名的巴西聖保羅州州長（一九四七～一九五一、一九六三～一九六六）。

宛如一座倒立的金字塔，靠著頂點保持平衡。工業化絕對做到了一件事，就是產生了一個對巴西未來充滿信心的民族資產階級，相信自己有能力戰勝封建大地主，使自己獨立於美國的控制之外。他們甚至準備為此目的與勞工和農民攜手合作，因為在南美洲所有的富人當中，只有巴西的產業利益集團顯得既不畏懼社會革命，也不害怕卡斯楚。他們或許過於樂觀，但目前他們所擔心的並非由下而上的沒收充公，他們擔心的是帝國主義。在某種程度上，他們讓我想起了十九世紀英國那些同樣深信歷史站在自己這一邊的老派激進實業家。民族資產階級與左派之間的這種聯盟關係看樣子還將繼續下去，直到成功擺脫美帝國主義為止。但巴西這個國家實在太奇怪了，不是一般訪客所能預測的。

秘魯：庫斯科

之前雖已表示過，但現在需要再重複一遍：如果有任何國家已經時機成熟到需要一場社會革命的話，那就是秘魯。在利馬的地面，棚戶區之間矗立著豪華酒店，秘魯的土地貴族準備飛往法國南部來趟短期度假；上方一萬二千英尺的稀薄空氣中，觀光客每天搭乘飛機過來參觀那些由痞子英雄們——就是西班牙征服者啦——建造的大教堂，以及印加帝國的遺跡。秘魯有一半的人口是印第安人，像是那些打赤腳踩過庫斯科的泥濘、身穿襤褸彩色土布衣衫、在兩條制式化黑色髮辮上戴著男帽、背上揹著嬰兒的婦女們。各家旅行社的廣告將他們描繪成如詩如畫般的景象，然而他們就跟我所見過的任何人一樣貧窮。

自人類有記憶以來，印第安人就一直是農奴。任何地主都可以毆打他們或者帶走他們的妻子和女兒，任何穿著歐式服裝的人都把他們當成狗一樣對待，每一個警察或官員都是他們的敵人。然而現在，他們蠢蠢欲動。沒有什麼事情能夠比夜間在庫斯科農民聯盟內外大排長龍、默默等待它第二天早上重新辦公的那些男男女女的印第安人更加令人印象深刻了。他們是來自偏遠大莊園和公社的代表團成員，想要尋求指點並舉報不公不義。就在幾天以前，他們當中的三百人——跟往常一樣由男性和女性排成緊湊的隊伍——入侵了弗里桑喬博士的莊園，將原本應該歸他們公用土地使用的灌溉水渠的水導引了回去。地主動員警察過來，警察用了催淚瓦斯，但印第安人繼續向前挺進，並且把浸過水的破布做成簡易防毒面具來保護自己。警方接著開槍擊斃了克拉拉·瓦蘭卡·布基亞和她的嬰兒，以及一個名叫吉耶爾莫·瓦曼·瓦曼提卡的農人。三名警察被石頭砸傷。每天都會發生類似這樣的事情。農民聯盟在強大而激進的庫斯科勞工聯盟協助下把印第安人組織了起來，他們在歷史上第一次發現了團結就是力量。印第安人並非孤立無援。

沿著日本人新近完工的窄軌鐵路前行一百英里，穿越了一座座隘口，進入遙遙通向亞馬遜河既狹長又蜿蜒的亞熱帶山谷之後，便來到拉貢文雄山谷。當地一百六十個大莊園之中，有一百一十個如今擁有工會的分支機構，大莊園的主人們則已經逃往利馬，將多達四十萬英畝的地產留給了他們的管家。該省的首府是基亞班巴，一個空曠寬闊、塵土飛揚、朽爛不堪的市集城鎮，藉由每天早上四點半出發、夜間返回的卡車與外面的世界連結。[2] 拉貢文雄真正的巨頭們都在此設置自己的辦公室，像是吉布森銀行、安德森銀行、克萊頓公司，以及咖啡買家等等。我們的卡車被警察攔了下來，因為該地區有武裝農民自衛隊出沒，有關當局都非常緊張。

大多數農民不會講西班牙語，否則就是欲言又止地以難懂的印第安口音含含糊糊說話。但幸好有一位當地的木匠可以幫忙翻譯。我問道：

──為什麼農民開始組織起來了？

──因為他們就像野獸一樣地受到不公平待遇。

──那麼為什麼是現在呢？

──因為現在工會運動非常活躍。

──第一次組織的時候難道沒有遇到過任何困難嗎？

一名安靜、扁臉、看似堅韌的男子此時插話，耐心地解釋說：「沒有任何問題。事情很簡單，你瞧，那裡有兩個階級。一個一無所有，另一個擁有一切，金錢，還有權力。勞動人民唯一的辦法就是團結起來，而這正是他們在做的事情。」

我繼續問道：「可是你們不怕警察和軍人嗎？」

木匠回答說：「不，現在不怕了。已經再也不怕了。」

在從秘魯到玻利維亞的火車上

我的鄰座是一個提著公事包的幹練年輕人。他表示：「我是個保險代理人，牛隻是這裡的主要業務，所以我經常在鄉下跑來跑去。如果你問我的話，我會說那些大地主完全是自作自受。他們沒有做出任何投資。他們認為自己是生命和莊園的主宰者（*dueños de vida y hacienda*），所以沒什麼好擔心的。但現在時候到了，他們只能哭著跑去利馬。許多印第安人打赤腳走路，甚至在莊園主人的房子裡面也一樣，而且他們就睡在地板上；大地主們開派對的時候，卻可每晚豪擲個二、三千索爾。[3] 大地主們甚至沒有注意到這種反差。如今報應就在眼前。現在他們和印第安人之間除了軍隊和監獄，什麼也沒有。但這種情況不會永遠持續下去。」

不，它肯定不會永遠持續下去。南美洲各地的窮人和受壓迫者都在伺機而起。他們的覺醒將以何種形式出現，我們還不得而知。莊園領主在自己領土上的喪鐘即將響起。等到它果真響起的時候，秘魯，還有整個南美洲，將會發生驚天動地的變化。

一九六三年七月

2 譯註：拉貢文雄（La Convención）地處秘魯南部安地斯山地的庫斯科（Cuzco）行政區，為該大區十三省當中的最大省分。基亞班巴（Quillabamba）是拉貢文雄的省會，與「馬丘比丘」遺址均位於烏魯班巴（Urubamba）河畔。

3 譯註：索爾（Sol / Sol de Oro）是一八六三至一九八五年之間的秘魯貨幣單位名稱。一九九一年以後更名為新索爾（Nuevo Sol）。作者一九六三年造訪時的匯率為二十六點八二索爾兌換一美元。

3

波薩諾瓦

Bossa Nova

在巴西流行音樂產業大本營所在的聖保羅街區，除了摩天大樓，你很難分辨這裡與倫敦同類型市區有何不同。同樣犀利敏銳、多愁善感、略帶狼性的人物在相似的辦公室內晃蕩，裡面堆滿了唱片跟過期的《告示牌》和《錢櫃》雜誌。酒吧內同樣擠滿了作詞人、音樂節目主持人、記者和吉他手，拿著三明治打電話和閒嗑牙。波薩諾瓦大老恩里克・萊本迪格先生目前已離開巴西，以便在更廣闊的世界流行樂壇功成名就。他大可把聖保羅的伊皮蘭加大道整個搬到倫敦，而不用在當地的查令十字路引入特別的拉丁音符。

事實上，這就是波薩諾瓦之所以風靡國際的祕密。它是巴西城市音樂和爵士音樂的混合體，孕育於那些花花公子型的巴西年輕富豪，以及巴西最西化的大城市的娛樂圈環境——亦即在那些最有可能遇見來訪美國樂手的專業音樂人之間。有趣的事情是，它問世後不過短短四、五年時間，就已經有了三種截然不同的功能。

波薩諾瓦的起源可追溯到戰爭期間，當地一群搞音樂的發現了美國三〇年代的搖擺大樂隊（後來則受到「前衛」和

「酷派」爵士樂的進一步強化），首度意識到自己的流行樂團在樂器與和聲上的侷限。波薩諾瓦是巴西開始將更複雜的色彩與和聲融入本土音樂的一項嘗試，是音樂雄心壯志的迸發，是自學成功樂手群體的典型進化特徵。在聖保羅，波薩諾瓦的意義不僅僅在於它是一種新的曲調（有著切分音的元素，而且其商業形式日益明顯地在森巴舞韻律上出現北方的節拍，使得它能夠被美國佬接受），更在於伴奏和弦進行時需要比從前更多的技巧和「教育」——這些都需要學習。

這個新的綜合體頗受當地上流社會那些趕時髦的人的歡迎——例如來自百萬富豪家庭的歌后梅莎·馬塔拉佐，以及既是外交官又是詩人的頂級作曲家費尼希斯·迪·摩賴斯。此外，在巴西樂手與美國樂手齊聚一堂的圈子裡也一樣。波薩諾瓦本身意為「新風格」，這個稱呼據說是由喬·卡里奧卡發明的，他曾與已故的卡門·米蘭達攜手合作，後來在洛杉磯工作。[1]

在迪吉·葛拉斯彼[2]領軍下造訪美國的前衛爵士樂團幫助世人發現了波薩諾瓦。發人深省的是，前衛爵士音樂竟然帶頭推廣了這種新的流行風格，這的確是一件非常不尋常的事情。最暢銷的唱片《走音的快感》（萊本迪格先生曾經心滿意足地宣稱，該曲總共有過二十五個錄音版本），更是由史坦·蓋茲和查理·博德這類不太可能的人物所錄製。[3]對前衛爵士樂手來說，這種新的風格具有雙重的吸引力。首先，它在節奏韻律上提供了非比尋常的趣味和刺激。其次，這種節奏韻律上的趣味，讓人得以在長年進行日益無謂的和聲試驗之後回過頭來，直截了當地吹奏出一個好的曲調而不至於感到庸俗。此外，它已被充分地爵士樂化，很容易就能讓爵士樂手自由運用，因此諸如桑尼．羅林斯之類的領頭者早已滿心歡喜地轉向了波薩諾瓦。此種陌生但並非完全不尋常的節奏韻律，在結合了優美曲調之後，可望吸引大眾。這是一個可喜的額外收穫。

於是我們來到了紐約流行音樂界的樞紐地帶，並且指向東邊。對業界人士來說，波薩諾瓦既不是一種技術上更嚴格的音樂製作方式，也不是一條走出音樂死胡同的蹊徑。它有可能成為扭扭舞的接班者。在一代人的時間內，舞蹈本身再次成為流行時尚的基礎；它是流行音樂時代一種新的舞蹈形式。波薩諾瓦現在在巴西根本不是舞蹈。它僅僅是一種演奏和歌唱的方式。當我秀出美國廣播電台為了幫助聽眾學習新舞步而散發的交際舞示意圖時，巴西當地

1 譯註：卡門．米蘭達（Carmen Miranda, 1909-1955）是葡萄牙裔的著名巴西女歌星，一九四〇和一九五〇年代活躍於好萊塢。喬．卡里奧卡（Joe Carioca）則是一個創造於一九四二年的迪士尼卡通角色，與唐老鴨齊名。牠是一隻穿著黃上衣的綠色巴西鸚鵡，全名為José Carioca（José在葡萄牙語讀如「若塞」或「若澤」），卻往往被音譯成「喬奧」．卡里奧卡——「Joe」被不正確地還原成了另外一個葡萄牙名字「João」（葡萄牙語讀如「若昂」或「若望」）。

2 譯註：迪吉．葛拉斯彼（Dizzy Gillespie, 1917-1993）亦音譯為迪茲．吉萊斯皮，是著名的美國爵士樂小號手、樂團領班、作曲家、歌手，以及拉丁爵士樂的大師。

3 譯註：史坦．蓋茲（Stan Getz, 1927-1991）是美國爵士薩克斯風手，查理．博德（Charlie Byrd, 1925-1999）則是美國爵士吉他手。二人在一九六二年聯手推出標題為《爵士森巴》（*Jazz Samba*）的唱片，在美國掀起波薩諾瓦風潮。該唱片的第一首曲子就是〈走音的快感〉（*Desafinado*）。

樂手們爆出哄堂大笑。對他們來說，波薩諾瓦並不會比爵士樂更像是一種新的舞蹈。

基於這個理由，波薩諾瓦在巴西一定可以從美國和歐洲熱潮的廢墟中存活下來，儘管流行音樂產業已經積極展開其一貫的任務，也就是藉由過度曝光來扼殺它所發現的每一種新時尚。波薩諾瓦不僅將持續下去，還會更進一步發展。我這個來訪的爵士樂迷懷著敬畏心情和對此歷史性時刻的感知來觀察這一切，因為波薩諾瓦是爵士樂第一次對新領域進行重大征服。迄今為止，凡是有著根基穩固、節奏強烈、高都市化和具擴張性的流行音樂的那些地區——尤其是在拉丁美洲——都對爵士樂無動於衷。爵士樂反而曾經受到這些地區的影響。波薩諾瓦卻標誌著這些地區的第一次退讓。或許意義重大的是，這種退讓發生在一個拉丁美洲國家，而且該國看樣子似乎已經進入了現代工業文明時代。

一九六二年十二月

4

拉丁美洲：世界上最動盪的地區
Latin America: The Most Critical Area in the World

第二次世界大戰剛剛結束的那幾年，亞洲是世界上發生巨大政治與社會變化的地區。一九五〇年代，我們則都密切關注非洲和阿拉伯世界所發生的事情。沒有任何明智的人會費心去做言之鑿鑿的政治預測，不過有一種預測看起來相當安全。那就是在接下來一、二十年內（一九六〇年代和一九七〇年代），世界上最具爆炸性的地區恐怕會變成拉丁美洲。美國以南的二十個共和國——一個講法語、一個講葡萄牙語，其餘講西班牙語——很可能是世界上英國最不熟悉的部分。……然而，開始探索拉丁美洲事務之後，我們會立刻發現一個比純粹的無知還要嚴重的障礙。根據我們的標準（不光是英國的標準，而且如果你喜歡的話，也可以是北美、甚或俄羅斯的標準），以及按照我們通常使用於分析政治現象的術語，這個地區根本毫無道理可言。

現在不妨看看這個不開心的拉丁美洲初學者所面對的是些什麼事情。

我們自以為已經曉得了，直接受到希特勒和墨索里尼啟發的法西斯主義者代表些什麼。可是在玻利維亞，當地納粹追隨者卻與難以歸類的民族主義者和托洛茨基主義者結盟，合力發動了一場社會革命。他們把礦井收歸國有、把土地分配給農民、給予印第安人平等待遇，並且以工人和農人的武裝民兵取代了部分軍隊。我們自以為知道了，自由黨和保守黨組成的議會體系是何模樣。然而在具有這種體系強大傳統的哥倫比亞（按照拉丁美洲的標準，該國相對較少出現軍事政變和獨裁政權），至少已在過去十五年內把大屠殺製造成為一種持久的政治機制。就在去年十二月二十二日，一個名叫艾弗瑞恩·岡薩雷斯的保守派槍手在趕集日當天進入一個小鎮，選出十四名當地的自由派分子，然後開槍打死他們——只除了沒把他們的頭顱砍下來，否則這種結果在此類政治分歧中並不罕見。

除此之外，我們自以為知道了一個穩固的、有階級意識的、不是特別革命性的工會運動應該具有什麼樣的政治意識形態。在阿根廷，這種運動卻幾乎完全是裴隆主義者的運動——但反過來說，裴隆主義幾乎與英國工黨同樣堅定地建立在工會基礎之上。我們自以為看得出社會主義者與共產主義者的區別。然而，在拉丁美洲還存在社會主義者的地方（這樣的國家並不多），社會主義者如今不同於共產主義者之處，在於他們往往更具有革命性，反正至少在措辭上如此。卡斯楚固然是共產主義者，古巴是美洲大陸上的第一個「人民民主國家」，但即便最狂熱的卡斯楚崇拜者也絕不會如此聲稱，無論他的政治生涯或者他上台以來的行為按照傳統共產主義的標準來看有多正統。

顯然我們沒辦法指望，我們這個世界的著名政治運動或機制在拉丁美洲也能大獲成功——其實它們根本沒有成功過。或許也就不會對西方的自由民主在那裡的平淡無奇感到驚訝，畢竟這種形式政體的移植從來都不容易。的確，自由民主在拉丁美洲的力量通常極其薄弱，而且表現得讓人不敢恭維；即使在它曾經強大的國度，以我們的標準來看也還是顯得相當奇特。例如烏拉圭，直到白黨最近贏得勝利之前，其政府已經由科羅拉多黨壟斷長達近一百年。更令人驚訝的是，整體而言，就連社會主義和共產主義之類的運動也都同樣軟弱無力。連中國和印尼，那樣社會結構迥異於歐洲的國家都能夠產生大規模的共產主義運動，為什麼卻從未有過任何大型的共產黨能夠在拉美國家（除了智利、古巴，或許還有巴西）長久立足，儘管那裡是社會革命運動的沃土？（在拉丁美洲各國當中，幾乎只有智利的政治結構和政黨生態會讓來訪的歐洲人士感到熟悉，儘管這種熟悉的感覺可能會造成誤解。）尤有甚者，即使是專門研究亞洲或非洲的人也會對拉丁美洲的政治感到困惑。比方說吧，他們往往會徒勞無功地尋覓自己所熟悉的「民族運動」之類的事物——亦即通常是在一位魅力非凡的領袖主導之下，實際上全面掌握並取代了國家政治生活的「民族獨立陣線」。

在另一方面，不帶偏見的觀察者很快就會發現，除了週期性出現的軍事獨裁之外，還存在著一種拉丁美洲特色十足的政治運動形式。它或許可被稱為「民粹主義」（populism），是一種由窮人反對富人的群眾運動，但同時也得到了軍方人士和知識分子，以及（如果相關用語沒有造成太多誤解的話）民族主義者和社會革命者的支持。它往往組織不良或幾乎沒有組織，通常是圍繞著一些煽動者或領袖型的人物而被製造出來，或逐漸成形。從廣義上來說，有若干國家存在著——或曾經存在過——這種類型的民粹主義運動。諸如阿根廷的裴隆主義、熱圖利奧．瓦加斯在巴西的運動、玻利維亞的民族革命運動、秘魯的阿普拉黨（美洲人民革命聯盟）、委內瑞拉的民主行動黨、已故霍黑．埃列塞爾．蓋坦在哥倫比亞的運動等等，都是其中較為突出的現象。或許墨西哥的革命運動以及卡斯楚主義跟它們也有共通之處。此類運動的全盛時期是在一九三〇年代末到一九五〇年代中期，不過有些運動的歷史還要悠久得多，例如秘魯阿普拉黨。在一九四五年至一九五〇年前後，不帶偏見的觀察者可能會得出這樣的結論，認為此類運動無論好壞都代表著拉丁美洲政治的未來趨勢。但今天我們卻甚至連這一點都再也無法確定，因為那些運動均已明顯處於停滯、衰退或崩解的狀態，不然就是已經從根本上改變了自己的性質。

為何歐洲的術語並不適用

由此清楚可見，任何用歐洲術語來分析拉丁美洲政治事務的企圖只會造成困惑。當我們不僅根據我們的術語，而且還按照我們的偏好來判斷當地人的時候，這種困惑只會變得更加嚴重——例如他們是否擁有自由選舉，是反美還是親美。想要理解格蘭德河與合恩角之間的那些國家，[1] 我們必須從它們的角度，而非從我們的角度來看待它們。

然而我們還是禁不住要問，為什麼歐洲的各種術語是那麼地不適用？為什麼西方世界具有悠久傳統的各種運動和制度，至今都在南美洲失敗得如此徹底？問題的答案也許能夠為我們提供一條有價值的線索，用以解決更大的問題。如果要我用一句話來概括，我會表示拉丁美洲的政治是由一個事實決定的，即國家獨立來到拉美大陸的時間，比絕大多數當地百姓進入國家生活的時間早了一個多世紀。一八三〇年，除了古巴與波多黎各，前西班牙和葡萄牙的殖民地皆已成為獨立國家——即便它們是立即就變成了英國非正式的經濟屬地。拉美大陸的社會結構和殖民地地位幾乎維持不變。其大量的奴隸或昔日奴隸（即黑人）、其傭農和農奴（即印第安人）、其梅斯蒂索農民[2]中世紀風味十足的自給自足內陸公社、其城市工匠和勞動者，通常都對民族解放不感興趣，也不被要求這樣做。我們幾可肯定，他們當中的一些人——例如安地斯山脈阿爾蒂普拉諾高原上的印第安人——直到一九五〇年代都還不知道自己是生活在某某國家而非另一個國家，因為領主和作威作福官員的國籍與他們的生活無關。就我所知，至少有一位住在巴西內陸的老先生，他到了一九五三年都還沒有發現自己的國家

1 譯註：格蘭德河（Rio Grande）是今日墨西哥和美國的界河，合恩角（Cape Horn）則位於拉丁美洲的最南端。

2 譯註：梅斯蒂索（*Mestizo*）是白人與印第安人的混血種。殖民時代的拉丁美洲百姓按照社會地位主要可區分為半島人（Peninsular 或 Español），即來自西班牙的白人；克里奧羅（Criollo），即出生於美洲的白人——本書稱之為「克里奧人」（Creole）；白人與梅斯蒂索人混血的卡斯蒂索人（Castizo）；梅斯蒂索人；梅斯蒂索人與印第安人混血的喬洛人（*Cholo*）；美洲原住民（Indio）；白人、印第安人、黑人混血的帕爾多人（Pardo）；白人與黑人混血的穆拉托人（Mulato）；印第安人與黑人混血的桑博人（Zambo）；黑人（Negro）等等。

早在六十多年前就已經不再由皇帝統治。

如此一來，獨立曾經是一小部分西化和受過教育的人的工作。換言之，這是一項屬於富裕的克里奧人的工作，或者像我們今天說的，屬於白人殖民者（然而，在那個一直根據社會地位而非生物學術語來定義膚色光譜的大陸，「白人」只不過是一個相對的講法罷了）。拉丁美洲於十九世紀初期援用的法國和英國自由主義思想與制度，在封建社會和殖民社會中根本毫無意義。或更確切地說，它們僅僅成為另外一種手段，能夠讓已經有錢的人變得更有錢，讓已經強勢的人變得更強勢——例如透過剝奪印第安人的公用土地、透過議員和部長們的貪腐，以及透過沒完沒了地延後實施理論上早已明文規定的法律。自由主義的作風於是淪為花言巧語，或成了地方上進行爭鬥時的藉口。因此，並不令人驚訝的是，等到拉丁美洲百姓大規模涉入政治的時候，早就普遍打過反自由主義的預防針了。

一個不具代表性的少數群體

事實已經證明，社會主義和共產主義具有比較大影響力的，是思想。然而社會主義和共產主義運動遭遇了類似的時間遲滯效應。因為即使在它們成形的階段——比方說在一八九〇至一九二〇年之間——除了墨西哥和其他幾個特例，拉丁美洲的政治仍然只是專屬於一個不具代表性的少數群體的事。社會主義思想屬於歐洲移民（例如在阿根廷）、屬於有組織工匠和工業工人的奇特組合，不然就是屬於少數來自富裕家庭的知識分子。粗略說來，有歐洲式工會存在的地方，也會有社會主義存在，但在其他地方則不然。所謂「其他地方」也包括了拉丁美洲的廣大農民群眾。傳統的社會主義者甚至共產主義者大多忽略了他們，而且即便有意跟他們打交道，仍舊是一籌莫展。就那些單純、講道理、世俗化的西班牙或義大利工匠組成的無政府主義者而言，他們在拉丁美洲為農業騷動做出許多貢獻，之後卻發現很難跟例如巴西內陸的農民達成共識，因為農民的知識世界幾乎和亞西西的聖方濟時代[3]的歐洲沒兩樣。反過來說，當農民們開始向城市遷移，他們有時候也會覺得社會主義和共產主義與當地相對富裕的工人貴族是一夥的，而那些人很可能是由歐洲移民所組成。

所有這一切都隨著一九三〇年代的大蕭條而改變，它標誌著拉丁美洲中世紀真正的結束。在任何大陸的歷史上如果曾經出現過所謂關鍵的十年，拉丁美洲的就是它了。從廣義上講（而且總是把像墨西哥這樣的特殊案例排除在外），大部分拉丁美洲人直到大約二十五年前才開始成為自己國家歷史的主體，而非僅僅是客體。他們自己的社會反抗運動發展遲緩，但殖民地經濟的崩潰卻幾乎立刻促成了由中產階級政治人物、知識分子或官員出面領導的民族主義與反帝國主義運動。這批人有時隨意地——並且在表面上——借用了法西斯主義的想法，亦即當時歐洲最具影響力的煽動性民族主義意識形態。但儘管如此，其政治運動實際上

3 譯註：亞西西的聖方濟（St Francis of Assisi）是十二、十三世紀之交的人。聖方濟亦譯為聖方濟各。

的大方向卻是左傾，因為他們的力量來自動員窮人對抗富人（富人則反過來與殖民經濟有所關聯）。

民粹主義運動

此類民粹主義運動可與亞洲和非洲的民族解放運動相提並論。但它們不可避免地更加複雜，或者如果你喜歡的話，甚至可宣稱它們是更加混沌的現象。因為它們缺少了國家政治獨立這個明確的目標，儘管有個明確的目標更可將這些運動凝聚起來，並且為它們提供一個易於實現的方案。拉丁美洲各國已經獨立，至少在紙面上是這樣。只有最小的、或離美國最近的一些國家，才知道實際上仍由外國軍隊占領，而一如中美洲的各個香蕉共和國，外國法人團體則是實際的——雖然可能是非正式的——統治者。並非偶然的是，卡斯楚在古巴推動的，恰好接近一場直接對抗外國人的全民運動。此類運動最讓觀察者感到驚訝的地方，在於它是一種暗中摸索、一種見機行事，以及一種尋尋覓覓——而且往往是一種極其混亂和低效率的尋覓，尋覓者想要找到一個方案，來讓自己國家表面上的獨立成為事實。這樣的方案意味著社會改革，即使僅僅是為了迎合群眾。因為如果沒有群眾支持，民族主義者們注定將會以失敗收場。此外，這還意味著發展經濟，而且無論其領導者的個人觀點為何，都會反對來自美國的外國佬（*gringos*），因為沒有人喜歡「老大哥」。甚至連習慣把「America」講成「美國」

都會深深惹惱拉丁美洲人，正如同習慣說「英國」而非「不列顛」會惹來蘇格蘭人和威爾斯人的不快一樣。但除此之外，沒人清楚民粹主義者到底想走向何方，比這更不清楚的是，他們究竟能不能達到目標。

目前仍是一團混沌，只有三件事情是清楚的。首先是拉丁美洲人民的覺醒已經開始了。沒有人能夠回到一九三〇年以前，甚或回到一九五八年古巴革命之前的情況。其次是幾乎沒有任何拉丁美洲國家已經找到一種合理而持久的社會與政治組織的形式。第三是拉丁美洲正在我們眼皮底下，經歷著非常迅速的社會與經濟變革。

一九六三年五月

5

拉丁美洲的社會發展

Social Developments in Latin America

我已在前面指出，套用歐洲和北美政治術語來探究拉丁美洲未來的做法非但徒勞無功，實際上還具有危險的誤導性。現在我想探討一下，那個大陸今日（一九六三年）究竟正在發生什麼事情。正如我已經指出的，事情的本身並非前所未見。其實許多方面歐洲的研究者都很熟悉，尤其如果他是一位中世紀歷史學家，而且對現代殖民經濟也有所了解的話。拉丁美洲具有原創性的地方在於它奇特地實際結合了不同的歷史時期、在於奇特的體制環境（但遠比其他大多數低度開發地區更具歐洲風味），以及在世界歷史的這個時刻開始以驚人的速度往前推進。

第一印象永遠不會完整，但也不總是像人們通常認為的那樣無足輕重。比方說吧，大多數人必須靠空中旅行穿越拉丁美洲，因為往往別無其他選擇。在巴西，每半小時就有一班從里約飛往聖保羅的班機——可是那裡幾乎沒有鐵路，公路甚至還更少。大多數這樣的飛機旅程，幾乎肯定會開始或結束於某個大城市的機場。那裡的摩天大樓、霓虹燈招牌和交通堵塞就宛如海市蜃樓一般，在平原、沙漠、叢林和安地斯山脈一萬八千英尺高的荒涼光禿禿山峰之間拔地而起。墨西哥城、聖保羅、布宜諾斯艾利斯、里約，它們比除了倫敦、莫斯科和巴黎之外的任何歐洲城市來得更大。然而我在它們之間飛越了似乎無人居住的廣袤地區。除去加勒比地帶的少數區域，拉丁美洲實際上是一個空蕩蕩的大陸，有著糟到令人難以置信的通訊設施，其間點綴著巨型城鎮。

但並非全然如此：即使是空空蕩蕩的地方，也會以令人難以置信的速度被填滿，而且比世界上其他任何地方都來得更快。按照當下的速度，拉丁美洲的人口將在二〇〇〇年接近六億，幾乎是目前的三倍。今日北美和拉丁美洲的人口比例大約為一比一。明日格蘭德河以南和以北的人口比例將是二比一，而且盎格魯美洲人和拉丁美洲人都沒有意識到此一事實。

這是統計學家告訴我們的事情。但不需要是統計學家，也會震驚於這場人口革命最引人注目的一面——從鄉村和偏遠地區湧入城市的滾滾人潮。利馬或里約百分之四十的人口，還有累西腓一半的人口，就彷彿逃離地震的難民一般，生活（如果這是恰當用語的話）在簡陋的棚戶區和營地。過了十年以後，大城市的規模可能還會再擴充一倍。在那個絕大部分地區尚未工業化的大陸上，已經有五個國家城鎮的居民多於鄉間百姓，分別是阿根廷、智利、古巴、烏拉圭和委內瑞拉。等到一九七〇年，哥倫比亞、墨西哥和秘魯也將加入它們的行列。英國工業革命整整耗時七十年，蘇聯工業化也花了四十年的工夫，才使得這兩個國家的城市人口居於多數。這種城市的爆炸性發展還沒有產生如同城鎮人口劇變那樣顯著的社會變化。但儘管如此，騷亂與暴動仍然此起彼落，例如裴隆時代的布宜諾斯艾利斯、一九四八年在波哥大的大規模暴亂事件，以及今日委內瑞拉的首都卡拉卡斯。如果湧入城市的農民有淹沒任何東西，應該就是社會主義者和共產主義者在城市裡的小型地方核心。不管表面上看起來怎麼樣，農民在棚戶區的日子往往過得比在偏僻的中世紀農村更好，因為拉丁美洲城市的人均消費可是鄉村的好幾倍。這些人還需要花些時間來衡量他們實際擁有的（已經少得可憐），與他們應得的之間有何差距。他們在政治上既無知又天真，而且向他們買票用不了多少錢——如果他們在當地有投票權的話。他們的激情目前主要是藉著支持足球隊來發洩，這種激情不會永遠都是非政治性的。

在傳統社會裡，不會有數以百萬計的農民蜂擁離開內陸地區，除非他們的生命中發生了深刻的變化。如今變化已然發生。大體上說來，拉丁美洲的鄉間地區分成兩種類型：一種專門為世界市場生產諸如咖啡和香蕉之類的殖民地經濟作物；另一種則是落後的大莊園經濟，就像歐洲黑暗時代那般有著缺乏自主性的農民。殖民地經濟作物在外面比在中世紀莊園裡更為人所熟悉，但二者都陷入了危機狀態。

將拉丁美洲大部分的鄉間地區形容成中世紀並非一種比喻，而是一個嚴酷的事實。歐洲中世紀的精神世界基本上仍存在於許多地方，畢竟十六世紀的征服者把那個世界帶了過來。在巴西偏遠鄉間（距離大城市幾十英里外），一場宗教復興或農民叛亂通常依舊與某種中世紀的異端邪說有所關聯，由當地一位以方濟會修士為原型的「先知」出面領導。吉他樂手們仍舊會向不識字的聽眾吟詠有關古代羅蘭騎士和查理曼[1]的詩歌。但縱使沒有這種歷史遺產，將如此一個社會稱為「中世紀」的做法也不至於產生誤導。畢竟在此社會中，封建領主們經營著搖搖欲墜的莊園，且通常是由服勞役的農奴進行耕種。農民公社在此社會則是處於自給自足式的經濟之中，往往用不著什麼錢，封建依賴性和鄰里互助就是把他們結合在一起的社會制度基礎。

所有這一切都隨著商品化農業的興起而深受干擾。商品化農業既為新興的城市提供食糧，也為我們提供咖啡、香蕉，和我們所想要的其他熱帶食材。此外，好幾個拉丁美洲共和國的對外貿易幾乎完全依賴商品化農業。市場農業的勃興是一個比較新的現象，帶來了直接和間接的災難性影響。有些農民抓住了新機遇，搖身成為商業化小農。有些農民逃往遼闊無主的邊疆地帶，因為自由人仍可盤踞於那些處女地（這兩個群體都很容易發生叛亂和接受共產主義）。許多人乾脆放棄機會並且遷居到城市。剩下的人則越來越不安地生活於一個正在崩潰的社會框架之中，成為一個無法預測的爆炸性群體。

但現在就連殖民地經濟的出口作物（以及採礦和石油業），也已不若以往。一九二九年的大蕭條打破了舊局面，證明了那些行業賴以為生的世界市場有多麼不穩定。幾乎對每一個拉丁美洲國家來說，一九三〇年都是個分水嶺，其具有的意義類似脫離西班牙或葡萄牙統治的紀念日，因為它們對外貿易所依賴的獨特商品就在那一年價格暴跌。從此以後，再也沒有出現過經濟穩定的假象，儘管在一九四〇年至韓戰結束這段期間曾經出現短暫的繁榮，使得當前的一些獨裁者從中獲利匪淺。自一九三〇年以來，由大莊園主和中間商組成的寡頭集團，亦即拉丁美洲大部分地區的典型統治階層，都再也無法恣意進行統治了。時至今日，一些對我們來說看似微不足道的變化（例如即溶咖啡口味的興起）從好幾個拉丁美洲國家那裡奪走的收入，已非天文數字般的外國貸款所能彌補。人們則比以往任何時候更加意識到，不論經濟危機發生地的政府官方地位如何，危機其實都發生在一些殖民地或半殖民地經濟體。

舊的拉丁美洲正在崩潰。必須有某種嶄新的東西來取代它。可是直到目前為止，大多數地區都還沒有這麼做。舉一個明顯的例子：那裡有許多大城市，工業化的程度卻很低，而且主要仍集中在典型的傳統食品業、飲料業和紡織業。有一大批摩天大樓和豪華飯店，甚至如同中東那般欣欣向榮的油田，並不表示一個國家已在經濟上或社會上進入了二十世紀。於是形成一種緊張的壓迫感，覺得事情不能再這樣子繼續下去。這種感覺無所不在，在受過教育的人和知識分子之間尤其如此。就像這片大陸上的其他許多方面一樣，讓人回想起一九一七年之前瀰漫在俄羅斯的那股氛圍。比方說吧，儘管哥倫比亞國立大學只有五分之一的學生是卡斯楚主義者，卻有十分之九的學生認為，在他們的國家必須發生「根本的經濟、社會與政治變革」。這些青年男女恰好都對自己的未來前景相當樂觀，但或許樂觀得沒有道理，因為

1　譯註：查理曼（Charlemagne）是把拉丁文「卡爾大帝」（Carolus Magnus）改拼成法文的結果，被英文沿用。查理曼在英、法文已分別意為「查理大帝」或「夏爾大帝」（Charles le Grand）。俗稱的「查理曼大帝」有畫蛇添足之嫌。

正如同在許多不發達國家那般，當地明顯缺乏讓受過專業培訓的人員發揮所長的機會。這些學生的憤慨純粹是以一種既極端又具有不尋常爆發性的形式，表達出除了少數富豪之外，每個人都對他們國家現狀所感到的不滿。此類潛在叛亂分子當中聲音最大、最活躍的就屬學生，有時還包括了年輕軍官——他們來自中產階級，是一個工作量很低的物種，因為拉丁美洲的軍隊難得有長時間跟任何人作戰的機會，或有這麼做的必要。在格蘭德河與合恩角之間既有納瑟主義者，也有卡斯楚主義者。

這不僅僅是一種創造出反叛的社會正義感而已。它同時也是對落後狀態和外國宰制的總體意識，非正式但同樣真實。甚至連不斷壯大的拉丁美洲新中產階級也做此想，以致在這種觀感和隨著卡斯楚而加深的普遍恐懼之間左右為難，擔心私產遭到剝奪。這個階級的人覺得大地主和出口商的寡頭集團帶給他們束縛，並且阻礙了工業發展，因為後者的利益正是半殖民地經濟的咖啡、香蕉、肉類、銅料或石油出口業務。這些人無論如何都憎恨舊有的統治者，因為儘管當地沒有君主政體，南美各共和國的「傳統家族」，卻比今日很多貴族更加傲慢或強勢。他們厭惡自己國家的懶散和無知，並且對諸如闊邊高帽、嘉年華會和肩章配飾之類，吸引北美觀光業的那種鬧劇形象由衷感到憤怒。他們不需要共產黨來激勵他們反對北美，這就好比我們還是中東地區經濟老大哥的時候，中東人根本不需要共產黨來鼓動他們反對英國。

這些不滿者希望的是什麼？只要他們清楚思考這個問題，無論政治立場為何，每個人都會相信必須發生四個重要的變化。必須進行土地改革，亦即徵用和分割控制著拉丁美洲許多地區的大莊園。必須結束各國對一種或兩種初級產品的依賴，亦即終結半殖民地經濟。必須有系統地發展經濟，亦即實施工業化。最後，無論他們贊同與否，都必須進行大規模的社會改革。關於這項方案沒有第二種見解。甘迺迪總統的顧問們正在敦促那些時而冥頑不靈的寡頭政客，採用該方案的溫和形式來阻遏共產主義革命——其情況正如同卡斯楚主義者鼓吹該方案，以之作為革命工作當中的一環。聯合國也以自己的方式來進行敦促。唯一的問題只是誰能夠實現它，以及用什麼方法來實現它而已。

拉丁美洲各國的實際經驗既漫長又令人沮喪，而且前景晦暗不明。但少數已經有了開創性的突破，並且受到其他國家的密切關注。古巴選擇直截了當的社會革命方式，認為拉丁美洲的中產階級過於軟弱，或者在解決拉丁美洲問題的時候太依賴經濟。（此外有玻利維亞在一九五二年進行過一場相當本土化的社會革命，但由於那個落後的國家已經把自己弄進了一條死胡同，沒有人認真地將它視為進步的典範。）另一方面，墨西哥和巴西這兩個大國在私營企業的傳統中展現出一些經濟活力。兩國的資本主義經濟都不符合古典自由主義的精神——都在很大程度上依賴大規模的政府融資、國有化的工業和國家控管。此外，兩國的中產階級都遠稱不上保守。墨西哥立基於拉丁美洲在古巴之前所完成的最偉大社會革命（那場革命大約從一九一〇年持續至一九三八年）；至於在巴西，工業的倡導者同時也就是刻意煽動勞工和農民起來反抗寡頭統治的那些人。

除此之外，儘管墨西哥和巴西顯然都不同情共產主義，但美國對兩國看待古巴問題的態度——特別是巴西的態度——仍相當不滿意。無論如何，這兩個國家都還沒有走出困境，而且誰要是親眼看過巴西駭人聽聞的貧民窟，恐怕就不會把那裡宣傳成社會正義的豐功偉業。兩國或許將無法維持目前的經濟發展節奏，甚至有可能停滯不前，或者像阿根廷那樣從某種程度上遠高於拉丁美洲其他地區的社會發展水準倒退回去。我們只能說，目前古巴提出了一種，巴西和墨西哥則提出另一種自出機杼的變革模式。那不是其他任何國家有辦法做到的。

此時此刻我們必須避免提出一些具有預言性質、話中有話的問題，諸如：自由民主體制會在拉丁美洲勝出嗎？共產主義在那裡的機會有多大？是否會出現一批新型的民粹主義獨裁者呢？儘管任何預測都有可能是錯的，但這樣的問題並非完全無法回答。更確切地說，我們在提出這些問題的時候，幾乎不可避免地會把自己對世界事務的期盼和厭惡投射到拉丁美洲。最重要的事情並非拉丁美洲的變革能否滿足我們在政治上或社會上的偏好。必須得到滿足的，應該是拉丁美洲百姓自己的願望。

一九六三年五月

6

哥倫比亞的革命形勢

The Revolutionary Situation in Colombia

本文的論點為，哥倫比亞過去十五年來的歷史只能被理解成一場典型社會革命的失敗——或更確切地說，那是一場典型社會革命的流產。最晚從一九三〇年開始，哥倫比亞即已在其一貫的歷史演變脈絡中醞釀著一場社會革命。從邏輯上講，這場革命應該會產生出某種類似卡斯楚主義的東西，亦即一個與共產黨密切合作的民粹主義左翼政權。就事實而言，在行動達到最高潮之際明顯出現了暴亂的局面，奪權已不無可能。尤其暴動實際上是在一九四八年四月自發形成，並得到了波哥大警方的主動支援。然而，沒有人出面領導和組織。霍黑·埃列塞爾·蓋坦的民粹主義運動完全缺乏組織，一俟其領導人遇刺身亡便遭到斬首；共產黨意識到究竟發生了什麼事情的時候，早就為時已晚。結果該國在過去十五年內一直陷入混亂、內戰和地方無政府的狀態。

哥倫比亞今日局勢的意義因而比大多數拉丁美洲研究者所認為的更為重大。這不僅是因為直接通往一場典型社會革命的發展趨勢在拉美大陸極為罕見，同時也因為哥倫比亞群眾自發動員的程度——尤其在一九四八至一九五三年之間——已遠遠超過了拉丁美洲歷史上除墨西哥之外的任何國家。例如一九四八年的「波哥塔索」被公認是最令人印象深刻的城市貧民自發起事，大規模動員的農民游擊隊（哥倫比亞過去和現在幾乎所有的游擊隊都是農民游擊隊），更讓古巴難以望其項背。[1]哥倫比亞局勢一如既往重要的主要原因在於，哥倫比亞這個國家能夠對拉丁美洲的未來產生決定性的影響，古巴卻不太可能這樣。哥倫比亞是一個大國。就人口而言，它在拉美大陸排名第四，而且按照目前的增加速度很快將超越阿根廷，成為第三大國。[2]它也是一個富饒的國家，可望享有全面且均衡的經濟發展。它的地理位置使之成為加勒比海、中美洲，以及至少是南美洲安地斯山區之間的戰略樞紐。它與委內瑞拉、厄瓜多、秘魯和巴西接壤——換句話說，就是毗鄰一些社會革命時機已臻成熟的國家。更何況，要向哥倫比亞革命施壓可是要比向古巴革命施壓困難多了。

哥倫比亞和大多數拉丁美洲國家一樣（阿根廷和烏拉圭或許除外），顯而易見，同時為農民的社會革命和城市貧民的社會革命提供了薪柴。正如同其他的拉丁美洲國家，問題並不在於找出薪柴何在，而是要解釋它為什麼還沒有迸發出火焰，或者——就像哥倫比亞的案例那樣——它為什麼自發爆燃後卻回頭變成了一團煙霧，只是偶爾顯露微光。

現況的背景

現代哥倫比亞歷史可謂始於一九二九年的經濟大蕭條，以及自由黨在一九三〇年重掌政權開啟了一個新的政治時代。

哥倫比亞有過一種相當特殊的政治結構，穩定地以自由和保守兩黨進行寡頭政治。這個結構在很大程度上排除了習見的軍事獨裁統治（*caudillismo*），而且很不尋常的是，它還在鄉間深深扎根於農民之中。因此就哥倫比亞而言，政治的演進傾向於不讓各個傳統政黨成為高高在上的富人孤島，而是藉由滲透來加以轉化。自由黨就在一九三〇至一九四八年之間轉型成為一個人民的政黨。其中一部分的原因是，隨著商品作物經濟崩潰而快速崛起的城市、工業、非買辦新興中產階級一如既往地接納了它。另一部分原因則在於傳統自由黨的「新政」（New Deal）派系人物刻意做出努力，藉以在城市——以及較小程度上在鄉間——喚起貧困人口的政治覺醒。

阿方索・洛佩斯或許受到羅斯福的影響而走上這條路線，在一九三四至一九三八年的總統任期內成效卓著，在一九四二至一九四五年任內則比較不那麼成功。更重要的是，由蓋坦組織起來的獨立民粹主義群眾運動回到了自由主義的懷抱，蓋坦本人便出身自該陣營，最後更在一九四六年牢牢掌握住自由黨。或許應該補充說明的是，共產黨同樣成立於一九三〇

1 沒有可靠的數字能夠佐證古茲曼主教在《哥倫比亞的大暴力》（*La Violencia en Colombia*. Bogotá, 1962）一書中做出的估計，他認為該國一度有多達三萬名武裝游擊隊員同時展開行動。但儘管如此，一九五三年內戰結束後僅僅五天，便有六千五百名叛亂分子放下武器。就非正規武力而言，這是一個相當可觀的數字。

2 譯註：目前拉丁美洲人口前三名的國家是巴西（超過兩億）、墨西哥（超過一億）、哥倫比亞（五千萬上下）。

年，卻傾向在自由黨「新政」支派的羽翼下運作。然而，它並沒有特別受到蓋坦及其支持者的影響。出於各種理由，共產黨對蓋坦主義一直抱持深深的疑慮，直到時間已經太晚為止。後來更會發現這是一個決定性的錯誤。

哥倫比亞政壇的此一趨勢徹底破壞了兩黨寡頭政治的基礎，因為它勢必將使得政黨轉變成為社會運動。尤有甚者，它會使得對窮人深具吸引力的自由黨永遠成為壓倒性多數黨。[3] 這種發展可被視為一九四九至一九五三年內戰的根本原因。保守黨實際面臨著長久黯然失色的可能性，不得不進行反擊。此外，一九四八年的騷亂更讓他們充分意識到自己處境的危殆，於是在反擊時有系統地攻擊國內的自由派領域，並且刻意把國家機器——特別是警察和軍隊——改造成保守派既得利益者的禁臠。

內戰和皮尼亞的獨裁統治

蓋坦在一九四八年四月遇刺身亡，幾乎立刻導致騷亂爆發。兩黨於是組成全國聯盟以為因應，這也意味著溫和自由派人士轉向了保守黨。此事遭到自由黨左派和蓋坦主義者的反對，並在黨內引發激烈分歧。

該聯盟在一九四九年國會大選前不久即告解體。保守黨試圖抓住自由黨深陷分裂的機會來鞏固自己的權力。然而這只能透過選舉以外的手段——即便只是以些微差距贏得了一九四九年的國會大選，自由黨仍算強大。軍中的自由派遭到肅清，保守黨在右翼總統候選人勞雷亞諾·戈麥斯的領導下，利用一切行政和軍事手段杜絕自由主義政策的可能性，並且摧毀了自由黨在鄉間地區的據點。鄉間地區從蓋坦去世以來即相當動盪不安，保守黨的攻擊更製造出自由派的自衛運動，其範圍從農民為了對抗政府軍和武裝暴力團體而自發組成的游擊隊，一直延伸到整個自由派地區的集體叛離——例如東部平原地區。內戰很快便發展到不僅僅是純粹的武裝黨派鬥爭。整體而言，在內戰的高峰時期，除了大西洋和太平洋沿岸地帶，該國只要有人居住的地區都遭到波及。保守黨政權穩步走向了半法西斯獨裁統治。

然而到了一九五三年，為了終結那種令人忍無可忍的局面，羅哈斯·皮尼亞領導下的軍方接管了政府。因為到了這個節骨眼，戈麥斯的右派政權所進行的實驗顯然已經徹底失敗。內戰以大赦告終，政治生活至少在表面上重新回歸中間路線，但只不過是淪為軍事統治的附屬品而已。

羅哈斯的獨裁統治卻也同樣失敗了。鄉間暴力事件在一九五四年後死灰復燃。儘管只出現在該國的一小部分地區，但羅哈斯設法仿效裴隆主義模式來建立政權的企圖完全沒有指望一事已經變得非常明顯。它缺乏民粹主義軍事統治所必需的基礎，即得到群眾的支持——哥

3 教會和某些傳統上保守的地區（例如博亞卡省），或許有辦法在農民階層為保守黨保留一定數量的追隨者，然而能夠在各城市爭取到的人數恐怕不會很多。

倫比亞群眾絕非政治上的新手，反而有著保守黨和自由黨的傳統，在少數情況下更是共產主義傳統。羅哈斯也缺少了一九五〇年代初期拉丁美洲獨裁者（例如阿根廷的裴隆和秘魯的奧德里亞）都擁有的另一項資產，即充足的外匯儲備或上揚的基本出口商品價格。咖啡，哥倫比亞百分之九十五的外匯來源，其價格已從一九五四年的每磅八十美分跌落至一九五八年的四十五美分。除此之外，羅哈斯對經濟的管理不善更是火上加油。一九五七年爆發了嚴重的外匯危機，以致必須大幅削減進口。教會放棄了對羅哈斯的支持，兩大政黨則在流亡期間形成牢固的兩黨聯合陣線。最後，獨裁政權於一九五七年垮台，由今日的政府取而代之——表面上這是一項臨時措施。

類似的用語因而能夠同時用來解釋內戰的結束和內戰的開始；內戰恐有演變成一場社會戰爭之虞。以東部平原地區為例，它起初是一個堅定對抗保守黨政府的自由派武裝自衛地區，各個牧場主人組織、牧場工頭負責領導，並且由牛仔和傭農進行戰鬥。然而在很短的時間內，平原地區人口內部的社會分歧開始給他們的領袖帶來了麻煩。已有跡象顯示，對抗波哥大的戰爭正轉型成為一場對抗那些沒有牛隻、支持社會變革者的戰爭。因此，一旦獲得了不干涉的保證，那些地方巨頭就更願意與首都和平相處。自一九五三年以來，東部平原地區一直保持平靜，儘管據說那裡如今存在著一個強大的共產主義者地下組織。

值得補充說明的是，少數一些由共產黨控制的地區——尤其是具有重要戰略地位、距離波哥大區區幾十英里的所謂「特肯達瑪共和國」——實際上已在內戰期間為自己取得自治地位。但其中比較正統的派系除了阻止所有官方或非官方外來勢力入侵，並不打算做得更多。

羅哈斯・皮尼亞的獨裁統治固然在一九五三年結束了內戰，騷亂卻還是捲土重來。不過在一九五七年的時候，兩大傳統政黨達成為期十二年的休戰協議，哥倫比亞至今仍受其影響。目前只有自由黨和保守黨人士具有參選資格（但在一項會讓人聯想起烏拉圭的安排下，兩黨內部有組織的政治團體皆可推派候選人。共產黨儘管被剝奪了權利，但在法律上仍容許其存在），並由自由黨和保守黨籍的總統輪流執政。

休戰協議大大緩解了暴力事件（*violencia*）。儘管暴力行為最近有重新出現的趨勢，但這一次完全沒有涉及對政黨的忠誠，純粹只是選戰所造成的結果罷了。可以相當確定的是，自由黨在現在和將來都會維持多數黨的地位。該黨在一九六〇年獲得了大約一百五十萬張選票，而保守黨是一百萬票——這是由軍隊的保守主義立場製造出的平衡狀態。革命分子已經轉而支持「新政」總統之子洛佩斯・米切爾森領導下的所謂「自由革命運動」。[4] 其極左派的成員——例如蘇瑪巴斯的農民領袖胡安・德・拉・克魯斯・瓦列拉——甚至曾經（或仍然）以

4 譯註：那位哥倫比亞「新政總統」的全名為阿方索・洛佩斯・普馬雷霍（Alfonso López Pumarejo，1886-1959），曾經兩度執政（一九三四～一九三八、一九四二～一九四五）。他兒子的全名則是阿方索・洛佩斯・米切爾森（Alfonso López Michelsen, 1913- 2007）。西班牙語系的人名依序由「名」、「父姓」（固定不變）、「母姓」組成。自由革命運動（Movimiento Revolucionario Liberal, MRL）在一九六七年重返自由黨，洛佩斯・米切爾森後來也擔任過總統（一九七四～一九七八）。

「自由革命運動」民意代表的身分坐在議會裡。

今日的局勢

內戰與一直持續下去的鄉間動亂產生了怎樣的後果？事實上，它摧毀了保守黨時代試圖建立有效集中管理的嘗試。目前唯一真正具有哥倫比亞全國性意義、有權在地方上強制執行中央命令，並且從全國各地獲取收入的組織，是教會（這當然是一個保守的既得利益團體）。中央行政機構看似存在，但這在很大程度上取決於政府實際上已退出某些純粹地方性的事務，並將這些事務留給了地方當局——在少數案例中是共產黨，但大多數為自由黨和保守黨。這種情況讓人回想起中世紀封建國家，在哥倫比亞或許並不比其他拉丁美洲國家來得更糟，然而哥倫比亞的地理複雜性使得它看起來更加明顯。

就原先可望支持一場社會革命的各種力量而言，經過了十五年，「波哥塔索」在今日的情況究竟如何呢？在成長速度快得令人難以置信的城市裡（最大五座城市的人口在過去十年內增加了一倍），一切都風平浪靜。蓋坦已經死了，此後便不曾再出現任何有能力動員城市貧民的領導人。由於士氣消沉和意識形態或冷戰所造成的分歧，城市和工業勞工運動已裂解成為三個主要團體：與「國際自由工會聯合會」合作的「哥倫比亞工會聯盟」、一個天主教的機構，以及由殘存的共產主義者和一些獨立工會所組成的聯盟。

鄉間的情況則有所不同，因為「大暴力」並沒有被消除，反而肆虐於五、六個省分：考卡山谷省、托利馬省、卡爾達斯省，以及烏伊拉省、考卡省和昆迪納馬卡省相鄰的地區，此外再加上安提奧基亞省、桑坦德省和博亞卡省的一部分。在其他許多地方，「大暴力」則是處於休眠之中。十五年的無政府狀態已經讓它變成了一個機制或一種勾當——有時就如同在卡爾達斯省的咖啡種植區那般，它與西西里島黑手黨驚人地相似，因為它是一種農村中產階級的組織，致力於經濟地位的提升。然而它並不是一個著眼於社會革命的機制。但是，最近遭到兩大黨拋棄之後，殘存的盜匪團體和不斷由第二代暴力分子組成的新幫派找到了一個新使命，要幫助窮人對抗有錢人。此外，據說共產主義對他們的影響力已然增加。不過這只在非常有限的情況下才可成立。縱使那些盜匪並不反對紅色勢力，共產黨對盜匪卻還是提不起勁，而且在跟他們打交道時表現得極不情願。

共產主義地區

另一方面，準自治的共產主義地區及核心地帶仍然存在。它們分成三種。首先是「特肯達瑪共和國」，其社會結構類似與它相鄰、位於它和波哥大之間的「大暴力」區域。組成人口是昔日的小佃農——那些佃農於內戰前即已強迫地主把他們耕種的土地賣給他們。「特肯達瑪共和國」儼然成為共產黨的威廉・泰爾式的瑞士，由一些獨立「州」所組成。例如比奧塔是由一位可敬的黨內幹部、同時也是前釀酒工人維克多・梅爾昌負責領導；蘇瑪巴斯的領導人則是一位基層農民領袖胡安・德・拉・克魯斯・瓦列拉，他相繼經歷了自由主義、共產黨、蓋坦主義、他自己的農業運動，以及革命自由黨等階段。就他的案例來說，那似乎是一種偽裝，用於掩飾更先進的觀點。

該地區鄰接第二種類型的共產主義據點，由從山地一直向平原和亞馬遜盆地延伸出去的遼闊空間所組成。打頭陣的獨立農民團體已逐漸遷居至此，而且那些農民沒有主人，對共產主義抱有很大好感。在這些位於梅塔省和卡克塔省的交通不便區域分布著游擊隊的訓練基地和其他各種中心，例如蘇瑪巴斯人民位於杜達河畔、梅塔省艾爾帕托地區，以及貝倫（佛羅倫西亞西南方）的訓練基地。共產黨在托利馬省也有若干活動中心（比亞里卡、伊孔翁索、查帕拉爾），此外還有一些位於考卡省的印第安人地區，但已不像從前那樣活躍。第三個共產主義據點是東部平原地區的半地下化活動中心。

各個共產主義據點有武裝、有組織、有紀律，並擁有正規的行政、教育和法律體系，而且總是可以被辨認出來——因為即使位於流血衝突地帶，它們也未受「大暴力」波及。其主要優勢在於安排事情時的明顯效率和公正性，使得它們對鄰近的農民具有吸引力。相關研究領域最傑出的專家赫爾曼・古茲曼主教認為，它們可能會變得越來越有吸引力。率真的農民作風是它們主要的弱點，也正是它們吸引人之處，因為其政治視野事實上完全是地方性的。如果任其發展下去，它們將僅僅專注於自己的地區，甚至不會去挑戰更高層級的行政管理和經濟活動。以比奧塔為例，它就是非正式地與中央政府處於共同存在的狀態。

奪取土地

然而，最近又重新出現了一種更直接的農民騷動形式，即占領土地。這個發展與拉丁美洲各地正在發生的情況驚人地相似，而且它與「大暴力」沒有直接關聯。占領土地的行動無論是自發性的、還是由共產黨人組織起來的，多半並沒有發生在身為「大暴力」中心地帶的小佃農咖啡區，反而主要出現在南部的大莊園地區：納里尼奧省、考卡省、烏伊拉省、托利馬省的一部分，以及——有的是新現象、有的是死灰復燃——大西洋沿岸的玻利瓦爾省、大西洋省和馬格達萊納省。就參與占地行動的人而言，無地的勞動者比較少（整體來說，他們在拉美大陸各地都是一個相當被動的階級），更多的是佃農和承租人。

這種行動的主要特點在於完全跨越了政治界線。因此，一九六一年底在昆代地區（特肯達瑪和瓦列拉昔日勢力範圍的一部分），保守派、自由派、共產黨與神父們聯合人侵莊園，業主們則巴不得（在非常類似秘魯的情況下）跑到城市避風頭。

大致而言，土地占領行動活躍的地方，就是政府決定實施土地改革的那些地區。除了桑坦德省的一個區域，一九六二年正在進行的九個土地改革項目——部分是墾殖（如納里尼奧省和安提奧基亞省），部分是地產分割（如在昆代地區）——對那些地區都產生了影響。順便提一下，這個事實突顯出拉丁美洲所有由上而下土地改革計畫的薄弱環節：積極執行這些計畫的唯一辦法，通常就是利用農業出現劇烈動亂的機會。

學生之間的情況

就最後一個反叛階層（學生）而言，哥倫比亞目前的情況相當平靜。哥倫比亞與某些拉丁美洲國家不同，過去兩、三年內未曾在學生身上發現醒目的左翼運動。左派（含「自由革命運動」）在波哥大明顯居於少數。即使在自由大學，一個如此世俗、強烈以馬克思主義為導向的機構，卡斯楚主義者的人數都還不到學生總數的一半。在國立哥倫比亞大學最具政治意識的科系（法律系和經濟系），情況也是一樣。像一九六二年那樣從一所大學蔓延到另一所大學的學生罷課行動，儘管既受歡迎又具有影響力，左翼知識分子卻普遍陷入了悲觀和迷茫的情緒。

但必須指出的一個重要事實是：在一九四八至一九五八年間，大學生和中學生的人數增加了大約百分之一百四十。一九五八年的大學生超過一萬九千人。此外，不同城市設立了幾所新的大學，潛在形成了一些新的革命活動中心。

政治黨派

目前存在的政黨和其他政治團體的情況又是如何呢？首先，有證據表明所有黨派都或多或少遭到了削弱。例如一九六〇年的選舉，七百萬選民裡只有四百四十萬人被登記造冊，而且只有一半的人前往投票。一九六二年，實際投票的選民人數同樣也只有一半左右。

自由黨廣義而言分成兩派，一是耶拉斯．雷斯特雷波的官方自由主義派，另一派則是阿方索．洛佩斯．米切爾森的「自由革命運動」；後者在很大程度內——儘管面對著不小的內部阻力——成為左派人士被剝奪公民權之後的法律戰線。（胡安．德．拉．克魯斯便是該黨的首批領導人之一，並曾在議會裡代表該黨。）「自由革命運動」在一九六〇年得到意想不到的成功，獲得自由派百分之二十的選票，到了一九六二年甚至以百分之三十六的得票率贏得更大勝利。它在鄉間和具有自由主義傳統的中型城鎮掌握優勢，其優勢或許也與它跟目前的各種游擊隊（還有前游擊隊）有所聯繫有關，畢竟這些游擊隊在地方上享有相當大的政治權力。但也是一九六二年，它在各大城市慘遭敗績。「自由革命運動」廣泛吸引了蓋坦主義者，不過蓋坦的女兒雖設法重振父親的運動，卻通常對它抱持反對態度。它小心翼翼地游走於認同卡斯楚主義者與共產黨人，以及對抗他們的人之間，以免失去他們的支持。它目前的趨勢是右傾。「自由革命運動」是革命者和改革者的聯盟，但它的領袖阿方索．洛佩斯．米切爾森或許比他的父親更右傾，因此他當然不會是個革命者。不過，自由革命運動給了左派一個向大眾發聲的管道。

保守黨擁有的主要資產則是教會的支持，即便教會對那些（保守派）政治人物或運動的實際忠誠度帶有非官方性質，而且是有條件的。此外，該黨已支離破碎，主要裂解成兩批人馬，分別支持奧斯皮納・佩雷斯和保守黨右翼「勞雷亞諾派」。[5] 前獨裁者羅哈斯也是一個不容小覷的力量。但鑑於個人關係、家族忠誠，以及地方派系之間的策略聯盟可能會對合縱連橫產生重大的影響，我們或許不宜過度解讀這種十八世紀式政治家族糾紛所具有的社會意義。畢竟他們最近又再次趨向於聯合在一起。

然而，在選舉框架之外，保守派內部很可能正在形成一個具有社會意識的派系，成員或許主要是年輕的長槍黨知識分子和軍官。在拉丁美洲的環境下，這種準法西斯主義右翼勢力很容易像在玻利維亞那樣，成為一股潛在的社會革命力量，或者如同在秘魯那般掀起一股強烈的納瑟主義潮流。哥倫比亞軍方固然沒有某些拉美國家常見的軍事政變和軍事獨裁傳統，卻曾因政黨制度的崩潰把一位或許不太情願的將軍推上了大位，此即一九五三至一九五七年之間的羅哈斯・皮尼亞。同樣的情況不無可能重演，但持續存在的「大暴力」阻礙了這種可能性，因為把暴力事件控制住的嘗試讓軍方總是分身乏術。

共產黨比其他兩個黨小得多，而且更加地方化，由於內部紛爭和中央缺乏對邊遠地區的控制而遭到削弱。在希爾維托・維埃拉[6] 的統率下，共黨的領導階層雖然被貼上了正統的標籤，整個黨卻從未真正達到堅如磐石的地步，並且仍與早期階段相去不遠，也就是隨著政治局勢的變化一再分裂成各個派系團體，然後又再重新整合。目前主要唱反調的是一些認為黨內政策過於溫和的知識分子，儘管毛澤東主義直到最近似乎都還沒什麼影響力。除了他們之外還有卡斯楚主義者——這個名稱在很大程度上是左派反共產主義者的同義詞。後者成立了「革命行動統一陣線」，一個由各種地方團體組成的聯盟，而蓋坦的女兒和女婿重振起來的蓋坦主義顯然已成為其指導力量。很可能有若干卡斯楚主義團體仍然置身其外——那些團體都鼓吹直接行動，並且設法與現有的游擊隊產生連結。革命行動統一陣線完全由知識分子組成，截至目前為止，它的活動還不算很重要。

對未來的展望

我們既無法表示任何現有的政黨或運動可以成功地激勵群眾，也不能認為已有任何個別

5 譯註：奧斯皮納·佩雷斯（Mariano Ospina Pérez, 1891-1976）是哥倫比亞第十七任總統（一九四六～一九五〇），「勞雷亞諾派」（*Laurenistas*）則是該國第十八任總統（一九五〇～一九五一）勞雷亞諾·戈麥斯（Laureano Gómez, 1889-1965）的支持者。二人是「大暴力」爆發之初的兩位哥倫比亞總統，最後羅哈斯領導下的軍方在一九五三年發動政變，推翻了「勞雷亞諾派」的獨裁政權。

6 譯註：希爾維托·維埃拉（Gilberto Vieira, 1911-2000）或譯為吉爾伯托·維埃拉。他是哥倫比亞共產黨的創建者，並曾擔任總書記（一九四七～一九九一）。

領導人獲得了像蓋坦那樣的全國聲譽。(目前,非共產主義的領導人都來自諸如耶拉斯、洛佩斯或奧斯皮納之類的傳統政治家族,這意味著所有隨之而來的優勢和侷限性。)「自由革命運動」是最接近大規模左派運動的組織,但其影響範圍有限。

不過有可能,而且確實有可能的事情是,兩黨統治的僵化框架將被保守黨和自由黨不滿者的聯合叛離行動所打破,而且全面的政黨騷亂將會在非正式休戰結束之前重新開始。在各種不同的情況下,某種軍事獨裁統治也將會是一種可能。有些左翼人士把希望寄託在這種獨裁政權所產生的反作用力,但此態度只不過是以另一種方式表達出了他們對實際情況的悲觀態度。

一九四八年流產的那場社會革命的最終結果顯然就是製造出混亂的無政府狀態。雖然表面上看起來局勢穩定,但這純粹是一種假象,因為社會變革正在表面之下以驚人的速度發生。正如前面所提到的,人口正在快速成長。過去十年內已增加了百分之二十七,城市人口的增加速度甚至更快。到了一九七〇年,哥倫比亞的人口將以城市居民為主,而且更不尋常的是,這些人將分布於幾座巨型城市——但即使是在現在,波哥大、梅德茵、卡利和巴蘭基亞的人口也都已經超過了五十萬。工人階級的生活條件很差,以哥倫比亞的城市工人為例,他們在食物上的支出占其收入的比例高於巴西工人,在服裝上的支出比例卻甚至比他們在厄瓜多的鄰居都還來得低。有證據表明,在大城市——特別是在波哥大——工人階級的生活水準降低了。比方說,首都波哥大的人均蛋白質和卡路里的消費量,比全國除了一個主要城市以外的所有其他城市都低；而且在卡利和帕斯托（納里尼奧省），中產階級和工人階級的消費能力出現了最大差距。

很難想像這種情況不會遲早導致群眾騷亂在首都或是其他城市死灰復燃。在地工業化的程度有限，而且相對進展緩慢：與南美大陸其他國家相比，哥倫比亞工業工人所占的比例僅僅高於玻利維亞、巴拉圭和厄瓜多。

正如人口湧入城市的熱潮所顯示的，傳統農村社會的崩解正在加速當中，土地租佃結構和農業的標準卻繼續陳舊過時。現在判斷土地改革可能會產生的影響還為時過早，因為目前的改革計畫主要是針對一或兩個特別危急的地區。

最重要的是，人們普遍深信必須出現變革，而且是從根本上加以改變。儘管大學生相對比較被動，但其中的百分之八十二（入學一年之後則是百分之九十一）仍堅信有必要做出這種改變；假如蓋坦依然在世的話，百分之七十二的大學生會成為蓋坦主義者。

現在很難預測政治和社會變革將以何種形式出現，或者將產生什麼結果。但若有任何觀察者不認為現在的哥倫比亞是在疲憊之際暫時停歇一下，恐怕將只會猛然驚醒。

一九六三年六月

7

對哥倫比亞暴力的剖析

The Anatomy of Violence in Colombia

過去十五年內，哥倫比亞這個南美洲國家飽受內戰、游擊隊活動、盜匪行為和直接屠殺的交相蹂躪。同樣可視為災難的是，外界幾乎對此一無所知。由於缺乏任何更好的用語，我們把這種現象稱為「大暴力」（*La Violencia*）。它在一九四九至一九五三年之間的巔峰期演變成一場內戰，波及該國約一半的面積和大部分的人口；最低潮期（一九五三～一九五四）則很可能只侷限在兩個省（department，即哥倫比亞主要地方行政單位）的一部分。目前它影響六、七個省的部分地區，以及總人口的百分之四十。至於在其他省分則是處於休眠狀態，但尚未死寂。

「大暴力」總共造成的生命損失駭人聽聞。波哥大國立大學社會學系最近出版專著，[1]其中雖然駁斥了有關三十萬人左右遇害的大膽估計（哥倫比亞政府在一九五八年的猜測為二十八萬人），但仍認為死亡人數不少於二十萬人。不過這缺乏可靠的統計學基礎。根據中央政府和省級政府最新（一九六三年一月）的官方數字，死亡總人數幾乎不可能少於十萬，而且或許還會高出許多。目前仍未出現更少的死亡人數數字。另一方面，「大暴力」在特定地區產生的影響可藉由針對當地的研究來衡量，例如皮內達．希拉爾多關於利巴諾（托利馬省）的專著。[2]一九六〇年，在該市較貧困地區接受採訪的四百五十二個家庭裡，有一百七十個家庭於各種屠殺中失去了總計三百三十三名親人。有一、兩項調查報告也評估了「大暴力」對國內人口遷移所造成的影響。引用曾為波哥大研究過該專題的卡米洛．托雷斯神父的說法，[1]其影響非常可觀，因為「農民如同在封建時代那般，來到城市尋求安全」。

不過「大暴力」最發人深省的地方是，它有助於闡明關於鄉村動盪和叛亂的問題。如果我們省略正式打內戰的階段（一九四九～一九五三），那麼「大暴力」是個完全屬於鄉村的現象，即便它在一、兩個案例當中（例如在考卡山谷省和卡爾達斯省）起源自城市，而且某些類型的政府或保守派的職業槍手（*pájaros*）依舊以城市為基地（這從他們使用汽車進行運輸一事即可看出端倪）。它代表著可能是西半球當代史上最大型的農民武裝動員行動（不論那是游擊隊、盜匪或自衛團體），或許只有墨西哥革命的某些時期可與之相提並論。整個「大暴力」時期武裝人員的總人數據估計多達三萬人，不過所有相關的統計數字都非常不可靠。實際的武裝人員幾乎全部是農民，年齡介於十四到三十五歲，而且識字率可能高於平均值。（托利馬省抽樣的一百名游擊隊員當中，只有五個文盲。）那裡面沒有工人，只找得到一些奇奇怪怪的知識分子或中產階級人士。除了若干印第安人（在特定地區），以及極少數——

少到不成比例——的黑人之外，他們通常是骨瘦如柴、身材矮小、食不果腹，但抵抗能力驚人的梅斯蒂索農民或牧民，而且在該國沿海區域以外的任何地方隨處可見。他們在政治上的分布與整個哥倫比亞類似，分裂成自由派和保守派的團體（後者可能規模較小），以及規模再小得多的共產主義分支。他們並沒有實際介入「大暴力」，而是專注於進行武裝自衛來抵禦政府或敵對團體的入侵。休眠的「大暴力」地區可能也具有相同的模式。其中最重要的是東部平原地區，一個穩固的自由派牧牛人區域，不過現在那裡也有一支共產主義隊伍。一九五三年，保守黨政府停止中央控制的企圖之後，當地放下了、卻沒有拋棄自己的武器。這種蠻荒西部場景不是本人在此探討的對象。

基本上，任何一個拉丁美洲國家都存在著兩種類型的農業區。一種是極度落後的自給自足耕作方式，實際上處於經濟活動的範圍之外，或只是勉強在其邊緣之內。另一種則是為市場生產，那意味著它們當中有部分是為快速成長的城市生產食糧，但主要還是為世界市場種植咖啡之類的經濟作物。哥倫比亞在二十世紀初期開始有系統地種植咖啡（以及香蕉和其他較少量的作物），如今該國是僅次於巴西的咖啡生產國。農業組織也有兩種基本類型，一種

1 譯註：卡米洛・托雷斯（Camilo Torres, 1929-1966）是國立哥倫比亞大學的神父及講師，一九六〇年與法爾斯－博爾達（Orlando Fals Borda, 1925-2008）共同創立該校的社會學系。托雷斯關心貧窮百姓疾苦，乃「解放神學」的先驅之一，希望將馬克思主義與基督教義結合。他後來加入第一個南美洲游擊隊組織——「民族解放軍」（ELN），於首度出任務時陣亡，成為該組織的烈士。參見本書第三十一章。

是以僱用勞力或類似方式來經營的大莊園，另一種則是由自耕農、承租人或佃農來耕作的農戶單位。土地擁有權的實際形態與農業企業結構並無直接關係，這可以解釋為什麼「大暴力」與土地財產分配之間並沒有明顯的關聯性。順便說明一下，這裡和拉丁美洲許多地方一樣有大莊園，不過除此之外還有為數不少的小農戶。大莊園結合小農戶的形態，主要會以兩種方式影響哥倫比亞的社會狀況。它突顯出收入的不平均：百分之四點六的人口獲得全國百分之四十的收入。同時，它也延續了鄉村的準封建社會結構。

哥倫比亞鄉間的普遍風貌因而是一個個極其落後、孤立、無知，以及由習俗主宰一切的農民公社，受到封建地主及其心腹的支配。這種以半自給自足農業為基礎的傳統社會，如今正在迅速瓦解，而正如拉丁美洲其他地區，面向世界市場的商品作物經濟成了主要的催化劑。經過了二十世紀最初三十年的預先準備，瓦解進程從一九四〇年開始就發展得如火如荼。

直到保守黨和自由黨於一九五七年正式退出「大暴力」為止，整體社會態勢在某種程度上被國家和地方的政治恩怨所掩蓋。但是在過去五年裡，「大暴力」幾乎沒有受到那些因素的影響，因此我們可以對它做出一些嘗試性的概括。首先，它幾乎沒有波及到大莊園的種植區域。畢竟，就像拉丁美洲的其他地方一樣，沒有土地的農村勞動者屬於鄉間人口中比較不叛逆的那群。其次，它在小型經營者快速推動經濟作物種植的區域占有特殊地位，尤其是在種植咖啡的鄉間地區。目前它在很大程度上，侷限於一個全部或部分涵蓋托利馬省、考卡山谷省和卡爾達斯省的地帶——那裡是哥倫比亞的三大咖啡產區。三者當中，卡爾達斯省和考卡山谷省的人口成長最快，托利馬省的增加速度則僅略高於平均值。或許值得補充說明的是，一些有武裝但非暴力的主要共產主義地區都鄰近那個地帶，而且在經濟上附屬於它。

此外，還有第三個已經武裝起來、但仍處於平靜狀態的區域也應該一提。這個區域從山區延伸到亞馬遜盆地的偏遠空曠鄉野，獨立的拓荒先驅者們在其中建立了強大的共產主義核心組織，並為游擊隊提供訓練基地的場所。其他拉丁美洲國家也存在著類似的現象。獨立的拓荒先驅者擺脫了往往處於封建統治下的傳統環境之後，成為最潛在的好戰農民分子之一，並且如同在秘魯以及巴西的部分地區那樣——是左派組織最容易爭取到的對象。

另一方面，「大暴力」在其核心地帶不只是意味著一種窮人對抗富人、無地者爭取土地的運動。這在某種程度上當然是一種渴求土地的表現，儘管其所採取的形式是保守派農民屠殺自由派、將他們掃地出門，否則就是反其道而行。但更為明顯的是，在十五年的無政府狀態下，正在崛起的農村中產階級利用了它，以獲取財富和權力（不然的話，他們在準封建社會中恐怕很難提升自己的社會地位）。「大暴力」在這方面發展出的各種形式，醒目地讓人聯想到與其非常相似的西西里島黑手黨——特別是在卡爾達斯省那個優秀的咖啡產地。卡爾達斯省的地位相當於西西里島的那些「加貝洛托」們（*gabelotti*，亦即莊園管理者和中間商），甚至成立了一個叫作「房地產總管兄弟會」（Cofradía de Mayordomos）的正式組織來敲詐地主，同時也威嚇農民。此類地區的「大暴力」已經在經濟上被制度化了。它伴隨咖啡的收成，每年重新上演兩次，並且決定著農場、莊園、咖啡收成和咖啡貿易的再分配。值得注意的是，這些地區無休止的屠殺並沒有對咖啡種植的增加造成任何影響。一旦某個農民被驅逐出他所持有的土地，就會有別人立刻過來接管這筆利潤豐厚的資產。

在更明顯的意義上，「大暴力」當然往往具有革命性質和階級意識，尤其自從近年來武裝人員失去了為兩大黨戰鬥的正當理由之後，他們越來越傾向自認為是窮人的捍衛者。此外，不足為奇的是，武裝人員和亡命之徒通常若非沒有財產或缺乏關係的年輕人，就是屠殺和充公下的受害者——無論這是官方還是政敵造成的。在大多數被記錄下來的案例中，自衛或報仇的心理（二者在那個社會中可畫上等號）把他們從奉公守法之人推向亡命之徒的生活。從另一方面來說，武裝農民團體並非直接源自社會叛亂，而是肇因於傳統政黨內戰與警方或軍方暴行的組合體，這個事實模糊了各種階級問題。例如在自由派游擊隊眼中，「丘拉維塔斯」（他們原先是博亞卡省的士兵和警員，由於為保守黨效力時的殘暴作風而惡名遠揚）[2]是比自由派地主更加明顯的敵人；在東部平原地區，自由派的牧場主人卻從一九四九至一九五三年的叛亂過程中得出結論，認為無牛的百姓和普通的牛仔反而比保守黨政府更危險。「乾淨」的自由派游擊隊往往會花更多時間打擊「骯髒」的公社（*communes*）或共產主義團體，而非保守派的人馬。其理由為（而且相當奇怪地，這些理由來自貧窮的農民），「那些主張『一切都屬於大家，東西不歸地主所有——應該分配給有需要者』的人，根本就是土匪。」畢竟，某些聚落傳統上對自由黨（或保守黨）的忠誠，並未在內戰期間削弱他們與鄰近敵對地區之間的傳統仇恨，反而得到了加強。大多數游擊隊和土匪所表達出的是鄉村社會的混亂，而非自己對社會的期望。

我們恰好有一些例子可用於說明農民自己的這種社會期望，特別是在那個錯綜複雜的半自治共產主義農業地帶——它位於首都和「大暴力」的核心區域之間，被（半開玩笑地）稱為「特肯達瑪共和國」。那裡的農民運動歷史悠久，像在比奧塔就能一直回溯到一九二〇年代末和一九三〇年代初。內戰開始之前，當地的佃農早就在共產黨領導下，強迫地主把他們耕種的土地賣給他們。從那時開始，該地區——或更確切地說，是一座座農莊和小村落，因為集市城鎮不受共產黨控制——便不斷由規模較小、相對平等的自耕農所組成。比奧塔的共產主義完全意味著地方性的農民自主、獨立和自治。每當政府在鎮壓期間派遣武裝探險隊進入那些山谷，全副武裝、機動靈活的比奧塔男性就會進行伏擊，並殺死所有的入侵者。從此之後，政府乾脆就讓他們不受打擾，從而證實了他們的自我誇耀：「別人在那邊自相殘殺；這裡卻沒有任何人受到迫害。」

此類農民自治的孤島為數不多。在這些孤島之外，恐怖肆虐於人與人之間，還有人的靈

2 譯註：丘拉維塔斯（*Chulavitas*）是哥倫比亞歷史上最早的準軍事團體之一，因為其幫眾多半來自博亞卡省的丘拉維塔村（Chulavita）而得名。

魂之內。因為「大暴力」最令人震驚和害怕的，就是武裝人員狂亂野蠻、漫無目的、恣意毀滅的殘暴行徑。「大暴力」的遇難者不僅被殺，而且被折磨凌虐、剁成小塊（*picados a tamal*）、以各種可怕的方式斬首或者被毀容。更惡劣的是，那些兇手甚至「連一粒種子都不留」（*no dejar ni semilla*）。包括嬰兒在內的整個家庭遭到屠殺，孕婦的胎兒被剖腹取出，倖存的男性則被閹割。在哥倫比亞，局部屠殺（這個字眼專門用於描述此類事件）持續不斷地發生。一九六二年的最後五個月內有過七次這樣的屠殺事件，每次的受害者平均略多於一九名。最近（根據一九六三年一月的政府統計數據），此類屠殺行動出現了明顯增加的趨勢。

這種野蠻行為當然有一些功能性的原因。游擊隊或土匪依賴於地方居民的絕對同謀，既然其中一半恰好充滿敵意，施展恐怖手段很容易就可以迫使他們噤若寒蟬。然而我們無法擺脫的印象是，兇手們知道自己在做什麼——例如殘暴地剖腹取出胎兒並換上公雞（這發生在兩個相隔甚遠的省分）——不僅非常野蠻，而且按照他們傳統的社會標準這根本是錯誤又不道德的。還有別的例子展現出蓄意反社會成規的儀式。某些幫匪頭目——例如綽號為「火花」（Chispas）、最近被殺的特奧菲洛．羅哈斯——被近身觀察人士直言不諱地描述為精神錯亂，或稱其殺戮行為甚至明顯逾越了亡命之徒的標準。在過去的五年內，羅哈斯平均每天要為兩起謀殺案負責。但即使沒有此種直接證據，我們也很難不把這麼多幫派毫無意義的暴虐行為，看成是深層社會混亂的一種症狀。

那在多大程度上代表著傳統價值觀在社會變化異常迅速的地區，或在處於異常緊張狀態下的地區，陷入了全面崩潰？在多大程度上代表著昔日穩定的世界變得天旋地轉之後，人們宛如被拋入了一片空虛而面臨的異常困境呢？起初顯然是第二種情況。業餘游擊隊或盜匪都是失落的人，尤其是失落的年輕人——對那些較年長的、三十歲或三十五歲以上的人來說，如果有可能的話，他們傾向從山林退休。以臭名昭著的「火花」為例，他在十三歲時被拋入了不法的世界，因為他的父親被殺、他的母親和兄弟藏匿無蹤，他的鄰里已被摧毀。

這批人缺乏意識形態的基礎（因為如今就連自由黨人以及保守黨人——即教會——也已經離開了他們），很容易就淪為職業罪犯，或者變成盲目的、野蠻的復仇者，胡亂向別人發洩對自身命運的不滿。失落的年輕人成群依附了他們，構成「大暴力」最新梯次（一九五八～一九六三）的新兵，在十五歲左右的年紀紛紛加入各種幫派：那些男孩的家人很可能就在他們眼前遭到屠殺，他們童年的工作就是為武裝分子指認當地敵人，他們遷居別處的姊妹們則組成了城市裡的賣淫大軍。十五年的「大暴力」就像「三十年戰爭」一般，為自己創造出自我延續的機制。

然而，這些極端案例和孕育出它們的動盪地方社群之間並無明顯分野。在拉丁美洲境內和境外有許多實例表明，傳統公社裡的世界脫序之後所形成的暴力，其程度已經逾越了傳統的標準（儘管那也已經夠糟的了）。市場經濟的發展為自給自足農民帶來的強烈危機感，在哥倫比亞或許未曾像巴西那樣受到充分研究，但無庸置疑的是，兩國都出現過同樣的暴力狀態。哥倫比亞的情況甚至可能更為嚴重，因為該國強勢好鬥、帶有十六世紀西班牙遺風的教會，無法像巴西一些世界末日教派那樣，在邊遠地區發揮安全閥的作用。哥倫比亞那個無法形容的艾弗瑞恩・岡薩雷斯已在他出沒過的地區成了民間英雄，其情況正如同蘭皮昂這個盜匪在巴西東北部一般：二人的公眾形象就是殘酷無情，截然有別於農民傳統中幾乎普遍存在的「高貴強盜」形象——後者總是強調其在殺戮方面知所節制。

可以說，由於哥倫比亞歷史特有的原因，此種情況下的潛在暴戾行為將受到鼓勵，從而在一場激烈的內戰中得以充分展現。這又回過頭來反映出該國的經濟、社會和政治危機。其結果便是「大暴力」。導致哥倫比亞而非其他地方出現這種發展的特殊環境，並不是我們在此關注的對象。否則我們一定會離題太遠而無法分析下列事項，諸如哥倫比亞兩黨制的獨特性質；從大約一九三〇年以來的經濟危機；自由黨在「新政」政治人物，以及在具有群眾領袖魅力並掌握該黨的霍黑・埃列塞爾・蓋坦的推動下，日益轉型為窮人的群眾政黨；蓋坦在一九四八年遭到暗殺後，首都隨即出現自發的大規模暴動，開啟了內戰和大屠殺的時代。我們不妨引用奧蘭多・法爾斯－博爾達教授的看法做出總結，那就是「大暴力」起源於一場受挫的社會革命。當社會革命的緊張情勢沒有被和平的經濟發展所消除，也未曾被利用於創造出新的革命性社會結構之際，便可能發生這種情況。不計其數的死難者、流離失所者、身心殘疾者，就是哥倫比亞為此失敗付出的代價。

一九六三年四月

II

農業結構
AGRARIAN STRUCTURES

8

拉丁美洲發展進程中的封建因素
Feudal Elements in the Development of Latin America

封建主義不屬於那些專精十九、二十世紀歷史學家們的興趣範圍，充其量只是位於其感興趣範圍的邊緣。儘管如此，我們卻不可能迴避它。首先，我們無法不關注從封建主義過渡到資本主義時所產生的問題，更別提這在馬克思主義者之間是個特別受到討論的主題。即使那些不承認工業革命之前的西方經濟體制可被稱為「封建」的人也很難否認，某些資本主義經濟體與社會——例如日本——的特定歷史發展背景稱得上具有封建色彩。其次，封建制度或許是唯一出現於世界各地階級社會的社會經濟關係體制，而且（我們或可補充表示）它出現於各個不同的歷史時期。因此，現代資本主義世界經濟的發展不可避免地滲入了許多地方型的社會，並且在征服的過程中轉化了當地居主導地位的封建關係——例如印度的拉吉普特人之間，或奈及利亞北部的一些酋長邦。第三，資本主義本身在全世界的發展，於不同的地點和不同的時間產生（或重新產生）依附性的、與資本主義無關的社會關係；其中某些關係可明顯看出具有封建性質，與各種無庸置疑的封建社會中普遍存在的現象沒有區別。本文將簡短討論出現於拉丁美洲的最後一種現象。

一開始先做些澄清，可能會較便於進行接下來的討論。首先，關於資本主義最初發展中心之外的地區，我們必須將其被吸納進入資本主義世界市場的過程，與現代資本主義特有經濟結構和經濟關係的創造過程區隔開來。這個融入的過程十分漫長，而且——考慮到速度上的變化——是漸進的。換句話說，「世界市場」在很長一段時間內遠非全球性的。因此，在它的發展歷史上，從十六世紀（或者我們視為資本主義世界市場開端的其他時間點）一直到至少二十世紀為止的任何時刻，同時存在著各種於不同程度上被資本主義轉化的領域。在極端情況下，被資本主義市場徹底轉化的少數「飛地」（例如油田和煉油廠），能夠與幾乎不受任何外部經濟因素影響的領域並行不悖（例如在與世隔絕叢林中進行狩獵和採集的部落）。但值得懷疑的是，時至今日，即便在最偏遠的地區，是否還有任何人可被視為不受現代經濟影響？就此意義而言，甚至連十九世紀歷史學家在某些「發達」國家之外探討的經濟體，也都是多元經濟。或者，如果我們選擇把所有在某種程度上受到資本主義世界市場影響的人歸納成一類，那就是二元經濟。雖然像這樣的區分曾被極力否認，但關於這個問題的辯論並未引起人們多大的興趣。重點在於，（一）世界資本主義滲透到其他經濟體的過程毫無間斷又無法遏止，而且（二）它在任何時刻都涉及各種類型和程度的滲透，以及隨之而來的轉化。

無論這些轉化是否在計畫之中，只要它們影響到了生產的社會關係，即可區分為兩大類型：利用或適應先前已經存在的機構和關係，不然就是建立新的機構和關係。例如秘魯的西班牙征服者就利用了既有的印加帝國勞動服務制度，但也對它做出重大修改。首先，他們移除了對印加制度（至少在理想情況下）至關重要的互惠和再分配因素——從此貨物和服務的流動只有一個方向，即從印第安人流向西班牙人，而沒有任何反向的回饋。其次，西班牙人不僅要求提供勞動力，更要求交付產品。（固然印加人曾要求獲得紡織品之類的產品，但原材料是由官方提供，因此那也只不過是對勞動力的變相要求而已。）就第四點而言（原文如此），當被沒取的剩餘勞動力直接用於世界市場（例如開採貴金屬），或間接用於更廣大的市場，它就不再像之前那樣基本上只是一種地方性的勞動力服務系統。第五，這種勞力徵用如今主要是為一群西班牙「委託監護主」[1]的私人利益運作，由他們組成了一個幾乎無先例可循的剝削階級。最後，西班牙人的需求迫使實際的生產關係出現了改變——例如強制用棉花來取代毛料的生產加工，以及改變繳納貢賦的頻率（一年數次而非一年一次）和義務的增加。就印第安人而言，這些雖然都只是對既有社會生產關係的修改，但無疑是往壞的方向發展，而且這些改變甚至奪走了該制度原有的正當性。另一方面，就引進一個高高在上、很可能擁有自己私人土地，並且與農民公社毫無瓜葛的領主階層而言，這種做法在秘魯固然是一項創新之舉，不過在西班牙人眼中或許僅被認為是沿襲了他們所熟悉的歐洲前資本主義體制。

1 譯註：西班牙王室在十六世紀初推行「委託監護制」，允許西班牙殖民者成為「委託監護主」（*encomendero*），在自己分配到的土地上代表王室管轄和保護原住民——原住民替委託監護主工作，委託監護主則給予原住民福利，並促使他們成為基督徒。然而，委託監護主很快就變質成為封建領主，肆無忌憚地役使印第安農奴。

在這裡做出的區分當然是歷史性的而非功能性的。假如西班牙人未能利用既有的「米塔制」（*mita*）[2]，那麼他們無疑會設計出一些其他的安排，以提供強制勞力來滿足王室礦山或委託監護主們的需求，而這是他們在其他地點（例如十九和二十世紀的非洲）的確採取過的做法。儘管如此，歷史上現成的某些剝削技術並非就不重要。它可能會讓剝削者選擇偏向某種形式的剝削，而不是另一種，即便二者的功能相同。正如歷史學家維托爾德．庫拉針對波蘭所指出的，選擇一種徭役（*corvée*）體制之後，就會傾向於長久限制了很人一部分的農業生產（農民在自己的小塊土地上生產的作物）與市場的接觸。相反的是，在已建立強迫勞役制度並有大量現成勞力可用的地點，新增的市場需求則可儘量透過加強或擴大對勞役服務與履約交付的要求來滿足，而不必採取其他手段。所有這一切又可能會反過來影響到經濟結構——至少在一段時間內如此。

有另一個比較新的例子可說明這一點。咖啡不是拉丁美洲的傳統作物。事實上，除了巴西，拉丁美洲直到一八八〇年代都還沒有大規模種植咖啡。此外，在十九和二十世紀的生產發展過程中也顯示出，決定性的規模經濟效益並未明顯存在。有時情況甚至還恰恰相反。在瓜地馬拉和巴西兩國（正如拉丁美洲的大多數國家那樣），咖啡栽培主要是由大莊園進行。就瓜地馬拉而言，這大致沿襲了舊有準封建類型的「傳統莊園」，其特點為地主往往並不待在莊園，負責經營的是一名管理人和一些領班，由他們掌控連續工作的長期僱用人員，以及從事季節性收穫工作的勞動者（主要是由來自內陸自給自足農民階層的臨時移民組成）。

就巴西而言，咖啡原本是一種奴隸作物，奴隸制廢除後則改由墾殖者（有時與奴工沒什麼不同）、佃農，以及越來越多的自由勞動者共同種植。

然而，在拉美大陸第二大咖啡生產國哥倫比亞，咖啡用地的單位面積在一九六〇年有百分之八十小於五十公頃；占全國咖啡總產量百分之四十的卡爾達斯省在一九五二年只有二十八個面積超過六十公頃的咖啡種植園。[1] 該國部分咖啡產區最初也是由大型莊園進行種植，直到一九二九年才在世界經濟大蕭條和農民暴動的雙重壓力之下被打散。

若認為目前的咖啡生產結構都僅僅肇因於歷史差異，而無視資本主義經濟體系的運作後來做出了多少調整，顯然是站不住腳的。但同樣站不住腳的，就是否認這些歷史差異曾經起過主要作用。例如聖保羅殖民定居點的組織方式導致大地主居於支配地位，哥倫比亞安提奧基亞省主要採取的農民墾殖方式，明顯影響了該地區的咖啡種植結構。除此之外，有些地理環境相似的區域，例如秘魯安地斯山脈東側亞熱帶和熱帶山谷，的確在同一時間、不同的體制條件下（但出於類似的經濟目的），以不同的方式進行墾殖。在那裡可以特別清楚觀察到「歷史」因素所帶來的經濟結構變化——例如在某些案例中存在著地主經濟，在某些案例中則不存在。

2 在印加帝國，米塔制（*mit'a*）是一種互惠的勞動力交換形式。在西班牙統治下，米塔制（*mita*）卻具有強制性，逼迫印第安勞工於規定天數內從事公共工程。

第二種類型的轉化沒有利用到既有的各種剝削方法。或更確切地說，它們的存在與此無關。然而，這並不表示世界資本主義經濟的發展，必須直接（或者在二十世紀之前完全）借助於各地特有的資本主義社會生產關係。其中唯一的例外，是買賣雙方在跨區域市場（supra-local market）的關係。這種關係對農業生產特別有效，但或許也在若干程度上適用於製成品的生產，在繼續委由一些獨立的小型商品製造者進行生產之際，同時大幅擴充生產規模——換句話說，甚至只需要稍微轉換成某種類型的「放料制」生產體系（*Verlagsystem*）[3]即可。當然，毫無疑問地，這些非資本主義關係——無論是地方上的還是行業上的——皆為整體資本主義市場或資本主義世界經濟的一部分，並且從屬於它。同樣毫無疑問的是，這些生產者可被視為具有經濟合理性。即便他們的合理性可能並非基於資本主義，而且或許出自技術上的原因，他們在實際上並無法達到資本主義的經濟合理性。

生產奴隸制是非資本主義剝削形式當中最引人注目的例子，它從屬於世界資本主義制度的發展，在西半球顯然是一種全新的制度。在世界資本主義背景下發展出來的封建關係，其實是一種對生產關係類型的修改或再創造。這種生產關係在某些情況下——至少直到現代工業資本主義獲得勝利為止——幾乎能夠普遍發生，而且確實發生了。奴隸制（經濟上微不足道的家庭奴隸制除外）則僅僅偶爾出現在歷史上，或只是邊緣現象而已。以奴隸制為主要基礎的社會經濟體系之唯一實例，或許出現在十六至十九世紀之間的加勒比海地區及其腹地，再加上南美洲的某些沿海地帶。「奴隸種植園」是生產奴隸制特有的生產單位，主要是為了生產供出口海外的商品而設計，奴隸制因而明顯成為資本主義發展的一個附屬部分。儘管種植園主顯然就像其他任何為世界市場生產的人那樣，也必須進行經濟計算，但他們無論在經濟上或社會上都不能與資本主義企業家相提並論。這種誤解搞砸了羅伯特・福格爾等人以非常複雜的技術，對奴隸制經濟所進行的詳細探討，至少從歷史學家的角度來看就是這樣。

奴隸種植園是在特定條件下、非常具體地針對資本主義世界市場需求所做出的回應。我們或許可將其條件概括為：在缺乏本地現成勞動力和找不到自願移民的情況下，大規模生產相當標準化的出口作物，而糖是其中最明顯的例子。缺乏替代勞動力的原因可能來自人口嚴重不足（例如原住民滅絕之後的西印度群島）、自由勞動者拒絕在任何條件下（或所提供的條件下）遷移過去，或本地勞動者拒絕在種植園工作（僱主基於某種理由而無法加以脅迫）。因此，持續做出準奴隸制的安排是很重要的，比方從亞洲和大洋洲進口契約勞工，送到諸如印度洋上的產糖島嶼、千里達、圭亞那，還有古巴這類昔日的奴隸種植區，以及秘魯零星散布的孤立種植園。秘魯在十九世紀中葉針對移民問題進行的各種討論，明白顯示出其缺乏替代的勞動力。這些討論幫沿海種植園考慮了所有可能的勞動力來源，只除了二十世紀最大的供應源——季節性（最後是永久）從山區移居到海岸的印第安人。

3 譯註：作者在此使用了外來字（「Verlagsystem」來自德文），不使用外來字時的英文講法則為「putting-out system」。「放料制」亦稱為「散工制」生產體系。

封建和準封建的安排更為複雜，因為它們實際上是種強加於既存者的制度。那些人原本擁有自己的社會結構，而且很可能已經在較小程度上被征服者所帶來的那些衍生自歐洲封建時代的傳統、制度和法律所影響。另一方面，美洲實際的莊園主資產是一種創新，但它並非由征服者的機構所規定。其發展與官方政策無關，並且在很大程度上與之背道而馳。不過它最終得到政府的承認，還在國家獨立之後於多方面取代了政府的角色。[2]它的名稱看來新穎，但最初僅僅是表示各種類型的流動資產、不動產或動產，沒有特別涉及對土地和對人的權利。

關於美洲殖民地（以及各獨立共和國）莊園的描述，有兩種是可靠的。首先是對外關係，它們無論在制度上或經濟上都不具有封建性質。莊園所有權既不會帶來、也不意味著高貴的地位。各座莊園可被自由買賣（但其名義上的面積很少比從前小），[4]而這往往只是商人和其他人士的投機行為。根據亨利．法弗爾收集的數據，秘魯的萬卡韋利卡在一六九〇和一七六〇年有紀錄可查的十一座莊園中，只有一座是由同一家族擁有了超過三個世代以上，其中七座則至少被出售過三次。最重要的是，莊園旨在為跨區域市場進行生產和銷售，並從而獲得利潤。

但說來矛盾，在美洲的條件下，這個著眼點卻可能會導致企業行為明顯地（有時甚至是真正地）偏向了非資本主義路線——或許只有像耶穌會之類大型機構以最理性方式進行管理的資產除外。這一方面是由於市場的侷限性，同時也因為生產者受到各種無法控制的不確定因素影響（通常由奴隸種植園生產的主要出口作物除外）。在極端情況下，市場需求是如此微不足道，以至於利潤最大化根本算不上是一種選擇。譬如墨西哥米卻肯州的「世界莊園」根本找不到足夠客戶來購買它所生產的肉類和生皮，顯然從來都無法在經濟上走下去。[3]更常見的情形是，大莊園的策略具有雙重性質，它們試圖把農民生產者排除在外，藉此壟斷主要位於各大城市和礦區周圍的現有市場。其做法就是擴大莊園的面積以涵蓋所有較好的土地，盡可能將昔日自給自足的農民限縮至消費者的地位，而且當然要把他們排除在競爭領域之外。（那些在市場附近發展的莊園，免不了也會讓比較偏遠的莊園難以與其進行有效競爭。）它們並設法建立一個面積夠大，且包含足夠多樣化資源和產品的區域，以便抵消任何可能的市場波動。一位墨西哥波費里奧時代[5]的大莊園主對此表示如下：

> 一座好的莊園必須擁有一切，諸如水源、耕地、牧場、林地、仙人掌、採石場、石灰窯等等。這麼一來，各種產品將能夠相輔相成。用龍舌蘭製造出普逵酒所帶來的收益，有助於支付勞動者的工資和補給品。牧場的收入有助於收成。印第安燒炭工人在山上生

4 基於下文討論的原因，必須明確區分出一座莊園名義上的面積（如果可查明的話），以及隨時可實際使用的面積。

5 譯註：波費里奧．迪亞斯（José de la Cruz Porfirio Díaz Mori, 1830-1915）是墨西哥將領和總統，其獨裁統治期間（一八七六～一八八〇、一八八四～一九一一）同時以經濟建設著稱。波費里奧最後因為墨西哥革命（一九一〇～一九二〇）而黯然下台，流亡巴黎。

產的木炭有助於納稅。其他農作物提供的一些東西則可使用於支付額外開銷。因此，銷售主要農作物所產生的收入不但足以因應下一年的支出，並至少可剩餘一些利潤。一個莊園要是不能什麼都有，很容易會負債累累。為了避免匱乏就必須凡事一應俱全，而這樣做的方法就是擴大莊園。[4]

不過正如弗洛雷斯卡諾[6]所指出的，大莊園主在此情況下合乎邏輯的策略是「從他們自己的莊園獲得經常性且固定的收入，而非一年賺錢一年慘賠」。潛在利潤並沒有大到足以抵消氣候風險、產量波動，以及有限的市場規模。因此莊園主人很容易趨向於——或轉變成——像包租公一樣的態度，尋求獲得合乎自己社會地位的收入，並在樂享其成的時候不把太多心思花在莊園管理上。[5]他們甚至會展現出宛如封建主一般的心態，也就是不怎麼關心他們的土地所帶來的財富，反而更在乎擁有大筆土地、掌控生活在其土地上或受其主宰的大量人口所意味的聲望。在遠離真正有利可圖的市場（或處於經濟普遍蕭條時期）的廣大地區，這些態度很容易占據主導地位。簡言之，儘管這些莊園或許置身資本主義市場經濟的內部或邊緣，卻未必是資本主義企業。

其次，莊園內部的組織架構和人際關係只能被形容為「封建」。安地斯山脈的大地主向其農民要求的勞役服務與履約交付是如此接近封建體制，以致沒有留下任何懷疑的餘地。但必須指出的是，這種隸農（villeinage）或農奴（serfdom）的身分關係不僅並非（或根本不是）傳統過去的遺跡，反而是在某些情況下為了提高市場產量而刻意強化和安排出來的。以拉貢文雄為例，「封建主義」在一九五〇年代顯然就比一九一七年的時候更加發達。隨著小麥出口市場的成長，智利在十九世紀下半葉也出現過類似的現象。

然而，這種「依賴性封建體制」有其獨特的性質，也受到明顯的限制。正如已經指出的那樣，就某些意義而言，資本主義的勝利實際上對它產生了強化作用。因此，莊園主傾向於表現得宛如大封建主（亦即打算獨自行使政治和軍事權力），雖然在殖民時期受到王權的嚴格控管，卻於爭取獨立的階段出現得更加頻繁，至少持續到有效的中央政權重新出現為止——在秘魯，甚至還晚於萊吉亞時代（一九一九～一九三〇）。馬塞拉就不記得在殖民時期的秘魯曾經出現過「為滿足領主的政治目的而把佃農動員成士兵」的案例。[6]相反地，領主們或許會發現，藉由更系統化地利用佃農的勞動服務，很方便就可以擴大為市場生產的能力。

封建體制同時在經濟上和社會上受到了限制。我們已經觀察到遠離市場所產生的影響，例如過高的運輸成本。為城市和礦區生產的糧食（鄉間人口則多半自給自足），並沒有為農業帶來重大發展——除非是非常在地性的那種。實際上，唯一能夠不用考慮數量、在美洲大部分地區銷售的貨物，就是畜產品（例如生皮，或許還有毛料）。領主經濟的主體是大規模

6 譯註：上述引文作者。

的牧場，而且即使在一九六二年，牧場面積也占了哥倫比亞「農業用地」總面積的一半以上，為該國飼養了大約一千萬頭牛。相形之下，全國人口據估計也不過一千五百萬人。[7]就勞動力而言，這方面的需求很小。直到十九世紀中葉為止，主要出口商品（除了礦產之外）都是由奴隸而非農奴所生產——尤其是蔗糖。

鑑於這種剝削方法在資本主義發展範圍內的侷限性，我們當然必須把兩件有些不同的事情掛記在心上：為資本主義市場進行大規模生產時的有限場地，以及立基於勞動服務的農產企業所受的限制。前者往往被人忽視。哥倫比亞雖然是全球第二大咖啡生產國，而且咖啡占該國出口總值的百分之八十，但即使在一九五〇年，咖啡的種植面積也只有六十五萬公頃，占全國領土面積的百分之零點五。或者換個比較實際的講法，一九六〇年代初期，該國的主要地帶（安地斯和加勒比地區）只有百分之五的土地被開發使用於農業。[8]在宏都拉斯那個中美洲小共和國，一九五二年只有百分之十五的土地被使用於農業，其中百分之七十耕種自給作物、百分之三十耕種商品作物。[9]更何況在前帝國主義時期，農業經濟的市場化程度至少受到了同樣限制。此外，我們也應該記住，當地城鎮日常的食物需求大都可自鄰近地區獲得，而且多半是從親戚、朋友和夥伴那邊購買的。

與此同時，「莊園體制」（manorial system）——一個基於向農民分配小塊自耕地來交換勞役服務與履約交付的制度——自動將很大一部分的田地從市場生產中移除了。就秘魯南部高地主要由印第安人居住的各個大區而言，遲至一九五九年，大莊園主直接使用土地的占比，在庫斯科大區是百分之十二、普諾大區是百分之七，阿普里馬克大區和阿亞庫喬大區則各為百分之四。[10]

很大一部分的土地和人口因而並未受到農產企業的壓榨，卻還是避不開其他形式的剝削，例如直接被迫提供非經濟性的服務、強制交付產品，以及受到貿易商、放高利貸者、酒商等等（白人、梅斯蒂索人或穆拉托人）的經濟剝削。在極端情況下則會如同墨西哥的瓦斯特卡地區那般，發展出純粹的二元經濟。當地人口較稠密的山區，有一些印第安公社自給自足，與非印第安勞動者在沿海平原大規模經營的牧牛莊園平行共存，彼此幾乎沒有互動——直到非印第安墾殖者在十八世紀及之後滲透進入，從內部對公社進行剝削為止。[11]但是切不可低估農民本身的抗爭，更何況其公社組織在一定限度內受到了殖民地律法的承認與維護。有壓倒性的證據表明，公社成員們無論再怎麼涉入莊園經濟，都還是珍視他們的相對獨立性，並且認為自己優於墾殖者或莊園農民。無論其法律地位或經濟功能如何，印第安地區的公社都是用於確保阻隔非印第安人，以及抗拒文化入侵的一種機制。正如馬塞拉所觀察到的，在殖民時期不斷增設的宗教與民事公署是用來——而且刻意被用來——作為一種工具，讓印第安人得以擺脫為西班牙人服務的義務。出於同樣的原因，哥倫比亞帕埃斯的印第安人認為在當地市場上賣東西很不光彩，因為那是「一種向白人入侵者屈服的表現」。[12]或許我們應該補充一點：對領主的反抗並不侷限於獨立的農民。無論大莊園內外，所有的印第安人都主張，莊園侵占了他們認為屬於他們自己的土地。安地斯山區莊園的農奴經常讓觀察者聯想到古俄羅斯的「莊稼漢」（*muzhik*），因為他們在實際生活中並不像理論上那麼無能為力。他們擁有非常寶貴的集體能力，能夠一起拖拖拉拉。最重要的是，他們一直待在那裡，而且他們所做的大部分事情都超出了領主的控制能力，甚或超出其認知範圍——在按照傳統方式管理的大莊園更是如此。他們不斷從外部和內部試探與侵犯領主的經濟勢力。因此，在傳統的莊園主及其農民之間存在著一種奇特的感覺，就是他們其實在「剝削」彼此。

據我們所知，完全處於莊園體系之內的農民，實際上只是少數。……

但是獨立的農民當然並不完全置身莊園經濟之外，莊園經濟的大部分勞動力反而有賴於鄰近的公社。此外，不管在什麼時候進行的調查，都無法顯示這種關係曾在長時間內出現過大幅波動。況且，無論獨立與否，任何農民（尤其如果他還是個印第安人）地位都低於任何一個非印第安地主階級的成員，並在非經濟領域受其支配。然而似乎很明顯的是，莊園經濟的範圍受到了相當限制。

因而，發展任何類型大規模農業所受的主要限制，多半就是那些既不需要也無意願為莊園主或資本主義農業領域工作的農民。無論以怎樣的形式進行的土地徵用，顯然都是一種把農民轉變成勞動力的方法。但儘管莊園擴張的進程（主要是藉由侵占農民土地）以不同速度持續了好幾個世紀，大規模徵收的案例卻相對較少，而且一般都發生在十九世紀末葉之前。在其中一些案例，市場需求所產生的影響清晰可見。例如一九一〇年前後，墨西哥猶加敦半島百分之九十瑪雅家庭的戶主顯然沒有了土地，迪亞斯統治時期的莫雷洛斯產糖地區也是如此。在其他案例中，例如玻利維亞於梅爾加雷霍統治期間（一八六六～一八七一）[7]和之後對原住民公社的系統性殘害，這時候市場因素就不那麼明顯了。儘管如此，我們不應該假定這些例子具有代表性，或者認為莊園農業經濟的巨幅擴張——亦即大莊園對優質土地的壟斷——本身就製造出了沒有土地、或只擁有貧瘠土地的農村人口，並讓這些人在經濟上被迫為那些莊園勞動。

如果在一個體制中，地主們既可在經濟領域之外擁有強大的脅迫力，同時又有辦法確立自己對大片土地的產權，自然就會產生出傾向於利用這些優勢的經濟剝削形式——至少在人口相對稠密、不容易接觸到未墾殖土地的區域是這樣。[8]但即便如此，那並不表示由此發展出來的、地主在其自留地的奴役勞動生產，就一定是最有利可圖的剝削形式。的確，可能會有人指出，除了某些特例情況，更恰當的做法反而是結合下面二者：作物收益分成租佃制（share-cropping tenancies）與低工資的耕種勞動力。收益分成租佃制——或實物地租（rent in

7 譯註：馬里亞諾·梅爾加雷霍（Mariano Melgarejo, 1820-1871）是玻利維亞第十八任總統和軍事獨裁者，以行事荒誕、作風殘暴著稱。他主動割讓了十幾萬平方公里的土地給巴西，同時卻霸占國內印第安公社的土地，將之拍賣給出價最高者。他是白人的私生子，只能使用印第安生母的姓氏，卻在任內對印第安人進行迫害和屠殺。梅爾加雷霍最後在一八七一年被忍無可忍的玻利維亞百姓推翻，流亡時死於其情婦兄弟的槍下。

8 不應忘記的是，拉丁美洲大部分地區的人口密度非常低，而且長期以來在莊園體系之外（有時甚至在其內部）有著許多未被占用的土地。

kind）——的優點是，能夠從不願在地主自留地工作的農民那裡，以及在經濟作物勞動力短缺之際，額外獲得可供銷售的產品。……傭傭勞動的優勢則在於它比勞役服務靈活得多，鑑於許多經濟作物對勞動力的需求有著巨大的季節性變化，這是一個重要的考慮因素。此外，幾乎毫無疑問的是，傭傭勞動比農奴勞動便宜。針對相對收入所進行的各種計算都表明了這一點。同時還有相當普遍的證據顯示，無論在過去或現在，農奴都比無地勞動者生活得更好，而且墾殖者炙手可熱，以致不聽話的農奴恐怕有從他所耕種的土地被驅逐出去之虞。但這當然並不表示，農奴所處的境遇能夠在任何意義上令人滿意。……

傭傭勞動的主要問題與任何勞動形式的問題相同：究竟該如何獲得勞動力？但是，我們也絕不能忘記在殖民時期的某些階段所面臨的一個特殊困難——在大多數情況下，小面額貨幣[9]的絕對短缺（勞動者的工資遠遠低於適合用銀幣或金幣支付的範圍）。這鼓勵了信貸預付款、供使用於通貨流通範圍之外的私人代幣，以及採取代幣支薪與莊園商店等等做法，[10]這些都有助於透過債務關係把勞動力跟莊園綁在一起。這免不了也會鼓勵非金錢的報酬，例如提供用以維持生計的小塊自耕地。

但即便沒有這個特殊因素，似乎也會發展出各種形式的債務束縛（如「勞役償債」），以招募和維持勞動力。謝瓦利埃和馬塞拉等知名權威人士認為，這是把勞動力與莊園綁在一起的主要手段。儘管這種看法最近在許多方面受到質疑，但我們至少可以說，有一種論點並不否認債務確立了勞動關係的持久性。事實上，我們對殖民時期農民積欠地主的債務所知甚少，對十九世紀的相關情況更幾乎一無所知。尋找任何單一的、以為可以藉其拉攏農民的小恩小惠，或許是個錯誤的做法。畢竟，任何的恩惠都可以被合理地證明為過於薄弱而達不到目的。因此，將徵收公社土地視為獲得勞動力「主要方式」的論點，如同勞役償債的論點一樣容易受到批評。在一個人口稀少、地主階層相對不發達、農民階層相對自給自足的經濟體內（譬如帝國主義時期之前的拉丁美洲大多數地區），無論是地主剝削的能力範圍，還是收入激勵或強制手段對農民產生的影響，都受到了相當的限制。但另一方面，地主們在一個自己毫無疑問是鄉間統治階級、於經濟領域之外享有巨大支配權和主導權的社會中，只要農民無法透過集體遷移來擺脫領主和統治者的掌握，他們藉由某種方法——或幾種方法的組合——促使農民產生依賴性的能力必然相當可觀。此外，或許能夠證明的是，一種截然不同於個人逃脫、有可能促成在未開墾邊區建立小型自由定居點的集體遷移行動，並不怎麼行得通。無論如何，農民既然（正確地）把他們所居住的土地看成是自己的，就不打算輕易放棄它，縱使它已經遭到外來征服者侵占或徵收。他們長年為此進行頑強鬥爭的歷史即證明了這一點。

簡而言之，只要促使地主推動經營現代化的經濟誘因仍然保持（或間歇性地變得）微弱，

9 譯註：小面額貨幣指的是用「賤金屬」製作的錢幣。

10 譯註：以代幣（或購物券）支付的勞動報酬（truck wages），通常只能在莊園設立的商店內使用於消費。莊園商店（*tienda de raya*）的英文名稱是「truck-shop」或「company store」。

典型的「傳統」莊園就不會面臨嚴重的勞動力問題。莊園通常可在遠遠人於地主實際開發面積的土地上獲得足夠勞力佃戶，用於滿足其不怎麼大的日常需求。莊園還可以求助於鄰近的公社或與之做出提供額外勞力的安排，所憑藉的可能是非經濟方面的脅迫手段，或是允許對方使用受到莊園壟斷的資源（這是馬丁內斯－阿列爾的論點）。[13] 莊園還可在其權力範圍內，以某種形式從大多數農民那裡獲取收入。除此之外，莊園需要的不多。一些從事更先進經濟生產活動（例如為出口市場生產）的大莊園，無疑會面臨勞力問題，特別是在廢除奴隸制之後。但這些都是特例。

隨著拉丁美洲內陸在十九世紀中葉開始真正融入世界經濟，情況發生了戲劇性的變化。然而，由於莊園制度本身在此前後並無明顯差異，再加上有人試圖證明莊園制度自從征服以來「在本質上是資本主義的」，使得這種改變的重要性遭到掩蓋。套用約翰・沃馬克的話，舊莊園所起的作用——至少在很長一段時間內——「更像是一種象徵，而不像是商業活動」。如今，各莊園讓自己商業化的動機已變得越來越迫切，即便它們並未真正落入外國資本家手中。

然而，在探討莊園日益商業化之後所出現的勞動力問題時，我們不僅必須考慮對勞動力的實際需求，還要顧及勞動力的供應來源。因為人口的成長（為土地帶來越來越大的壓力），以及資本主義對小農經濟和公社內部的衝擊，都產生了非常深遠的影響。譬如，「招募」（*enganche*）是礦山和種植園僱用移居勞工的一種典型方式，由勞動者做工償還勞務承包商預付的款項。勞務承包商主要在小農之間進行活動（至少在秘魯如此），這是假設有一個可從中獲得「招募者」（*enganchadores*）的鄉村「布爾喬亞階級」，且認為現金預付這種方式足以鼓勵人們向外遷移。鄉村對現金的需求不僅由於貧困，以及為了婚喪喜事或者節慶排場和競逐社區地位所需的大筆開銷，同時也來自日益活絡的農民土地市場。農民土地市場則同時受到兩種因素的刺激（至少在相關案例已被深入研究的秘魯中部是如此），分別為小生產者市場的成長，以及大規模農牧企業在高原集中設置大型牧場，促進了農業山谷內小型和中型（白人）莊園與教會土地的銷售。在這裡，移民成為土地和其他商品的主要購買者——他們出身自較富裕農民階層的比例高得驚人，突顯出此事的重要意義。

但儘管如此，脅迫勞動或（效果相同的）個人依附的因素仍然重要如昔，一則因為那是現成的手段，同時也因為農民不願意放棄自己的獨立地位。這種現象在本地人口不稠密（亦即缺乏鄉村無產階級）的地區尤其明顯。也就是在這類地區，透過勞役租佃關係或其他方式的勞動服務被運用得最為頻繁。以阿根廷胡胡伊省的各個糖業莊園為例，它們在一九二〇年代被附近安地斯高原地帶經濟效益不佳的大莊園買下，為的就是將其印第安佃農的租金轉化為勞動力，亦即強迫他們擔任甘蔗收割工。波費里奧時代，墨西哥莫雷洛斯州的各個甘蔗種植園（尤其是位於偏遠地區的那些），喜歡將被徵收土地的大量農民集中成為莊園常住人口，以便將他們當成完全沒有土地、並具有依附性的奴僕勞動力來使用，藉此減輕管理者「對當地村民既危險又屈辱的仰賴」，因為「村民討厭他們，而且或許會為了在別處獲得更高的工資而遺棄他們」。為求獲得額外的勞動力，管理者也可能會利用來自普埃布拉州和格雷羅州的簽約移民，因為那些人背負的債務，同時也是其依附性的保證[14]——這項策略收效不小，例如特南戈的居民勞動者便噤若寒蟬，沒有參與薩帕塔的起事。[15]在已經建立勞役租佃關係的地點增加勞動服務，並盡可能縮減農民持有地的誘因顯而易見，智利便是一個現成的例子。馬丁內斯－阿列爾則指出了相反的情況：在本地農民階層已實際使用莊園資源的地方，可能會讓原本想要轉而僱用一般勞動力的地主很難這麼做。

脅迫勞動與依附體制的主要缺口，當然就需要大量的臨時勞動力來填補。農村無地工人或小自耕農很容易就可以補足這種勞動力缺口，但與他們長時間維持勞役地租關係並不划算。在沒有充足本地後備人力的情況下，「招募」成了獲取外來勞動力的一種解決辦法。「外來性」與債務合約所設下的限制，使得這類勞工無法在旺季有效利用自己的討價還價地位。有人或許會認為，長期運用依附關係與脅迫勞動的主要理由是為了維持受僱臨時工的薪水低於市場水準。

「新封建主義」因而是針對經濟形勢變化所做出的回應。我們不妨表示，它最可能出現於：（一）大莊園體系發展良好的地方，（二）農民不易獲得替代土地或對此沒有需求的地方，（三）地主在一定程度內苦於勞動力短缺的地方，以及（四）商業化生產擴張得異常迅速的地方。如果某地存在著其他選擇，而且莊園主清楚知道開發土地的替代方法所具備的經濟優勢（但恐怕並非總是如此），那些優勢也很可能會被莊園主對資源或權力的恣意壟斷所抵消，甚至會因為莊園擁有者的社會地位和影響力所帶來的更加傳統且無法估量的種種利益，以致蕩然無存。但很明顯的是，「新封建主義」曾經（或仍然）是針對資本主義世界經濟的發展而出現的一種邊緣性且過渡性的反應——至少在拉丁美洲如此。

它具有邊緣性質，因為不同於典型奴隸種植園地區和與之相關的商品，由勞役佃戶耕種的莊園從未普遍成為面向廣大市場的農業生產單位。沒有令人信服的先驗理由能夠解釋它為什麼無法變成那樣；而且從十八世紀開始發展勞役地租的趨勢，以及勞役地租在十九世紀被系統化地運用於智利小麥生產一事即可明顯看出，它在特定條件下仍有可能會變成那樣。它具有過渡性質，部分是因為隨著資本密集型種植的興起、大量農村無產階級或季節性移民的出現，以及莊園對土地的利用日益增加，使得那些附屬於莊園的大量永久性勞動力失去了經濟優勢。另一部分原因則在於，除了莊園主始終沒人喜歡的莊園制度，已在種種壓力之下變得越來越脆弱，而那些壓力分別來自其競爭對手、其受害者（尤其是農民），以及將其視為國家總體經濟發展障礙的人。

事實上，大規模市場農業在二十世紀中葉的發展，無論就任何意義而言都不能再被認為是新封建主義了（如果它曾經是的話）。例如當「美洲農業發展委員會」進行調查時，哥倫比亞勞役地租的重要性顯得微乎其微，被調查的瓜地馬拉大型莊園（*fincas*）「完全依賴於僱傭勞動」，巴西則似乎比較盛行強迫勞役制度（部分附屬於收益分成租佃制，部分結合了其他的租賃形式）——而這些方法顯然在很大程度上都屬於歷史遺跡。[16] 我之所以提到這三個國家，是因為它們在接受此項調查時尚未進行土地改革。除了一些相當特殊的現象，比如一九三〇年代至一九六〇年代初期盛行於秘魯亞馬遜河谷（例如拉貢文雄）的情況，我們在探討二十世紀中葉拉丁美洲農業發展的時候，完全不必認真考慮新封建主義。

或許也可以這樣表示，拉丁美洲就在有必要認真考慮新封建主義的那個時期，成為擴張中的帝國主義世界經濟的一部分——換句話說，就是從十九世紀末葉到一九三〇年代世界危機之間的這個階段。這段時間出現了最強烈的誘因，導致非得借助傳統莊園經濟用得著的種種辦法（諸如莊園的擴充、徵收農民與公社的土地、非經濟性的脅迫手段、勞動服務、勞役償債等等），來擴大農業生產。政府幾乎無限制地支持本國或外籍的種植園主和大莊園主；鄉村百姓的反抗正處於低潮期；隨後將在革命和其他運動中讓人感受到的緊張情勢則還在積蓄能量。新封建主義的方法也可以在一定程度上（例如在巴西）被用來填補奴隸制廢除之後所留下的空缺。然而，拉丁美洲的這個時期仍然非常不為人知，更何況它屬於該大陸在後哥倫布歷史上最黑暗的時代——十九世紀。只有更進一步的研究才能夠顯示出，在這段期間、在哪些生產領域或生產類型，新封建主義的實際運用具有如何重要的意義。

一九七六年

9

新封建主義的一個案例：秘魯拉貢文雄
A Case of Neo-Feudalism: La Convención, Peru

一

早在一九六〇年代初期，秘魯庫斯科大區的拉貢文雄省就已為外界所熟悉[1]。當時它是秘魯——甚至有可能是整個南美洲——境內最重要的農民運動發生的現場。這個事實想必會吸引社會史學界的注意。與此同時，拉貢文雄還是一個更普遍現象的特殊版本，這應該也會引起經濟史學界的興趣——這裡符合美國意義上所謂的「邊疆地區」。換句話說，它屬於安地斯山脈東緣（亞馬遜盆地西緣）的一大片未開發土地，近幾十年才有人移居來此開墾，主要是為世界市場種植經濟作物，但也有其他的經濟目的。沿著安地斯山脈的斜坡有許多這樣的地區，大地主和企業經營者們各自以不同方式藉由地產和貿易滲透進入，農民們則是前來尋求土地與自由。那些農民多半是來自高地的印第安人，山區（*sierra*）和高原（*altiplano*）的社會經濟背景在一定程度上決定了東側亞熱帶

1 譯註：拉貢文雄（La Convención）或譯為拉孔本西翁。

和熱帶斜坡上所形成的新經濟形式。

整體來說，這些區域向我們提供了各種可能的墾殖方式的實例，其中包括滲透進入完全未被占用（亦即法律上無主）的地帶、進入部分屬於私人所有或為小型定居點提供法律規範的地帶，以及進入完全由大莊園占有的地帶；幾種不同類型的莊園，諸如傳統封建型、現代資本主義型，或是混合型；由印第安人公社或個別墾殖者定居的聚落；為了擴大或重建自給自足的傳統農民經濟體系，或為了市場經濟體系而設立的定居點。用於運作這種市場經濟的方法則包括了農奴制、小農農業、收益分成租佃制、透過季節性勞動力遷徙或契約勞動來進行的短期拓荒租賃，此外甚至還有現代化資本密集與節省勞力的機械化開發方式。拉貢文雄地區同時結合了兩個極端：以市場為導向的農民個體戶（被稱為未來的「富農」〔*kulaks*〕），滲透定居在完全由大莊園把持的地區，而大莊園的策略就是藉由勞役地租（即農奴制）來發展生產。或許正是這種極端之間的碰撞，在當地社會造成了異常尖銳的衝突。我主要將探討這個非常有趣的地區，偶爾才會順便觀察其他地區的變異情況。[1]

有幾項原因使得對這樣一個地區的研究具有啟發性。其中一項馬上就可列出，即所有關於該地區的統計數字都完全不可靠，這是一個連歷史學家都需要被提醒，連經濟學家都必須一直念念不忘的事實。就連人口普查之類最基本的數據，或甚至是對該地區面積的估計，也都相當不準確。……人口普查的數據出入極大，而且縱使進行了人口普查，時間上的間隔也都沒有規律；兩次普查之間的空檔所做出的人口估計更莫衷一是。例如一九四〇年的人口普查數字考慮到普查人員鞭長莫及的「叢林人口」（*población selvatica*），就逕自加上三分之一的人數——但據我們所知，另外加上的數字也有可能是百分之十或百分之四十。該省的生產總值應該是較為可信的數據，但如果我們把它拿來和該省與外界聯繫的唯一通道，庫斯科－聖安娜鐵路運輸的貨物量進行比對，將會發現相當大的分歧。類似情況還有許多。因此，**所有**的數字只能用來說明大致的情況和規模，它們對此研究目的而言可能還根本稱不上可靠。

二

拉貢文雄省自一八五七年以來都以獨立行政單位之姿現身，是庫斯科北邊的一片遼闊區域，臨著最終匯入亞馬遜河的水系（該水系開始於著名的馬丘比丘印加遺址外側）。那是一個亞熱帶山丘和森林急促向熱帶傾斜的地區，高度從最高處大約二千公尺一直到耕作上限的七百公尺不等。它就這樣融入了熱帶雨林（*selva*）之中。在二十世紀早期的橡膠業繁榮時期，它更是通往秘魯橡膠種植地帶的門戶之一。高山將它與秘魯的其餘地區隔離開來，從一八九〇年開始，有一條秘魯政府在來自莊園的壓力下被迫修建的騾子步道橫越此地，[2] 一九三〇年代之後又有了連接庫斯科和瓦基尼亞的鐵路。然而，即使在一九六〇年代初，鐵路終點站距離省會基亞班巴——同樣也是建立於一八九〇年代、且是當地唯一真正的城鎮——仍有三到四個小時的卡車車程。在一九五九年的時候，該地公路系統總共只有二百九十八公里。無怪乎當時已知有人耕種的土地僅僅占了一小部分，大約只有一萬一千公頃而已。

人口數則有很大的波動，但所有的估計都比猜測好不了多少。不定期舉行的人口普查呈現出上升趨勢，從一八六二年的一萬二千人左右增加到了一九四〇年的二萬七千至四萬人之間。此外，據說在一九六〇年代初期大約有六萬名沒有土地的居民。一個不容置疑的事實是，一場被稱為「瘧疾」的流行疫病在一九三二至一九三三年之間侵襲了這個山谷，導致人口銳減。[3]這場災難使得該省大片地區淪為杳無人煙的荒漠，在該地的當代史上具有重大意義。拉貢文雄省的基本情況因而一直同時結合了充裕的土地、不佳的對外聯繫，以及嚴重短缺的勞動力。

其實我們可以這麼認為：直到二十世紀為止，拉貢文雄始終處於世界經濟之外，在十九世紀許多時候更一直置身於任何經濟體系之外，只有一部分地區涉入了庫斯科高原的區域市場。這個地區距離庫斯科還算近，這讓西班牙人得以發現它的潛力，並以他們在炎熱氣候下自然會想到的方式來加以利用。首先是早在十七世紀初期就有紀錄可查的一些甘蔗種植園，但它們因為明顯的經濟理由而完全致力於製造甘蔗燒酒（aguardiente），以便在高地銷售。第二種標準作物是古柯，同樣也是著眼於高地的印第安人。這兩種麻醉劑實際上就是那些人唯一會買的消費品。

這種蔗糖與古柯的經濟在殖民時期究竟發展到了什麼程度其實無關緊要。它不斷遭受森林印第安人的威脅，而且或許因為圖帕克·阿馬魯起事的緣故，也或許與獨立時期的混亂有關，有跡象顯示，在十八世紀晚期和十九世紀初葉有一些聚落退避到深山。等到各個聚落漸漸擴張回來，此時的經濟除了重新建立在蔗糖與古柯的舊基礎上，還加上少量的可可（用於製造庫斯科巧克力那項名聞遐邇的奢侈品），此外或許還有一定數量的牛隻。二十世紀初的旅行者們都懶得提及其他的農產品，事實上運輸成本也排除了其他的產品。即使修建了騾子步道，從今日基亞班巴前往庫斯科，這段一百九十公里的路程仍然需要花上五天時間，而且根據旅程長短，每「阿羅瓦」[2]古柯葉的運輸費用，相當於製造成本的六分之一至三分之一不等。若按照同時代的另外一個消息來源，運輸費用等於甘蔗燒酒售價的百分之二十五，古柯售價的百分之十。另一方面，市場保持穩定或不斷擴大。相當明顯的是，……這種古意盎然的經濟類型於第一次世界大戰期間依舊盛行。

儘管針對世界市場的茶葉生產顯然在第一次世界大戰之前即已開始，但當地仍只是小規模種茶，而且除了一、兩個從一九一三年開始專門經營茶葉的莊園，幾乎沒有出現單一栽培。茶葉單一栽培似乎主要保留給了農民佃戶，而莊園主人仍舊依賴老式的主要作物。儘管數據很少，但可明顯看出種茶業在一九二〇年代並沒有取得特別的進展，而且幾乎可確定的是，它在一九三〇年代經濟危機和人口災難的雙重衝擊下遭遇了挫折。甘蔗的種植則很有可能早

2　譯註：阿羅瓦（arroba）是西班牙和葡萄牙的重量或體積單位。用為重量單位時，一阿羅瓦在西語地區是二十五磅（十一點三六公斤），在葡語地區則是三十二磅（十四點五四公斤）。用為體積單位時則因地區而異，通常在十一點五至十六公升之間。

在兩次世界大戰之間即已逐漸衰落，但這一點無法確定。

就別的方面而言，一九四〇和一九五〇年代的產量確實增加得非常快速，只有無需我們關注的森林產品除外。產量成長最快的主要是咖啡、可可和茶葉。其中，咖啡的生產多半集中在混合型種植園，不過單一栽培（以及由莊園自行生產）的趨勢已顯而易見；茶葉總是由一些相對具有現代風貌的單一莊園進行栽種（順便提一句，他們支付的工資略高於其他業者）；可可種植者則主要是幾百個單一栽培的農戶，但也包括了若干混合莊園。甚至連古柯這種古老的主要作物也繼續穩妥地成長，儘管其種植面積似乎並沒有增加，而且或許已開始減少。……蔗糖卻已在一九五〇年代晚期迅速沒落。……

拉貢文雄自一九四〇年以來異常迅速的發展是許多因素共同造成的結果。首先是鐵路的建設（一九二一年發包，一九三三年之後開始營運），若無這條鐵路便不可能進行大規模的商業開發。（基亞班巴在一九一七至一九四〇年間看來幾乎沒有成長。）其次是一九三〇年代的人口災難，它雖然延誤了發展，最後卻導致不成比例的大幅度快速增長。第三，而且也是最重要的，這次復甦與第二次世界大戰和朝鮮戰爭時期，初級商品的持續榮景同時發生——此事在秘魯和拉丁美洲其他地區也帶來了同樣驚人的發展。值得注意的地方在於，這種突然的擴張讓拉貢文雄許多土地所有者感到措手不及。數十年來，實際上是好幾代人以來，他們都已經適應了傳統的古柯與燒酒經濟。如今他們卻有機會大展鴻圖，把利潤豐厚但風險更高的咖啡、可可、茶葉和其他熱帶經濟作物出口到世界市場。

三

到了一九六〇年前後，在拉貢文雄已有超過一百個這樣的莊園（拉雷斯山谷雖然在行政劃分上位於另一個省分，經濟方面卻附屬於這個鄰居），其中四十六個已存在長達一個世紀之久，在一九五〇年代中葉已有紀錄可查的則有八十七個。它們的規模大小不一，從面積廣達十五萬公頃左右——而且肯定大於八萬公頃——的瓦基尼亞莊園，一直到相對不起眼的二千公頃田產。[4]瓦基尼亞的前身是一座五十萬公頃的巨大莊園，由一位馬里亞諾·巴爾加斯於一八六五年購置，而後在羅曼維勒家族手上分割成幾個較小的單位，但面積幾乎同樣令人印象深刻，分別為四萬五千公頃、三萬五千公頃或三萬公頃的莊園。（即便如此，全省只有百分之十五的區域是合法的私人財產，其餘仍為國家資產。）這些田產只有很少部分有人耕作，根據《CIDA：秘魯》（一九六六）[3]的數據，或許落在百分之八到十之間。[4]地主自行耕作的比例甚至更低。而這顯然主要是因為拉貢文雄各座莊園長年存在的一個問題——缺乏生產和運輸所需的勞動力。

3 譯註：《CIDA：秘魯》（一九六六）縮寫自：美洲農業發展委員會，《土地保有權與農業部門的社會經濟發展：秘魯》（CIDA, *Tenencia de la tierra y desarrollo socio-económico del sector agrícola: Peru*. Washington, 1966）。

4 儘管耕地面積已在一九五四年以後大幅度增加，這似乎還是一個相當誇大的說法，除非一九五〇年代的數據嚴重低估了耕作面積。一如既往，關於拉貢文雄的統計數據似乎總是帶有一些幻想的成分。

看來地主們起先設法壓榨馬奇根加部落的森林印第安人，藉此解決勞動力短缺的問題。這些印第安人必須為皈依基督教義付出代價，於是被迫在來到唯一可用的教堂時進行勞動，而教堂就位於莊園之內。但他們的人數不多，一九一四年前後只有一千到一千五百人。有跡象表明，地主們也曾試圖以招募的方式進行僱傭勞動，透過勞務承包商臨時輸入勞工——這在秘魯中部類似的地區似乎構成了莊園勞動的主力。但拉貢文雄的地主們在這方面顯然沒那麼成功。原因或許在於對勞力過剩的地區來說，該省不像秘魯中部那麼容易抵達，或因為高地莊園的本地勞工抗拒來自山谷的競爭，說不定也因為高地勞動力在亞熱帶環境的效率低下和高流失率，更何況拉貢文雄的地主們不願意支付和自由市場一樣的工資。事實上，正如同我們即將看到的那樣，其特有勞役地租的本質並非為了獲得**免費的**勞動力，而是要以低於公開市場的固定價格獲得勞動力。

在此情況下，亦即同時缺乏足夠的自由僱傭勞動力、強制勞動力和奴役勞動力之際，大莊園就必須依靠主動滲入這些山谷或可被吸引過來的移居農民。實際上只有兩種選擇：一種是採取收益分成租佃制，另一種是在莊園自耕的土地上，以某種方式同時結合農民墾殖和農奴勞動。由於不完全清楚的原因，收益分成租佃制幾乎沒有發展起來。也許有人會推測，地主對甘蔗種植經濟的既有偏見決定了這種選擇，因為甘蔗種植園有著沉重的季節性勞動力需求，而這種需求基本上無法靠作物收益分成體制來滿足。（生產蔗糖很可能始終是莊園主的一種特權，因為租佃契約縱使已在二十世紀失去了重要性，卻往往依舊明文禁止農民種植甘蔗。）古柯、可可或咖啡的耕作契約，都不會自動強制規定有關地主自留地事宜。反正無論如何，拉貢文雄莊園主們所採用的體制，在形式上驚人地類似於中世紀歐洲「隸農制度」（villeinage）下的「農奴保有地」（villein tenure）。以勞役支付地租的做法在秘魯十分常見，被統稱為「*pongaje*」[5]。然而，拉貢文雄並不使用這個字眼，當地的勞役佃戶叫作「*arrendire*」。他們的租佃契約則被稱為「*arriendo*」——這個平淡無奇的字眼或許暗示了，該省的農奴制與其說是封建傳統的產物，倒不如說是有權有勢的地主針對經濟狀況做出的回應。

許多觀察者都描述過典型的「*arriendo*」，其中最詳盡的是《瓜德羅斯》（一九四九）[6]以及《CIDA；秘魯》（一九六六）。以下的說明主要是基於瓜德羅斯在農民聯盟進行干預之前，對這個制度做出的描述。租約的期限長短不一，但似乎通常為九至十年。如果承租人種的是咖啡或可可等作物的話，就非得如此，因為他得等上四、五年才會有第一次收成。在正常情況下無需支付第一年的承租費用（canon），而且拓荒定居者實際上往往比已經持有耕地的人享有更優惠的條件——至少在墾荒整地的耕種準備階段（rozo）是這樣。不過，一旦開始耕作之後，租金可能會隨著承租人持有的土地變得更具生產力而增加。要不然就是地主會為了自行耕種

5 譯註：Pongaje（印第安佃戶有義務向莊園主免費提供的家庭勞役）在其他南美洲國家通常拼寫成Pongueaje。

6 譯註：《瓜德羅斯》（一九四九）縮寫自：C・F・瓜德羅斯－比耶納，〈拉貢文雄省的「租佃契約」和土地改革〉（C. F. Cuadros y Villena, El "Arriendo" y la Reforma Agraria en la provincia de La Convención），《大學評論》第二十八輯（*Revista Universitaria*, xxviii. Cuzco, 1949）。

土地而趕走佃戶。關於這種承租費用的提高，似乎並沒有慣例上或官方的限制。

勞役佃戶的承租費用包括了貨幣租金（從每年八到十個索爾至八十到一百個索爾不等，但可能平均是每年二十到三十個索爾），以及一套更重要的勞動服務，再加上其他各種義務。這些勞動服務的範圍幾乎無所不包，諸如：

一、每年按照固定工資勞動若干天數（不必是連續的）。其金額似乎為每日零點四個索爾，至少從一九一四年至一九五〇年代中葉是如此。（在一九六一和一九六二年的農民起事之後，則一直維持在一到一點五個索爾，這表明了奴僕工資與自由市場工資之間的差異。）在一九四二年，輪班勞役（*turno*）的時間平均是每月八至十天，但有可能多達十二天。

二、巴亞（*palla*），亦即有義務在每次收穫古柯的時候提供至少一名女性古柯葉採摘者，其日薪為零點二索爾（至少從一九〇〇年到一九五〇年代中期是如此）。在一九一八年的時候，有一座莊園要求佃戶每年要送來四次、每次一至五名採葉女（*palladoras*）。……

三、每年勞役（*huata faena*），即有義務無償工作十到十五天，但可獲得食物、飲料，而且傳統上可能還會有一索爾的獎賞（*gratificación*）。這項義務可能會如同一九四〇年代在聖洛倫索莊園那樣，包括了佃戶所有附屬者和僱農的勞役，而且佃戶必須每天支付給他們零點五至一點二個索爾，並提供食物及當地的發酵飲料「奇恰」（*chicha*）。也可能意味著一項單獨的義務，在有需要的時候必須動用佃戶所有的人手，以每人零點七個索爾的固定日薪在地主自留地工作三到六天。

四、必要的時候，有責任以零點五索爾的日薪提供給地主各種勞動服務。

下列義務則不那麼普遍，而且是按照《瓜德羅斯》（一九四九）所紀錄的頻率來排序。

五、運輸責任（*Fletas cosechas*），意謂佃戶所擁有的每一頭馱獸每年必須最多三次，以低於公開市場運輸費用的固定費率，載運六個「阿羅瓦」（六十六公斤）的貨物。

六、有義務在固定期限內提供無償工作的家事服務員。

七、每年進行道路工程和修繕工作，也包括地主房舍內的修繕，時間不超過兩個星期。

八、放牧費（*Herbaje*），即佃戶擁有的牲畜超過一定限額之後，每一頭所必須支付的費用（通常為兩個索爾）。

九、佃戶按照地主規定的價格，支付從莊園取用木材和其他原料的費用。

十、佃戶不得在其土地上種植某些作物，或有義務必須種植某些作物。

十一、佃戶有義務必須消費莊園所生產的商品，且／或有義務將其作物獨家出售給莊園或透過莊園出售。

這些顯然都是非常沉重的義務，而且地主的勞動力短缺往往使它們變得更加沉重，在一九三〇年代以後特別如此——當時該省人口異常減少，初級產品市場卻異常繁榮。事實上，一九五八至一九六三年農民暴亂的直接根源，就是該省的地主們於瘧疾人流行結束之後（亦即在理論上對勞動者極為有利的情況下），設法有系統地重新實施農奴制，更進而意圖接管墾殖定居者實際耕種的土地。研究歐洲中世紀的歷史學家應該會聯想到某些類似的情況。佃戶除了造反之外只有兩種選擇。一種是不耕種自己部分的土地，因為他有義務在地主自留地工作。另一種選擇是僱用勞工來履行他應盡的義務，以滿足他自己所持有土地上的勞動需求。拉貢文雄的特殊之處便在於這種轉包合約的發展。勞役佃戶把自己的部分持有地交給一名或多名分租戶，讓分租戶（例如在埃查拉特莊園）承擔三分之一或更多的勞動服務作為回報，此外他也吸引了越來越多自由的無地勞動者（代理勞動者、勞役償債者、季節性臨時工等等）。這是晚近的發展。在一九一七年的時候，羅塞爾所列出的拉貢文雄勞務類型還只有三種，分別為勞役佃戶、農場人員（*gente de rancho*，即莊園的直屬僕役），以及擅自占地定居或墾殖的獨立小農。儘管大多數合約仍然在技術上禁止轉租，但在實務上已接受分租戶的體制，雖然那只不過是因為勞役佃戶有義務在必要的場合將分租戶們交由地主差遣，而這些分租戶增加了「他的」工人數目。但換個角度來看，勞役佃戶及其附屬者被規定的勞動服務已越來越無法滿足日益成長的莊園經濟，因而發展出介於勞動服務和工資勞動之間的各種安排。其中一種是必須與佃戶的全體人手共同工作一定天數（最多二十天）的季節性臨時工（*maquipura*）或額外勞力。他們並非按照慣例或固定方式支薪，而是領取在每個工作階段之前商定的工資（目前可能是每天兩個索爾）。同樣地，成功的佃戶今日可能會僱工代替自己進行勞役，並付給他們現金工資。

拉貢文雄的勞動力結構因而包括了三個層級：承租人（也就是勞役佃戶）、分租戶（*allegados*）和代理者（*habilitados*）。我們不知道每一個層級的人數是多少，因為這些數字要麼不存在，要麼就很不可靠。但勞役佃戶（承租人、分租戶和持有其他類似租約者）的人數，看樣子似乎比無地僱工少了許多。

四

很明顯的是，這種情況對莊園擁有者異常有利，並隨著市場生產的擴大和勞動力日益短缺而變得越來越有利——只要地主們還能夠維持其傳統權力的話。比方說吧，每天零點四美元的工資，據悉比一九一八年的公開市場工資低了百分之二十左右；可是在一九四〇年代初，這已低於公開市場工資的三分之一或四分之一，若干年後更只相當於四分之一或五分之一。一九六一和一九六二年的農民起事證明了這一點——日薪在起事後突然躍升為一至一點五美元，季節性臨時工的日薪甚至增加到二美元。女性勞工的零點二美元日薪五十年來卻一直維持不變，我們不難想像僱主從這種長期工資凍結中得到的好處。我們還可以補充一句：地主長久以來一直習慣於從佃戶那裡榨取金錢和勞役，其租金一部分適量收取現款，一部分則採用「放牧費」(*herbaje*)之類的形式，亦即按照牲畜的頭數來收錢。……

庫欽斯基－高達爾一九四六年的估算發現，在不計入產品利潤的情況下，聖洛倫索莊園的資本報酬率為百分之十二至十六。……他並且估計，假如以十五萬索爾出售錢卡馬約莊園，新的擁有者可望從第一天開始，就能夠從他的實際勞務支出（在此情況下為零）與他必須在公開市場上支付勞動力費用之間的差額，得到百分之七的投資回報。實際上，任何經驗豐富的莊園主人都期望他的投資能夠帶來二到三倍的回報。這種情況也許可以解釋，為什麼地主們在改善措施方面表現得非常拖泥帶水。對任何有足夠金錢購買莊園的人而言（更別說是那些有幸繼承莊園的人了），這幾乎肯定表示高獲利而無需承擔任何風險，甚至不必馬上投入大筆資金。即便某些市場價格暫時觸底崩盤，他也不必冒著實際損失的風險，只不過是放棄往常的收益罷了。很少有賭徒能夠幸運地一直丟出兩個正面的硬幣。

唯一妨礙大莊園主發財的，就是傳統封建領主自身的限制：在管理和財務上的無能，以及因為窮奢極侈或硬充場面而虛擲金錢的傾向。這些才是真正的限制。在拉貢文雄的條件下，每當出現經濟壓力的時候，這些傾向必然會導致莊園擁有者們更加密集地行使其封建權利。

五

為什麼在一九五八至一九六三年的農業運動之前，佃戶們都願意接受如此不利的條件呢？其實他們很具有討價還價的優勢。畢竟土地資源十分豐富，而人力是稀缺的生產要素。即便（而且很可能）地主們會拒絕相互競奪稀缺的勞動力，佃戶們理論上仍可逕自走出地主的勢力範圍，並且在未被占用的土地定居下來。否則他們也可以如同在秘魯中部那般，不理會地主的驅趕，盤踞在大莊園尚未開墾的地帶。

他們無法或不願做出這些事情的主要原因就在於，勞役地租為農民帶來很大的潛在好處。儘管從地主的角度來看，拉貢文雄傳統的農奴制莊園經濟確實只是高地莊園在熱帶雨林條件下的權宜，但移居過來的墾殖農民卻已不再是傳統的高原農民了。那些印第安人曾經是——而且絕大多數仍然是——個人拓荒者和現代化主義者，對市場農業的可能性有著敏銳觸感。他們迅速地學會理解甚至使用西班牙語、改穿白人的服裝、放棄了他們的原住民公社，並準備充分利用新形勢下的牟利機會。至少他們已經體會到，在拉貢文雄的勞役服務或僱傭勞動意味著可以立即獲得，或終究會獲得**土地**。拉貢文雄與更北邊的一些高地雨林地區不同，其腹地並非經濟發達的沿海地帶，而是庫斯科的落後山脈。但它顯然有別於其他毗鄰該山脈的地區，因為它的墾殖農民是單打獨鬥而非集體行動，所針對的是市場農業，而非僅僅將自給自足的農業轉移到一個新的地區。

早期似乎有一些傳統移居者滲透了進去，把高地印第安人的公社組織帶往邊緣地帶——比爾卡班巴。但這種現象很快就不再具有代表性。不同於秘魯中部，我們並沒有發現高地公社向邊緣地帶派遣大批墾殖者的例子。（這會在兩方面影響到土地狀況：來自高地的公社成員不習慣在莊園工作，並且鄙視那些不得不在莊園工作的墾殖者，因而傾向拒絕勞役地租，迫使地主們做出其他的勞務安排。與此同時，有一大批印第安人「入侵」大莊園，即被發現在莊園未使用的角落進行墾殖，而這比單獨擅自占地者更難被莊園可動用的武裝人員威脅恫嚇。）拉貢文雄的移居者未必只是一些尋求更佳經濟機會的人，即便勞役佃戶顯然比莊園主人更具有成為富農或農業資本家的潛力。此外，有證據表明，就咖啡和可可（但茶葉除外）這些針對世界市場的經濟作物所進行的開創性工作而言，農民做出的貢獻至少和地主一樣，甚至可能更多。這個地區也因為同時結合了「近距離」和「行路難」，於是吸引了一些頑固人士或反叛分子。那些人不願意接受高地莊園或高地公社農民生活的羈絆，於是遷移到內陸，而非前往遙不可及的海岸地帶。

尋求經濟條件的改善，便不可避免地將農民置於莊園的支配之下，因為與外界聯繫的唯一方式就是透過莊園，不然就是接近莊園。進入內陸則意味著用自給自足農民的自由與貧窮，換取豐收若干公頃出口作物的前景。這種前景不見得非常吸引人，更何況那些來自高地的移民甚至可能會發現，就連自給農業都很困難——畢竟高地移民恐怕適應不了那些能夠輕易在熱帶和亞熱帶氣候下種出來的食物。觀察人士注意到，對高地飲食習慣的偏愛或許也有助於讓高地移民在大莊園的附近安頓下來，因為那裡比較容易提供此類食物。但無論如何，即使是來自秘魯阿爾蒂普拉諾高原的潛在印第安富農們，也太習慣於剝削、屈服，而且無法維護自己的權益。他們可能會因為地主對生命、死亡和婦女的過度濫權，以及其「鄉間土霸王」(*gamonales*)[7] 作風感到不滿。但拉貢文雄在這方面與高地沒什麼不同，當然也不會更糟，實際上或許還比較好。如果一個農民繼續留在莊園的半徑範圍內，他知道自己將受到剝削，同時必須聽從莊園主的吩咐。但也只有在拉貢文雄，一個農民才會確定自己很有可能獲得土地，而且按照他的標準，這意味著財富。

因此，逃避無法解決問題，農民只要停留在獲利機會最大的地方，他就只能在很小程度內利用他理論上擁有的稀缺價值。唯一真正的替代性選項是集體組織起來，而這種組織的力量只能來自於外部。從一九三〇年代開始，它確實以共產主義宣傳者、組織者的形式，從庫斯科傳了過來，後來可能還以鼓吹基督新教的形式出現。[5] 時至一九五〇年代末，莊園主的剝削已變得越來越無法容忍，儘管這種剝削曾經一度被一九四〇年代和一九五〇年代初的經濟繁榮所掩蓋，而且勞役佃戶的日子似乎也過得還不錯。然而，戰後新簽的土地租約即將開始到期，強迫工資和自由工資之間不斷擴大的鴻溝也就越來越令人惱火。獨裁統治失去了經濟繁榮的支撐，組織農民聯盟的政治可能性隨之提高。到了一九六〇年代初，大規模農民騷

7 Gamonales 意為「caciques」，即「鄉間土霸王」、「鄉村頭目」。

動的條件已經水到渠成。拉貢文雄的新封建主義時代正走上末路。但本文的目的並不是要探討農民造反本身。

六

我們能否分析一下，拉貢文雄所體現的農業發展形式有何經濟優勢與劣勢？實際上我們不可能這麼做。因為除了缺乏足夠的統計數據，該地區各大莊園主要的真相是，它們**並非**設計用來實現農業生產效益的最大化，甚至不是為了生產出可供銷售的盈餘產品。正如我們已經觀察到的，它們絕大多數是「傳統」的，甚至很難稱得上「具有過渡性質」，而且實際上根本缺乏「現代」性質。按照《CIDA：秘魯》（一九六六）的講法，面積五十公頃左右的中型商業農場似乎是雨林地帶效率最高的生產單位，但它們在數據上沒有任何重要意義。根據《CIDA：秘魯》（一九六六），每公頃農戶持有地的古柯產量不會比大莊園低，在咖啡種植方面的效率則遠高於大莊園（或高於全國平均水準）。同一份文件的分析指出，勞役佃戶持有地在市場上銷售其產量的百分之九十，大莊園卻保留了多達百分之二十五的產品以供自行消費。儘管如此，大莊園實際上還是為自己壟斷了優質的土地。很顯然地，我們甚至不能假定，拉貢文雄的大莊園為了賺取利潤，已採用最有效的方式來開發自己的資源。它們主要是寄生在其農奴的身上。因此，比較該地區莊園大規模生產和農民生產的可能效率，實際上並無意義。只要各個莊園在非經濟領域仍然保有脅迫的權力，它們就沒有提高效率的必要。例如莊園主人只要能夠強迫他的農民以每公斤七索爾的價格把咖啡賣給他，並且用武裝警衛阻止農民渡河向對岸的商人開價十一索爾，他就能不費舉手之勞，每公斤獲得四個索爾的利潤。我們實際上只能籠統地指出：這一類地區的主要生產形式為小農耕作，生產自用的生活必需品和盈餘可供銷售的出口作物，各莊園的大部分土地其實是留給這樣的農民耕種。

以上考慮因素讓我們無法輕易把拉貢文雄的發展——以及其特殊的新封建主義形式——拿來跟其他高地雨林地區所喜歡採用的不同做法進行比較。這樣的比較相當困難，而且結果很不確定。拉貢文雄在一九五〇至一九六二年之間的咖啡產量增加速度似乎略低於秘魯全國平均水準，儘管這速度在一九四〇年代可能要快得多。只能在較短時間範圍內（一九五六～六〇至一九六二年）進行估計的可可產量，增加速度則緩慢不少，茶葉產量增加的速度卻又高於全國平均值。然而，這些數據都不可靠。拉貢文雄咖啡種植的生產力明顯高於秘魯中部（每公頃八百一十七公斤相對於四百六十公斤），可可種植的生產力則低落許多（二百零五公斤相對於六百六十公斤）。秘魯中部似乎更成功地擴大了耕地面積，在氣候條件相同的區域，耕地面積差不多是拉貢文雄的六倍，咖啡、可可和茶的種植面積更高達十倍左右。唯一看起來合情合理的解釋是，拉貢文雄的方法浪費了人力。在秘魯中部六個類似的區域，每公頃耕地大約有一個農村居民；在拉貢文雄（根據最保守的估計）卻至少有二點五個居民。我們或許能從中得出這樣的結論：若在不同的土地所有制條件下，投入這樣的勞動力原可預期帶來更多的耕地，而且若非大幅增加產值，不然就是更顯著地改善社會基礎設施——例如交通和住房，或二者兼而有之。

因此，我們可以得出一個並不令人驚訝的結論：新封建主義除了本身的各種社會弊端，就擴大邊疆地區的農業產量而言，它顯然是一種效率相當低的方法。但我們也必須指出，高地叢林邊區沒有任何地方出現過令人印象深刻的經濟發展紀錄。這並非因為那些拓荒移民表現出不願意從事經濟活動的態度。事實恰恰相反。該地區特別引人注目之處，就是出身自最傳統農民類型的墾殖者樂意將自己轉變成商業化種植者。（這應該足以讓我們對那些主張「企業家精神」必須從外部注入傳統經濟的人的說法產生懷疑。）此類地區的真正瓶頸是經濟上與社會上的基礎設施，交通運輸是其中最顯著的，但也還有衛生機構和教育等等。沒有社會投資與規畫，便無法提供這些基礎設施。即使這些投資在某種程度上還是來自大型莊園的利潤，但仍必須由公共手段和規畫來加以補充。

我們可以得出結論，指出拉貢文雄的經驗不太能夠清楚說明我們還不知道的資本主義下的農業發展問題。但儘管這個偏遠的秘魯省分很不典型，它還是為研究經濟發展的人提供了一些不該被遺忘的教訓。首先，它表明了將經濟分析與當地社會及歷史背景加以區隔會產生的危險。假如拉貢文雄沒有被劃分成一些大型的私人莊園、假如熱帶地區的西班牙領主沒有主動考慮到種植園經濟、假如進入那些山谷的移民帶來了他們的公社制度，那麼拉貢文雄的農業結構將會大不相同，即便它最終仍可能發展成為二十世紀典型的熱帶出口作物生產者。

其次，過度依賴歷史或社會方面的解釋同樣也是不明智的做法。儘管比較誘人的做法，或許是在解釋拉貢文雄獨特的新封建主義之際，強調一些跟西班牙征服相關的歷史事實（歐洲中世紀制度、慣例與價值觀的移植）、強調前哥倫布時期強迫勞動的遺緒、強調地主與依附農民之間社會關係的性質，或者強調其他類似的情況。但其實沒必要這麼解釋。在一個特定的社會框架內完全站得住腳的假設可能是：這種特殊形式的新封建主義農業，是決定要在地主自留地進行耕作後，於勞動力短缺和對外聯繫不足的情況下，必然會發展出的結果。既然拉貢文雄讓我們觀察到，一種與歐洲封建主義某些作風驚人地類似的土地制度是如何出現，那麼研究歐洲中世紀的歷史學家或許會比本世紀的典型經濟史學家更覺得興味盎然。另一方面，它是二十世紀以特殊方式結合了十三世紀西歐的產物，它為研究資本主義發展的人上了最後一課，即便可能是熟悉的一課。因為它再次表明，資本主義世界市場在成長的某些階段，於發展中的邊陲地帶製造出——或重新製造出——古老的階級統治形式。十八和十九世紀的美洲奴隸社會是資本主義發展下的產物，新封建主義則在更小規模和本土化的範圍內盛行於拉貢文雄，直到它在農民的反抗下崩潰為止——但願永遠如此。

一九六九年

III

農民
PEASANTS

10

農民成為社會盜匪
Peasants as Social Bandits

社會盜匪是農民中的亡命之徒，被地主和國家當成罪犯看待，其事蹟卻仍然流傳於農民社會。他們在民間被視為英雄、豪傑、復仇者、正義鬥士，甚或是解放運動的領袖，而且無論如何都是值得欽佩、協助和支持的對象。當一個傳統社會抵抗侵犯之際，以及在歷史進程中抗拒本國或外國、中央和地方政府的干預時，他們甚至能夠得到地方要人的協助與支持。這種介於普通農民與造反者、亡命之徒及強盜之間的關係，讓社會盜匪變得既饒有趣味又引人深思。……

任何從部落和宗族組織演化到現代資本主義工業社會的人類社會類型，似乎都會在過程中出現社會盜匪——甚至連宗族社會解體並過渡至農業資本主義的社會階段也會出現。……現代資本主義和後資本主義的農業體制早就與傳統農民社會有所不同，並且已停止製造出社會盜匪——只有諸如美國、澳大利亞、阿根廷之類所謂的「殖民資本主義」國家除外。……社會盜匪普遍出現在立基於農業（包括畜牧經濟）的社會，其主要成員是受到他人（諸如地主、城鎮、政府、律師，甚至銀行）統治、壓迫與剝削的農民，還有無地的勞動者。它會以三種主要形式當中的某一種出現：**俠盜**或羅賓漢、原始的抵抗運動戰士或游擊隊員，可能還有帶來恐怖的**復仇者**。……

盜匪活動可能是農民革命之類重大社會運動的前兆或伴隨現象。它亦可藉由適應新的社會與政治形勢來改變自己，儘管這樣做了以後幾乎肯定就不再會是社會盜匪了。在過去兩個世紀的典型案例中，當一個前資本主義經濟體系過渡到資本主義經濟的時候，社會轉型頗有可能徹底摧毀那個孕育出盜匪的農業社會，以及滋養了盜匪的農民階層，從而終結盜匪本身的歷史。在世界許多地方，十九和二十世紀都是社會盜匪的全盛時期，其情況或許與十六至十八世紀的歐洲大部分地區如出一轍。不過，今日除了少數幾個地區，社會盜匪基本上已告滅絕。……

如果盜匪們有過任何「行動方案」，那就是要捍衛或重建萬事萬物「應該有的」傳統秩序（在傳統社會中，此事意味著一些被深信不疑的、或真實或神話般的過去）。他們想要修正錯誤、糾舉不公不義的事件並進行報復，而且在這麼做的過程中運用一種較廣泛的標準來衡量人與人之間——尤其富人和窮人、強者和弱者之間——的公平正義關係。這個目標的要求不高，繼續讓富人得以剝削窮人（但不逾越傳統上可被接受的「公平」），讓強者得以壓迫弱者（但得在公允的範圍內，同時念念不忘他們自己的社會與道德責任）。……就此意義而言，社會盜匪是改革者，並非革命者。

然而，無論是改革派還是革命派，盜匪活動本身並不能成為一個社會**運動**。但它卻可以是社會運動的代用品，就好比農民們把羅賓漢崇拜為他們的捍衛者，因為他們自己缺乏任何更積極的行動。當盜匪活動在一些頑強好鬥的農民群體中變得制度化，而且實際上還抑制了其他鬥爭方式發展的時候，它甚至足以取代社會運動。此類案例存在與否尚無定論，但有一些證據表明它們可能確實出現過。譬如在秘魯的瓦努科大區和阿普里馬克大區，農民要求土地改革的壓力曾經（而且在一九七一年時依舊）明顯較弱，儘管那裡的土地問題並非比較不嚴重，且在偷牛和搶劫方面有過（而且仍然存在）非常根深蒂固的傳統。然而，就像盜匪的其他許多方面一樣，這個問題還有待進行更深入的研究。

不過有兩種情況可能會讓盜匪——以及他們所屬的農民階層——既要求不高又充滿暴力的社會目標變成真正的革命運動。第一種情況是，盜匪成為整個傳統秩序對破壞和摧毀它的各種力量進行抵抗的象徵，甚至變成了急先鋒。一場社會革命並不會因為它是以外界眼中「反動」事物的名義來對抗外界認為的「進步」，於是變得比較缺乏革命性。盜匪成為革命者的第二個原因則來自農民社會本身。即使是那些接受剝削、壓迫和順從，並視之為人類生活準則的人，也夢想著一個沒有它們的世界：一個平等、博愛、自由的世界，一個沒有邪惡的全新世界。這通常只不過是一個夢想而已，難得超出對末世的期待。……然而在某些時刻，世界末日似乎已經迫在眉睫；國家與現有社會的整個結構眼看著即將完全應驗末世的徵兆與預言，崩塌成一片廢墟。微弱的希望之光儼然成了可能的日出曙光。

在這樣的時刻，盜匪也會像其他的每一個人那般遭到掃除。……事實上，沒有任何事情會比盜匪與主要農民革命的從屬共存關係更加引人注目，因為它往往是這種革命的前兆。巴西東北部的「塞爾唐」，[1] 傳統上是「坎加塞羅」盜匪與「聖徒」（*santos*）——即鄉村彌賽亞領袖——的大本營。二者一起欣欣向榮，但聖徒更加聲勢浩大。大盜蘭皮昂的事蹟則在無數的歌謠中被人傳頌，其中之一為：

> 他發誓要向所有的人報仇，
> 表示自己在這個世界上只敬重西塞羅神父，
> 除此之外別無他人。[1]

如同我們即將看到的，公眾輿論正是從西塞羅神父——茹阿澤魯的彌賽亞——那裡獲得了蘭皮昂的「官方」認證書。社會盜匪與千禧年主義——改革和革命的最原始形式——在其歷史上是並行不悖的。當偉大的末世時刻來臨之際，隨著苦難與期待而人數不斷膨脹的那些盜匪幫派，可能會在不知不覺中變成了別的東西。……

於是，當盜匪融入一場大型運動的時候，它就成為足以改變社會——而且真的改變了社會——力量的一部分。但由於社會盜匪的眼界就跟農民階層一樣狹隘，干預歷史的結果可能會令他們自己大失所望。情況或許與他們的預期完全相反，但這並不妨礙盜匪成為歷史性的力量。

巴西東北部的坎加塞羅盜匪當中，有些就像偉大的安東尼奧・席爾維諾[2]那般，主要是因為自己的善行而受到緬懷；另外一些則跟里奧・普雷圖一樣，主要是因為他們的殘忍而令人難忘。但一般來說，坎加塞羅的「形象」同時結合了這兩個元素。現在讓我們跟隨一位偏遠地區吟遊詩人的記述，來說明一下那位最名聞遐邇的坎加塞羅——維古里諾・費雷拉・達・席爾瓦（？一八九八～一九三八），那位大名鼎鼎的「船長」或「蘭皮昂」。

根據傳說（我們暫時感興趣的是其形象而非真實情況），蘭皮昂於「昔日邊陲地帶還相當繁榮的時候」，出生在伯南布哥州乾旱荒原山腳下，一個受尊敬的養牛和務農家庭。他在傳說中是個知識分子，因此並非特別強壯的男孩。弱者必須向偉大的盜匪看齊。於是，那位名叫扎貝萊的詩人寫道：

蘭皮昂所住之處，
蠕蟲變得勇敢，
猴子與美洲豹搏鬥，

1 塞爾唐（*sertão*）是巴西東北部位於人口密集聚落之外的窮鄉僻壤。
2 安東尼奧・席爾維諾（Antônio Silvino, 1875-1944），擔任盜匪首領的時間為一八九六至一九一四年。

綿羊在他的地盤上站穩腳跟。

他的舅舅曼努埃爾・洛佩斯表示這個男孩必須成為醫生，讓人忍俊不禁。因為：

在那遼闊的塞爾唐，
從來沒看見過醫生；
百姓只知道有牛仔、
各個坎加塞羅幫派，
或者歌謠吟唱者們。

反正無論如何，年輕的維古里諾不打算成為醫生，而是要當「*vaqueiro*」或牛仔，即便他入學僅僅三個月之後就學會了書寫和「羅馬算術」，並且長於寫詩。他十七歲的時候，費雷拉一家人被諾蓋拉家族趕出自己的農莊，因為他們被誣指偷竊。從此，結下的樑子讓他變成了亡命之徒。曾經有人告訴他，「維古里諾，你要相信神的審判。」可是他回答道：「聖經告訴我們『要孝敬父母，使你得福』，假如我不捍衛我們的姓氏，那麼我就會失去男子漢氣概。」於是：

他在聖佛朗西斯科鎮，
買來一把來福槍和匕首

並且與他的兄弟們和二十七名鬥士組成了一個幫派（吟遊詩人和他們的鄰居只知道那幫人的綽號——往往都是以盜匪為業的人傳統上會有的一些綽號），前往紅山山脈攻打諾蓋拉家族。鑑於諾蓋拉家族的優勢力量，從血海深仇到亡命天涯成為必要的一步。蘭皮昂變成了流寇，甚至比那位一九一四年被捕之後，在荒野萬神殿留下一片空白的安東尼奧・席爾維諾還要名聲響亮：

他一個也不饒，
無論是士兵還是平民。
匕首是他的寶貝，
槍枝是他的禮物……
他讓富人變成乞丐，
讓勇者匍匐在他腳下，
其他人則逃往他鄉。

可是根據吟遊詩人的說法，在他為東北部地區帶來恐懼的所有那些年頭（實際上是一九二〇至一九三八年前後），他不斷哀嘆自己的命運讓他成為強盜而非誠實的勞動者，於是注定該死於非命——而死於非命這件事唯獨當他有幸在公平戰鬥中死去才堪容忍。

他曾是，而且仍是民間的英雄，但卻是一個模稜兩可的英雄。或許可以用裝模作樣來解釋，為什麼詩人會向形式化的道德觀低頭，並且記錄了大盜在一九三八年隕命之後的「北方的喜悅」。（但並非所有的吟遊詩人都抱持這種觀點。）莫斯基托鎮的一名鄉巴佬或許做出了更典型的反應。當士兵們在煤油罐子裡裝著他們那些受害者的頭顱，[3]過來讓每個人相信蘭皮昂果真已經死掉的時候，他開口說道：「他們殺死了船長，[4]因為不管再怎麼強有力的祈禱在水裡都派不上用場。」[2]蘭皮昂最後其實是藏身於乾涸的河床上，但除了他的魔法失效，還有什麼能夠拿來解釋他的隕命呢？反正，儘管他是英雄，卻不是一個好的英雄。

他在成為盜匪之前的確曾前往朝聖，請求著名的茹阿澤魯的彌賽亞——西塞羅神父[5]——給予祝福。那位聖人雖然徒勞無功地敦促他遠離不法之徒的生活，卻還是給了他一份證書任命他為隊長，並且由他的兩個兄弟擔任副手。然而，我從中汲取大部分故事情節的那首敘事詩，完全沒有提及對錯誤的糾正（他們那一幫人自己所受的委屈除外）、沒有劫富濟貧，也沒有伸張正義。它只描述戰鬥、創傷、襲擊城鎮（或巴西偏遠地區定義下的城鎮）、綁架勒索、劫持富人，以及與士兵、婦女和飢渴的冒險經歷。沒有一件能讓人聯想到羅賓漢，反而記錄了「恐怖」：蘭皮昂如何殺死一名肉票，儘管那個人的妻子已經支付贖金；他如何屠殺工人；他如何折磨一個詛咒過他的老婦人（她不知道自己面前的那個人是誰），強迫她赤身露體在仙人掌灌木叢中跳舞，直到她死去為止；他如何虐殺一名冒犯了他的手下，逼迫那個人吃下一公升的鹽，以及其他類似的事件。這位盜匪最重要的特質在於讓人害怕和冷酷無情，而非成為窮人的朋友。……

另一方面，一些真正不入流的殘暴實例通常並不符合典型的盜匪作風。例如把大約一九一七年到一九二〇年代末期席捲秘魯瓦努科大區的嗜血狂潮歸類成盜匪活動，也許就是一個錯誤的做法。因為儘管劫掠屬於其中的一環，它的動機卻被描述為「不完全這樣，而是基於怨恨和血海深仇」。從證據來看，那種充滿嗜血仇恨的局面果真一發不可收拾，於是在人們之間「激起死亡狂熱」，導致他們在除了自家聚落或村莊之外的任何地方，到處「燒殺姦淫擄掠」。甚至更顯而易見的是，哥倫比亞在一九四八年之後「大暴力」那些年期間的恐怖景象，已經遠遠超出了尋常的社會盜匪範疇。沒有任何病態的為暴力而暴力能夠比這場淪為無政府狀態的農民革命更讓人震驚，儘管某些最駭人聽聞的做法——例如「在野蠻瘋狂的戰士

3 譯註：巴西警方在一九三八年七月二十八日展開拂曉突襲行動，擊斃蘭皮昂、其妻和九名徒眾。他們的頭顱被砍下浸泡於鹽水中陳列示眾，一九六九年才發還給家屬下葬。

4 譯註：葡萄牙文跟英文一樣，「船長」和「隊長」是同一個字（capitão / captain）。

5 茹阿澤魯的西塞羅神父（Padre Cícero of Juazeiro）是巴西東北部塞阿拉州（Ceará）實際上的政治領袖。

面前為了娛樂」而把俘虜剁成小塊(後來稱之為「*picar a tamal*」[6])——據稱在游擊活動的早期階段就已經出現在那個嗜血的國家。就此類猖狂肆虐的殘暴屠殺行徑而言,最值得注意的是,它們即便按照參與其中者自己的標準也是不道德的。如果在野蠻內戰的背景下,屠殺一整車無辜乘客或村民是可以理解的,那麼(證據確鑿的)諸如從孕婦身上取出胎兒然後換上公雞這類事件,則只能說是有意識的「罪孽」。然而,一些犯下此類暴行的人物仍舊是當地百姓眼中的「英雄」。

毫無疑問的是,政治意識可以在很大程度上改變盜匪的性格。哥倫比亞的共產主義農民游擊隊有一些戰士(但幾乎肯定僅限於極少數人),是從昔日「大暴力」時代打家劫舍的土匪游擊隊跳槽過去的。「Cuando bandoleaba」(當我還是個土匪的時候)這句口頭禪在游擊隊員的談話和回憶中屢見不鮮。口頭禪本身表示一個人意識到了自己過去和現在的差異。個別的盜匪或許很容易就能融入政治單位,事實卻證明他們很難被左派游擊組織集體同化——至少在哥倫比亞是這樣。

無論如何,他們當盜匪時的軍事潛力相當有限,而且如同義大利南部土匪戰爭所顯示的,其政治潛力甚至更是如此。他們理想的單位規模只有不到二十個人……。在一九四八年後的哥倫比亞「大暴力」時期,大型活動的起事者幾乎全屬於共產主義者,而非草根叛亂分子。大規模武力則如同蘭皮昂的幫派那般,被分割成一些次級單位,或是由單獨編隊臨時組合成聯合單位。這就戰術而言不無道理，但也表明大多數草根領導人根本無法提供裝備與補給給大型單位，或是應付不了強勢領導人直接有效掌控範圍之外的大批人馬。更重要的是，每個首領都小心翼翼地維護自己的權力範圍。就連蘭皮昂最忠誠的副手——「金髮魔鬼」科利斯科——雖然對他的那位老頭目留戀不已，卻還是與他有所爭吵，並且帶走了他的一些朋友和追隨者自組幫派。……

在政治方面，正如我們所看到的，土匪沒辦法為農民提供真正的替代選項。除此之外，傳統上介於有權者與貧窮者之間的模糊地位，使得他們既屬於百姓同時卻又瞧不起弱勢者和被動者，再加上他們是一股平時活動於既定社會與政治結構（或其邊緣）的力量，而非反對這個結構，這些因素都限制了他們的革命潛力。他們或許夢想著一個自由博愛的社會，但成功的盜匪革命者最顯而易見的前景，卻是成為如同鄉紳一般的地主。例如潘喬・比亞最後變成了一位「大莊園主」（*hacendado*）[7]，這是拉丁美洲一位有抱負的「考迪羅」（*caudillo*）[8]自然能夠獲得的獎賞——儘管毫無疑問的是，他的出身背景和行為舉止使得他比皮膚白皙的克里奧貴族人士更受歡迎。反正無論如何，盜匪生活充滿英雄色彩又漫無紀律，它既不怎麼適合革命戰士堅韌而灰暗的組織世界，也不適合革命之後的合法生活。……

6 譯註：Tamal是流行於中美洲的「達瑪爾／塔瑪爾」（墨西哥粽子）。
7 Hacendado意為大莊園主，即大莊園（hacienda）的擁有者。
8 Caudillo（考迪羅）乃掌握政權的軍事獨裁者，是拉丁美洲歷史上熟悉得令人遺憾的角色。

盜匪對現代革命的貢獻因而曖昧不清、令人懷疑，並且為時短暫。那是他們的悲劇。盜匪們充其量只能宛如摩西一般地遙遙望見應許之地，卻到達不了那裡。……除此之外，墨西哥革命包含了兩個主要的農民組成部分：潘喬．比亞位於北方、典型以盜匪為基礎的運動，以及薩帕塔在莫雷洛斯州那種基本上不具盜匪作風的農民騷動。從軍事角度來看，比亞儘管在全國舞台上更加扮演了不可估量的重要角色，他的行動卻並沒有讓墨西哥甚或比亞自己所在的西北部地區改頭換面。薩帕塔的運動儘管完全屬於地域性的、其領導人在一九一九年遇害身亡、其軍事力量比較無足輕重，然而正是此一運動將土地改革的因素注入了墨西哥革命。這些盜匪製造出一名潛在的「考迪羅」和一個傳說——尤其那個傳說關係到唯一曾在二十世紀試圖入侵美國佬土地的墨西哥領導人。[3]莫雷洛斯的農民運動更帶來了一場社會革命，成為拉丁美洲歷史上名副其實的三場社會革命之一。

現在讓我們總結關於墨西哥、巴西和哥倫比亞的想法，比較一下這三個國家迥不相同的盜匪傳統。三國都在自己的歷史進程中更加熟悉了大規模的盜匪現象。

所有沿著盜匪出沒路徑旅行的人都會同意，若有任何拉丁美洲國家可被視為典型的盜匪之國，那就是十九世紀的墨西哥。此外，在獨立後的最初六十年，政府和經濟的崩壞以及戰爭與內戰，使得任何擁槍自重者皆可左右逢源——或至少可做出選擇，決定自己是要加入軍隊或武警來支領官餉（而且在當時和之後都不乏藉勢勒索的可能性），還是要乾脆落草為冠。貝尼托・華雷斯[9]旗下的自由黨人在內戰中缺乏比較傳統的助力，就曾經廣泛利用過他們。儘管如此，成為民間傳說故事主軸的那些盜匪，卻活躍於墨西哥革命之前、波費里奧・迪亞斯獨裁統治下的穩定時期（一八八四～一九一一）。即便在當時，那些盜匪也可被視為威權和既有秩序的挑戰者。若在事後帶著同情的眼光進行回顧，他們甚至有可能看起來像是墨西哥革命的先驅。主要歸功於潘喬・比亞（所有改行去做革命者的盜匪當中最傑出的一個），才讓盜匪行為在墨西哥有了獨特的合法性。然而在美國卻並非如此，以致暴戾、殘忍和貪婪的墨西哥土匪在那些年頭成了好萊塢的標準惡棍——至少直到一九二二年為止，因為當時墨西哥政府威脅要全面查禁違規美國電影公司製作的電影。[4]其餘在生前即已名聞全國的盜匪則有墨西哥中部的耶穌・阿里亞加[10]、錫那羅亞州的埃拉克里奧・貝爾納，以及維拉克魯斯州的

9 譯註：華雷斯（Benito Juárez, 1806-1872）或譯為胡亞雷斯，是印第安原住民出身的墨西哥總統（一八五八～一八七二）和民族英雄。他曾與保守派進行內戰（一八五八～一八六一）、在一八六〇年代以游擊戰對抗法國的侵略，最後在一八六七年推翻了法皇拿破崙三世扶植的傀儡「墨西哥皇帝」而獲勝。

10 譯註：耶穌・阿里亞加（Jesús Arriaga, 1858-1885）通常被稱為Chucho el Roto。Chucho（丘喬）是西班牙語對名叫「耶穌」者的暱稱，「el Roto」則有「空心大老官」或「破產者」之意。一八八八年前後，墨西哥推出了一本作者不詳的小說，標題為《Chucho El Roto，或墨西哥盜匪中的貴族》（*Chucho El Roto, o la nobleza de un bandido mexicano*），塑造出墨西哥的「俠盜羅賓漢」。

桑塔納．羅德里格斯．帕拉福克斯，而且至少前面兩位迄今仍享譽不衰。曾經進出政壇、一八八九年遇害的貝爾納，很可能是媒體時代最著名的盜匪，堂堂出現在十三首歌謠、四首詩篇和四部電影中，有些還被改編成電視劇。只不過，我懷疑丘喬這個死於一八八五年的無禮天主教徒、後來也登上電視螢幕的反教會「空心大老官」，一如既往更加貼近人們的心。

與墨西哥不同，巴西從殖民地過渡到獨立帝國的進程中未曾被打斷。巴西至少到第一共和時期（一八八九～一九三〇）才在環境嚴酷的東北內陸地帶，創造出盜匪活動肆虐的社會與政治條件。這也就是說，把受到特定地區精英家族束縛的武裝僕從團體轉化成獨立行動者，嘯聚於面積大約十萬平方公里、涵蓋了四到五個州的區域。一八九〇至一九四〇年之間，一些大牌的「坎加塞羅」在整個地區迅速地廣為人知，他們的名聲更透過口頭講述和當地詩人與歌手的歌謠集流傳開來。[5] 朝向南方城市的大規模移民和不斷提高的識字率，後來更將這種文學作品傳播到聖保羅之類特大城市的商店和市集攤位。現代媒體還把當地明顯可與美國「蠻荒西部」等量齊觀的「坎加塞羅」搬上了電影和電視螢幕。那批人當中最出名的蘭皮昂更是一時之選，儼然成為第一個被實地現場拍攝的大盜。就兩名最顯赫的盜匪而言，生前已獲得「俠盜」傳奇聲譽的席爾維諾在新聞記者和其他人的推波助瀾下，與蘭皮昂形成鮮明對比；後者繼他之後成為「荒野之王」，同樣偉大，但卻少了仁慈的名聲。

然而，真正有趣之處是那些坎加塞羅在政治上和知性上融入巴西民族傳統的經過。那些人很快就被巴西東北部的一些寫作者浪漫化，而且他們無論如何都能輕易烘托出政治當權者的貪汙腐敗和不公不義。在某些程度上，蘭皮昂也是國家政治中的一個潛在因素，使得盜匪引起了更廣泛的關注。共產國際甚至將他視為可能的革命游擊隊領導人。這或許是出自巴西共產黨領導人路易斯・卡洛斯・普列斯特斯的倡議，因為在他職業生涯早期、率領軍事叛亂分子進行「長征」的時候，曾與蘭皮昂有過接觸（一九二六年在塞阿拉州）。然而，當巴西知識分子在一九三〇年代做出重大嘗試，想要把所謂的巴西概念建立在普羅大眾與社會、而非精英與政治基石上的時候，盜匪似乎並沒有在其中發揮主要作用。要等到一九六〇和一九七〇年代，新一代知識分子才讓坎加塞羅轉化成巴西特質的象徵、為自由而戰的象徵，以及受壓迫者力量的象徵——簡言之，就是「反抗乃至革命的全國象徵」。[6]這反過來又影響到大眾媒體呈現坎加塞羅的方式，儘管流行歌謠集和口述傳統至少直到一九七〇年代依舊存在於東北部的百姓之間。

哥倫比亞的盜匪傳統則遵循了一條截然不同的軌跡。出於顯而易見的原因，它已被一九四八年（或像一些歷史學家喜歡說的一九四六年）之後「大暴力」時期的血腥經歷及其餘波完全遮蔽。那場衝突在本質上結合了階級之戰、地域主義和鄉閭百姓的政治黨派認同——就像拉普拉塔河沿岸各個共和國那樣，其認同對象是某些國內的傳統大黨，而在此案例為自由黨和保守黨。一九四八年以後，若干地區的衝突演變成游擊戰，結果除了在一九六〇年代發展出強大共產黨游擊運動的地區，僅僅剩下一大批慘遭擊敗的昔日政治武裝團體。他們只能仰賴地方上有權人士的結盟和農民的同情，但最終就連這二者也不復可尋。他們在一九六〇年代被掃除殆盡。他們留給人們的記憶則已被該領域最好的專家們描述得淋漓盡致：

或許，除了在昔日支持他們的地區依舊被農民保留的理想化記憶，「社會盜匪」的神話角色地位也已經不保。在哥倫比亞發生的事情則與巴西坎加索[11]的情況恰恰相反。隨著時間推移，坎加索已多方面失去其模稜兩可的特質，並且不斷朝著理想化的社會盜匪形象發展。坎加塞羅最終儼然在全國成為本土美德和國家獨立的體現……。哥倫比亞與此不同，盜匪已化身為殘酷無情、慘無人道的怪物之具體象徵（或者在最佳情況下也只是「大暴力之子」），遭逢了挫折、迷失了方向，並且受到了地方領導人物的操弄。這已成為公眾輿論所接受的形象。[7]

無論哥倫比亞革命武裝力量（哥倫比亞在一九六四年之後最主要的游擊武裝力量）將以何種形象延續到二十一世紀，游擊隊？準軍事團體？還是販毒集團的槍手？他們都不再與古老的盜匪神話具有任何共同之處。

一九六九年

11 譯註：坎加索（*cangaço*）是巴西東北部「塞爾唐」農民盜匪的統稱，其成員即為前面多次提到的坎加塞羅（*cangaceiro*）。

11

農民起事
Peasant Insurrection

首先需要對我的這個標題做出定義。我所稱的「農民」，指的是按照現行社會標準僅僅擁有微薄財富的鄉間居民——他們主要是靠自己和家人的勞力來耕種土地，或是因為這個目的而想要獲得土地。此外，對他們來說，耕作這個行為不光是一項工作，更是一種生活方式。換句話說，此用語所排除的對象除了「城裡人」，還包括（一）主要是靠別人的勞力來幫他們耕種田地的地主，（二）不願意成為農民的鄉村無產者，（三）主要把農業當成生意看待的鄉村企業家。

因此，儘管出現許許多多跨界的案例，這項標準仍將被視為指導方針。而「農民社會」一詞，則意指由農民發揮主導作用的農業經濟社會組織，或者在農業經濟領域內由農民扮演主要角色的社會組織——例如十九世紀扣除上層仕紳階級之後的俄羅斯農村。

我所稱的「農民起事」，是指農民為了實現目標而進行的社會運動，至於要實現的目標則是由農民自己的集體地位所決定。這麼一來，農民對十九和二十世紀哥倫比亞內戰的參與並不會自動構成一場農民運動，可是一九三〇年代的土地騷亂卻可以。任何涉及土地、權利、租金或類似爭議的運動都會自動成為農民運動——如果它們是由農民進行，或是發生在一個農業社會。然而，並非所有的農民起事或農民運動都需要符合這種嚴格的社會經濟意義。這種特定而具體的社會經濟內涵要缺少到什麼地步，一場起事行動才不會被視為農民運動呢？這是一個有趣的問題，但我們沒必要在這裡多加探究。鄉間千禧年運動是農民運動嗎？至少在許多情況下肯定是的，例如當只有農民或出身農家者涉入其中的時候（比方說一九六三年在多明尼加共和國的帕爾瑪索拉）。[1] 類似猶加敦半島種族戰爭（開始於一八四七年並一直延續到二十世紀初）那樣的本土主義運動呢？也許是的。那麼各種得到農民強力支持，但缺乏明確農民綱領的民族主義運動或排外運動——例如羅馬尼亞的「鐵衛團」[2] 呢？有可能是。評斷標準或許在於農民參與其中的程度，以及其方案在多大範圍內按照那些支持它們的農民的利益來**實際**施行。……

起事一詞是指有大量農民同時介入的任何運動，且農民在參與其中時運用了脅迫手段——或者更普遍的情況是，農民拒絕了他們通常應該扮演的社會地位低下者角色。因此，起事不包括（一）在最和平與消極的時期可能存在的不法分子小型邊緣團體；以及（二）不對現有社會構成挑戰的各種農民運動，例如成立鄉村合作社等等。無論成功與否，起事可以比革命溫和許多，而且更具有過渡性。

* * *

讓我先從一個大問題開始。為什麼農民起事在某些國家遠比在其他國家更常見——比方說在中國多於在印度、在秘魯多於在巴西？我們是否可表示存在著這種差別呢？我想我們可以。儘管農民的歷史在許多國家是如此不為人所知，以至於幾乎一切相關事務都還有待發現。但就連最表面的接觸也足以顯示，像秘魯那樣的國家在過去兩百多年內持續存在農民起事的傾向，而哥倫比亞在二十世紀之前似乎並非如此。

我無法回答這個問題，於是藉此機會將巴林頓．摩爾的《專制與民主的社會起源：現代世界形成過程中的地主和農民》（一九六七）推薦給大家。我只不過是想提出這個問題，因為本文所關注的其他一切問題都從屬於它。讓我順便在此將這個問題與關於農民起事的「有效性」做個區隔，因為它與農民起事沒有邏輯上的關聯。從歷史上看，中國的農民起事極為有效，而秘魯農民在全國範圍內效率極其低落。但我們不能據此得出結論，認為中國農民比秘魯農民更容易造反——儘管當然有可能是這樣。巴勒摩是歐洲城市暴亂的紀錄保持者，聖彼得堡在革命之前則既不傾向於暴亂也沒有太多暴亂的歷史：然而聖彼得堡少數幾場暴亂所產生的影響，卻遠遠超過了巴勒摩由於完全不同原因而爆發的諸多起事行動。

或許值得順便一提的是，即便篩選出了經濟上或其他方面的特定因素或「變數」，也還

1 譯註：一九六二年十二月二十六日，多明尼加政府用凝固汽油彈剿滅帕爾瑪索拉附近一個由千禧年主義者組成的社區，導致六百人遇害，史稱帕爾瑪索拉屠殺案（Palma Sola massacre）。

2 譯註：鐵衛團（Iron Guard / Garda de fier）是一九二七至一九四一年之間的羅馬尼亞極右派排外組織。

是沒有辦法找到答案，無論這種做法對那些夢想著把歷史變成一門「行為科學」的人來說有多麼方便。人們的生活狀況在定義上總是與實驗室裡的環境有所不同，縱使透過比較分析可以排除或強調某些因素，但那些因素到頭來總是會一起發揮作用。在每一個農民——或實際上是每一個人——都或多或少陷入貧窮的社會裡（例如在巴西東北部沒有人會期待農民不是那樣的「塞爾唐」地區），貧窮本身並不至於成為造反的原因。此外，在有大量土地尚待墾殖之處（例如十九世紀的拉丁美洲偏遠地區），對土地的飢渴很難成為農民不滿的主要因素。但如果像我在查科地區所看見的那樣，是由擅自占地定居的單獨核心家庭進行墾殖，那麼除非像這樣一個單位擁有兩到三個成年男子的勞動力，否則幾乎肯定不足以長久維持下去。在這種情況下，家庭結構中嵌入了一種機制，把對土地的不滿足轉換成完全自由殖民、土地供應無限的狀態。再者，假若我們發現空曠的邊疆地區吸引了不得不——或打算要——脫離既定統治階層和從屬關係的人，那麼只需要比其他地區小得多的刺激，便足以讓他們採取實際行動。就此而言，社會政治結構整體上抵消了自由土地的「實驗室」效應。類似的案例還多得很，不僅在拉丁美洲是這樣，在沙皇俄國的草原邊區也不例外，而且那裡主要的農民起事都開始於十七和十八世紀。再假設一下，如果墾殖群體是一個自視為有別於冥頑不靈者的千禧年教派（而且就像經常發生的那樣，在開荒耕種上異常成功），那麼除非政府試圖干預，否則他們很可能就會持盈保泰，並且於當地發生農民起事之際站在現狀的一邊。這時政治結構和宗教文化方面的因素便共同起了作用。我們所能做的，就只是演繹建構出一個或多或少抽象、預測能力較低的模型。巴西某些德國宗派分子有過起事的歷史，巴拉圭的門諾派和其他若干教派是否亦然？我不知道，但我沒有聽說過。

提出了這個大問題之後，讓我更具體地討論另外一個雖然比較小，但仍相當雄心勃勃的問題。正如墨西哥革命所顯示出來的，農民起事具有兩種截然不同的形式——我分別稱之為比亞型（Villa type）和薩帕塔型（Zapata type）。薩帕塔型涉及地方上的全體農民。它透過社區的結構、習俗等等來動員各個社區，甚至動員整個地區的社會。就薩帕塔的做法而言，他先成為自己社區的領袖，而後經由一種滲透過程——或者更確切地說，是默默建立共識——成為其全體百姓的領袖：他是「受到愛戴」（*por cariño*）的領袖。比亞型則動員了社會邊緣人、亡命之徒，和孤注一擲的人，諸如：盜匪、牧牛人、流民、逃兵，以及武裝幫派。

這種區分非常籠統。比方說吧，曾經有人告訴我，典型的中國農民運動屬於比亞型而非薩帕塔型，是廣泛吸納無地者、挨餓者和邊緣人之後，擴大版的亡命之徒幫派。另一方面，我比較熟悉的農民運動，例如一八九〇年代的西西里法西斯或西班牙無政府主義者，在我看來則似乎屬於薩帕塔型。我們應可期待他們在地的領導人具有地方聲望、安定、已婚並有家庭和親屬（但也必須一直考慮到他們所在地區的社會分歧和政治結構）。我認為以組建農民聯盟為開端的運動就屬於這種類型。從定義上來說，公社的運動幾乎都應該是這個樣子。這並不意味著邊緣人沒有參與其中；從軍事角度觀之，他們更是至關重要。正如同薩帕塔運動所展現的，較大型運動的領導者需要做到的，就是贏得硬漢們的尊敬——薩帕塔受到了尊敬，因為他不僅僅是農民，而且還是個馴馬師、翩翩公子、很有女人緣的好男人等等。

每個案例中的動機都明顯不同。但如何不同呢？這裡存在著研究和思考的空間。為什麼一種運動會採取薩帕塔的形式，而另一種卻採取了比亞的形式？顯然在牧區和山區之類的地方，更有可能出現比亞的類型。但只有那裡嗎？就像許多問題一樣，我也不得不讓這個問題繼續懸而未決下去。

上述內容牽涉到某些關於農民起事的理論，尤其是艾瑞克．沃爾夫那本讓我覺得似乎稍嫌不完整的《一九六五年的農民與二十世紀的農民戰爭》（一九六九），因為這些理論都沒有顧慮到薩帕塔和比亞之間的區別。我大致同意沃爾夫的中心論點，即農民革命的主要力量植根於農民社會最具文化傳統的區塊，以及經濟或社會意義上的「中農」（middle peasantry）。換句話說，那既不在於農村的窮人和無地勞動者，也不在於比較有錢、進行商業化耕種的「富農」（*kulaks*）。沃爾夫在主觀上的確認為，這是一個旨在捍衛或恢復傳統經濟與社會、避免它們受到破壞的運動——但此運動的力量當然來自那些尚未嚴重受到傷害的人，否則就是來自那些已發現新經濟和新社會為他們提供了一個誘人替代選擇的人。當然，接受這種普遍性觀點，並不表示我們否定了鄉村底層或頂層的參與甚至主導。處於底層或邊緣的人們能夠提供現成的被動員對象……，在頂層的人們則可提供主動性和領導力，或者表達出他們自己特定的不滿情緒，然後圍繞著那些不滿情緒凝聚出一個更廣泛的運動（如同秘魯拉貢文雄的勞役佃戶一般）。

我認為有一點應該比較不具爭議性，那就是關於鄉村無產者的部分。如果現代的大規模商業化農耕——農工企業——是以種植園之類的形式進行，那麼長年以來的鄉間無產階級將不再是農民。農民將在特定的鄉間環境中，藉由工會、政黨等等來扮演無產者的角色。（但這個解釋不適用於臨時性或季節性的移民，因為他們只不過是暫時離開了農民生活而已。）……

因此，不妨讓我嚴格按照字義，把鄉間無產階級一詞從目前的討論中剔除，儘管這只不過是因為有少數種植園並未影響到下列因素，或者不曾受到這些因素的影響：（一）其勞動者並非直接僱用，而是透過承包商，以致固定勞動力比秘魯等國的大莊園弱了許多；（二）由農民——往往是擅自占地者——為種植園提供糧食；（三）印第安人。農工企業很少能夠與他們所處的農民環境區隔開來。

但還是讓我們把那些事情放到一邊，為自己的目的來探討一下，今日在拉丁美洲出現特定類型農民綜合體的可能性。除了一九六〇至一九六四年在秘魯，拉丁美洲很少有過**全面**的農民起事行動，所以，沃爾夫的普遍性理論未必能向我們提供更具體的指引，這一點並不奇怪。根據本人對該地區的了解，我認為以下幾個群體在不同的情況下最具「爆炸性」（我的排列並未按照特定順序，而且它們有時會相互重疊）：（一）擅自占地者和墾殖的農民，（二）因擴大經濟作物耕種而引起的土地衝突中的潛在富農，（三）公社（對土地的飢渴在此起了特殊作用），（四）邊疆地區的人們，（五）具有騷動傳統（多半是共產黨騷動）地區的農民。

擅自占地者的角色特別具有爆炸性，因為他們的衝突主要源自國家法律與土地所有人對其實際占有土地所提出的挑戰——但這些人也知道這些土地並未受到利用，因此「在道義上」歸耕種者所有。此外，由於衝突往往發生在遠離主管當局的區域，以致這個人數相當少的群體表現得異常活躍。幾乎所有農業騷動都存在著擅自占地者的因素，例如在類似拉貢文雄或秘魯中部那樣的邊陲地帶、一九二八年哥倫比亞獨立蕉農為了對抗聯合水果公司而在聖瑪爾塔進行的著名罷工行動、一九五〇年代初期在巴西戈亞斯州、在哥倫比亞的大多數騷動，以及在革命前的古巴。但我確定，從墾殖者在秘魯大莊園的活動也可以看出這種現象。根據秘魯人類學家烏戈・尼拉（《安地斯山區：土地或死亡》，一九六八）的說法，他們構成了高原工會運動的核心。同樣的情況還出現在人口日增、土地匱乏的公社因土地而起的糾紛中。

在哥倫比亞和秘魯拉貢文雄的咖啡產區，經濟作物農民扮演了同樣明顯的角色。在這兩個地方，衝突存在於一種本質上適合中小型生產的農業類型，以及一種本質上有利於大莊園的土地所有權模式之間。

公社內的騷亂似乎主要來自於摩擦擠壓，其成因一方面是人口的成長，另一方面則是公共土地的枯竭。在政治上，這種緊張關係更因為大莊園往往非法占用土地來進行擴張的漫長過程而愈演愈烈。

邊陲地區的情況容易引起騷亂，因為從事自給自足農業的拓荒者相對享有經濟自由，而且驅使他們前往邊陲的政治與社會因素會讓人變得更加好鬥。

昔日騷動及其組織方式的歷史相當重要，因為它在領導、組織、爭取地方知識分子同情等方面提供了催化作用和力量。它能夠將不滿情緒轉化成行動，並且將之與各種更廣泛的運動聯繫在一起。

編者按

這篇未發表論文的結尾部分涉及了農民思想如何影響農民起事，然而並沒有完成。不過可參見下一章，〈意識形態與農民運動〉。

12

意識形態與農民運動
Ideology and Peasant Movements

「意識形態」一詞在本文中的使用方式有二：（一）一套被闡述出來，並且普遍受到承認的社會信仰體系（往往具有公認的標誌性名稱，諸如自由主義、民族主義、共產主義等等），並可從中衍生出社會上和政治上的行動綱領；以及（二）一種類似的信仰體系，其雖然沒有被闡述出來或被有意識地遵循，卻還是構成了某一特定群體的社會與政治行動基礎。

換句話說，本文所稱的「意識形態」不僅僅包括已獲得普遍承認、被如此標示出來，而且或許只對少數人（識字者或受過教育者）產生意義的各種意識形態，還包括決定了社會行動與政治行動的所有社會思想體系。就南美洲這樣的一個大陸而言，前述區分在行動上具有重要意義。其中，第一類的各種意識形態——至少是它們在一七八九年之後的世俗化形式——可能會在一個範圍有限的階層內產生政治影響（例如巴西和墨西哥的孔德派實證主義者），但大多數百姓卻完全未知或無法理解。第一類的意識形態將被稱為社會政治理論，第二類則被稱為行動體系。由此我們可以得出如下的結論：那些理論儘管只出現在精英階層或其他具有政治影響力的少數群體，卻可藉由向群眾灌輸某種行動模式、把群眾動員到行動體系之中，而實際產生效果。……

以哥倫比亞歷史上的各種主要政治變革（「革命」）為例，它們總是在很大程度上歸因於那些被特定意識形態（保守主義與自由主義）動員起來的精英群體——至少在那些人的職業生涯關鍵階段如此。……共產主義在一九二〇年代反精英階層的形成過程中扮演了類似角色，而反精英階層隨後在一九三〇和一九四〇年代成為轉化自由黨的力量。奧蘭多．法爾斯－博爾達一九六七年在《哥倫比亞的顛覆》一書中指出，二十世紀六〇年代又出現了另一個這樣的「顛覆」，他並且在卡米洛．托雷斯和其他的年輕卡斯楚主義革命者身上看見了新的反精英階層之輪廓。

意識形態究竟在多大程度上動員出潛在的社會變革，甚至進而決定了變革本身的形式？這是一個比較複雜的問題。但顯而易見的是，無論具體的方案內容如何，革命意識形態都容易使其追隨者針對社會與政治變革所提出的要求，在激進程度上遠遠超出習於現狀者所著眼的——甚或相信可能的——範圍之外，無論後者是保守派還是東拼西湊的改革者。……可是反精英意識形態的興起，究竟能在多大程度上反映出人們已經意識到了一些需要用新的激進方法來解決的新問題呢？此類變革在多大程度上是因為這些意識形態團體而起，進而成為其理論和方案所造成的結果？此類變革又在多大程度上歸因於硬是把某些政治行動推上全國舞台的大規模造反運動？這個問題非常複雜。毫無疑問……轉化哥倫比亞政局的力量在一九二八至一九四八年之間來自於民眾運動，至於隨之而來的制度變革則無疑在自由黨那邊找到了更合適的載體，其中的原因部分來自意識形態——因為自由黨相信的是「進步」、「經濟成長」和「人民」，而非「秩序」、「傳統」和「等級」。此外，毫無疑問的是，在政治和思想方面為變革提供動能的一小批激進理論家，也對制度變革做出了若干特殊貢獻。可是究竟是有什麼貢獻，以及有多少貢獻呢？

如果我們考慮到拉丁美洲意識形態事實上普遍存在的兩個特徵，問題還會變得更加複雜：（一）拉丁美洲意識形態明顯借用了外國的模式，以及（二）此類外國模式在其來源國的真正含義與拉丁美洲的實際內涵之間存在著驚人差距。諸如功利主義、實證主義、烏托邦社會主義、馬克思主義、法西斯主義等等歐洲意識形態所產生的影響——或者時而出現的依樣畫葫蘆傾向——都是眾所周知的事情。同樣為人所熟知的，是這些意識形態標籤在拉丁美洲環境下的意義，以及堅持一種意識形態之後所實際產生的結果，都可能會讓歐洲或北美人士感到詫異。從乞靈於一九三〇年代歐洲法西斯主義——或聲稱受其影響——的拉丁美洲團體和人們的政治活動就可以看出這一點。

在拉丁美洲的背景下，各種意識形態通常都具有下列三個主要目標當中的一個，或不止一個：（一）將落後國家轉化成先進國家，（二）將（正式或非正式的）依附國轉化成真正獨立的國家，以及（三）在少數精英和廣大貧困落後人口之間架起一座橋樑。……拉丁美洲意識形態的正常形式，就是從「先進」世界拿來最合適、最時髦或最負盛名的意識形態，而且只要不明顯抵觸上述三個目標即可。那些相對而言數量較少、由拉丁美洲獨力發展出來的意識形態，也具有相同的基本目標。它們特色十足地成為「社會主義」與「本土主義」（*indigenismo*）的複合體（不過這些本土意識形態迄今在哥倫比亞僅僅起了微不足道的作用）。

簡而言之，大多數現成的意識形態都是為其他目的而設計，並非著眼於拉丁美洲知識分子所專注的目標。於是當那些意識形態被拿來適應他們的目的時，往往會變得面目全非或前後矛盾。……因此，正如勞爾・安德拉德所觀察到的，在一九三〇和一九四〇年代霍黑・埃列塞爾・蓋坦的案例當中，很難斷定「墨索里尼的同情者在哪裡結束、自由派領導人從哪裡開始，以及左派領袖的根源何在」。很可能的情況是，從一九五〇年代開始出現的一些意識形態既是全球模式的變種，同時也是專門為拉丁美洲環境量身打造出來的。但現在對此做出明確的判斷或許還為時過早。……

自從一九二〇年代以來，哥倫比亞社會運動與各種意識形態運動和團體連結，不時為群眾提供了組織、領導、方案以及發抒理念的框架。儘管如此，這些運動仍有可能既發生在沒有受到左派鼓動與左派組織影響的地區，也發生在深受其影響的地區。但無論如何，一俟外在的領導或啟發來到傳統的農民活動環境，為地方上的運動提供了比所預期更有效、更持久的政策與框架，意識形態便會發揮重要的作用——例如特別是在昆迪納馬卡省和托利馬省、在考卡省的印第安人之間，以及在馬格達萊納省的香蕉產區。然而，我們目前還不是很清楚各種外來意識形態運動滲透到農村的明確方式，以及它們有效動員的程度。……

一九二〇年代晚期和一九三〇年代的各種運動，毫無疑問（或者日益增多）受到了左派意識形態的主導，其領導人一部分是共產主義者、一部分是民粹自由主義者、一部分（例如在蘇瑪巴斯）則是受到社會主義或共產主義意識形態影響的草根農民組織者。有一個奇怪的事實是，一九三〇年正式成立的哥倫比亞共產黨曾在一九三五年向共產國際提出抱怨，表示其黨員的無產階級成分不足，因為他們主要是由農民和印第安人——而非由工人——所組成的。無庸置疑的是，一九三〇年代早期的地方土地改革措施（例如在昆迪納馬卡省和考卡山谷省部分地區，將莊園強制出售給自耕農的做法），主要就歸因於這種有組織的運動。……看地圖也可以發現，一九五〇年代成功組織了共產黨或左派「武裝自衛團體」的那些地區，多半在一九三〇年代早期已經有過最強大和組織最佳的運動（例如在比奧塔、蘇瑪巴斯、馬里基塔－馬奎塔利亞），因而我們可以上溯其農民組織三十多年的歷史。

這在多大程度上意味著農民接受了現代類型的意識形態呢？這個主題可以放在兩個標題下進行討論：（一）自由主義，（二）共產主義。

毫無疑問的是，自由主義從十九世紀中葉就開始有群眾根基。因此，若把一個農民形容成自由主義派，就意謂著這不但表明了他個人的政治認同，而且他的地主恰好也是支持自由黨的。與此同時，沒有證據表明這種忠誠具有任何直接的意識形態意涵。套用法爾斯－博爾達的話來說，它似乎是「一種集體防禦機制」，「由面對外人攻擊時的共同防禦意願所驅使」。

所以只要那是某一方或另一方的集體機制，某個鄉村地區（*vereda*）不管是自由派或保守派都無關緊要——或許只有對歷史學家而言是重要的吧。事實上，政治立場均衡分裂的鄉里十分罕見。自由主義的主要政治理念顯然曾經在十九世紀居於劣勢。

在二十世紀的第二個二十五年，隨著農民之間產生真正的政治意識，出現了一個新的因素。此時可以明顯感覺到，隨著社會意識——或「新政」勢力——在自由黨內部的發展，促使人們傾向於選擇把自由主義視為「人民的政黨」。儘管蓋坦主義對貧民的吸引力在城市比在鄉間來得大，仍有證據表明這位民粹主義大煽動家對農民產生了重大的影響。……

如今我們更能夠說出，對支持共產主義的農民而言，共產主義究竟意義何在。它曾經（或者仍然？）主要並**不**意味著經濟集體主義。在長期受共產黨控制的比奧塔，甚至連個合作社似乎都沒有建立起來；在蘇瑪巴斯唯一共同組織的經濟活動是水資源的分配，但這在傳統上本就屬於集體計畫的範疇。共產主義所代表的**實際**意義則可簡述如下：

一、人們為自己爭取權利的一種運動——它與其說是「天賦的」或新的權利，倒不如說是合法的舊權利。

二、獨立農民經濟的合法化——它雖已按照當地農民所習慣的方式來運作，但還是需要獲得正式認可。

三、在農民們認為自己所屬的基層級別建立農民自治。例如在比奧塔和蘇馬帕茲，輕微的犯罪及紛爭都交由公社自行處理，嚴重的事件則被留給或轉移到官方司法機構，但只有在武裝獨立的時期除外（例如與政府軍作戰之際）。……商業和信貸交易則都在國家體制下進行，而且農民帶著產品前往的各個商業中心，事實上並不在基層的共產主義體系之內。

四、以黨員身分建立起來的正式社會組織結構——在一九五〇年代，蘇瑪巴斯的大多數成年男子皆為其成員。該黨看來似乎是直接，或透過地方議會（cabildos），來維護道德和善良習俗。……蘇瑪巴斯不鼓勵舉辦節日活動，即使是為了募款的目的也一樣，因為那可能會導致酗酒和鬥毆。比奧塔卻比較沒有這種清教徒作風。

五、教育制度——對具有政治意識的農民來說，這始終是一個至關重要的問題。在比奧塔和蘇瑪巴斯都實施了成人政治教育、設置獨立的學校，而且堅持要求有權在公立學校任命合適的教師（並在長時間維持自治的農民社區中被非正式地接受了）。

我們可以得出結論如下：由於這是農民的草根運動，哥倫比亞共產主義試圖要做的，就是建立或重建農民社會的傳統規範與價值觀。這還是一個現代化運動，主要因為它使得有效率和有組織的農民行動成為可能、將此行動與現代化的意識形態結合、為教育提供了強有力的動能和機制，而且或許也成為一種方法，可讓人從農民中招募、開發和培訓潛在的領導者與幹部。我們還可更進一步認為，若任其發展的話，農民會在共產主義由外界來到他們身邊之後，從中選取那些——而且或許僅僅選取那些——能夠對他們產生意義、符合他們先前期望的元素。這種做法幾乎與共產黨的官方觀點毫無關聯。因此根據胡安·弗里德針對阿勞科印第安人所處情況進行的整體分析（《阿勞科人的社會問題》，一九六四），那些流傳於內華達山脈的共產主義著作，或那些受到共產主義影響的著作，已與其原義相去甚遠。儘管如此，當地勞工組織和原住民聯盟卻仍持續存在，並偶爾發揮一下影響力，因為他們的機構是唯一能夠讓印第安人表達抗議的管道。就如同比奧塔那般，抗議行動有時在共產黨的領導下實現了目標，農民階級和黨的運動之間於是形成一種更為持久的關係。農民「變成了共產主義者」，而且繼續如此。儘管哥倫比亞的一些共產主義農民社區在社會學上和政治上饒有趣味，然而就數量而言，它們的重要性卻非常有限。……

一九七七年

13

農民占領土地行動：秘魯的案例
Peasant Land Occupations: The Case of Peru

凡是研究農民運動的人，都會熟悉大規模土地入侵或占領土地的現象。本文設法分析這種形式的農民集體抗爭，所援引的主要是來自秘魯的證據，但也會參考一些其他國家的資料。[1]我的目的並非研究一種秘魯特有的現象，而是要深入農民行動的背後，看出他們的社會和政治預設前提，以及所蘊涵的策略思維。本文旨在釐清有關農民革命活動的問題。此外，秘魯（和一些可與其相提並論的國家）的特殊歷史情況，在多大程度上決定了土地入侵行動的性質與形式，也將一併納入考量。

一

秘魯和其他任何地方一樣，有三種可能的土地占用類型。這取決於所欲占用土地的法律狀況，同時顧及現行的官方法律體制和農民實際接受的法律規範；但二者並不一定重合。

首先，所欲占用的土地可能屬於農民們所有，但在法律上或其他方面以他們不認為有效的方式被轉讓了出去。所以在農民們眼中，土地入侵等同收回他們自己的土地。以利馬東北部安地斯山區的奧永省為例，當地農民否認他們曾經在一九六三年八月入侵「阿爾戈蘭農業與畜牧業協會」的土地，其理由為，這片受爭議的土地——海拔約五千公尺的一些牧場——無論過去和現在都一直是他們的。

第二種可能性為，被占用的土地不歸任何人所有，或在法律上屬於政府的公有地。在此狀況下，只有當合法所有權存在某些爭議時，農民墾殖或占地的過程才會變成一種「入侵」。最常見的情形是，農民與地主同時聲稱對此類土地的所有權，不過按照官方法律，兩造都缺乏有效的產權，而且在大數情況下也將不會取得產權。這種現象在一些南美洲國家人煙罕至的邊疆地區相當常見，但在秘魯並不特別明顯，例外情況是秘魯安地斯山區亞馬遜河谷的亞熱帶坡地，以及在廣袤未開墾土地上的某些畸零角落。這些土地雖然歸大莊園所有，卻往往會出於可以理解的原因，被農民們視為不屬於任何人的土地。

由於缺乏可作為依據的產權證明文件，甚至無法訴諸習俗和法規，此處的法律論點因而有所不同——土地屬於靠自己勞力來開墾的人。西班牙殖民法律接受了這種論點，把無主荒地（*tierras baldías*）判決給那些在規定期限內清理、播種，或以其他方式墾殖土地的人，並且根據持有者的實際耕種能力來確定其所能擁有的土地大小。再以哥倫比亞的《民法典》為例，它除了其他的占有形式，也承認這種模式。該國為因應大規模土地騷亂而在一九三六年通過的《第二百號法案》，便是以此原則作為斷定荒地擁有權的首要標準。這裡所訴求的並非合法所有權或其他諸如時效地役權（prescriptive right）這類相似的權利，而是一種通用的原則。例如一九六三年時，有三百五十名占地定居者在「新墾殖者協會」的組織下占領了位於廷戈馬利亞亞熱帶地區的兩座莊園，其理由是：「這些土地並未使用於生產，因此我們有權獲得它們。」

第三種類型為，土地可能毫無疑問屬於入侵者之外的某些人，而且即便按照入侵者自己所能夠接受的法律原則或證明文件來看也是如此——農民奪走地主自留地即為一例。這種情況必須和以勞力、金錢或實物來支付地租的農民佃戶，明確加以區隔。入侵的佃農們雖然以自由持有人的身分，宣稱對他們實際占用和耕種的土地享有財產權，卻無法挑戰地主對其直接耕作或僱工耕作的土地之所有權。但這同樣也不構成「入侵」，因為農民早已實際持有他們希望更改法定所有權的土地了。「徵用」顯然是最具革命意識的土地占領形式。但在秘魯，以及更普遍地在拉丁美洲，它也是最罕見的形式（當然，歷史上常見的強凌弱形式除外）。更確切地說，它似乎很難發生在沒有直接受到現代政治意識形態影響的農民運動當中——如果曾經發生過的話。

本文主要將討論第一種類型的土地入侵行動，它們構成了二十世紀秘魯有記載入侵行動的絕大部分。[1] 此類運動的特徵就是農民公社收復失去的共有土地。……薩圖尼諾·巴雷德

1 利馬新聞界在一九五九至一九六六年之間報導過一百零三起入侵事件，其中包括了一九六三年八月至十二月農業動亂最嚴重時期的七十七起。它們多半是收回自己土地的行動。可惜那份報導有著極大的缺陷。

斯博士曾經以現任（毛派）秘魯共產黨總書記的身分，駁斥了那個小黨內的某些偏離分子：

> 秘魯的真實情況是，生活在公社中的農民階層……深深相信，目前由大莊園主掌握的土地屬於農民，因為他們曾經在那些土地上幹活，因為他們在某些案例中持有地契，在其他案例中更因為自古占有（immemorial possession）而獲享權利。[2]

「權利來自勞動」的觀點清楚地蘊含在其他各種對所有權的要求之中，即便（除了新近墾殖的土地之外）它與「自古占有」所衍生出的權利並無明顯區別，因為後者僅僅意味著，已經有無數個世代的農民在一塊特定土地上進行耕作或者放牧他們的牲畜。或許正因為如此，除非是在現代政治意識形態起了作用的地方，否則我還沒有見過任何一場純粹用「耕者有其田」這個口號來合理化的土地入侵行動。這並不表示它無足輕重。……對農民而言，不勞而獲是無法想像的事情，因為他們必須妥善利用自己持有的每一塊土地。

如果「自古占有」就足以被視為擁有其所有權，比這更好的莫過於拿得出實際文件來證明其有效性了。鑑於西班牙殖民體制的性質，許多印第安人公社都持有這樣的文件，而且這些文件往往被援引來合理化土地入侵行動。……只是毛派共產黨的年輕宗派主義分子卻將之視為小資產階級的偏差行為。他們極力辯稱，封建或資產階級時期的地契不管對誰有利，唯一的處理方式就是把它們燒掉。然而，正如巴雷德斯博士基於豐富經驗所正確指出的：「這一切都揭露了，左傾機會主義派的清算者們缺乏農民運動的經驗，而且從未與任何（農民）公社產生過任何瓜葛。」[3]

農民的土地入侵行動具有墨守成法的色彩，這是一個同時受到研究者和教唆者危險忽略的事實。對拉丁美洲的農民公社來說，擁有「小紙張」（*papelitos*）非常重要。無論是真是假，這些紙張都受到珍惜和保護，並且會被藏起來以免遭到竊取，因為遺失文件會在某種程度上影響到他們的權利，至於這會不會減弱他們對權利繼續存在的感覺就很難說了。約翰．沃馬克曾經對阿內內庫伊爾科——那位偉大的埃米利亞諾．薩帕塔之村鎮——如何保存當地從父祖輩遺留至今的地契，做出了令人動容的描述。[4]我還聽說過某些玻利維亞村莊的案例，它們由於土改而被授予土地之後，甚至還會向昔日的地主索取轉讓證明文件，盡可能讓一切都合乎法理。但正如我們將要看到的，這種墨守成法的態度並未阻止農民進行革命。首先，農民傾向於拒絕那些奪走共有土地的法律，認為它們儘管在憲法上正確無誤，在道德上卻是無效和「不符合自然規律」的。

就這一點而言，必須提及拉丁美洲局勢的各種特殊性，因為它們把最嚴格意義上的墨守成法，轉化為農民之間一種強大但也有限度的社會力量。在王室官僚機構的掌控下，西班牙的征服保障印第安公社獲得了法律承認和公用土地，同時並設法嚴格控管定居下來的征服者，然而效果不彰。大莊園的主人成為**事實**上的權力持有者，大莊園因而與農民公社並肩發展，其土地擴張則在法律上同時受到王權和印第安人權利的限制——儘管這些法律上的限制在獨立期間並未被完全取消，但其實已經不再發揮作用。從此，大莊園的擴張在很大程度上是透過赤裸裸的侵占來進行，尤其是在十九世紀末和二十世紀初。之前沒有多少經濟價值的大片土地突然變得既有利可圖又可用於進入市場。所以拉丁美洲典型的大莊園並非建立在合法所有權的基礎上（靠著用「新法」來取代「舊法」），而僅僅是基於大地主的權力大於國家權力這個事實，此外地主並沒有集這兩種權力於一身。秘魯中央高地的一位老律師（他同時也是退休政治人物），甚至認為土地改革根本沒有必要，確保土地有效重新分配所需的唯一手段，就是要求土地擁有者——**任何**土地擁有者——出示他們的地產所有權狀，並且把沒有權狀的土地歸還給當初遭到侵占的農民。[5]

例如哥倫比亞在經歷一場農業騷亂之後，針對屬於某位赫納羅·奧特羅·托雷斯所有、占地三十萬公頃左右的三座大莊園的土地權狀進行了官方審查。結果赫然發現，一九二三年時的原始地契涉及的土地面積僅有四百二十六公頃。秘魯中央高地的圖克雷莊園在一八八七年時持有大約一萬二千公頃土地的權狀（但這並非完全沒有爭議），時至一九一五年，不知何故，它已掌握了十萬零三千公頃土地。……由於盜取地產的業主是以看似合法的形式這麼做，通常可望得到法院的保護；如果根本沒有地契，他們欺壓印第安人的本領和對當地法官與警察的政治影響力，通常也足以應付任何挑戰。

這當然過度簡化了複雜的情況。莊園雖可擁有大片土地的合法產權，實際上卻只使用其中的一小部分，剩餘部分或是不留給任何人，或是留給了**實際**占用的農民。因此那些農民自然會認定，實際在土地上的工作賦予他們土地的持有權或財產權——反正不管怎麼樣都比無所事事的地主享有更多權利。公社則可藉由偽造或擴充古老地契的內容，來強化他們在土地方面的道德訴求。此外，正如我們將要看到的，土地所有權之爭不僅造成農民與莊園的對立，更造成公社與公社之間的對立，尤其是隨著時間的推移，成群離開原先聚落的農民在公用土地的其他角落立足下來之後（就秘魯而言，那通常是從安地斯山脈的坡地移動到更高或更低的生態區，其範圍從最頂端的苔原帶延伸到最底層的亞熱帶和熱帶地區）。接著他們會試圖組建獨立的公社，切割出他們自己的公用土地，而這些土地的疆界與母聚落是有爭議的。

儘管如此，在拉丁美洲各地，尤其是在印第安人聚居的地區，數量異常龐大的農民公社仍拿得出關於公有土地所有權的法律文件，顯示赤裸裸或近乎明目張膽的搶劫行為奪走了他們的土地。從這個角度來看，農民權利合法化的問題在理論上非常簡單。但就另一方面而言，對土地的主張無論客觀上再怎麼具有革命性，往往並不意味著在意識形態上對現有的合法性提出挑戰。

二

現在讓我們轉而看看一些實際的土地入侵行動。土地入侵通常是一件相當標準化的事情，由整個公社以集體的身分決定並執行。這表示它通常經過事先討論。……因此地主和有關當局通常都對入侵的意圖有所聽聞。如果警察、軍隊或他們自己的武裝人員能夠抵達受爭議的邊疆地區，便會有辦法採取反制措施，但邊疆地區當然很可能相當遙遠而且難以接近。……

入侵行動本身就是一個重大的儀式場合，通常「發生於喧囂之中。領導人騎在馬背上吹著號角」（庫斯科，一九六四年）、「伴隨著號角聲和鼓聲」（庫斯科）、「在萬歲聲和號角聲的伴隨下」（安塔，庫斯科）、「隨著地區音樂的旋律唱歌跳舞」（帕魯羅，庫斯科）、「響起號角和發射沖天炮」（波塔卡，胡寧）。近年來似乎更有大量的旗幟伴隨著他們。……一九六〇年代，秘魯國旗到處可見，但在政治上激進的庫斯科大區，各種旗幟還伴隨著卡斯楚式的口號——「土地或死亡」（Tierra o Muerte）、「我們必勝」（Venceremos）等等。……跟所有的大型集體儀式一樣，要參加者不喝得酩酊大醉往往是不太可能的事情，儘管相關證據——絕大多數來自地主或官員——傾向於過分強調這一點。

入侵的動員工作一般是在晚上進行，實際的行動則按照合理的軍事原則安排在拂曉，不過這並非一成不變。為數不少的男性、女性和兒童——可多達數百甚至數千人——在牲畜、器具和建築材料伴隨下，進占受爭議的土地。他們拆除柵欄、圍牆和其他邊界標記，接著立刻著手搭建簡單的小屋或其他建築，位置通常就沿著他們聲稱的合法邊界線。這些家庭隨即就地安頓下來，開始放牧牲畜（必要時也驅逐地主的動物）、犁田和播種。某些情況下還會採取更謹慎的策略，先派一支偵察隊滲透進去，如果沒有出現嚴重的抵抗跡象，緊隨其後就是大規模的占領。……

然而必須指出的是，典型的公共土地入侵行動和現代政治運動所組織的土地占領之間，存在著一個重要的區別。現代占領行動的各種策略和戰術，無論涉及的是土地本身或是工作場所（「靜坐」或「怠工」），都被視為向有關當局示威或施壓的方法，也就是作為實現目標的手段。以一個有組織的農民運動為例，一九五〇年代由哈辛托．洛佩斯在墨西哥錫那羅亞州領導的土地入侵行動，採取的就是這種有限度的入侵方式。錫那羅亞州洛斯莫奇斯的農民大會在一九五七年威脅表示，如果各莊園不儘快兌現承諾，為請願者的問題提供法律解決對策，他們就會展開土地入侵行動。在始終得不到任何反應的情況下，土地占領行動在一九五八年初爆發了。不過這場三千名農民入侵二萬公頃被灌溉土地的行動僅僅具有象徵意義。「在耕地的中央部分豎起了國旗，大多數農民則或站或坐在田邊的道路上。……等到軍隊過來驅散靜坐示威者，那些故意手無寸鐵的農民便和平地離開了。」[6]一九七一年春季，由哥倫比亞「使用者協會」組織的大規模土地占領，也刻意進行得非常短暫。簡而言之，除非是真正的土地革命或起義的一部分，否則現代政治所組織的農民運動中的土地占領，都只不過是長期運動中的單一事件罷了。

可是對典型的公社運動來說，這是一次出征、一場戰役，而且——如果幸運的話——甚至能夠以勝利告終。因此它並非手段，它就是目的本身。就入侵者而言，如果地主、國家或其他外來勢力能夠撤離，並且任由公社成員在他們如今正當收復的土地上安身立命，那就萬事大吉了。身為務實主義者，農民們恐怕知道這是不太可能的事情——儘管土地入侵行動傾向於只發生在情況看來有利的時候（正如我們即將看到的那樣）。但縱使再次遭到地主或政府驅逐，他們至少也重申了自己耕者有其田的權利，以及耕種他們聲稱屬於自己土地的能力——這是很重要的一點，因為他們這麼做的能力可能會受到挑戰。然而這種行動爭取的並非戰術上的目標；他們要的是收回土地，並且繼續留在那裡。

我們已經觀察到了，典型的土地入侵行動並非秘魯人，甚至也不是印第安人所特有的現象。在拉丁美洲其他地點確實還有許多完全類似的例子。一九六八年以前在智利的小農土地入侵行動——接管農場（*tomas de fundos*），全是由馬普切印第安人所策動，旨在收回遭到侵占的公用土地。不過，在其他地點卻是由非印第安農民為之，例如在一九五〇年代末到一九六〇年代初，委內瑞拉的土地改革肇始階段，據估計有五百件入侵可占用土地的案例。被入侵的通常是早先從農民手中奪走的土地。但在歐洲也找得到類似情況。……在與秘魯高地截然不同的環境，也可以找到一些與典型的公社土地入侵非常相似的行動。它們不是屬於秘魯印第安人或拉丁美洲的歷史，而是屬於農民公社的歷史。

三

為了理解此類入侵的本質，以及它們在農民行動中所扮演的角色，我們不妨追蹤這些運動當中的一個特殊案例，至少觀察一下它所產生的某些結果。那是在瓦西坎查公社，秘魯中部高原上一個主要由印第安牧民定居的小聚落，大致位於胡寧、利馬和萬卡韋利卡三個大區的交界處附近。幸運的是，我們能夠追蹤那個公社為了公用牧場中一塊特定地區而進行的抗爭，一直回溯到十六世紀。這種連續性的檔案紀錄相當罕見。……

瓦西坎查四個世紀以來為牧場奮鬥的歷史當中，出現若干饒有趣味之處。一個文盲的社群怎麼會有辦法如此精確地保存自己對所宣稱擁有土地的記憶，以致在一九六三年進行的「目視巡查」中確認了一六〇七年所有權狀的每一個細節？因為儘管他們擁有相關文件，在歷史上的大多數時候卻顯然沒有能力閱讀；甚至連負責承辦的白人律師，有時為了閱讀這些文件也不得不諮詢古文字學家。在一九六〇年代，一個目不識丁、名叫胡利安・包卡爾丘克・薩馬尼耶哥、時年五十九歲的公社證人回答了這個問題。他表示自己從一九二二年起就知道邊界何在，因為「當他還是個小男孩的時候，他的父親就把他帶到山上，向他指出邊界的位置。這正是他之所以曉得它們在哪裡的原因」。[7]想必從十六世紀以來的每一個世代，都是由父親帶兒子前往高山牧場，以同樣方式，重溫對失落土地的記憶。

其次，而且或許也更重要的是，瓦西坎查的故事表明了，關於印第安人既被動又屈從的刻板印象多麼具有誤導性。四個世紀以來，渺小、偏僻、孤立而頑固的瓦西坎查從未停止為自己的權利奮鬥。農民們既不是西方的自由主義者，也不是學生造反派，原則上無法在和平與暴力、合法與非法手段、「物質」與「道德」力量之間做出選擇，只能按照情況使用其中的一或兩種。但他們從未放棄過自己的主張。

第三，認為農民的視野完全侷限於當地因素的這種觀點顯然是個錯誤。瓦西坎查或許對利馬所知不多，對馬德里、羅馬或埃及更是一無所知，但它對更廣闊世界的變化夠敏感，而那些變化似乎已動搖了當地權力結構的基礎。儘管如此，只要他們的行動單位是公社，行動背景是他們所在高地部分莊園與公社之間的犬牙交錯關係，他們的視野依舊是地方性的。但他們是……在全國範圍內進行政治動員，為全國性的運動創造了幹部。然而對公社本身來說，這似乎只是他們為自己奮鬥時的附帶現象，或是他們在特定歷史發展條件下的副產品。……他們的抱負與其說是要改變體制，倒不如說是在體制強大的時候充分利用它，在體制屈服的時候，把它往後推開。

四

儘管如此，農民行動與政治變革是以複雜的方式交互作用。那麼究竟是誰組織並領導了各種土地入侵行動呢？由於它們是整個公社的事情，我們必須假定在其傳統形式中，帶頭的領袖和官員往往——如同俄羅斯的農村公社（*obshchina*）那般——需要有能力辨認和表達出「人民」的共識，以便確立自己的領導地位。雖然反過來說，人們願意傾聽的那些有智慧和判斷力的人，或許也都出自擁有領導公社紀錄的家庭，而這正是形成共識的有力因素。我們必須記住，推動公社民主的是「會議上的觀感」，而非多數票。不過在我們擁有最佳相關文獻資料的那個時期，公社的決策過程是件麻煩事，比約翰・沃馬克以薩帕塔為題的精彩著作在序言中所描述的例子還要複雜得多。

首先，「公社」本身不能總是被視為具有悠久的古老傳統。它往往在兩種意義上可視為一種新出現的組織：它出自人口因素或其他方面的理由，脫離了舊公社；它利用了一種或許既創新又有益的特定法律措施，例如從一九二〇年代開始實施的「認可」程序。[2] 毫無疑問的是，新定居者團體進行組織和做出集體決定的方式，採用了農民長年以來在公社行動經驗中的傳統做法，但即便如此，其中新出現的因素也不應受到忽視。

再者，每個秘魯公社內部都由於階級異化的過程而出現轉變。它們同時也日益受到所謂「外部異化」的影響，這指的是在首都或其他城市形成一個（相對比較興旺的）移民群體，從該群體脫穎而出的成員往往是一些意見夠分量的人，尤其是被認為懂得政治訣竅的人。弔詭的是，這種長年壟斷村莊職位的地方望族移居外地之後，很可能會為其他人（包括那些新來的）開啟通往鄉村政治領導層的道路。教育發展的不均衡也為鄉村政治注入了新的因素。

2 因為對農民來說，這些措施與「真正的」公社並無有機的聯繫，而是屬於國家、國家法律和政治的世界，可以相當務實地對待他們。於是在一九六〇年代初的社會騷亂高峰時期，許多公社將自己組織成工會（*sindicatos*），因為這似乎有助於他們的抗爭。據我所知，目前（一九七三年）秘魯中部有一些人正在努力爭取，希望獲得軍政府原本為城市棚戶區設置的「年輕村鎮」（*pueblos jóvenes*）地位，理由是這有利於獲得電力、道路等等。

簡而言之，現代化帶來與外部世界更廣泛的接觸，起先是為了某些人，接著是為了越來越多的人。……

其最明顯的形式，就是由當地城市（如庫斯科）的工會和政治組織，或者由投身政治的地方知識分子（學生和律師）所提供的幫助——這些幫助可能是由他們主動提供，也可能是在知道可獲得這種幫助的農民們提出要求之後才提供。但我們對公社的政治微觀史了解得太少，無法加以概括。甚至就連一度在中央高地勢力強大的農民聯盟和公社聯合會，它們若要記錄相對容易許多，但其相關資料也只能以零零碎碎的方式為人所知。然而，各種政治運動（例如轉型前的阿普拉黨，以及後來的各種馬克思主義運動）起了非常重要的作用，成為地方幹部的動員者、農民行動的催化劑，而且——或許也是最重要的——成為一種力量，把四處分散的地方騷動轉化為一場更廣泛的運動。不那麼明顯但同樣重要的是，對現行權力結構恆久不變的信念已然崩潰。此事解放了從前選擇為領主效勞的農民積極分子，促成他們搖身擔任民眾領袖這個新的職位。……

因此，近年來的典型土地入侵行動是一件相當複雜的事情。公社的官方代表人幾乎總是在場，因為他們必須如此；然而站在他們身邊的卻往往是些「煽動者」和「教唆者」。村莊內的新舊社會結構和權力結構交織在一起，角色發生了轉變。從一項關於村社激進主義的罕見詳細研究，可以看出領導層級的這種混合性格。曼塔羅山谷的馬爾坎圖納在一九六〇年代中葉獲選為公社領袖的十四名男子當中，有二人年過三十（一個學生和一個簿記員）、一人年過三十（一個農民兼商人）、四人年過四十（白領工人、農民兼卡車司機、農民／勞動者、農民）、五人年過五十（三個農民兼工匠、兩個農民）、二人年過六十（都是農民）；其中七人的初等教育不完整或中途輟學，五人接受過部分中學教育，一人接受過高等教育，此外有一人的教育程度不詳。可惜我們無法指望關於其政治取向的說明，因為新聞報導習慣把所有的積極分子一概描述成布爾什維克。

五

最後，土地入侵究竟為農民革命問題帶來了什麼啟示呢？就客觀形勢而言似乎顯而易見的是，如果被掠奪的土地在各莊園內所占的比例夠大、試圖收復故土的公社人口夠多，那麼無論入侵者的主觀意圖為何，一個大規模的土地入侵過程都可能產生革命性的後果。秘魯的大部分地區在一九六〇年代初期發生過類似的情況。秘魯統計資料的本質使得其數據無異於修辭手法，只給出了一般數量這樣的概念。儘管如此，在一九六一年的確有可能（根據人口普查）存在四千五百個農民公社或部族（*comunidades parcializadas o ayllus*），而且其中的二千三百三十七個在一九六九年得到了官方的「承認」。他們在一九六一年的成員總數可能包括大約四十萬名一家之主，或秘魯高地約四百萬鄉村人口中的差不多二百萬人。[8]……

在這些公社當中，至少有一半存在著邊界糾紛——這個數字乃基於一系列的樣本評估和區域研究，而且相當肯定是取其最低值。……很明顯的是，當所有（或大部分）這樣的公社同時爭取自己的權利，當地的大莊園結構就會自動土崩瓦解（除非動用軍事力量加以恢復）。廣義而言，這正是一九六三年下半中部高地發生的情況。蛋頭先生（Humpty Dumpty）已經從牆上摔下來，[3] 一九六三年以後再也沒有人能把他拼回去了——中央畜牧業協會、塞羅德帕斯科公司[4] 的畜牧業部門、阿爾戈蘭與科帕坎查的農業與畜牧業協會，以及其他各種機構，大家都對此心知肚明。一年前，就在同樣的情況下，拉貢文雄和拉雷斯山谷地區的大莊園結構由於佃戶集體拒絕服勞役而崩潰（後來證明這種拒絕是永久性的）。而這一次，由於超出本文主題的原因，沒有動用軍事力量來恢復舊秩序。

同時我們必須問問自己，這個過程在主觀上是否相當於農民革命？這一點可就不那麼確定了。從廣義上講，在原始叛亂中通常可分辨其為「革命派」或「改革派」的運動，但判斷標準不一定在於二者涉及暴力的程度。前者在主觀上具有比較大的雄心壯志，表達方式或為千禧年主義，也可以是企圖恢復過去某個失落的「黃金時代」——譬如秘魯的印加帝國。[9] 亨利．法弗爾敏銳地根據墨西哥恰帕斯高原的瑪雅人，區分出他所稱的「叛亂」和「起義」兩種類型：前者具有地域性且目標有限，旨在恢復暫時受到干擾的平衡狀態，後者則企圖全面改變殖民下的局勢。[10]……

有些農民運動所挑戰的很顯然不只是領主的濫權行為，更質疑了領主地位存在的事實。除了已知受到共產主義者或托洛茨基派領導的那些案例，幾乎沒有證據表明，秘魯農民曾經挑戰領主本身的地位（例如地主自留地的擁有權），即便反對服勞役的行動已變得越來越強烈和有效。傳統的主從關係在「自視為印第安人保護者，並稱之為自己『孩子』（*hijitos*）」的領主之間依然多方面保持有效，而且領主比農民更清楚了解即將到來的改變。在一九五八至一九六四年的騷亂中，幾乎沒有出現焚燒大宅、謀殺地主之類的經典場面，一切都進行得非常和平。我們在這裡面對的並非傳統大規模「原住民起義」（*Sublevación indígena*），而是一種自發性的、集體索取合法權利的行動。它受到了現代——或就此而言算是古老——革命意識形態的激發，但顯然並沒有沉浸在革命意識形態之中（少數地區除外）。即便在庫斯科也不曾出現任何大規模轉向某種共產主義形式的跡象。馬克思主義仍舊是幹部們的意識形態，但已日益成為農民幹部們的意識形態，就像阿普拉黨那樣——至少是在該黨已成為群眾運動的「堅固北方」（solid North）以外之處。[5]

正如已經指出的那樣，這個情況與從事一場相當於社會革命的行動並不矛盾，甚或與一

3 譯註：原文是「Humpty Dumpty fell off the wall」，取材自一首英國童謠：「Humpty Dumpty sat on a wall / Humpty Dumpty had a great fall / ..... (nobody could) put Humpty together again」。

4 譯註：塞羅德帕斯科公司（Cerro de Pasco Corporation）曾經是秘魯最重要的外資企業和僅次於秘魯政府的全國第二大僱主。參見本書第二十五章〈秘魯有何新鮮事〉。

5 我們仍不清楚阿普拉黨在工人階級之外所獲得之群眾支持的性質與程度。現在人們普遍認為，在過去二十年或更長的時間內，印第安農民對它的支持和興趣遠遠小於該黨所宣稱的那樣。……不過在阿普拉黨曾經是——或被視為——革命運動的那段期間，它在基層的歷史仍有待認真研究。

種模糊但持續滋生的感覺——舊時代即將結束，而且必須結束——並行不悖。理論上，當這種農民運動在全國革命形勢下演變成自覺的農民革命，它也不會顯得格格不入。另一方面必須指出的是，在拉丁美洲的若干地區，莊園體系本身就波動不定。在後殖民時代的歷史進程中，大莊園隨著政治變化和經濟情勢而形成、擴張、分拆與改造。各個公社可能未曾從這些波動中長久獲利，但它們替大莊園帶來的持續壓力卻會在經濟衰退時期變得更為有效。然而，這未必意味著要相信任何一次這樣的經濟衰退都標誌出所有莊園的最終滅絕。簡而言之，我們必須把傳統農民運動的力量和侷限性同時放在心上。

當許多個「小世界」聚集起來，同時展開行動，這些幾乎總是被「大世界」內的某個事件或某種發展所激起的運動就成了農民革命。儘管事件的發展並非農民所能控制，卻可以促成農民採取行動。（但在此無法深入討論，究竟有哪些因素導致了一九五八至一九六四年間的秘魯農民動員。）它們之所以成為**有效的**農民革命，若非是在數目夠多的政治關鍵地區，由現代化（可能為革命性）的組織與領導促使農民團結並動員起來，否則就是在國家結構深陷危機之際，以致位於戰略要地的區域性農民運動能夠在全國事務中發揮決定性的作用。這曾發生於一九一〇至一九二〇年間的墨西哥，當時出現了潘喬·比亞的北方人（他們具有武裝機動性），以及「南方公雞」薩帕塔在莫雷洛斯州的追隨者（該州就位於首都旁邊）。而這兩種情況都沒有在秘魯發生，只有一八八〇年代勉強算得上有。當時，卡塞雷斯求助於他在太平洋戰爭期間組織成反智利游擊隊的那批印第安人，帶著他們從中央高地進軍首都。但他並不是革命領導者，當然也沒有產生社會革命的後果。[6]

一九六〇年代初的土地入侵行動，在中央高地和庫斯科大區的確勢不可擋，在高地的其他地方也夠嚴重，足以導致高地莊園體系土崩瓦解。然而，不同於馬克思的無產階級，農民的自發力量雖足以鏟除地主所有制，卻無法為它挖掘墳墓。這使得土地改革勢在必行。但還需要一場軍事政變，才得以在經過若干年的游移不定之後，終於埋葬了高地大莊園的屍體。

一九七四年

6 譯註：太平洋戰爭亦稱硝石戰爭（一八七九～一八八三），秘魯和玻利維亞聯手對抗智利，以智利獲勝告終，玻利維亞淪為內陸國，智利則從此直接與秘魯接壤。卡塞雷斯（Andrés Avelino Cáceres, 1836-1923）則是秘魯將領和第三十六與三十八任總統（一八八六～一八九〇、一八九四～一八九五）。卡塞雷斯曾在一八八四、一八八五年秘魯內戰期間率軍攻入利馬。

14

秘魯的農民運動
A Peasant Movement in Peru

本文旨在描述和分析秘魯庫斯科大區拉貢文雄省（在一九五〇年代末和一九六〇年代初）發生的農民騷亂。[1] 迄今（一九六五年）雖已有許多人討論過這個堅持不懈、蔓延甚廣的農民運動，但它仍未成為嚴肅研究的主題。我自己的相關研究則很膚淺。即便我曾於一九六一和一九六二年針對地區性的證詞和觀察做出補充，在地方與國家層面進行了一項關於秘魯新聞界的研究，研究結果仍遠遠稱不上完備。然

1 編者按：關於拉貢文雄的地理、農業發展、土地擁有制度和勞工關係的詳細說明，參見本書第九章〈新封建主義的一個案例：秘魯拉貢文雄〉。拉貢文雄在一九六〇年的總人口估計為六萬人。該省存在著一百七十四個莊園（庫斯科大區則總共有大約七百個莊園）。當地大約有四千名勞役佃戶（*arrendires*）——那些來自阿爾蒂普拉諾高原的移居者根據租佃契約（*arriendos*）獲得土地，交換條件是必須向大莊園主提供勞動服務和其他各種服務，諸如一般勞役（*condiciones*）、採葉（*palla*）、季節性臨時工（*maquipura*）、每年勞役（*huata faena*）、每週勞役（*semanero*）等等。此外還有大約一萬二千名分租戶（*allegados*），勞役佃戶把田地分租給他們以後，他們通常負責在業主的土地上履行勞役佃戶的義務。在分租戶之下的是沒有土地的農業勞動者（小佃農、農場工人、勞役償債者）。拉貢文雄只有四個原住民公社（庫斯科大區則總共有兩百多個）。

而，鑑於歐洲對拉丁美洲的農業運動所知十分有限，縱使一份不完整的初步報告也可能具有若干價值。……

儘管拉貢文雄農民內部明顯出現潛在階級衝突的跡象（某些勞役佃戶富裕的程度據說更甚於較小的莊園主），但大部分的勞役佃戶似乎認為自己的利益與莊園主是對立的。勞役佃戶在把自己跟莊園主的關係從新封建主義轉化成資本主義，以及在建立土地租賃關係或獨立擁有田產的時候，與分租戶有著相同的自身利益。[2]實際上是富農的一小群農民（在一九五七和一九五八年）發起的地方運動，已演變成一個根基穩固的農民運動，涵蓋了該省大部分的鄉間人口。時至一九六二年底，省農民聯盟已有一百一十個附屬工會（*sindicatos*），每個工會的成員從大約二十人到六百人不等。……

怎麼可能會這樣呢？第一個原因單純在於，加強團結聯繫的各種因素已在很大程度上抵消了農民心中的分歧。除了普遍的貧窮，拉貢文雄的農民是鄉下人而非城裡人，是印第安人出身而非克里奧人。與此同時，男性的服裝（女性服裝則否）通常比高地區的更現代，而且工會會議上雖然使用的是蓋楚瓦語，但那些人也聽得懂甚至還會說西班牙語。尤有甚者，大多數工會似乎都擁有受過教育的激進核心成員。正如我們即將看到的，這種現代化在很大程度上顯然是出自共產黨的影響。

最重要的是，所有農民都具備一個共同的條件——他們是封建臣民或依附者，處於不確定和沒有保障的情況。甚至連勞役佃戶也不是土地擁有者，更何況他們有充分的理由相信，一旦他們改良了莊園內可耕種且易於到達的處女地、在那裡種植莊稼，莊園主就會把他們趕走並將土地據為己有。為地主提供勞動或個人服務的共同義務（無論形式是合約規定或約定俗成）、共同缺乏經濟權利，以及共同屈服於莊園主的專斷權力，使得最有錢的富農和最貧困的莊園傭工（*peón*）聯合一致，團結起來對抗不公不義。這種不公平現象的某些方面讓一些農民感到特別震驚，其他方面——未必是指經濟——則對他們每個人都產生同樣影響。[3] 相反地，就日工（*jornaleros*）和短工（*braceros*）而言，他們原先對勞役佃戶和分租戶的主要要求沒什麼直接的興趣，然而農民對土地所有者進行抵抗運動一事，卻為他們提供了有效伸張自己權利的機會，甚至確實有可能使得他們的權利獲得承認。這為他們提供了一個可供仿效的範例，一個值得加入的運動。就像其他所有類型的農民一樣，他們的處境也將得到改善。

這樣一個廣泛而強大的組織，特別是由共產黨人和其他類型馬克思主義革命者領導的組織，怎麼會有辦法在如此偏僻的地區立足呢？那顯然是因為共產黨在其主要據點庫斯科大區，以及庫斯科市本身，傳統上具有非比尋常的力量。在秘魯的這個地區，阿普拉黨（美洲

2 一九六一至一九六二年的勞役佃戶大罷工，其主要訴求如下：取消對地主的勞動義務、以金錢支付地租、至少為期六年的新租約、在百分之十的土地上種植糧食作物的權利、勞役佃戶和分租戶購買土地的權利、完全廢除有關他們向莊園出售收成以及從莊園購買糧食的一切義務。《大事記》，一九六二年四月三十日。

3 據我所知，人們對某位重要大莊園主最常見的抱怨，就是他打破了傳統，沒有承擔責任為他與印第安婦女所生的私生子女提供教育。此事與他的「謀殺和折磨」替他帶來了同樣沉重的負擔。

人民革命聯盟）從未像在北部地區那般地擴大勢力範圍，儘管它是特別針對印第安人提出訴求。拉貢文雄的阿普拉黨領導人塞爾納奎原本是奧德里亞黨人（*odriista*，即一九四八至一九五六年的獨裁總統曼努埃爾・奧德里亞的支持者），而且還是臭名昭著的農民工會反對者。（他在一九六二年被殺。）共產黨人則是在一九三四年，當馬拉努拉[4]成立工人工會的時候來到了拉貢文雄。馬拉努拉直到今天（一九六五年）仍然是正統共產黨的大本營，即便工會後來一度遭到壓制，並似乎在奧德里亞時期暫時消失。共產黨、它的幹部與知識分子向庫斯科工人聯合會提供援助與組織（農民聯盟後來在其大樓內設立了辦公處）；基亞班巴的知識界人士（看來主要是律師、銀行僱員和教師），則提供法律協助以及其他服務。如果一個農民組織想要在拉貢文雄站穩腳步，它只能依靠從庫斯科開過來的火車——換句話說就是要得到當地共產黨組織的支持。

共產黨人來到之初，在拓荒者當中找到了特別有利的氛圍——那些拓荒者在森林邊緣人煙稀少的土地上定居下來，過著獨立不羈的日子，無意忍受存在於高原上的農奴制。安德烈・岡薩雷斯就是一個很好的例子。他是烏戈・布蘭科一九六一和一九六二年在喬皮馬約所領導運動的主要人物之一。岡薩雷斯一九二八年出生於安塔省的伊斯庫查卡，地點就在庫斯科和拉貢文雄之間。他小時候曾經在屬於盧那家族的蘇魯普丘莊園工作，值得注意的是，為了某些土地的所有權，該莊園與鄰近的原住民公社長期處於衝突狀態。據說他有一次因為疏於照顧牲畜以致若干羊隻被偷，結果遭到鞭打，在床上躺了八天——這表明他曾受到極其殘酷的對待。為了報仇，他也做了件大事：帶著武器進入莊園，「偷走合法的地契」並且把它燒了。接著他逃往拉貢文雄的無主之地（*tierra de nadie*），一九四六年在喬皮馬約定居下來、組成一個四口之家，然後「與一些政治人物建立了聯繫」。在亞馬遜盆地的邊疆地區有很多這樣的人，他們因為遠離了主人和政府，於是成為共產主義者以及農民運動的自然領袖。

正如我們已經看到的，拉貢文雄的運動可以溯源到一九三〇年代，在一九五六年奧德里亞獨裁政權垮台後重新煥發出活力。這一進程似乎開始於瓦基尼亞莊園對羅曼維勒家族[5]的反抗——那裡在一九五七年時建立了工會，或更確切地說，是重新建立了工會。直接原因看來是出於對馬蒂亞斯．比亞維森西奧（喬皮馬約工會領導人列奧尼達斯．卡皮奧的兄弟）遭到鞭打一事所激起的憤怒。除了其他不端行為之外，羅曼維勒家族更被指控侵占位於亞納克馬約河對岸、在法律上並不屬於他們的土地（這項指控其實還可適用於其他許多大莊園主）。從那一刻起，農民和羅曼維勒家族之間便處於準戰爭的狀態。羅曼維勒家族於是拋棄了山

4 譯註：馬拉努拉（Maranura）位於庫斯科大區拉貢文雄省，是該省轄下的十個行政區之一。
5 阿爾弗雷多．德．羅曼維勒（Alfredo de Romainville）是拉貢文雄最重要和最不受歡迎的大莊園主。這位家族大家長所擁有的莊園，最初是由馬里亞諾．巴爾加斯（Mariano Vargas）購置於一八六五年，面積據估計約有五十萬公頃，後來被家族成員分割成幾個較小的單位（但依然分別占地超過十萬公頃），例如卡門．巴爾加斯．德．羅曼維勒的瓦基尼亞莊園（Hacienda Huadquiña），以及馬利亞．羅曼維勒．德拉托雷的烏伊羅莊園（Hacienda Huyro）。

谷，把財產留給他們的管理人員。自此以後，他們就再也回不去了。世界市場的價格下跌也不無可能與該省日益滋生的好戰情緒有關。一九五八年前後，在馬拉努拉、烏伊羅、聖塔羅莎、克約諾等地已經有了幾個工會（數目據估計為一九六二年總數的百分之二十），並且成立了一個下設十一個分會的省級農民聯盟。

關於這場運動在一九五八至一九六二年之間的發展情況，我們所知不多。……一九六一年的時候，勞役佃戶們組織過一次似乎很有效的罷工，因為有報導表示咖啡、可可和水果的收割出了問題。一些消息來源聲稱，那些勞役佃戶罷工的時間超過一年。到了一九六一年底，據報導已有四十二個工會和三萬名成員在拉貢文雄舉行罷工。

當時成立了一個涵蓋整個大區、共有二百一十四個附屬組織的「庫斯科農民和公社聯合會」，該聯合會並於一九六二年初在基拉班巴組織了一場大型農民集會。政府面對的是一場如今已非常明顯的群眾運動，於是在一九六二年四月二十四日明令廢除拉貢文雄、烏魯班巴和卡爾卡三省山谷地區「以無償勞動或勞役換取土地使用權」的做法。

此次勝利顯然為這場運動帶來極大的鼓舞，它的要求變得越來越雄心勃勃。於是有人發起一項請願，宣稱農民已經用他們在土地上進行的勞動「買下了」自己的土地。大規模的土地占領行動隨之而來。……在卡爾卡省的伊帕爾，三百名公社成員驅逐了莊園主人阿德里爾・努涅茲・戴爾普拉多及其家人，所宣稱的理由是，那座莊園乃根據一項不公正的法律裁決從某個公社那裡巧取豪奪而來。但這種集體行動並不是拉貢文雄省的典型做法，因為當地其實找不到多少原住民公社（儘管確實存在的四個公社當中有兩個附屬於庫斯科農民聯盟）。五月時，來自喬皮馬約的群眾阻止阿爾庫扎馬莊園的工人砍伐要供使用為當時延長鐵路所需的軌道枕木的原木。八月時，來自奎洛馬約和瓦凱潘帕的武裝農民驅逐了聖塔羅莎莊園的伐木工人，聲稱該莊園已不再歸羅曼維勒家族所有。……十月中旬前後，出現了一份關於三十六個莊園正在調解糾紛的公告，……然而，占領行動很快又重新展開，被占領的莊園包括瓦基尼亞、帕瓦約克、帕爾塔伊班巴、聖洛倫索、凡爾賽、埃查拉特、密西翁農場等等。據稱拉雷斯和卡爾卡山谷的大部分莊園都已經落入農民手中，而且所有（或幾乎所有）的大莊園主都已經離開了山谷，不然就是正準備出發。已證實被占領的莊園似乎至少有七十座。十月二十日，新聞發布了新近頒行的土地改革法案內容。

農民運動在一九六二年春季的激化，恰好遇上其內部首度出現的分裂。裂痕主要出現在正統共產主義者與認為共產主義者過於溫和的其他革命團體之間，而且後者傾向於卡斯楚式的起義。當騷亂達到高潮，從阿普拉黨分離出去的「革命左派運動」之領導人路易斯・德拉・普恩特，在基亞班巴三十六個工會的會議上現身。他要求有權以基亞班巴省和拉雷斯省工聯代表的身分發言，但鑑於阿普拉黨在此地區的弱勢，之前顯然不可能有任何「革命左派運動」的領導人出席過會議。

主要的異議分子為托洛茨基派，領導他們的是烏戈・布蘭科這位年輕的知識分子，他在一九五八年農民運動興起之後，從他的家鄉庫斯科來到這些山谷。那場運動吸引了不少知識分子，其中有一些是外國人。起初布蘭科基本上無人知曉，然後利馬的報紙在一九六二年春天開始將他標榜成秘魯的卡斯楚，讓人們注意到他與游擊隊和其他地點正在形成的職業革命者團體之間的聯繫（雖然當時主要藏身在喬皮馬約的布蘭科，否認自己是游擊隊領導者）。

農民運動領導中心的緊張局勢相當明顯：四月，現有七十二個工會當中的三十二個要求將布蘭科從拉貢文雄驅逐出去。……在山谷地區和庫斯科，支持布蘭科與反對布蘭科的團體之間出現了分裂（後者隨即表明自己接受共產黨官方的領導）。……布蘭科的擁護者顯然支持比其他聯盟領導人更激進、更好戰的政策，但仍無法據此認定他們打算靠游擊隊在拉貢文雄建立一個「解放區」。武裝團體當然已經組織起來，儘管即便在一九六二年末，山谷中也一直沒有人聲稱自己不是防衛單位。布蘭科或許心裡想要進行游擊革命，可是當他（一九六三年五月三十日在距離基亞班巴大約二十公里處）遭到逮捕後，卻宣稱秘魯進行這種戰爭的時機顯然還沒有成熟。溫和派持反對意見的理由，……是他的策略恐怕會引起當局採取鎮壓行動。

布蘭科對農民運動的影響程度不易評估。然而很清楚的是，一九六　至一九六二年勞役佃戶罷工的成功（但它缺乏明顯的革命目標），本身即足以擴大和激化這場運動。它所採取的方向就是以武力占領地產，並且驅逐其擁有者（但並非整個管理層級）。這個方向在很大程度上是出自托洛茨基派的倡議，即便土地占領行動符合正統共產主義的策略，而且也發生在完全不受托洛茨基主義或「革命左派運動」影響的地點。武裝單位的組建……則無疑是由布蘭科首開其例。不過，儘管當地人十分仰慕「那些造反派」，這類單位仍沒有在拉貢文雄起過重要的作用。此外，據悉他們把自己的活動侷限在防禦行動、破壞行為和釋放囚犯等方面，雖然也不無可能採取過諸如襲擊警察巡邏隊之類的行動。但無論如何，當地百姓並未被說服。布蘭科被捕一事沒有引起任何立即的反應。

有系統的政府鎮壓恐怕會激起一場真正的游擊運動，但政府非常小心地不採取此類措施，一九六二年七月軍政府接掌政權之後尤其如此。……新政府似乎已經接受了拉貢文雄土地改革的必然性，並希望透過讓步使得人們冷靜下來，同時也藉由明智的武力部署來維持秩序。事實上，鑑於動亂的嚴重程度、當地的情況、秘魯士兵和警察的性質，各山谷中的死者為數甚微——庫斯科高地和庫斯科本身的死亡事件還比其多得多。

農民運動在一九六二年的最後幾個月達到巔峰，全面占領了拉貢文雄的莊園地產。有關當局心照不宣地承認了它的勝利，於是集中精力追捕那些沒有得到農民運動組織一致支持的布蘭科武裝團體，並藉此阻止農民運動蔓延至該區域其他人口更加稠密、社會問題更具「爆炸性」的地點。十二月和一月，官方隨即有系統地逮捕了當地的武裝分子及領導人（包括山谷中九十六個工會的八十名領袖），並且宣布實施戒嚴及其他措施。然而，土地改革的承諾依舊存在，秘魯國民警衛隊的奧斯卡·阿爾特塔將軍更明確指出，相關工作將涵蓋瓦基尼亞、埃查拉特、帕爾塔伊班巴、馬拉努拉和喬崖等等莊園。他甚至還質疑了那些大莊園主的產權合法性。當地的大莊園主們如今認為自己已經完全輸了這場戰鬥。羅曼維勒宣布改變策略，要求政府徵收他的田產，而這其實是一項對他實際上已失去的土地進行補償的請求。農業部長在基亞班巴會見了四十五個工會聯盟的代表，並於四月五日公布一項關於徵收拉貢文雄二十三座莊園的計畫。此計畫受益的農民共計一萬四千人。

……拉貢文雄仍未塵埃落定，但從那時起的重點目標已不再是占領土地，而是要加快落實所承諾的改革、研究改革的實施細則，並確保被逮捕的領導人和武裝分子獲得解放。費爾南多．貝朗德．特里總統的政府於一九六三年六月當選後，對前兩個目標表示贊同，……但在國會則面臨了來自阿普拉黨－奧德里亞黨人聯合反對派的阻力。同年七月，在路易斯．岡薩雷斯．威利斯所屬的波特雷羅莊園，四百位農民分得了一千五百四十五公頃土地。莊園本身及其所有者都未曾在那項努力中起過主導作用，而且立即有人做出看來合情合理的批評，指出那些未曾加入聯盟的農民在分配土地時獲得了優先待遇。一九六三年底，幾乎沒有進行其他的土地分配。除此之外，政府顯然無意提前釋放遭到逮捕的農民領袖和武裝分子。……政治和經濟上的不滿情緒重新被燃起，導致了一九六三年十二月在庫斯科和拉貢文雄的大罷工。……但這已不再僅僅是拉貢文雄地方上的問題，而是一個全國性的問題，在這個特別好戰的省分引起的反響。

*　*　*

最後，我們不妨對全盛時期的拉貢文雄農民運動，以及它所產生的深遠意義進行一些反思。

正如我們已經看到的那樣，拉貢文雄的農民運動核心共有約莫一百個大小不一的附屬工會，通常會選出十四或十五名成員組成董事會（*juntas directivas*），其中包括了分配給婦女代表的席位，即便大多數女性只是透過充當中間人的丈夫來進行參與。會費的金額由工會成員自行決定，因為大多數人都非常貧窮，不可能要求他們繳納規定金額的會費。他們每兩星期或每個月聚集一次，會議紀錄是找一個識字的人——通常是年輕人——負責抄寫，每個附屬工會固定派遣一名代表參加星期六晚上在基亞班巴舉行的代表大會。有時候更會在首都舉行一萬人以上的大規模集會，若考慮到交通運輸上的挑戰，這是個驚人的人數。在喬皮馬約（或許在其他地點亦然），工會開始為來自某些村莊的八十名學生設立一座小學、請來一位教師並支付其薪水，並規畫安裝電力，相關經費則來自向二百個勞役佃戶家庭徵收的稅款。很清楚的是，工會不僅僅著眼於經濟的改善和現代化，還要提供教育。政治意識顯然變得日益強烈，即便有些農民似乎認為卡斯楚是在秘魯另一個地區跟「鄉間土霸王」打仗的人，而其他的農民則從來沒有聽說過他。但農民們最刻骨銘心的感受，毫無疑問是對那些大莊園主的仇恨，以及絕不再忍受其欺凌的決心。

關於烏戈・布蘭科、關於卡斯楚主義所發揮的作用等等問題的爭辯，模糊了農民運動的確切性質。對拉貢文雄的一般農民來說，工會的做法到底有沒有革命性其實無關緊要。他們的革命是要驅逐大莊園主，占領土地，而且他們真的完成了，即便來自富人的威脅以及警察和軍隊的存在，清楚表明了這場勝利恐怕不會持續很長時間。在拉丁美洲其他地點，在利馬，甚至在庫斯科發生的事情，現在都不那麼重要了。在某些地方（譬如布蘭科的大本營喬皮馬約），則明顯出現革命高漲的跡象。……我曾經和一名「福音派」的激進分子聊天，而他用聖經的語言向我解釋了何謂社會革命（「從閱讀《聖經》就可清楚看出，基督是站在農民那邊」），他並且聲稱其他許多人的想法都跟他一樣。另一方面，我只能根據偶然的觀察，得出這個或許具有誤導性的結論：一九六二年十二月的整個氛圍與其說是「高漲」，倒不如說是「興奮」。

在此情況下，暴力到底起了怎樣的作用呢？令人驚訝的是，它沒有起過什麼作用。占領莊園只不過是一種象徵性的姿態罷了，隨之而來的是占領者的迅速撤離。……儘管顯然有一名大莊園主在占領行動全面展開之前被殺，此外還出現過兩、三次的報復行動，可是從未發生對業主、「鄉間土霸王」或警察的協同攻擊，甚至在勝利的興奮時刻也是一樣。事實上，鑑於邊疆地區幾乎無法無天的情況、農民所受到的待遇，以及他們的悲慘生活條件，暴力事件發生的次數少得令人吃驚。

最後，拉貢文雄這場運動的重要意義何在呢？它獨立於庫斯科高地和秘魯其他地區的農民運動之外。後者通常都是印第安公社的行動，占領他們（根據大多數人的生活記憶）認為遭到封建主壟斷的公用土地。然而，對人口迅速擴張、侷促在面積有限且資源枯竭土地上的印第安居民來說，此類公用土地已變得越來越不可或缺。這些行動也是對大莊園主日常要求的一種抗議，追根究柢更是迄今感覺自己被剝奪了一切權利的人們對基本人權的要求。……拉貢文雄的運動在本質上卻是一個屬於新邊疆地區的運動。從阿爾蒂普拉諾高原移居過來、具有個人主義色彩和商業頭腦的墾殖農民，在把當地經濟轉化為出口導向型的農業之後，卻發現自己正在與新封建主義土地所有制的上層寄生階級進行爭鬥，而且那個上層結構奪走了他們自認為的勞動成果。

在亞馬遜盆地的邊緣——秘魯和其他地點——還存在著類似的地區。然而，這些地區只代表了南美洲農村人口極小的一部分，因此我們不能把它們的問題視為常態。儘管如此，它們基於兩個理由仍然饒有趣味。首先，這些地區展現出非傳統和現代化的元素在農民身上的政治潛力，而且就連安地斯山區那些純粹的印第安農民也包括在內。其次，它們也顯示出，最貧窮和最受壓迫的那些人相對而言缺乏主動性——這裡說的是那些只持有一點點土地、甚或完全沒有土地的農業工人階層，而這個階層也會在其他地點出現。但就此案例而言，這個農民運動之所以透過共產黨組織得到了體現，是地方因素所造成的結果。儘管如此，它接受共產主義教條一事並非偶然，其他邊疆地區的類似運動也是如此。在像南美洲那樣的社會裡，農民被剝奪了一切權利、受到壓迫、幾乎不被當成人看待。因此若有任何運動能夠向農民保證他確實是人、他確實擁有權利，那個運動就必然會獲得成功。共產主義做出了這種保證，而且在很多情況下，它是唯一做出這種保證的運動。如果有人向幾乎從未聽過共產黨一詞的農民問起，他們印象中的共產主義者究竟是何許人也。他們通常傾向這麼回答：那些人「是幫他們爭取他們本來就擁有的權利的人」。

拉貢文雄位於昔日印加帝國和今日安地斯山脈印第安人的心臟地帶，而且在幾個小時內就可以透過鐵路連結到秘魯國內一個地位重要、社會騷亂日益頻繁的區域。這種地理位置自然使得當地農民運動所受到的外界關注，更甚於一般偏遠熱帶邊疆地區出現的社會騷動。這場農民運動無疑助長了一九六二年底在秘魯農民、中產階級和學生之間爆發的騷亂。然而，這仍是一個地方性的運動，並不能完美地解釋南美大陸那些更典型的農民運動。

一九六七年

◎本文由丹尼爾・哈恩翻譯自法文；編者根據西班牙文版加以修訂。
◎本書所採用的版本省略了原文中的註釋。

編者按：

艾瑞克在一九六五年十月於巴黎國際會議上發表本文，其後在進行討論時提出的主要觀點如下：

當我指出拉貢文雄不是一個典型案例的時候，並不表示我認為它沒有對秘魯其他地區的農民騷亂造成影響。完全相反的是，它所產生的影響至關重要，而且在某個特定的時刻還變得相當明顯，比方說在一九六二年。或許就從那時起，拉貢文雄成為一種啟發，不僅之於農民運動，更讓外國訪客對秘魯的全面泛政治化印象深刻。拉貢文雄組織了一個獲得如此巨大成功的強勢農民運動，這個事實對其他地區影響甚大。然而，以阿爾蒂普拉諾高原為例，那裡的騷亂、工會、具體要求卻都不盡相同。當地有原住民公社和農民面臨的問題也不一樣。此外，整體而言，秘魯大多數農民可以說並沒有像拉貢文雄那樣的問題。……

* * *

首先，而且最重要的是，共產主義代表著對人權的要求。此事非常重要，不僅僅是因為人權，更是為了白紙黑字寫下來的合法權利。其次，它代表了實際的組織經驗。在我看來可以確定的是，若無庫斯科工人階級的奧援以及受共產主義影響的各種團體的協助（甚至包括知識分子在內，像是銀行員工、中小學教師等等），便不可能出現具有拉貢文雄那種廣度、力道、戰術和戰略方向的農民運動。第三，我想說的是，共產主義代表一種世界觀、一種主要著眼於現代世界的世界觀、一種人類融入世界的方式，而非只是融入農民傳統視野中的小片土地和小小山谷。……

……不同類型的農民運動、學生運動、工會運動、棚戶區居民的運動，正在相互扶持……傾向於相互強化。這些環節當中的每一個都做出了貢獻，就拉貢文雄的案例而言……那更是至關重要的貢獻。……時間將會證明（秘魯）人民的力量是否能夠贏得他們完全有資格享有的那些權利。我們只能寄予厚望。

15

哥倫比亞的農民運動

Peasant Movements in Colombia

一

哥倫比亞社會運動史的研究成果甚至可能比大多數拉丁美洲國家的更難令人滿意。這種情況讓研究者只能為了二手資料的欠缺，以及第一手統計數字和原始數據的不可靠而感到遺憾。因為這個理由，目前針對哥倫比亞農民運動（至少直到一九二〇年代末為止）進行研討的時候，只能憑藉印象而非既定的事實，更何況嚴謹的歷史研究完全有可能推翻這些印象。但是，既然我們必須從某個地方開始，那麼不妨先從下列的明顯矛盾狀況著手。哥倫比亞在二十世紀中葉之前，由**整個農民階級**進行的經濟與社會運動相對較少；與此同時，哥倫比亞在武裝行動和農民暴力（例如游擊戰）方面的紀錄，應該僅次於墨西哥。這在第二次世界大戰結束之後尤其明顯，但也可能適用於內戰的早期階段，例如十九世紀的最後三分之一。我們的問題是該如何解釋這個奇特的事實組合。

農民騷動的歷史是如此不為人知，以致進行研究時，完全有可能在目前被我們忽視的殖民時代或十九世紀找到重要的農民運動實例。但無論我們對諸如秘魯、玻利維亞和巴西等國的歷史了解得再怎麼膚淺，都足以看出前兩個國家存在著地方性的農民不滿和週期性的農民起事，並發現巴西存在著特色十足的原始鄉間騷亂（例如社會盜匪和千禧年主義）。哥倫比亞的歷史卻不會讓人聯想起這樣的動亂傳統。奧蘭多・法爾斯－博爾達在《哥倫比亞的顛覆》（一九六七）一書中，率先建立了一套完整的哥倫比亞發展理論，其大前提是：印第安人——亦即農村人口——經歷了最初短暫出現的嚴重衝突階段之後（一五三七～一五四一），他們異乎尋常地完全接受了自己的社會從屬地位。這是「西班牙和平」（Pax Hispana）不同凡響的成功，一種「世界歷史上幾乎沒有先例的社會和平」（*paz social casi sin precedentes en la historia universal*）。一七八一年的公社成員運動固然在喬孔塔的農民之間引起一些回響，**唯一**一次打破了自從一五四〇以來的政治平靜，可是與同時期在秘魯的圖帕克・阿馬魯運動相比，它的性質顯得相對溫和，無法發展成一個著眼於恢復前殖民社會的重大運動。

十九世紀的政治經濟變革……，以及更普遍出現的傳統印第安社會的瓦解……，帶來了社會緊張。……但是農民的行動依舊受到限制。即使在一八四七至一八五三年的革命時期活躍於波哥大草原、考卡省和考卡山谷省鄉間地區的幫派，似乎主要也是來自於城鎮（因為群眾組織在城市貧民之間更加發達）。……

另一方面，在非階級基礎上對農民進行的武裝動員似乎總是饒有成效。大量農民追隨他們的大莊園主和鄉村頭目加入了十九世紀的無數次血腥內戰，並且在一些特定案例中（例如一八九八至一九〇一年的托利馬游擊戰）提供作戰主力，甚至提供了全部的戰士。或許意義重大的是，托利馬的各個游擊隊和它們的領導人都出身自伊瓦格、蘇瑪巴斯、比奧塔等地區（少數民間領袖除外），亦即日後自由派游擊隊——以及共產黨武裝自衛團體——在一九四八年「大暴力」期間的來源地。「大暴力」時期的武裝動員則幾乎完全侷限於農民，而且其人數無論以何標準來衡量都令人印象深刻。……

二

從歷史和農業的角度來看，哥倫比亞分為三個主要區域：太平洋與加勒比海沿岸地帶、中部山區地帶與考卡河以及馬格達萊納河的盆地，再加上延伸至奧里諾科河與亞馬遜河谷的東方平原和熱帶雨林複合體。中部山區地帶一直是其中最重要的部分；就歷史意義而言，馬格達萊納河更是哥倫比亞於殖民時代和共和時代的主要軸心。

海岸地帶在此與我們關係不大，其多數地區實際上仍未開發、人煙稀少，並且遠離了哥倫比亞政治與社會運動的主要潮流。馬格達萊納河口，以及卡塔赫納和巴蘭基亞兩個港口城市周圍的有限區域則發展比較密集，而且主要是在典型加勒比海種植園系統的沿線一帶。雖然這個地區在哥倫比亞農業運動的歷史上起過重要作用（即便只是成為一九二八年對抗聯合水果公司而進行的聖瑪爾塔香蕉大罷工之現場），但與全國其他地區幾乎沒有共同之處。

東方平原和熱帶雨林也跟我們沒什麼關聯。直到最近，熱帶雨林基本上仍是無人地帶，只有印第安人和一小批從西部滲透或逃亡到邊區占地為生的自由農民定居於此——這還不包括間歇性入侵的探險家，還有尋找靛藍、奎寧樹皮或橡膠之類當下流行商品的工人。位置較偏北的東部平原則鄰近今日委內瑞拉的相似地帶，[1] 過去和現在都於某種程度上是一個畜牧經濟區，由半獨立和半游牧的大草原牛仔（*llanero cattlemen*）與農牧民，在適合地點臨時耕種可供自給自足的小塊土地。這個「狂野西部」在其歷史的大部分時間內人口稀少，散布著一群令人生畏的武裝騎士和掠奪者。他們曾於獨立戰爭中構成了玻利瓦爾的主要軍事力量，此後卻一直傾向置身化外。在其通往平原的門戶——比亞維森西奧以東的地區，不論是哥倫比亞政府或其他任何政府都沒有太多置喙的餘地，而且除了原始的畜牧經濟，該地區在二十世紀中葉之前一直未被開發利用。哥倫比亞東部地區提供了庇護所，收容盼望逃離戰爭和中部地主的農民，以及各種戰鬥人員和他們各自的社會鬥爭模式——其範圍從盜匪行為一直延伸到針對外地人和大牧場主進行的游擊戰。此處與該國其他地區的聯繫始終少得無足掛齒。

中部山區地帶則比較重要，同時也更加複雜。它基本上從南到北交替由山脈、台地和山谷組成：西側山脈、考卡山谷、中央山脈、馬格達萊納山谷、東側山脈。（哥倫比亞位於馬格達萊納河－考卡河水系發源地與安地斯山脈分水嶺以南的那個地區構成了納里尼奧省。該地一直僻處邊陲，離厄瓜多比它自己實際所屬的國家還要來得近。）中部山區的心臟地帶現在分別構成昆迪納馬卡省、博亞卡省和桑坦德省的一部分，是馬格達萊納河與東側山脈之間的高地大草原和台地。奇布查印第安人在此建立了自己的社會，西班牙征服者則在此建立了他們的首都和一些主要的定居點。這裡曾經是一個印第安人口相當稠密的地區，從事自給自足的農業，時至二十世紀，它仍舊是哥倫比亞居住人口最多且最密集的部分。

心臟地帶以西是落後許多的安提奧基亞地區，稀疏居住著印第安人，但大多很快就被採礦的需求所根除——採礦活動吸引了相對大量的低階層白人移居至此。安提奧基亞於是變成一個由貧窮的自給自足白人農民、勘探者和礦工所組成的地廣人稀地區。這種情況一直維持到十九世紀，然後安提奧基亞人隨著礦產的枯竭，展開了他們異常成功的經濟事業和國內移民。墾殖者前往南方發展，在故園留下了極為落後並散布於大部分地區的自給自足農業、一個繁華的城市商業中心，以及現代化咖啡經濟的基礎。[2] 因此，相較於古老的奇布查心臟地帶，安提奧基亞省在人口和財富方面反而趨於增加。

安提奧基亞省和昆迪納馬卡省[3] 以南（亦即馬格達萊納山谷和考卡山谷較高的部分與鄰近山區），西班牙的殖民只不過意味著將土地劃分成屬於世俗人士或神職人士的浩大莊園、

1 譯註：一八三〇年以前，委內瑞拉和哥倫比亞同屬「大哥倫比亞共和國」，東部平原的左半部位於今日哥倫比亞，右半部則位於今日的委內瑞拉。

2 譯註：安提奧基亞省（Antioquia Department）位於哥倫比亞西北部，首府梅德茵（Medellín，或譯為「麥德林」）離巴拿馬運河不遠，為該國第二大城、工業重鎮及咖啡交易中心。

3 譯註：昆迪納馬卡省（Cundinamarca Department）位於哥倫比亞中部，首府為波哥大。

承認原住民公社的存在，並且建立像波帕揚那樣的小型省級城鎮，在一個既巨大又幾乎完全未被利用的地區成為社會與行政中心。「考卡」[4]在經濟上……曾經是一片空白；甚至到了一八七七年，其疆域百分之九十的組成部分仍是荒地（*baldíos*），亦即未被占用或開墾的土地。就人口結構而言，當地居民主要仍是印第安人。從十九世紀中葉開始，正如我們所見，這片空間的殖民化主要從安提奧基亞省開始。伴隨著咖啡經濟的發展，考卡山谷（今日的卡爾達斯省和考卡山谷省）成為人口相對稠密的聚居地，近年來更是全國成長最快的區域。

在農業方面，殖民時期的哥倫比亞幾乎都是以自給自足經濟為主。農產品用於養活為數不多、規模很小的城鎮（就連波哥大在一八五一年也只有大約三萬居民），以及滿足白人領主階層的需求，然後就所剩無幾了。那些領主雖然趾高氣昂，但從歐洲甚至拉丁美洲的標準來看，他們並沒有生活得特別富裕豪奢。那是一個剝削、由領主統治的社會。……另一方面，當地沒有強烈的經濟誘因促進開發——理由在於運輸方面的困難實際上阻礙了農產品出口到國外（加勒比海沿岸某些地區除外），而且那裡城市化的程度很低。即便時至今日（一九六九年），哥倫比亞傳統的省級中心依舊得從方圓數十公里範圍內取得所需的食物補給。主要的自給作物是溫帶高地的玉米和小麥，以及熱帶低地的香蕉與絲蘭等等。印第安農民雖已準備好接受新的農作物品種與其他的科技創新，但在技術上仍然很落後。甚至在一九六〇年，百分之六十五的持有地（加勒比海區域則為百分之九十一點五）是純粹以人力耕種，其餘耕地則主要使用木犁。

從十九世紀中葉開始形成的土地變革可歸類為以下五點：（一）以大規模方式來生產市場商品，尤其是**牛隻**；（二）推廣針對出口市場進行的小規模集約化種植——起初是**菸草**，後來越來越多的是**咖啡**；（三）開發供出口的種植園作物（尤其是**香蕉**）；（四）為不斷擴大的城鎮市場增加糧食生產；（五）將自給自足的墾殖農民擴散到迄今無人居住和未被耕種的地區。

除了第一點之外，其餘各點多半發生在一八九〇年之後，就土地使用而言都只影響到相對較小的地區。譬如在一九六一至一九六二年之間，主要農作物（玉米、咖啡、水稻、小麥、棉花、馬鈴薯、豆類、木薯、香蕉和菸草）的種植面積為二百二十五萬公頃，在一億一千四百萬公頃的總面積裡只占不到百分之二，或占任何形式的農業或畜牧業利用土地的百分之九左右。就連咖啡這個最重要的經濟作物也僅僅使用了全國總面積的百分之零點五，即便它創造了哥倫比亞出口總值的百分之八十，而且產量超過除了巴西之外的世界其他任何咖啡生產國。在討論哥倫比亞農民問題時重要的是，我們必須記住這個龐大國家的空空蕩蕩和利用不足，以及即使在今日農牧業經濟所占的相對份額。例如在一九六二至一九六三年，全國總面積的百分之十三——或任何形式的農業和畜牧業使用面積的百分之五十——是由牧場組成，早些時候比例甚至更高。

4 譯註：考卡省（Cauca Department）位於秘魯西南部，首府即上述的波帕揚（Popayán）。

這就是哥倫比亞農民運動研究的經濟背景。不過在更進一步探討這個主題之前，必須先注意一些非經濟的因素。首先是印第安原住民以驚人的程度被同化為「梅斯蒂索」（*mestizo*），其次是哥倫比亞農民積極參與國家政治生活的程度高得異乎尋常。這兩種現象可能並非互不相關。

哥倫比亞人口在一九五〇年代的「種族」成分如下：白人占百分之二十、梅斯蒂索（白人－印第安人）占百分之五十八、穆拉托（白人－黑人）占百分之十四、黑人占百分之四、桑博（黑人－印第安人）占百分之三，以及占百分之一的印第安人。其中的黑人、穆拉托人和桑博人，完全侷限在沿海地區和北部各省的空曠內陸。然而，在中部心臟地帶和南方，如同安地斯山區主要國家以及墨西哥，印第安人居於主導地位，儘管其人口密度可能不那麼高。除此之外，中部心臟地帶的白人鄉間聚落始終很小。在波哥大東北方數十公里外、位於主要道路旁的索西奧，當地百姓直到十八世紀末都還認為自己是印第安人。即使在十九世紀末，博亞卡省仍有百分之三十的居民，昆迪納馬卡省和考卡省則分別是百分之十五，被視為印第安人，甚至連安提奧基亞省都有百分之八的居民如此。不同於厄瓜多、秘魯和玻利維亞，自從原住民保留地（*resguardos*）和公社於十九世紀解散後，哥倫比亞印第安人多半已在社會上（甚至在血統上）實際變成了梅斯蒂索人。印第安人問題（包括印第安領域內的土地問題）在某些印第安公社仍舊無關痛癢——那些公社僻處迄今尚未開發或難以進入的地區、維持著自己的公社結構，並且拒絕被吸納進白人或梅斯蒂索人的經濟體系。這一點我們將在下面繼續探討，不過無論如何，這個既快速又大規模、在安地斯山脈阿爾蒂普拉諾高原被稱為「喬洛化」（*cholificación*）的進程，使得哥倫比亞有別於其他的印第安人密集定居地區。

哥倫比亞的政治結構長久以來（主要始於十九世紀中葉）也一直與眾不同。該國從一開始便異乎尋常地對軍事獨裁政權免疫，反而被一個有效運作的兩黨體系（自由黨和保守黨）所統治——更奇特的是，此一兩黨體系甚至向下扎根到鄉村和農民。無論這個體系因何而起，自由主義和保守主義從十九世紀中葉即已開始成為家族與社區世襲的效忠對象，被所有的鄰里成員接受為理所當然。法爾斯－博爾達在《哥倫比亞安地斯山區的農民社會》（一九九五）一書寫道：「哥倫比亞的大多數鄰里都可以根據這種政治二分法來分類。很難找到保守派和自由派人數勢均力敵的社區。鄉村家庭遷徙時傾向移居到具有相同政治色彩的社區。他們在那裡不會受到騷擾，緊急情況下更可依靠整個群體的同心協力。」

哥倫比亞內戰的頻繁與野蠻，以及農民和其他百姓不僅能夠被動員到地主領導的軍隊、也能夠被動員成為獨立的游擊隊一事，在很大程度上反映出這種兩黨分裂。值得注意的是，政治衝突成了社會衝突的替代選項：它往往用自由派社區與保守派社區的橫向對抗來取代下層階級與統治者之間的垂直對抗，並且以殺害或驅逐政治立場不同的鄰居，取代對地主土地的占領。

三

現在讓我們來看看前述土地變革所引發的社會問題。

種植園農業

由於種植園農業在很大程度上侷限於沿海地區，與該國的其他地區有所區隔，先處理這個問題或許會比較方便。種植香蕉以供出口的工作在一八七七年開始於里奧弗里奧，該地位於聖瑪爾塔港的腹地，就在聖瑪爾塔內華達山脈（主要居民為印第安人）與馬格達萊納河口之間。英國人擁有的聖瑪爾塔鐵路打通了這片熱帶平原，並且隨著出口業務有系統地拓展，於一八九一年延伸到里奧弗里奧。一八九九年以後，美國人擁有的種植園構成了聯合水果公司那個龐然大物的一部分，該公司並把香蕉種植面積從一萬三千公頃（一九〇〇年），擴充到八萬二千公頃（一九一三年）。時至一九三二年，已有五萬五千公頃灌溉設施完善的土地受到聯合水果公司主宰，但哥倫比亞自有的莊園和農場仍提供了百分之四十五的產值，總產量則從一九〇〇年的不足三十萬串增加到一九一三年的六百三十萬串，以及一九二九年高峰期的一千零三十萬串（當時哥倫比亞的香蕉產量排名第三，僅次於宏都拉斯的二千八百萬串和牙買加的二千二百萬串）。

哥倫比亞香蕉產區與加勒比海地區的其他香蕉產區有三個不同之處：（一）它只占一個

很大國家中極小的一部分，從而限制了聯合水果公司的政治權力，使得哥倫比亞免於淪為一個「香蕉共和國」；（二）很大一部分的產能來自本土種植者，而且他們與主導該地區的聯合水果公司發生了衝突；（三）由於距離本地人口相當密集的地區不遠，種植園的勞動力是由哥倫比亞人所組成，而非輸入自加勒比海地區的黑人。因此，如哥斯大黎加和巴拿馬在一九一八到一九一九年發生的大罷工，時而受到了牙買加人馬庫斯．加維黑人民族主義「返回非洲運動」意識形態的影響，但哥倫比亞早期的爭端卻是非政治性或無政府主義的，後來則是由馬克思主義者加以領導。

一九二〇年代開始形成本地種植者與聯合水果公司之間的摩擦……，以及種植園工人和公司之間為了一些常見的勞務糾紛（特別是為了分包合約問題）而起的摩擦。原因在於大部分勞動者的僱用是透過各種承包商，並非由公司直接僱用，以致公司方面拒絕為承包商擔負責任。……騷亂於是不斷加劇，一方面是受到了革命社會黨那個小黨的鼓舞（哥倫比亞共產黨員於一九三〇年自行組黨之前便是在該黨活動），同時也因為霍黑．埃列塞爾．蓋坦之類左翼代言人的激勵。但一九二八年十一月的大罷工與其說是他們煽動的（畢竟共產黨員表現得謹慎被動），不如說是工人自發的鬥志和公司的拖延戰術所造成的結果。罷工時提出的要求純粹屬於工會性質，但卻是出面領導罷工的馬格達萊納勞動工會聯盟得到了當地輿論的全面支持——其中不但包括心懷不滿的哥倫比亞種植者、聖瑪爾塔和巴蘭基亞的商會，甚至還包括拒絕向罷工者開槍的許多士兵。

然而，士兵當中仍有夠多的人服從命令進行屠殺，這反過來又導致大規模的騷亂，直到軍方出面鎮壓為止。死亡估計人數從四十人（軍方提供的數字）到一千五百人（罷工領導人提供的數字）不等，但幾乎可以確定多達數百人。不過罷工還是獲得了成功——儘管有人爭辯，該公司最終同意的條件比軍事行動之前準備要給的少了一些。

一九二八年的香蕉大罷工產生了兩種後果。首先，就哥倫比亞政治而言，它被在野的自由黨有系統地拿來對抗保守黨政府，而且在一九三〇年擊敗保守黨的過程中發揮重要作用，結束保守黨長達四十年的政治主導，並開啟民粹自由主義的時代，決定了哥倫比亞未來二十年的命運。其次，它把香蕉產地與毗鄰區域轉變成強大勞工階層（實際上是共產主義）的活動中心，其活動範圍從種植園地帶延伸至北部和西部的城鎮，以及東部的印第安山脈——一部分原因是受迫害的罷工領導人逃往山上並在那裡定居，另一部分原因則在於來到過香蕉產區的印第安人。罷工運動並沒有平息，……還在勞工階層的羽翼下發展出了一個農民運動。在一九三八年的全國勞動代表大會上，出席者包括了來自該地區的幾個農民聯盟，以及內華達山脈原住民聯盟。這個傳統一直延續至今。可是聖瑪爾塔地區的各種運動無法與哥倫比亞其他地區的運動相提並論，而且那些地區的農業騷亂已經變得重要起來。基於這個理由，現在暫時沒必要對它們進行更多的描述。

面向市場的大規模生產

正如我們已經看到的，絕大多數農業用地迄今仍被廣泛使用於牧場畜牧業。根據聯合國拉丁美洲經濟委員會一九五〇年代的估計，其比例大約占所有被開發土地的百分之九十。很大一部分土地仍然掌握在相對較少的擁有者手中。根據一九六〇年的農業普查（首次的同類調查），約有一萬五千五百處地產（或持有地總面積的百分之一點二）被歸類為「多戶大型」（multifamiliar grande），平均面積為七百二十七公頃，占全國已開發利用土地面積的百分之四十五。此外，有六百三十六處面積超過二千公頃的地產，其平均面積為一萬一千公頃，至少涵蓋了全國總開發面積的百分之二十點一。這些大莊園地產也是牧場畜牧業的主要單位。……

我們還可以補充指出，它們同時也是效率低下和異常守舊的哥倫比亞畜牧業中最鬆散的單位。以昆迪納馬卡省為例，當地擁有波哥大這座巨型城市和相當程度的工業化，容易讓人以為它應該會鼓勵發展高效農業——但該省百分之四十五左右的已開發農業用地其實是由「天然牧場」所組成。……

由於針對這個領域的歷史研究少之又少，我們無法準確追蹤哥倫比亞大莊園地產的滄桑起伏。……我們知道的是，教會土地和原住民保留地都在共和時期遭到瓜分，否則就是被鄰近的地主或墾殖者所侵占。……相當明顯的是，大莊園透過占用沒有合法地契的無主荒地大肆擴張。因此我們可以推定，大莊園地產這個類別將會繼續成長，並且很可能會變得更為集中。……進而可以推定，自十九世紀中葉以來，市場經濟的興起導致大多數莊園發展成為以養牛為主的牧場，因為這是利用莊園最簡單、最便宜的方式。儘管這種方式效率低落且產量不高，卻仍可為擁有夠大地產的那些人創造出可觀的收入。有一些證據表明了這種系統性轉向牧場畜牧業的情況。

然而，無論地產是否變得更加集中，或者大牧場區是否繼續擴充，維持如此大面積的非農業用地必然會產生可觀的社會影響。按照最保守的假設，人口的增加勢必將導致農用土地不足，迫使人們或遷移到未開發的地區，或更有可能的是湧向山坡上不適合放牧的零碎土地。既然我們推斷出現了將昔日的農用土地轉化為牧場的情況（這肯定在某些地區發生過），那麼我們必須假設真的有農民被趕出他們所持有的土地，變成莊園的傭農、移居到山坡上，或根本遷徙了出去。為了世界市場而開發的經濟作物幾乎不會對這種情況產生影響，因為能讓其中最重要的作物（咖啡）長得最好的土地並不適合養牛。更何況正如我們所見，此類作物的覆蓋面積即使在今天也相對較小。……

因此，畜牧業經濟占優勢之後的主要影響，是在哥倫比亞其餘農業部門加劇了農民的社會和經濟問題。整體而言，除了過去二十年在東部平原地區的特殊情況，它並沒有在放牧區域內引起許多社會衝突。

農民墾殖

在一個空地充裕的國家，農民墾殖是對耕地短缺的明顯反應。它隨時隨地都在發生，不過在某些時刻比其他時刻更加頻繁——例如在血腥內戰期間，以及內戰之後，因為這時總會產生數量龐大的難民。今日的大部分人口遷移則都流向城市，因此超出了本文的主題範圍。一部分農民墾殖所涉及的，純粹是租約或地產持有權方面的地理位移；另一部分則不折不扣是占領沒有合法所有權（或合法所有權受到爭議）的空地，而且可以預期將會引發嚴重的社會衝突。

占用土地的人當然並不侷限於農民。公共領域內的許多——實際上是大部分受到利用的——「無主荒地」，已被更強勢、更具影響力，或更富裕的人占據，所以與我們的研究無關。例外的情況是，除非那些人當中有充滿活力和進取心的潛在富農或農村企業家，畢竟他們往往正是準封建環境中的好戰團體。但不幸的是，統計數字無法讓我們清楚區分這兩種（或三種）占地類型。……當然，一九六〇年的各種人口普查數據也沒有告訴我們任何有關過去歷史的事情。它們僅僅指出了這種現象的程度。

儘管如此，我們仍可區分出不同的墾殖情況，以及是哪些原因導致農民占地的行為引起了衝突。它們分別如下：

一、純粹的占地定居者。包括（一）占地身分沒有受到挑戰的農民（或許是因為他們持有的土地位置偏遠）；（二）所耕種土地被鄰近的地主、資本家或政治人物覬覦，以致權利受到挑戰的農民；（三）占用了名義上雖屬私人所有，但被其合法擁有者棄置不用的土地的農民——然而，地主一旦發現這些土地具有若干價值之後，便立刻重申自己的權利。

二、半占地定居者，亦即農民獲准耕種閒置的土地（多半是透過口頭協議），並向地主提供某些形式的服務，作為使用其土地的回報。此類服務當中可能包括特殊形式的租約，諸如加勒比海沿岸各省的「整地」（roza）——（一）農民在養牛大牧場的邊緣替莊園主砍伐森林或清理其他土地，藉此保留自己於特定期限內（比方說兩年）在那些土地上自行耕種的權利；（二）這種開墾租約的其他形式；（三）農民耕種受爭議的土地——例如河谷內不時泛濫成災的地帶，其被農民們視為「無主之地」，各莊園卻聲稱對這些土地擁有權利。

現在仍無法寫出此類農民墾殖引發土地運動的經過，因為我們對這方面，以及對哥倫比亞鄉間社會的其他方面都所知有限。不過仍有兩件事情是清楚的。首先，儘管這些擅自占地者所代表的農民比例相對較小，他們的騷動卻還是在非印第安農民階層的社會運動中發揮過一定的主導作用——或許除了一個例外的情況，更是其中的主要部分。其次，我們並不預期這些運動會頻繁發生，除非（一）在農民大規模進行墾殖的時期，以及（二）當農民墾殖的土地對擁有者——或對那些聲稱擁有的人——產生重大經濟價值的時候。

似乎曾有過兩個重要的農民墾殖時期，分別是十八世紀的第三個二十五年，以及十九世紀的最後四分之一到二十世紀初。十八世紀下半葉不太可能有過激烈的土地競爭，但隨著土地轉而以市場為生產導向（無論是牛隻、食糧或經濟作物），從十九世紀開始，衝突的理由與日俱增，到了二十世紀增加得更為明顯。此外，也更因為私人莊園主自十九世紀以降明目張膽侵占了法律上屬於國家的大片土地，並聲稱那是他們的私有財產（但農民們幾乎肯定知道土地既非那些人所有，也不曾被使用過）。舉個例子，昆迪納馬卡省與托利馬省接壤地帶曾爆發墾殖者與地主之間的爭端，之後官方針對赫納羅・奧特羅・托雷斯所擁有的三個大莊園（埃爾皮拉爾、帕基洛和拉卡斯卡達）進行調查。結果發現該地產在一九二三年時的原始權狀僅僅涉及四百二十六公頃土地；可是到了一九三二年，莊園占地面積已擴大為三十萬公頃以上。

這些糾紛的性質可能會因情況而異。例如聯合水果公司宣稱其在馬格達萊納省擁有的土地中只有相當小的一部分用於香蕉生產，而許多墾殖者已經定居下來，並且據稱占用了五萬五千公頃土地中的九千多公頃。這些墾殖者沒有在占有地上種植香蕉，而是把土地用於維持生計，並且日益將生產的食糧出售給聖瑪爾塔地區和香蕉產區不斷成長的非農業部門。

他們的主要問題在於得不到灌溉，因為灌溉用水受到聯合水果公司控制，而且無論如何都只供應給香蕉種植區。到了一九二〇年代初，這個問題已變得非常嚴峻。換句話說，也就是在該地區開始種植香蕉後一代人的時間，以及聯合水果公司進行主要擴張後的十幾年內。一個負責分配無主荒地的政府委員會於是從一九二四年開始在該地區運作，墾殖者的不滿則已經與我們前面提到的大罷工騷動混在一起了。

此外，正如我們已經在前面看到的，養牛大牧場鼓勵墾殖農民來此清理土地，並希望最終可以把那些地方併入莊園。一如我們知道的，在二十世紀的托利馬省，養牛牧場就是這樣跟著農民的墾殖來到了山坡地。衝突因而不可避免，尤其是當墾殖農民能夠從事咖啡生產的時候，而且我們將會看到，這種農業形式非常適合小農耕作。在蘇瑪巴斯地區——特別是昆代和伊孔翁索等城鎮——的激烈衝突，大都起源於此。這個地區的許多地點不久前才剛剛被開墾（伊孔翁索始建於一九〇〇年前後），昆代的養牛區域更是持續擴張到一九四〇年代——即便該鎮當時的咖啡種植面積高居全省第四，此外並大量生產絲蘭，還是全省人口增加率最高的地方之一。

我們碰巧有些訊息涉及了蘇瑪巴斯地區動亂的背景。一九三二年，當雙方衝突浮上檯面，農民們宣稱已經在自己持有的土地上生活了三十年——換句話說就是打從該地區被開墾以來。爭端愈演愈烈，一九二〇年代的大繁榮時期更是特別嚴重，見證了該地區咖啡生產的大規模擴張。時至一九二八年，這些衝突迫使政府正式重申自己對這一大片受爭議地區的權利，將之宣布為「保留地」（*reserva territorial*），地主們則有系統地對墾殖者進行威逼脅迫，並在此過程中造成了暴亂和死亡。

因此，墾殖者的問題似乎在一九二〇年代變得更加尖銳。但我們無法斷定，假如沒有一九三〇年的政治變革終結了長達四十年的保守黨執政，並且開啟民粹派自由主義政府接下來的二十年統治，這個問題是否會促成大規模的土地運動。也許不會，因為在穩定而傳統的政治關係條件下，國家的力量幾乎等同於土地所有者的力量。當地警察分駐所和代用地方監獄實際上就位於蘇瑪巴斯莊園的主建築內，而且正如同調查委員會明確指出的，那裡的鎮長（*alcaldes*）、警察和來到該地區的上級代表們，都完全認同地方上的權力人士。但無論如何，農民們在一九三〇年以後變得更加好戰、更有組織，並且在很大程度上贏得了勝利。

我們即將看見，在蘇瑪巴斯和其他地點（尤其是在波哥大附近的埃爾索徹莊園，以及富薩加蘇加附近舊有的抗爭活動中心埃爾喬喬）的墾殖者，並非導致這個變化的唯一因素。但他們仍然是重要的因素，特別自從蘇瑪巴斯地區在其領導人胡安・德・拉・克魯斯・瓦列拉的統治下，構成了「解放區」很大的一部分之後更是如此。那個俗稱的「特肯達瑪共和國」在「大暴力」期間受到共產黨（或類似共產黨）的領導，並在武裝自衛隊的保護下維持了和平與獨立。特別有意思的是，它的組織和領導似乎已經變得本土化，而且至少在最初階段沒有受到共產主義者的影響。

出口型小農農業

如果我們撇開菸草業曇花一現的生產榮景（它主要只在桑坦德省殘存了下來），哥倫比亞的首要出口作物是咖啡。咖啡從一八七〇年開始了令人眼花繚亂的擴張，不過最快的進展發生在第一次世界大戰之後。一九一五年時的咖啡種植面積似乎還不到五萬公頃，到了一九二九年已有三十萬公頃，在一九五〇年大約為六十五萬公頃，一九六〇年則是九十萬公頃。從過去到現在的咖啡種植幾乎都完全集中在金迪奧省周邊地區，亦即在安提奧基亞省、昔日心臟地帶的南部（昆迪納馬卡省），以及從前低度開發的南方地帶：卡爾達斯省、考卡山谷省、托利馬省、考卡省。北方心臟地帶的咖啡產區從未具有同等的重要性，而且已經出現相對下降、甚至絕對下降的趨勢。

咖啡是一種傳統的農民作物。一九六〇年，這種作物的單位種植面積有百分之七十五小於五十公頃（占總產量的百分之九十）；面積不超過五公頃的小型農場則占所有農場的百分之五十六，占咖啡種植面積的百分之二十。若把這些數據拿來比較，可表明此類小型農場已大幅衰退，因為它們據悉在一九三二年占了咖啡總產量的百分之八十七，以及咖啡種植面積的百分之四十九。經濟集中之後出現明顯成長的是中型商業農場，而非缺乏任何顯著經濟優勢的大型種植園。在一九六〇年只有二百零五個面積超過一百公頃的咖啡種植園，而且其中可能沒有任何一個超過三百公頃。顯然理想的生產單位面積仍舊小得足以適合家庭耕種，只需要在收穫期間僱用主要來自小型農場的輔助勞動力即可。

然而，土地所有權的結構與土地耕種權不同。概括而言，在卡爾達斯省和安提奧基亞省，三分之二的小型農場（零到五公頃）由所有者占用、百分之三十由佃戶占用（主要是按照作物收益分成的條件）、百分之一沒有合法占有權，還有百分之二是以其他方式遭到占用。百分之七十至七十五的中型農場（五到五十公頃）是由所有者占用、百分之二以各種不同的方式持有，佃戶和擅自占地者的比例則差異很大：分別為百分之十四至百分之二十八和百分之一至百分之十。土地的面積越大，就越不可能在沒有合法所有權的情況下持有，而以上的比例關係在一百公頃的範圍內都可成立。這些數字相當有趣，因為它們顯示出，中農和自耕農在墾殖者當中所占的比例要比貧農高出許多。

咖啡經濟很明顯出現了實質性的問題，首先是土地所有者與承租耕作者或佃農之間的關係，其次是耕作者與受僱收割工人之間的關係。但二者之間有時不易區分，因為一公頃大小土地的平均產量約為二百五十公斤，以致就算是典型的小自耕農也必須依賴其他收入來源。此外，幾乎不用我們補充說明的是，咖啡經濟帶來的一些問題，不但影響到全體生產者（例如價格的變動），甚至及於所有的貧農（例如他們在經濟和政治上對中間商、城鎮區民還有一般富人的依賴，以及在交通和信貸等方面的困難）。

像往常一樣，我們對這些問題的過去歷史所知有限。不過在幾個地區，咖啡生產的最初發展，似乎就像一八五〇至一八七〇年的菸草全盛期那般，採取了大規模種植園的形式，或許還得到了新興資產階級的資助。重要的是，在出現這種情況的地方，例如比奧塔、富薩加蘇加、埃爾科萊希奧（位於我們已經觀察過的昆迪納馬卡省和托利馬省交界地帶），我們發現了一場異常激烈的對峙——一方是寄生得越來越厲害的大莊園，另一方則是日益將自己確立為高效率生產主導單位的墾殖農民，或其他希望從事咖啡生產的承租戶。

其中，從一八七〇年率先開始以此模式種植咖啡的比奧塔尤其重要，因為所有農民騷動當中，最激進的幾次就是產生在這個城鎮。農民和地主之間固有的緊張關係似乎在一九二〇年代更趨嚴重，並且於一九三〇年咖啡價格暴跌後達到臨界點。佃戶先後在革命社會主義者和共產黨的領導下長年拒絕支付地租，並且試圖藉由減薪來因應跌落的價格，進而導致僱農一系列的大罷工。武裝自衛隊於是被組織起來。結果到了一九三〇年代中葉，各個莊園開始將自己的土地出售給嚴陣以待的佃戶，比奧塔從此持續成為一個由咖啡農所組成、實際上保持獨立的共產主義共和國。

土地運動在咖啡經濟中的重要意義很難評估。在昆迪納馬卡、托利馬和卡爾達斯三省的交界地帶，各種土地運動獲得了最大成功，但那些成就很難與墾殖者不滿情緒之類的現象區隔開來。整體而言，一九三〇年代的農民運動在主要咖啡產區（卡爾達斯省、安提奧基亞省、考卡山谷省）實力相當薄弱，而且顯然大部分是由當地墾殖者所組成的。

印第安人問題

儘管哥倫比亞的原住民人口正快速地被非印第安人吸附，或隨著原住民保留地的分配而零星散布，但他們仍繼續在該國的某些地區自力更生，足以構成一個特殊的農業問題。就像在印第安美洲的其他地區那般，這個問題源自原住民公社維護其土地不受侵占和分割的鬥爭，同時也由於公用土地隨著人口的增加而遭到侵蝕和瓜分，以致日益不足的緣故。印第安人的努力必須在兩條戰線上進行鬥爭，因而變得更加困難，此即對抗白人或梅斯蒂索墾殖農民的入侵行動，以及對抗大莊園或農村新資產階級的侵占。幸好有賴胡安．弗里德等歷史學家的辛勤研究，印第安人昔日的奮鬥史不像其他哥倫比亞農民的奮鬥史那樣受到忽視，而且他們毫無指望的抵抗行動至少被部分記錄了下來。我們在此僅僅需要指出，當哥倫比亞的現代農民運動開始形成之際，印第安人在該國的最北端（瓜希拉省），以及人口稀少的西南部安地斯山區（考卡省、烏伊拉省），仍然構成了人口組成的重要部分。正如我們將看到的那樣，他們參與了整體的運動。

四

現階段的研究工作不可能寫出一九二〇年代以前的哥倫比亞農運史——唯一的例外是已被觀察到的、印第安人為了維護其公用土地而進行的奮鬥。我們已經指出，這可能意味著當時很少出現重要的農民運動，而且那確實並非不可能的事情，但這個問題目前仍無定論。自一九二〇年代起，土地動亂的跡象層出不窮。此外，從一九二八年開始——或更確切地說，是在一九三〇年代——出現了一場重要的農民運動，而且即使在我們目前所知有限的情況下至少也能部分加以描述。我們的主要資料來源是工會組織的數據，以及來自勞工運動本身的報告。

《工會運動回顧，一九〇九～一九三七》（一九三八）一書記錄了一九三七年（二十世紀三〇年代社會動盪巔峰時期）現存的所有工會，共計九十個，以及一九〇九年以來登記成立的工會。……它證實了農民運動在昆迪納馬卡省（有三十一個工會）和托利馬省（有十六個工會）的實力最為堅強，並在考卡省——而且當然也在馬格達萊納省的香蕉種植地帶——進行了相當可觀的印第安人運動。然而它也表明，左派領導下的運動在安提奧基亞省、考卡山谷省、桑坦德省和北桑坦德省、烏伊拉省、玻利瓦爾省、大西洋省和卡爾達斯省積弱不振，在納里尼奧省和博亞卡省更簡直可以忽略不計。

這顯示出實際的農民運動無法僅僅用農民工會或農民聯盟表面上的力量加以衡量，更別說是左派組織的力量了——儘管正如我們所看見的，此類組織在某些地區深具影響力。……但情況確實如此。在一九二〇年代至「大暴力」之間的階段，哥倫比亞農民運動非但山頭林立，而且缺乏組織結構。儘管如此，它還是極為強大。

就像我們在前面所看到的那樣，墾殖者與大莊園主之間在土地權利上的緊張關係，於二十世紀初期隨著帝國主義大行其道而逐漸加劇。到了一九二〇年代中葉，雖然還沒有正式出現農民組織的跡象，但農民和地主顯然普遍為了那些已被自己所占、雙方卻都沒有合法所有權的土地而對簿公堂。最高法院於是在一九二六年裁決，無法出示原始所有權文件的地主必須將土地歸還給國家——這**實際上**意味著農民的勝利。擺在眼前的事實是，來自鄉村地區的無聲壓力促成了這項決定。我們必須從這個背景來觀察一九二〇年代末期的騷動。此外，就在這個時間點，無論是各個年輕的革命社會主義團體，還是像霍黑·埃列塞爾·蓋坦那樣的民粹主義政治人物，都開始登上了農業的舞台。

經濟蕭條和自由黨在一九三〇年的政治勝利激化了農民的騷動，而且不光是在我們已經提到過的、出現主要政治活動的地區（昆迪納馬卡省，托利馬省等地）。……在一些最激進的案例中，直接的行動——有時是武裝行動——贏得了類似土地改革的成果。……不少莊園被賣給農民，另一些則賣給地方政府。……一九三四年，形勢變得如此嚴峻，以致最高法院重新回到一九二六年的裁決，但這次是在有組織的農民騷動的氛圍中。此時的政治形勢亦已發生變化。洛佩斯·普馬雷霍的「新政」政府（一九三四～一九三八）進入了一個立基於民眾支持的系統性社會改革階段。

這次改革的主要成果是著名的一九三六年《第二百號法案》，實際上承認了墾殖者的權利。該法案規定，十年內未進行經濟開發的土地，將由私人所有轉為國家所有。這項措施的重要性一直眾說紛紜。阿爾伯特·赫希曼表示，它被看成實際上毫無用處，同時卻也被認為是「經常受人忽視的最大成就之一」。因為它在無意間將部分土地至少分配給一部分的農民，並且給了地主們一個強烈的動機，務必要開發利用自己的地產。這兩種論斷也許都是對的。沒有農民運動的地方繼續是一潭死水；存在著農民運動的地方，農民和地主則同時受到了激勵。墾殖者占領土地的行動固然在一九三〇和一九四〇年代繼續成長，但這同時也鼓勵地主大肆驅逐有可能會成為墾殖者的農民。然而，關於此項措施的實際效果並沒有可靠的統計數據。

一九三八年以後，土地運動失去了政府的支持。洛佩斯在一九四二年重新當選總統後，承受來自地主與商人所結成的聯盟越來越大的壓力。況且現在他無論如何都傾向於要不惜一切手段，立即增加產量，以便充分利用戰爭帶來的榮景。一九四四年的《第一百號法案》翻轉了一九三六年《第二百號法案》的規定，使得該政策的實施又推遲了五年。《第一百號法案》禁止承租人或佃農在沒有地主明確許可的情況下種植樹木和其他多年生植物，藉以鼓勵土地所有者接納承租人或佃農，而不必擔心他們可能會獲得墾殖權。嚴重的政治激化隨之而來。蓋坦已經確立自己的地位，成為最能有效吸引窮人的政治人物。他在一九四六年的總統大選中分裂了自由黨，並贏得該黨百分之四十五的選票，但代價是讓保守黨候選人獲得了自一九三〇年以來的首次勝利。[5]不久之後，蓋坦正式成為自由黨的領袖，而且幾乎可確定將接任總統一職，政府從而可望回歸到民粹主義政策。他在一九四八年的遇刺身亡使得這個前景化為泡影，並且結束了哥倫比亞歷史上的一個階段。社會革命或民粹主義政權並未出現，取而代之的是無政府狀態和內戰。左派的希望被埋葬於「大暴力」之中。

因此，農民運動自一九四八年以來就被這場血腥的無政府內戰蒙上了陰影。內戰並蹂躪了哥倫比亞中部的咖啡產區（安提奧基亞省、卡爾達斯省、昆迪納馬卡省、烏伊拉省、托利馬省）、考卡省北部、博亞卡省部分地區、桑坦德省、北桑坦德省，以及東部平原的一些地區。甚至直到內戰正式結束兩年後（一九五三年），「大暴力」仍然覆蓋了全國百分之四十的地區。「大暴力」並非社會運動，卻為農民的不滿情緒提供了一個替代的宣洩管道，以致農民能夠將彼此從持有地驅逐出去。例如托利馬在一九五八年有三萬五千個種植園（或一九六〇年的普查列舉持有財產的一半）已經遭到遺棄。在這方面還應注意的是放牧經濟的殘破；在托利馬省南部和東部、烏伊拉省的一部分、考卡省北部，以及安提奧基亞省的大片地區更是完全遭到鏟除。在托利馬省的某些地區，此事與土地運動的關聯性甚至更加清楚。當地「大暴力」下的農民動員旨在占領「無主之地」，亦即法定所有權不明的土地，或是農民針對驅逐承租人的地主進行的武裝報復行動。無論如何，「大暴力」與農民的遷徙和墾殖密切相關。它非常明顯地發生在墾殖地帶，並且特別肆虐於移民占活躍農業人口比例最高的省分，諸如：考卡山谷省（百分之五十四點四）、卡爾達斯省（百分之三十一點九），以及托利馬省（百分之二十四點二）。

組織比較穩固的各個老資格農民運動中心則置身「大暴力」之外，並對它進行抵抗。等到托利馬省的查帕拉爾從一九五〇年開始進行武裝自衛，抵抗時採取軍事行動就成為必要。據估計，由共產黨領導的游擊隊占總數的百分之十到百分之十五。我們的主要資料來源——赫爾曼・古茲曼主教——列出這樣的單位在考卡省（昔日印第安人騷動的中心）有三個、昆迪納馬卡省有三個，托利馬省有五個，還有三個在烏伊拉省和梅塔省空曠的邊疆地帶。這

5 譯註：蓋坦獲得了百分之二十六點三的選票，自由黨的另一位候選人則獲得百分之三十二點三的選票。結果保守黨的馬里亞諾・奧斯皮納・佩雷斯以百分之四十一點四的得票率當選第十七任哥倫比亞總統（一九四六～一九五〇）。

種阻隔「大暴力」的嘗試在某些地區獲得成功，而且在諸如蘇瑪巴斯和比奧塔等地建立並維護了實際上自治的農民管理區。地方組織的規模可以用一份刻鋼板油印的文件來說明：一九六二年十二月在特肯達瑪召開第十八屆共產黨區域代表大會的通知書。此事涉及了至少在三十三個不同市鎮和地點舉行的籌備會議。值得注意的是，通知書上列出的那些地點和被強制徵收莊園的名稱當中，有些會讓研究哥倫比亞該地區一九二九至一九三四年土地動亂的人覺得似曾相識。或許同樣有意思的是，一九六一年那個乏善可陳的土地改革所進行的第一個項目，涉及了那個遙遠時期的研究者同樣熟悉的一個地方：昆代地區。

行文至此，我們不妨結束對哥倫比亞農民騷動的探討，把一九六〇年代的運動原封不動地留給關注當代哥倫比亞事務的研究者。只是，我們又能從中得出哪些試探性、甚至推測性的結論呢？

首先，該共和國歷史上第一波主要的農運潮，似乎出現於一九二五至一九四八年前後。那是「一種去中央化的自發行動……，一種去中央化的暴力行動」（赫希曼），卻在其範圍有限的行動領域內具有非常重大的實質意義。在一些地點，它無論過去或現在都是由具有政治意識的農民幹部和共產黨人所組織起來的，儘管每一個地點的人數並沒有很多。即使到了一九六〇年，農民運動的規模仍未明顯超出一九三〇年代所達到的極限。

其次，導致發生農民騷動的兩種主要情況為：（一）墾殖者和土地擁有者在雙方都沒有明確法定所有權的土地上起了衝突，亦即主要是在新開闢的聚居點和耕作區；（二）農民生產者與莊園為了有利可圖的新經濟作物——特別是咖啡——的種植權起了衝突。以上兩種情況在某些地區是重疊的，例如特肯達瑪－蘇瑪巴斯。

第三，一九四八年之後的「大暴力」可能曾經（但也可能沒有）為農民的不滿提供替代的宣洩途徑；但它無疑導致了農民運動的衰退。自一九七〇年以來，農民運動就再也不曾恢復到昔日的規模。

一九六九年

16

農民與政治

Peasants and Politics

讓我們思索一下，有沒有任何事情會類似於一個全國性的農民運動，或是一場全國性的農民造反或農民起義。我對此非常懷疑。常態的地方性和區域性農民行動，只有當其受到自然、經濟、政治或意識形態等外來力量影響，而且只有當大量的公社或村莊同時朝著大致相同的方向努力時，才會轉化為更廣泛的行動。但即便發生了這種廣泛蔓延的普遍行動，它也很難與國家的疆域重疊（即上述的全國性），甚至在相當小的國家也一樣。此外，它往往並非一個單一的普遍運動，而是各種地方運動和區域運動的聚合體，其團結既短暫又脆弱不堪。來自海邊的人和來自山上的人可能會因為彼此截然不同，以致只能在短時間內情投意合。

最大型的農民運動似乎都是區域性的，或是一些區域性運動的聯盟。換一種講法，如果農民運動的發展遍及全國，那麼除非它們受到國家當局的贊助或組織，否則就不可能同時有所作為，或具有相同的政治特質與政治要求。在最不利的情況下，這種由數個小規模農民運動拼湊而成的大型農民運動可能只會創造出一系列零散的分支，無法影響到國家的其他地區。譬如哥倫比亞相當強大、主要是由共產黨加以組織的農民運動，於一九二〇和一九三〇年代就這樣在某些特定類型的區域發展了起來——在咖啡種植地帶、在有著自己獨特問題的印第安地區，以及在邊疆地區或新聚落內的擅自占地者和墾殖者之間等等。甚至連共產黨在全國統籌協調也產生不了任何單一的農民運動，反而只會有一個個零星分散、彼此相距甚遠的「紅色」農民區。這些零零散散的農民區同樣無法發展成為全國性的運動，即便事實證明其中一些有能力在區域範圍內散播自己的影響力。當然可能有些全國性的政治人物或游擊隊幹部是從此類孤立但通常持久的小核心區脫穎而出，但這完全是另外一回事。

在最佳情況下，此類農民運動可能會發生在一到兩個具有戰略意義、可為國家政治帶來重大影響的地點，或發生在能夠形成高機動性武裝力量的區域。墨西哥的革命就屬於這種。該國大部分的農民並沒有積極參與一九一〇至一九二〇年的革命，不過革命的勝利促使一些地區有了組織。儘管如此，墨西哥與革命有關的、規模最大的農民動員工作幾乎肯定走錯了方向，那就是一九二〇年代的基督軍運動（Cristeros），為了「基督君王」（Christ the King）起而對抗世俗派的鄉村民兵（Agraristas）。主觀上，他們的運動無疑屬於一場農民革命，然而其時間點和意識形態都使它在客觀上成了反革命。儘管如此，有兩個地區在一九一〇和一九二〇年間恰好發揮了巨大的政治影響力。其中之一是北方的邊境地帶，以不受羈絆的武裝人群（牛仔、淘金者、盜匪等等）造就了潘喬·比亞——稱得上是墨西哥版哥薩克人的——高機動性和活動範圍遼闊的軍隊。另一個則是基礎更加堅實、由埃米利亞諾·薩帕塔在莫雷洛斯州進行的公社革命。這場公社革命雖然只具有純粹地方性的視野，但其巨大優勢在於莫雷洛斯毗鄰首都墨西哥城。而薩帕塔土地綱領的政治影響力即來自這個事實：他招募的農民能夠就近占領首都。二十世紀初期在像拉丁美洲各共和國這樣幅員廣大、管理鬆散的地區，各國政府往往會不時失去對偏遠省分的控制權，拱手把它交給當地的異議人士或叛亂分子。因此真正會讓他們擔心的，是在首都內部或自家後院發生的暴動。

在農民革命者沒有這種優勢的地區，他們的侷限性就會更加明顯。一九六〇年代初期的秘魯大型農民運動便是很好的例子，而且它很可能是那十年拉丁美洲此類自發動員中，規模最大的一個。全國各地於此期間動盪不安，連工人和學生當中都出現了騷亂。農民運動在沿海種植園和高地農民之間都很活躍——但沿海種植園並不能被歸類為農民經濟，當地所稱的「農工業複合體」(agro-industrial complex)反而是比較貼切的說法。就高地農民而言，在南部和中部高原都有過非常廣泛的運動，其他地方也零星發生了占領土地、罷工、組織農民聯盟等等事件。其中可以看出兩個特點。首先，儘管這些事件大致同時發生(盛行於一九六二至一九六四年之間，一九六三年先在中部稍後在南部達到巔峰)，但各個地區運動彼此之間——或與非農民運動之間——都沒有實際的聯繫。其次，各個運動中存在著奇特的落差。譬如南部傳統的「原住民起義」地區——普諾大區，就明顯表現得很不積極。傳統類型的運動不再具有核心地位或重要意義，即便它在一九一〇至一九二一年之間確實還非常活躍。農民運動在普諾大區採取的形式，是由當地富農和商人建立起一種政治機制，很快便展現出了驚人的政治力量。與此同時，普諾北方的庫斯科大區卻在拉貢文雄邊疆農民運動獲得成功的鼓舞下，由農民大規模採取直接行動來組織工會並占領土地——雖然拉貢文雄那些人早已實現自己的首要目標，如今主要是把好戰態度展現於保衛自己的征服成果。在一九六二至一九六四年之間，廣泛蔓延的秘魯農民運動帶來的是動亂，而非革命。

因此我傾向認為，關於一場全面農民運動的構想除非是受到外界激勵——最好是來自上面的激勵——否則就相當不切實際。……

這並不是為了要貶低此類群體運動的力量。如果它們被某種外力團結起來（例如國家的危機與崩潰、一個持同情態度的改革派或革命派政府，不然就是一個架構與影響遍及全國的單一政黨或組織），就可能足以決定重大革命的成敗。但即便在自食其力的時候，此類群體運動仍有可能讓一項土地制度或統治結構在鄉間變得窒礙難行——其情況正類似法國於一七八九年之後的「大恐懼」（Great Fear），以及一九六二至一九六四年秘魯的那波占領土地潮。有明確的證據顯示，在一九六三年六月至一九六四年二月或三月之間的某個時刻，秘魯中部和南部高原的大多數莊園主和領主鑑於農民的全面動員，決定減少損失並開始清算自己的資產，期盼能夠在某種土地改革下獲得徵收補償。但這並沒有自動帶來土地改革。還需要再經歷五年光陰和一場軍事政變，才終於強制進行土地改革。但此舉也只不過是埋葬了實際上早已被農民運動扼殺的高原地主經濟的屍體罷了。

傳統農民階層的革命潛力十分巨大，但其實際的力量和影響力卻相當有限。其中第一個主要原因就是傳統農民階層持續不斷地——而且往往相當務實地——意識到自己的弱點和劣勢。他們的劣勢是在社會和文化方面，例如以文盲之姿面對「受過教育者」。因此對農民運動產生重要意義的人物，就是定居在地方上的友好知識分子，尤其是那些最令人敬畏的鄉村知識分子，即小學老師。農民階層的弱點不僅在於社會方面的劣勢、在於缺乏有效的武裝力量，更在於農民經濟的本質。比方說吧，收割的時候，農民騷動就得停下來。不管農民們多麼鬥志高昂，他們的勞動週期成為扼住他們命運的枷鎖。……可是底層的農民地位低下，而且就連他們自己也是如此感覺。除了在極少數例外情況，他們著眼於對社會金字塔進行調整，而非加以毀滅，儘管它的毀滅並不難想像。無政府狀態，亦即拆除統治與剝削體系上層結構後的狀態，可讓傳統鄉村成為具有生命力的經濟體和社會。然而農民們卻很難有機會把這樣一個烏托邦構思出來，更別說是加以實現了。

其實無論農民爭取的是一個完全不同的新社會，抑或只是針對舊社會進行的調整，當然都不會有太大區別。後者的意義通常在於保護傳統社會免受某種威脅，或者是為了恢復舊有的模式——但若過於因循守舊，恐怕僅僅會淪為傳統主義者提出的革命願望而已。革命實際上也可能是由農民發動的，即便他們並不否認現有權力結構、法律、國家，乃至地主的正當性。……一場僅僅宣稱要「收復」公社被非法占用土地的運動，可能會在實務上具有革命性，同時卻在理論上墨守成法。要清楚劃分「墨守成法」和「具有革命性」之間的界限並不是件容易的事。莫雷洛斯州的薩帕塔主義運動起初並非反對所有的大莊園，而只是反對波費里奧．迪亞斯時代新設立的那些。……

主要的差別並不在於理論上的農民願望，而是農民在行動時所面對的實際政治局面。那是懷疑與希望之間的差別。因為傳統農民的正常策略就是保持被動。那並非一種無效的策略，因為它充分利用了農民階層的主要資產——農民的人數，以及不可能長時間用武力來脅迫他們做任何事情。同時它還利用了一個基於事實的有利戰術態勢，即沒有變化的狀態才最適合傳統農民。以公社方式組織起來的傳統農民階層，加上了能夠發揮功能的緩慢遲鈍、深藏不露和（表面上或真正的）愚昧無知之後，便成為一股令人畏懼的力量。「拒絕理解」是一種階級鬥爭的形式，觀察十九世紀的俄羅斯人、二十世紀的秘魯人，他們都曾經以類似方式描述過它。地位低下並不表示無能為力。最順從的農民不僅能夠從「操弄體制」中獲益——或至少把自己的劣勢降到最低——還有辦法進行抵抗，並在適當的時候展開反擊。俄羅斯農奴在俄國知識階層心目中的刻板印象……與安地斯山區白人對「印第安人」的刻板印象非常相近。……事實上，這種行為模式有其脈絡可循。

消極被動當然並不是普遍存在的現象。在沒有領主或法律的地區，或在每個人都武裝起來的邊疆地帶，農民階層的態度很可能會不一樣。他們的態度因而確實有可能不那麼逆來順受。不過對大多數受到土地束縛的農民來說，問題並非他們通常是被動還是主動，而在於究竟何時該從一種狀態轉換到另外一種。大致說來，當地方或全國權力結構保持堅固、穩定和

「封閉」的時候，消極被動是恰當的方式；當權力結構在某種意義上似乎正在變化、轉換或「開放」的時候，積極主動則是可行的做法。

農民完全有辦法衡量地方上的政治局勢，但他們真正的難題在於辨明足以決定政局的更廣泛政治運動。他們對此又能曉得多少呢？他們通常會意識到自己屬某個比較廣大的政體——一個王國、一個帝國、一個共和國。家喻戶曉的農民神話裡的確會出現遙不可及的國王或皇帝，而他只要知道真相之後就會匡正時弊，並且建立或重建正義。此事反映了、也在某種程度上創造出一個更廣闊的政治行動框架。這同時還反映出，國家政府與地方政治結構之間通常相距甚遠，而且不管代表國家行使權力和執行法律的地方政治結構理論上究竟如何，它實際上是由地方權貴人物、他們的親屬、跟隨者，以及他們能夠收買或威嚇的那些人所共同組成。農民還可能知道的其他事物也與實際的政治體系大相徑庭。比方說，如果存在著國家法庭的話（然而並非總是如此），訴訟甚至可能會促成偏遠的公社與國家中樞產生某種關係——但無疑需要透過一連串城市律師的居間協調。秘魯瓦西坎查公社位於海拔四千公尺左右的深山，實際上已幾乎遙遠得無以復加，但由於它曾在一六〇七年與一名西班牙侵奪者對簿公堂，從利馬的總督法院獲得了自己的第一份判決書，從此便至少在某些方面意識到還存在著一個更廣大的政體，而且自己是其中的一個遙遠部分。

隨著我們更接近了現在（一九七三年），全國政治的細節就變得越來越重要和日益為人所知。例如等到選舉和政黨開始登場之後，或者等到國家直接干預地方和個人事務，讓人需要對國家機制及其運作方式多幾分了解的時候。此外，隨著人口大量外移，鄉村很可能與中樞有了直接的聯繫，因為村民已在首都或其他地方定居下來並形成自己的聚落，而且他們對城市熟門熟路。但早在此事發生很久之前，農民就已經意識到體制內的改變，即便他們無法精確地描述或理解那些變化。當戰爭、內戰、戰敗與征服把全國統治者置於險境，並且更換了地方統治者的時候，就可能直接涉及農民並開啟新的可能性。即使是統治階級內部較少發生、幾乎不直接影響到農民的事件（如選舉和政變），也可能被正確地解讀為振奮人心或令人沮喪。他們或許並不確切知道首都正在發生什麼事，但若代表當地的參議員不再來自A家族，其夙敵B家族卻看似意氣風發，地方上免不了會重新評估形勢，而且毫無疑問是先從鄉鎮百姓開始，最後也會在各個鄉村這麼做。墨西哥革命——甚至在薩帕塔的莫雷洛斯州——起初與其說是一場革命，倒不如說是打破了長期確立的地方政治平衡，而這種均勢關係反過來又依賴於波費里奧．迪亞斯國家政府體系的持續穩定運作。

如果任何重大的全國改變可能會開啟新的可能性或關閉舊的可能性，那麼關於改革或其他有利變化的消息就更能夠把農民動員起來。因此，當一個由阿普拉黨（美洲人民革命聯盟）支持的改革派政府於一九四五年在利馬掌權，一些原本以穩定為優先考量的公社迅速改變了自己的行動策略。……那看起來簡直像是，只需要來自最高當局的善意保證甚或僅僅是容忍，便足以讓地位雖卑微但一直對自身潛在力量有所意識的村民挺直了背。反之，若有任何跡象顯示當權者將再次踐踏他們，當然又會讓他們縮回到自己的殼裡。例如繼改革派政府在一九四五年引發了一波土地騷亂和農民組織的浪潮之後，軍政府在一九四八年的強制措施使得土地入侵和農民聯盟戛然而止——然後要等到一九五六年，農民在新政府的統治下，才逐漸發覺情況又一次變得比較開放。

感覺上這種不斷地或潛在或實際出現的力量對抗，可能源於農民傳統上被排除在官方政治機制甚或法律體系之外的緣故。力量的對比關係——無論是真實較勁還是表面功夫——於是取代了約定俗成的關係。……如果農民想要引起當局者的注意，他們除了以直接行動來挑戰威權，別無其他有效辦法，因為沒有任何政治機制能讓人聽見他們的聲音。這麼做相當冒險，畢竟通常一定會出現懲罰，不過農民（或許甚至包括地主和政府）當然會拿捏一下施加暴力的程度。在一九四七年的土地入侵行動中，一些缺乏經驗的公社留了下來，結果於士兵抵達之後遭到屠殺。瓦西坎查因為有著好幾百年對簿公堂和直接行動交替的經驗，於是懂得在軍隊來到之際悄悄撤離所占領的地區，並暫時充分利用法律來委曲求全。

對抗行動因而可能並不具有革命性——將每一次的農民暴力挑戰事件都視為「起義」或「造反」是錯誤的。但由於這種挑戰意味著赤裸裸的政治角力關係，它還是有可能演變成革命。更何況如果鄉紳統治的終結看似就在眼前了呢？在這一點上，我們處於腳踏實地的政治評估和對末日的期盼之間。農民很少會指望自己所住的地區或村莊能夠獨力實現長時間的解放。他們對此知道得太清楚了。但如果整個王國，乃至於整個世界都正在改變中呢？西班牙一九一八至一九二〇年的大規模運動「布爾什維克三年」（*Trienio Bolchevista*），肇因於帝國相繼崩潰的消息——先是俄羅斯帝國，接著是中歐那些——以及一場真正的農民革命所帶來的雙重衝擊。然而，決策中心越是遠離了人們所熟知的地方權力結構，實際判斷與希望和神話（在口語和革命工團主義的意義上皆如此）之間的界線就越模糊。就某種意義而言，人們用於預測千禧年到來的各種徵兆，正如同他們用於預測天氣的那些跡象，根據的是經驗；但就另一種意義而言，他們是藉由那些徵兆表達出自己的感覺。誰又能夠知道是否真的會有「新的法律」，或者會有一名騎士帶著用金字寫出的沙皇宣言，把土地賞賜給農民呢？又或者那僅僅是農民自己的一廂情願？

我們或可把這個假設進一步推演下去並且認為，在一種可具體評估的情況下，失望的感覺於希望破滅後所持續的時間，反而短於對世界或末日的期盼落空後的失望。當軍隊過來把公社從它占領的土地上驅逐出去時，公社並不會懷憂喪志，反而是等待下一個合適的行動時機降臨。然而，當一場期盼中的革命失敗，可就需要付出更多努力來重振農民的士氣了。

一九七三年

◎本書所採用的版本省略了原文中的註釋。

17

政治中的農民與鄉間移民
Peasants and Rural Migrants in Politics

一

對經濟史家、社會史家和當代政治學者而言，拉丁美洲歷史上的一些關鍵日期並非出現在十九世紀的第一個四分之一，亦即該大陸大部分地區從西班牙或葡萄牙手中贏得獨立的時候。因為獨立並沒有為其政治和經濟結構帶來實質性的改變。關鍵時刻發生在十九世紀晚期——當時那些國家以其之後為人所熟悉的角色進入世界經濟，成為某些初級產品的大型出口國，國內收支平衡則主要取決於此類產品的出口。這個階段一直持續到一九三〇年，當時不斷擴張的單一出口作物價格暴跌，導致以此為基礎的各個社會陷入危機，不過出口的大方向依舊維持不變。一九三〇年代中葉，除了墨西哥、秘魯、巴拉圭三國，所有拉丁美洲國家百分之五十以上的出口額都有賴於下列商品中的一種，或至多兩種：咖啡、香蕉、蔗糖、棉花、肉類、穀物、羊毛、銅、錫和石油。八個國家依賴咖啡和香蕉，另外兩個則依賴咖啡、蔗糖或棉花。……

在十九世紀最後二、三十年之前，拉丁美洲很大一部分鄉村地區並沒有真正面向世界市場，或者往往只純粹關注本地市場。另一部分地區則依賴於較老舊以及正在沒落的大宗作物（像是巴西東北部的蔗糖），或某些暫時「走紅」的產品。我們如今會與各國特色產品連結在一起的那一大片地帶——例如古巴的東方地區和卡馬圭省——曾經有過截然不同的經濟風貌。按照現代的衡量標準，拉丁美洲大部分地區甚至還不能稱之為殖民地或半殖民地經濟，僅僅是低度開發地區而已。

出口經濟的興起必然對拉美大陸的社會與政治產生了最深遠的影響。不過，只要它採取埋頭向前的方式（儘管偶有高低起伏），不斷拓展到看似無限的北美和歐洲市場，所產生的各種影響就不會受到廣泛注意——因為這些影響多半會被拉丁美洲各國現有的社會與政治體系吸收同化，而這些體系分別掌控在傳統的政治主導者、大莊園主，以及首都和港口的行政管理當局還有進出口貿易的既得利益者手上。都市與非農業部門的變化則確實顯而易見，在南美洲南部經濟發展最快的地方（阿根廷、智利、烏拉圭、巴西南部）更是如此。在墨西哥中部和南部，新農業經濟的影響已經強大到足以創造出一種革命形勢，因為這些地區以市場為導向的新式大莊園不僅延續了先前存在的舊莊園經濟，甚至是以密集居住在自治村落公社內的印第安人口為直接代價來進行擴張。[1] 但總體而言，變化停留在政治和社會的表象之下。導致這種情形的原因是一九二九年的大蕭條，亦即拉丁美洲所仰賴的世界市場突然間幾乎完全崩潰了。

其立即影響是產生了一場席捲整個大陸的政府財務危機，並由此引發了各種政治危機。

一九三〇至一九三一年間，阿根廷、巴西、智利、厄瓜多、秘魯、玻利維亞、哥倫比亞和多明尼加等國的政府紛紛被和平政變或軍事政變所推翻，不久之後也輪到了古巴。然而，若非這個短暫危機表明出整個大陸的事務發生了更加深刻且長遠的變化，它就只會具有無足輕重的地方性意義。這些拉丁美洲經濟體的基礎（單一出口商品），以及拉丁美洲社會與政治結構的根本（立基於大莊園、進出口貿易和政府的各種寡頭集團）固然並未嚴重遭到動搖，但也沒有回到過去的狀態。過去那個大規模出口初級產品並且自由引進資本和商品的經濟體系，已經不再自動發揮作用。二者必須透過人為操控來相互支撐。此外，在限制與控管所構成的臨時壁壘後面，新的經濟和政治利益關係成長了起來——尤其是以供應本土市場為主的拉丁美洲工業家們的利益關係。……不過最重要的是，拉丁美洲的一般人開始進入自己國家的政治，並在適當的時機加以左右。……

二

這些新進入者絕大部分是鄉下人，因為在一九三〇年的時候除了阿根廷、智利、烏拉圭

1 莊園和公社以類似方式並存的安地斯山區進入世界市場經濟的時間甚至還要晚得多——唯一的例外是透過相當專業的採礦產品。

和古巴，所有國家的城市人口都屬於少數。從此以後，數以百萬湧入城市，特別是湧入少數幾座巨型城市的人口成了最顯眼的政治參與者。他們絕大多數來自農村，並且至少在一段時間內仍舊是流離失所的農民。鄉間地區的各種政治變革曾經不像城市裡的那麼引人注目，而且通常依舊如此。然而它們正是本文的主要焦點。

拉丁美洲鄉間的經濟結構原本是出口農業或自給農業，不過從一九三〇年代開始，隨著城市的大規模擴張增添了一個日益重要的部門，以供應快速成長的國內城鎮市場。一般說來，我們可以表示這受到兩種現象的主導，分別是鄉村從自給農業或粗放利用轉向了市場生產，以及越來越多的鄉村人力快速外流。當時的社會或法律結構主要立基於大莊園（有時還伴隨著「小莊園」農民），或以大莊園與獨立村莊公社共同存在的形式為基礎（例如印第安人定居地區），就連人煙稀少、不斷增加的人口開始滲透過去的偏遠地區（主要是在亞馬遜河谷盆地邊緣）也不例外。因為只要它們沒有完全超出政府的管轄範圍甚或認知範圍之外，通常都會有某種類型的大莊園主擁有它們，或聲稱擁有它們。

在經濟體系轉向經濟作物的過程中，無論採取何種形式都不可避免會替這種大莊園結構帶來壓力——例如將遼闊的老派大莊園改造成「資本主義莊園」[2]或種植園、發展出各種形式的承租農戶或佃農、以城市或外國企業家取代舊有的大莊園主，或其他的模式。從較老式的糧食作物轉向較新穎的糧食作物，或是生產的多樣化，也都同樣具有破壞性的影響。自給自足的農耕方式比較不受這些變化影響，但它卻承受著人口在固定且持續劣化的土地上快速增加而日益增加的壓力，更何況土地面積往往還會因為莊園的侵占而縮小。

除了革命時期的墨西哥，拉丁美洲鄉間的政治結構是由當地莊園的地主家族正式或非正式地行使權力（有時再加上同儕之間的相互傾軋），各自位於當地權力機制或庇蔭體系的金字塔頂端。他們控制或試圖控制地方競爭對手——這裡所謂的對手也包括地方行政機關，以及國家政府在地方的影響力。除非得到這些大亨和巨頭們的同意……，否則政府在鄉間毫無權力可言。即便有所謂政治「黨派」的存在，也只不過是黏貼在地方家族及其追隨者身上的標籤，而這些追隨著的選票（如果他們有投票權的話）就像他們的武裝支持和忠誠度一樣，都投給了他們的庇蔭者或主子。[3] 對廣大農民而言並沒有「全國」政治這種東西，反而只有未必能給地方權力人物貼上國家標籤的地方政治。

這個結構在很大程度上維繫不墜，一部分原因在於其社會基礎的延續性，另一部分則是因為城鄉分離，而這是低度開發地區的典型特徵，不但將許多鄉間百姓排除在城市的政治演變進程之外，更使得來自城市的各種政策顯得難以理解、無關緊要，或無法接受。舉個例子來說，巴西（以及其他幾個國家）的文盲不可以投票，若是在類似巴西東北部這樣的地區，

2 此處套用了哥倫比亞土地改革者為求區分方便而使用的「hacienda capitalista」一詞。

3 為了簡單起見，我們在概括的時候可以忽略一九五〇年代即已開始形成的例外情況。那些例外主要出現在南美大陸的南端，但也在「保守主義」和「自由主義」雖然相當「不現代化」卻真正扎根於群眾之中的哥倫比亞、在阿普拉黨已開始贏得自主群眾支持的秘魯，以及其他地點。

直到一九五〇年這仍意味著當地至少百分之七十五的成年人都被排除在外。該國各傳統政黨猶豫不決，無意介入具政治影響力的農場主（*fazendeiro*）和「他們的人」之間，以致實際上只有極左派才會徵詢農民的意見，憲法更幾乎沒有提供聽取農民要求的餘地。這並不表示農村群眾對政治缺乏興趣，或者不準備在特定情況下挺身對抗政治現狀。他們的傳統運動往往以城市政治人物無法理解的形式出現（例如一八九〇年至一九三〇年代之間，在巴西東北部和南部某些地區如魚得水的彌賽亞運動），更何況那些運動有時還自稱為君主主義派。但即便狹義而言，它們當然也是政治性的。茹阿澤魯的西塞羅神父，那位著名的「先知」，從一九一四年開始，直到一九三四年去世為止，都是塞阿拉州實際上的領袖。他身為影響力十足的人物，就如同其他權貴一樣，受到聯邦政府重視。此類人物背後的那些運動雖然給予他們類似守護者般的地位和影響力，但那些運動本身卻無法進入官方政治，或改變官方政治的性質。

以城市為基地的運動（例如歐洲模式的勞工運動與社會主義運動），有時的確會試圖接近農民，但通常都一敗塗地或只能獲得有限的成功。我們還不完全清楚為何會這樣。無政府主義者雖已在歐洲證明其動員鄉村群眾的能力，但他們的宣傳活動除非是在城市工人和工業工人的範圍內（如玻利維亞礦工），否則似乎都成效不彰。共產黨人的力量則僅侷限於智利、古巴和巴西。他們雖然毫無疑問在某些地方建立了農村據點（例如在古巴的部分地區和哥倫比亞的一、兩個地點），但本質上仍舊是城市工人或工業工人的運動，只擁有少數依附於他們的知識分子。社會主義者則似乎從來沒有努力過，在歐洲移民社區之外根本無足輕重。這可能是因為城鄉之間的文化隔閡太大，不然就是左派找不到能夠打動農民的口號，或者無法以一種可被接受的方式來制定口號。反正確定的是，左派慢慢才學會了找到特定的、農民能夠接受的語言，以及或許可對他們產生動員作用的需求表達方式——而且很可能要等到一九五〇年代才開始有系統地這樣做。

這種概括性的做法顯然會遇到例外情況，玻利維亞（一九五二年）和古巴（一九五九年）以農民為基礎的革命便是最明顯的案例。前者並不像表面上看起來那麼例外，因為玻利維亞革命主要是由持異議的官員、城市知識分子，還有一個罕見的強大工業勞工運動（礦工工會）聯合完成，而農民運動則是在革命勝利之後才發展成為一個整體。（不過在科恰班巴山谷有過一場重要的鄉土運動，在馬克思主義的領導下，當地比較不那麼傳統和孤立的農民階層由一位見過些世面、名叫何塞·羅哈斯的農民負責出面領導。）動員農民的決定性步驟則是來自非農民出身的革命者，因為他們已經（正確地）斷定，土地改革和給予印第安人權利是支撐起一個新政權的必要條件。[4] 古巴革命更是明顯以農民為基礎（至少在打游擊的階段是這樣），儘管相當奇怪的是，這場運動的中心並不在先前已經被共產主義騷亂部分動員起來的地區，而是城市游擊隊所前往的馬埃斯特拉山脈。

4 他們是對的。經歷過上百次軍事政變的玻利維亞，在一九五二年之後獲得了十幾年前所未見的政治穩定，直到該國政府在一九六四年十一月遭到推翻為止。

我們還可以舉出兩個不太成功的農民動員的例子：秘魯和哥倫比亞。毫無疑問的是，阿普拉黨的群眾基礎（尤其在它位於秘魯北部各個大區的主要據點），反映出它在吸引農村無產階級方面取得了一些成果——就蔗糖和棉花生產區的農業無產階級而言更是如此。但我們卻很難斷定它實際成功的程度，因為阿普拉黨過去在選舉中的成功根本無關緊要：識字這項資格排除了大多數印第安農民的投票權，而阿普拉黨聲稱自己就是他們的代言人。雖然如此，而且儘管阿普拉黨於輝煌時期的結構和精神反而更接近城市勞工運動而非農民運動，我們還是可以認為當時它曾在若干程度上進行過農民政治動員。哥倫比亞的情況更有趣，因為那裡的農民動員可一點也不小家子氣，其在一九四八至一九六三年之間的巔峰期可能投入了大約三萬名武裝游擊隊員和盜匪（幾乎全部是農民），而且根據最保守的估計，所造成的哥倫比亞人命損失高達六位數。那是除了墨西哥革命之外，整個拉丁美洲所曾有過最大規模的農民運動。……

因此整體而言，我們可以表示直到目前（一九六七年）為止，拉丁美洲農民日益加深的不滿與不安還沒有找到與其重要性相稱的表達方式——那些用腳投票反對現狀、如雪崩般遷入城市貧民窟的鄉間移民，或許是其中的例外。儘管如此，土地動亂和農民政治動員的跡象仍層出不窮，自一九五〇年代中葉以來更是如此。我們現在或許值得把它們稍微過目一下。除了哥倫比亞，這些事件很可能都並非由拉美大陸的傳統政黨加以組織（但這並不令人意外），也根本不是由一九五〇年代早期盛行於拉丁美洲的民粹主義運動組織起來的。[5] 其領導和啟發主要來自馬克思主義左翼（共產主義者、社會主義者、毛澤東主義者、托洛茨基主義者、卡斯楚主義者或其他任何標籤），這或許是它們之所以相對具有地方侷限性的原因。

事實證明，有四個類型的農民最容易受到這種騷動的影響。第一個，而且也是最不典型的一種類型，是由獨立的拓荒農民所組成。他們推進到亞馬遜盆地周圍無人定居的邊疆地帶，試圖藉此逃避市場經濟的發展，以及領主與國家的日益侵犯。已知的此類共產黨核心地區則存在於巴西內陸（戈亞斯、馬托格羅索），以及哥倫比亞的亞馬遜地區（梅塔、卡克塔）。土地對這些人來說通常不成問題，因為那裡的地多得很。自由才是驅使他們進入內陸的原因，而且他們把自由跟唯一告訴他們「農民是有權利的人」的那種意識形態連結在一起。然而就人數來說，這種邊疆共產主義可以忽略不計。

第二個類型就人數而言重要得多，是由農民（即通常為印第安人）的公社所組成。他們從一九五〇年代末以來一直索取或要求收回自己的公用土地，而且往往透過直接占領來達到其目的。對這種占領公用土地行動而言具有重要意義的地點，是在智利的印第安人居住區、整個安地斯山脈區域——而且尤其是在秘魯，當此類行動在一九六一至一九六三年蔓延到全國大部分地區的時候。農民在這方面的目標也是要盡可能回到公社傳統中的自給農業，雖然

5 阿普拉黨在一九六一至一九六三年蔓延甚廣的秘魯農民騷亂中只起了很小的作用，而且侷限於它在該國北部的傳統勢力範圍。

人口的增加和土質的退化使得此事即便在收復被竊占土地之後也不可能做到。然而，若認為這些運動屬於單純的傳統主義，認為它們只是因為找不到其他旗幟才會在紅旗下運作，那可就大錯特錯了。農民集體積極行動這個事實就是政治自我意識與變革願望的證明。它更是農民——特別是印第安農民——的一種革命行為，因為那些農民表現得彷彿「權利」、「自由」和「正義」之類的字眼也如同適用於其他人一樣地適用於他們，即便其所涉及的問題明顯是關於一塊特定土地的合法權利，而且那塊土地遭到巧取豪奪一事對他們而言記憶猶新。此外，有證據表明，這種政治上的自我發現也意味著渴望分享**現代化**成果的心願，體現於對教育和啟蒙既熱烈又普遍的追求上。幾乎任何農民公社竭盡所能做出的第一件事情，就是設立一所學校。（自從一九五二年革命以來，此事在玻利維亞便非常引人注目。）[6]

第三種不安於現狀的農民類型甚至更加有趣。它是由活力最充沛、具有現代意識和以市場為導向的元素所構成——我們簡直可稱之為拉丁美洲未來的富農。秘魯安地斯山脈東部斜坡的一些農民運動（其中包括拉貢文雄所進行的、最激進且最成功的共產主義活動），便是非常好的實例。其成員是個別遷移到之前未開發地區的印第安農民，而那些地區如今為了經濟作物農業（咖啡、茶葉等等）正迅速被開發。拉貢文雄的運動主要立基於鼓勵人數較有限的富裕墾殖者（勞役佃戶），為了自己的承租權，起而對抗大莊園主。當騷亂達到高潮，這種抗爭自然而然就轉化成為對沒收莊園主財產的要求。此類「勞役佃戶」以勞役地租的形式，從大莊園獲得了缺乏保障的租約，這意味著他們必須在地主自留地上工作許多天數，而他們又把這項義務轉包給「分租戶」，由後者實際承擔大部分的勞役。相當明顯的是，在土地已被大莊園主瓜分的區域，如果沒有發生這種墾殖，當地很可能就會產生一個層次分明的農民社會，而不會出現政治立場集體激化的特殊傾向——至少截至目前是這樣。新農民們認為自己在大莊園主的束縛下所承受的僵化壓迫，是促成一場土地革命運動的原因。

最後，還有一大群難以分類的農民占領者和承租農戶，正在抗拒主宰了他們的大莊園制度，以及新形成或變化中的市場經濟所帶來不可預知的危險。

在這裡既不可能、也沒必要分析拉丁美洲土地問題的各種複雜性，但還是可以進行若干一般性的觀察。首先，實際上沒有土地的那些人（即鄉村無產階級），通常是政治上最不活躍或最不容易組織起來的農業群體——除非他們所在的地區擁有先進的種植園勞動力，並且採取了類似城市工會的那種做法。構成最直接爆炸性因素的是農民，但不一定是土地不足的農民。其次，僅僅憑藉小自耕農或貧困仍不足以引發農業騷動。通常是農民與莊園的相互搭配，才會產生出政治上的易燃混合物（特別是在經濟功能與結構發生變化的莊園——例如從粗放型轉變成集約型開發模式，或者從直接種植改為由承租人或佃農進行耕作）。以哥倫比

6 一位共產黨的農民組織者如此表示：「你必須做出三件事情才會有辦法跟農民打成一片。首先，你必須過著和他們完全一樣的生活。如果你無法忍受他們的食物，你就不可能把農民組織起來。其次，你不僅要和他們談論土地，更必須談論在其先祖時代曾經屬於他們，但後來被某某莊園接管的土地。第三，你必須總是教他們一些東西。我不是知識分子，所以我教他們踢足球。反正他們必須學習一些東西——他們對此非常堅持。」

亞為例，中小型農地居主導地位的博亞卡省在政治上依舊保守，而大型和小型地產並存的考卡山谷省則明顯更具叛逆性。第三，對貨幣經濟和市場經濟的參與日深，無論其形式如何都會產生特殊的緊張關係，而且這種緊張關係既未在傳統的自給自足經濟中出現，也是行之已久和維持不變的市場經濟中所沒有的。

所有這些都為拉丁美洲鄉間的政治覺醒，甚或為徹底變革提供了充分的基礎；而墨西哥的經驗則已表明，只要農村的經濟發展進程繼續下去，僅靠過去的土地改革並不足以對鄉間的政治覺醒構成阻礙。鄉間的政治覺醒之所以遲來，是因為鄉間的政治和文化落後於城市、鄉間的交通不便，以及農民通常無法在缺乏外部領導的情況下，積極採取超出地方或傳統範圍之外的行動。在大規模移民地區，經濟壓力的降低和活力最充沛農民幹部的流失，可能也會使得社會溫度維持在沸點以下。另一方面，鄉間地區日益融入全國政治，傾向造成反方向的發展。

三

移民行動不管對鄉間產生了何種影響，都無法與它對城市產生的影響相提並論，因為農民是以世界人口史上毫無先例的氾濫方式湧入了城市——實際上是淹沒了城市。（拉丁美洲主要城市）的成長既前所未有又非比尋常（例如聖保羅的人口在一九四〇至一九六〇年間從一百八十萬增到四百萬，墨西哥城是從一百五十萬增加到四百五十萬，利馬則從五十萬增加到一百七十萬）。整體的城市化速度也是如此。在一九六〇年前後，阿根廷、智利、烏拉圭、古巴和委內瑞拉的城市人口已經居於多數，墨西哥可能也是如此。若按照目前的趨勢，到了一九七〇年，哥倫比亞、秘魯，甚至巴西，也將加入它們的行列。

不可避免的是，這種人口流入必然會破壞城市舊有的社會與政治結構。……此類人口稀釋和結構變化的過程，可用聖保羅的例子加以說明。……在第二次世界大戰之前，聖保羅的勞動力是由外國出生的工人占了多數，戰後二十五年間卻已下降到百分之十左右。他們的位置一部分被出生於市內的人（主要是他們自己的子女）所替代，但主要取代他們的是國內移民，在技術要求較低的那些職業更是如此。……這種人口湧入不僅可能明顯打破任何現有勞工運動的界限，還會多方面破壞較小和較老的無產階級在背景和風格上的一致性。而且事實的確如此。正如同在布宜諾斯艾利斯那般，聖保羅的舊工會已經被政府支持（有時甚至受政府控制）的新組織所淹沒，而早期無產階級的傳統社會主義、無政府主義或共產主義則撤退到了較高技能等級的工人的行列，或者退到了工業的邊緣地帶。

同樣的稀釋或去政治化進程，可能也影響到貧窮勞動人口的無組織活動（例如暴亂），不過目前還沒有關於這個困難主題的研究。無論如何值得注意的是，即使在處於經濟邊緣的貧窮居民成倍地增加，而且通貨膨脹往往失控的情況下，拉丁美洲各大城市仍然很少發生騷亂，甚至就連食物方面的騷亂都不多。例如波哥大最後一次的無助貧民大騷亂發生於一九四八年（學生引發的騷亂則另當別論），接著全市的人口——可謂是市內苦難的具體象徵——從一九五一年的不到六十五萬人，上升至一九六四年的一百多萬人。或更確切地說，那裡仍有不安和暴力。除非有來自大學生、來自舊的左翼領導層骨幹核心（例如在與里約熱內盧隔海相望的尼泰羅伊），或是來自上級政府的方向指引，否則這些城市缺的就是老式的城市「暴民」——他們擁有源於經驗的知識，曉得城市在戰略和政治上的關鍵何在，以及暴亂將在何處產生最大的影響。

幾乎無需多加說明的是，從農村湧入的人口也會（而且是最直接地）影響到政黨和選舉的格局。但也許有人會指出，二十世紀四〇年代和五〇年代典型的民粹主義領袖及政黨（無論他們眼中全國與農村的利益為何），其所代表的運動主要就是立基於城市貧民，因而也越來越立基於國內移民。這在阿根廷的案例中特別明顯——裴隆刻意讓自己成為新的內部移民（「黑頭」）之代言人，[7] 以抗衡布宜諾斯艾利斯的歐洲移民和城市化的本地人。

移民的政治態度自然取決於他們的貧窮、不安全感、低劣到駭人的生活條件，以及龐大且不斷擴充的無產階級和次無產階級對富人的仇恨。然而，這個群體對任何形式的城市或國家政治——或可能為此類政治奠基的任何信仰——並沒有預設的立場，甚至連潛在的立場也沒有。有別於大多數的十九世紀跨大西洋移民，他們甚至缺乏潛在的民族主義，因為他們不是外國人。此外，有別於二十世紀初期的東歐和南歐移民，他們缺乏能夠在陌生土地上將他們團結起來的社會主義、無政府主義或勞工運動等固有傳統。他們所擁有的，是源於鄉村親屬關係和公社共同生活的習慣與反應。他們無疑可藉由與同村同鄉的人群聚居住、藉由把農民互助轉化為合力搭蓋貧民棚戶或簡陋小屋，或藉由其他方式，幫助自己得以在大城市中覺得比較自在。但就社會層面而言，這還遠遠不足以發展成政治指導原則。他們只知道個人領導和庇蔭照顧。[8] 僅此一項就為鄉下和城市的政治世界提供了聯繫紐帶。其他任何傳統，例如自由主義或社會主義反軍閥的傳統，都沒有影響到新移民。他們自然而然就會設法尋覓強有力的豪傑人物、救世主，以及人民之父。

不論有沒有自己的政黨或運動，能夠成功贏得城市群眾支持的政治人物，在其個人性格和政治態度上其實差異頗大。他們可能是老式的寡頭或將軍，藉由慷慨解囊幫助他人、提供工作機會或合適的住所，或僅僅因為幸運地恰巧遇上一段異常繁榮的時期，因而聲譽大噪。奧德里亞將軍在利馬……棚戶區獲得了最龐大的支持班底，讓他得以對抗阿普拉黨、人民行動黨和各種馬克思主義者的競爭。瓦加斯和裴隆則是刻意轉向民粹主義作風的老派政治官員

7 譯註：黑頭（cabecitas negras）是對阿根廷內陸鄉村大量前往大城市打工者的貶稱——他們多半為原住民後裔，頭髮和皮膚顏色比較深，與城市白人中產階級形成了鮮明對比。

8 拉丁美洲往往有人主張，新移民將他們對封建主的那種忠誠轉移到任何有權有勢、能夠給他們若干好處來換取支持的人身上。這種講法儘管有一些道理，卻過分簡化了事實。在鄉村政治傳統和城市群眾的社會環境中，都有更深層的原因讓人自然而然傾向於軍事獨裁統治。即使在歐洲，那也明顯出現在早期的工人運動中，當某些個人轉變為英雄和具有群眾魅力的領導人之際。儘管各種早期的社會主義政黨刻意阻止這種傾向，而且一些領導人物極度缺乏天生的領袖魅力，卻還是出現這種發展。

或寡頭大亨；古巴的巴蒂斯塔屬於比較少見的現象（其早年的民粹主義往往由於後來的暴政而被人所遺忘），他是個真正來自民間的人——他是一名中士而非軍官。但他們全部都是經由統治者的行動，在過去或現在建立了自己地位的領導人，因此所憑藉的是表現而非承諾。這同樣適用於那些革命之父等級的人物，像是玻利維亞的帕斯・埃斯登索羅，或是墨西哥那位偉大得多的拉薩羅・卡德納斯；其聲譽也建立在他們的實際成就之上。執政顯然是在拉丁美洲成為民粹主義領導人的最簡單方法。

一開始就在城市群眾支持下取得政權的反對派領導人則更加罕見，而那不僅僅是因為透過民眾投票或民眾起義來掌權的政府相對較少的緣故。哥倫比亞的霍黑・埃列塞爾・蓋坦便是最明顯的例子，但假如他沒有遭到暗殺，他走向權力的關鍵一步其實就是奪取自由黨的領導權，而這將意味著邁向總統大位。與直接攫取全國最高權位相比，透過強大但規模較小的追隨者顯然簡單許多。[9] 雅尼烏・夸德魯斯在巴西的崛起顯然是一個更明顯的案例，因為他沒有憑靠任何既存的機制。[10] 他不光是以窮人捍衛者之姿現身，而且更（至少在聖保羅）成為「清廉政府」的旗手來維護富人階層和中產階級之利益，並不完全像他表面上看起來的那種赤腳男孩政治人物。……

同樣罕見的是政治上最成熟的那種民粹主義形式，即一位領導者結合了一個強大且持久的運動或組織——而且也是在其掌權之前。這方面可以找到一些在不同程度上未獲成功的例子，像是各種類似阿普拉黨那樣的政黨、智利的人民行動陣線，或許也可算上各地新出現的基督教民主黨。但說來奇怪，各國共產黨並不包括在內，而其相對缺乏成功的原因，部分就在於它們有系統地拒絕接受這種民粹政治模式。他們在拉丁美洲各地的領導人通常都是黨幹部或知識分子，而與之相反的一個顯著例外——路易斯·卡洛斯·普列斯特斯——卻令人信服地證實了這條規則。這位才華橫溢者在一九二〇年代以起義軍官的身分，率領散發傳奇色彩的「普列斯特斯縱隊」穿越巴西內陸，之後於其事業生涯中自動自發扮演了拉丁美洲革命人民捍衛者的角色。可是等到他真正成為共產黨員，便竭盡最大努力來符合共產國際當時所確立的黨書記刻板形象。[11] 但儘管如此，他仍然在工人階級運動的有限範圍內保持著很大的領袖魅力。

我們因而可以概括表示，民粹主義的經驗反映出城市群眾相對的消極性和缺乏主動性——他們遠遠更容易被當前向他們示好的上層勢力（或尋求東山再起的昔日掌權者）所動員，而非由下而上把一個人或一個運動推上巔峰。唯一明顯的反例來自哥倫比亞，即該國發

9 蓋坦出身於自由派，在一九三〇年代成立了自己的民族革命左派聯盟。不過他有足夠理智回到他的老政黨進行工作，並在一九四六年展示出他有辦法藉由扣住支持他個人的可觀選票，讓該黨在任何總統大選中落敗。

10 譯註：雅尼烏·夸德魯斯（Jânio Quadros, 1917-1992）或譯為「雅尼奧·奎德羅斯」，曾在一九六一年出任巴西總統，並擔任過聖保羅市長（一九五三～一九五五、一九八六～一九八八）和聖保羅州長（一九五五～一九五九），因為民粹主義施政風格、誠實但舉止古怪而聞名。

11 譯註：普列斯特斯（Luís Carlos Prestes, 1898-1990）一九二四至一九二七年的長征失敗後，一九三四年在墨西哥加入共產黨，而後於一九四三至一九八〇年擔任巴西共產黨總書記。

生了蓋坦暗殺事件之後，由波哥大貧民所發動的、既可怕又完全自發的起事行動。可是哥倫比亞在一九三四至一九四八年間的局面，很明顯具有潛在（而且不侷限於城市的）由下而上的社會革命性質，以致一般的標準幾乎不適用於它。

圍繞著許多民粹主義領袖成長起來的各種不穩定「運動」，也清楚反映出群眾的不成熟，而那些領袖與其追隨者之間的基本關係，也就只是演說家面對著廣場上的人群罷了。……穩固而持久的群眾運動我們也並不陌生，阿普拉黨即為其中之一。然而，在領導人消失之後仍延續下去的民粹運動當中最引人注目的例子就是裴隆主義，其原因在於它把自己轉化成一個由（裴隆贊助的）各種工會來負責組織，並且立基於工會的典型勞工運動。可是能夠為這種轉型奠定基礎的工業發展，在拉丁美洲相當罕見。

此外，還有一個因素削弱了鄉村移民在城市的爆炸性，那就是即便在最惡劣貧民窟和棚戶區的城市生活，也明顯優於他們在鄉下所過的日子。這不僅僅是一個統計數字上的事實：就城市居民與鄉村人口在平均收入和消費能力方面的差距而言，沒有任何地方會比拉丁美洲來得更大。以卡拉卡斯市為例，根據聯合國拉丁美洲經濟委員會一九六四年的數據，該市人均收入高達鄉村地區的十倍，而這絕對不是一個不合常理的數字。有此優勢者並不限於工業工人，或在嚴格意義上擁有固定工作的工人（他們往往在窮人中形成某種貴族階級），而且這種優勢也多少影響到他們對勞工運動的政治態度——無論那是社會主義或其他形式。它影響到大多數的移居者。移民到布宜諾斯艾利斯的那些人當中，有五分之一表示他們有時會後悔做出了移民的決定，但有三分之二的人對此決定感到滿意。

……儘管如此，貧窮困頓、過度擁擠、不安全感、社會失序和城市生活中的其他種種問題是如此嚴重，以致不斷大量湧入城市的不成熟群眾將只會繼續成為一股潛在的爆炸性力量。……在與日俱增的苦難與仇恨重重環繞之下，各國當政者從總統府向外俯瞰時完全不可能覺得安心。近來雖然很少出現城市起義，但一九六五年五月在聖多明哥市發生的事件，證明城市群眾可能根本沒有失去他們的潛在力量。

現在我們可以總結這個討論，歸納一下鄉村群眾和前鄉村群眾對拉丁美洲政治產生的影響。乍看之下，他們的影響相對輕微，即便這在城市裡為（通常屬於民粹類型的）政治領袖與運動帶來新選民和新擁護者，從而改變了許多國家的官方政治舞台。甚或有人會進一步認為，這可能在一九三〇年之後的社會變革早期階段——比方說一九三〇到一九五〇年——促成了拉丁美洲政治的激進化，而且此事反映在各種成功的或流產的革命與政權更迭之中，[12] 在後期階段卻又導致社會溫度的明顯降低。但這種降溫只是表面現象。鄉村的爆炸性潛力或許由於相對快速的人口減少而正在減弱，但它成為游擊隊行動基地的可能性則不然。除非各國的工業化能夠以趕得上移民速度的方式來創造就業機會，或者有辦法提供其他的就業形

12 一九三三年的古巴革命、墨西哥革命在一九三〇年代的捲土重來、玻利維亞的革命（其根源可回溯到一九五二年之前的時期）、哥倫比亞通往自發暴亂的驚人發展，以及委內瑞拉民主行動黨、巴西熱圖利奧．瓦加斯、阿根廷裴隆的崛起，都是一些實例。此外，智利一九三二年的「社會主義共和國」和一九三八年的人民陣線政府也是如此。

式，否則城市的爆炸潛力不會減少。但這兩種情況到目前為止都尚未出現。

就社會的角度而言，拉丁美洲各國都是一個底部寬闊、猛然縮小成錐形的金字塔。其底層一貧如洗，其頂端則異常富裕，而且幾乎沒有中間地帶。……這種情況不可能為穩定的政治與社會體制奠定基礎。很有可能的是，拉丁美洲群眾政治那種相對平靜，甚至不怎麼受到古巴革命干擾的平靜，將被證明是暫時的。等到這種情況結束後，觀察者或許會熱切希望能夠產生某種解決方案，而非重新回到拉丁美洲歷史上絕不少見的無政府狀態——一九四八年以來的哥倫比亞就是一個悲劇性的實例。

一九六七年

◎本書所採用的版本省略了原文中的註釋。

IV

革命與革命分子

REVOLUTIONS AND REVOLUTIONARIES

18

墨西哥的革命
The Mexican Revolution

墨西哥於一九一〇年爆發的革命，在美國以外的地區幾乎沒有引起什麼關注。一部分原因在於從外交的角度來看，中美洲是美國專屬的後院（墨西哥被推翻的那位獨裁者曾驚呼道：「可憐的墨西哥，離上帝那麼遠，離美國這麼近。」），另一部分則是因為革命的前因後果起初完全不明確。這場革命與十九世紀拉丁美洲的另外一百一十四次暴力政變看似並無明顯區別，而那些政變至今繼續構成被統稱為「革命」的最大事件類別。[1] 除此之外，等到墨西哥革命淪為一場嚴重的社會動亂，進而成為第三世界農業國家此類事件的第一個案例之際，俄羅斯的各種革命事件卻又讓它黯然失色。

儘管如此，墨西哥革命還是意義重大。一則因為它直接根源於帝國世界的內部矛盾，再則因為它是殖民和非獨立世界爆發的第一場大型革命，而且勞動群眾在其中扮演了主要的角色。畢竟即便「反帝國主義運動」——以及日後所稱的「殖民地解放運動」——確實正在新舊殖民帝國的都會區蓬勃發展，卻顯然不曾嚴重威脅到帝國的統治。……

全球帝國主義最容易直接受到傷害之處並非帝國本身，

而是非正式殖民帝國這個灰色地帶，或者第二次世界大戰之後所稱的「新殖民主義」。墨西哥當時即便在技術層面上獨立自主，擁有自己的公共機構和政治決策，但仍無疑是一個在經濟上和政治上都依賴其強大鄰邦的國家。它是一個類似波斯那般的國家，而非跟印度一樣的殖民地。更何況墨西哥的本土統治階級並非無法接受經濟帝國主義，畢竟它是一種潛在的現代化力量。因為在整個拉丁美洲，構成各地統治階級與精英階層的地主、商人、企業家和知識分子一心夢想著能夠獲得進步，讓本國有機會實現其歷史命運，同時他們知道自己的國家落後、衰弱、不受尊敬，而且位於他們自認為歸屬其中的西方文明的邊緣。進步意味著英國、法國，以及越來越明顯的美國。墨西哥的統治階級——尤其是鄰近美國並強烈受其經濟力影響的北方統治階級——儘管鄙視老美商人和政客的粗俗無禮，卻並不反對將自己融入世界市場，進而跟著加入進步與科學的世界。事實上，革命後脫穎成為全國政治主導團體的「索諾拉幫」，便是出自經濟最發達、位於墨西哥最北部那個州的農業中產階級領頭分子。相反地，廣大農村人口是現代化的最大障礙。他們既缺乏流動性又難以動搖，完全（或部分）是印第安人，不然就是黑人，深陷無知、傳統和迷信之中。拉丁美洲的統治者和知識分子有時就像日本的統治者和知識分子那樣，對自己的人民感到絕望。在普遍盛行於資產階級世界的種族主義影響下，他們夢想著對自己的人口進行生物學改造，使之能夠進步：在巴西和南美洲南錐地區是藉由大規模引進歐洲移民，日本的做法則是大量與白人通婚。

墨西哥統治者們並不特別熱衷於白人的大規模移入，因為那極有可能只帶來北美洲的人。更何況他們早已在反抗西班牙的獨立戰爭中，訴諸於大部分是虛構的前西班牙時代獨立歷史，藉由對阿茲特克人的認同來獲得正當性。墨西哥的現代化因而把生物學的夢想留給了其他人，並直接專注於外國投資和孔德哲學所倡導的利潤、科學與進步。所謂的「科學家們」(*cientificos*)全心全意地致力於這些目標。自一八七〇年代以來，亦即在世界帝國主義經濟向前大躍進的整個時期，他們無可爭議的領導人和政治領袖一直是波費里奧・迪亞斯總統。事實上，墨西哥在其總統任內的經濟發展令人印象深刻，一些墨西哥人從中獲得的財富就更不用說了——尤其是那些有辦法挑撥例如英國石油和建築業大亨威特曼・培生之類的歐洲企業鷸蚌相爭，並且讓他們對抗日益居主導地位的北美業者，藉此坐收漁翁之利的人。

當時和現在一樣，格蘭德河與巴拿馬之間各個政權的穩定都取決於華盛頓的好惡，而華盛頓當局是激進的帝國主義者，並且認為「墨西哥除了是美國的經濟屬地之外什麼也不是」。[2] 迪亞斯試圖利用歐洲資本和北美資本之間的對立來維護其國家獨立，這使得他在美墨邊境以北非常不受歡迎。當時美國對於在中美洲小國進行軍事干預樂此不疲，但墨西哥太大了點，並不適合武力干預行動。然而時至一九一〇年，華府已無意再勸阻那些巴不得協助推翻迪亞斯的搖旗吶喊者（其中包括標準石油公司——當時墨西哥已是主要石油生產國之一，而該公司被英國在當地的影響力惹惱了）。毫無疑問的是，墨西哥革命者大大受益於志同道合的北方鄰邦，迪亞斯的地位則更加脆弱。他自從以軍方領導人的身分贏得大權之後便放任軍隊萎縮，因為他理所當然地認為軍事政變比民眾造反更加危險。他卻不幸面臨了一場大規模的民眾武裝革命，而他的軍隊不同於大多數拉丁美洲軍隊，完全沒有辦法粉碎革命。

迪亞斯之所以會面臨一場革命，原因正在於他如此成功地主導了驚人的經濟發展。他的政權偏袒具有商業頭腦的莊園主，尤其自從全球經濟繁榮和鐵路飛躍發展，使得原本無法到達的大片土地變成潛在寶庫之後，情況更是如此。主要位於墨西哥中部和南部的一些自由鄉村公社，此前原在西班牙王室法律下受到保護，並或許於獨立後的最初幾個世代之內得到進一步加強，如今卻在一代人的時間內被有系統地剝奪了土地。它們隨即構成了那場農民革命的核心，其領導者和代言人則是埃米利亞諾．薩帕塔。莫雷洛斯州和格雷羅州這兩個土地騷亂最為激烈、也最容易把人動員起來的地方，以騎馬距離來說也恰巧都離首都不遠，因此有辦法影響國家大局。

第二個動盪不安的地區是在北方，那裡已迅速地（尤其是在一八八五年擊敗阿帕契印第安人之後）從一個印第安邊疆轉變為充滿經濟活力的邊境區域，與鄰近的美國地帶形成了一種依賴共生關係。那裡有許多潛在的不滿分子，分別來自昔日與第安人作戰而如今被剝奪土地的拓荒者聚落、對自己的敗績耿耿於懷的亞基印第安人、不斷成長中的新興中產階級，以及許多常帶著自己的槍枝和馬匹在空曠的牧場和礦區出沒、自信十足、放浪不羈的人。潘喬．

比亞那個土匪、偷牛賊和日後的革命將軍，便是其中典型的例子。此外，還有一批像馬德羅家族（或許是墨西哥首富家族）那樣既強勢又富裕的大地主，會跟中央政府或地方上與政府結盟的莊園主，爭奪其所在州縣的控制權。

這些潛在的異議團體當中，其實很多都是迪亞斯時代大規模外國投資和經濟成長的獲利者。使得他們變成異議人士，或更確切地說，讓一場攸關迪亞斯總統連任或退休的普通政治鬥爭轉化為革命的原因，可能就在於墨西哥經濟日益融入了世界經濟當中（或其實是融入美國經濟）。一九〇七至一九〇八年的美國經濟衰退恰好為墨西哥帶來災難性的影響，它直接造成墨西哥國內市場的崩潰以及墨西哥企業的財務困難，並間接導致在美國失業的大批墨西哥勞工身無分文地湧回國內。現代和古老的危機連袂而至，週期性的經濟衰退與糧食歉收，促使食物價格攀升至窮人可承受的範圍之外。

就在這種情況下，一場競選活動演變成大地震。迪亞斯掉以輕心地放任反對派公開進行競選活動，之後又毫不費力地擊敗其主要挑戰者佛朗西斯科・馬德羅，「打贏」了這場選戰。落敗候選人的例行叛亂卻讓每個人大吃一驚，在北方邊境地帶和農民騷動中心釀成一場失控的社會與政治動亂。迪亞斯隨即垮台。馬德羅接管了政權，但不久便遭到暗殺。美國雖然設法尋找，卻未能在相互傾軋的將軍和政客當中找到一個夠順從或夠腐敗，並且有能力建立起穩固政權的人。薩帕塔在南方把土地重新分配給他的農民追隨者；比亞則沒收北方的大莊園以便支付他的革命軍隊，並且宣稱身為一個發跡的窮人，他這樣做是為了照顧自己人。在一九一四年的時候，任何人都對墨西哥即將發生的事情沒有絲毫概念。但毫無疑問的是，這個國家正受到一場社會革命的衝擊。一直要等到一九三〇年代末期，後革命時代的墨西哥形勢才變得清晰起來。[1]

一九八七年

1 編者按：艾瑞克在《極端的年代》（一九九四）寫道：「墨西哥則在拉薩羅・卡德納斯總統領導下（一九三四～一九四〇），重新恢復早年墨西哥革命的生氣，尤以在農村土地改革方面最為顯著。……真正最接近小農理想的土地改革，或許要屬一九三〇年代墨西哥的嘗試，這場改革將共有土地的權利給予各個村落，完全交由農民照自己的意願組織土地共有（*ejidos*），究其立意，是假定小農均從事自給性的生產耕作。」（頁一〇五、三〇七）

19

古巴革命及其後果

The Cuban Revolution and Its Aftermath

一九四五年以後，反革命派和革命派都注意到，游擊戰似乎已成為第三世界革命鬥爭的主要形式。一份彙整於一九七〇年代中葉的「主要游擊戰爭年表」，列出了第二次世界大戰結束後的三十二場游擊戰，其中除卻三場（一九四〇年代末期的希臘內戰、賽普勒斯在一九五〇年代和北愛爾蘭自從一九六九年以來對抗英國的鬥爭），剩下的全都發生在歐洲和北美以外的地區。[1] 這個名單很快就會變得越來越長。……

時至二十世紀的第三個二十五年，所有人的目光都已集中在游擊隊身上，那些對蘇聯政策不滿的激進左派理論家們更是強力鼓吹游擊隊的戰術。與蘇聯交惡之後的毛澤東，以及一九五九年後的卡斯楚——或更確切地說，是卡斯楚那位英俊瀟灑的同志，浪跡天涯的切・格瓦拉（一九二八～一九六七）——則為那些活躍分子帶來了精神上的鼓舞。

一九五〇年代充滿著第三世界的各種游擊戰爭。它們幾乎全都發生在一些曾經是殖民地的國家，因為昔日殖民列強或當地殖民者基於某種理由，不願讓它們和平地去殖民化——例如土崩瓦解的大英帝國所屬的馬來亞、肯亞(茅茅運動)和賽普勒斯，以及解體中的法蘭西帝國所面臨的更為嚴重的阿爾及利亞和越南戰爭。但說來奇怪，最後卻是一個規模相對較小、很不典型但獲得成功的運動，使得游擊戰略登上了世界新聞的頭版——就是一九五九年一月一日發生在加勒比海古巴島，最後接管了政權的那場革命。卡斯楚在拉丁美洲政壇算不上是個非同尋常的人物：一個強悍而具有領袖魅力、出身自良好地主家庭的年輕人，政治觀點模糊不清，卻執意要表現出個人的勇氣，並在時機適當之際成為隨便一個爭自由反暴政事業的英雄。甚至連他的那些口號，例如「祖國或死亡」(原為「勝利或死亡」)和「我們必勝」，都屬於較老舊的解放時代，令人肅然起敬卻少了精確內容。在哈瓦那大學的一些學生政治幫派度過了舞刀弄槍的晦暗時期之後，卡斯楚選擇以造反行動來對抗富爾亨西奧·巴蒂斯塔將軍的政府(巴蒂斯塔在一九三三年以中士身分發動軍事政變首次亮相之後，便成為古巴政壇著名的反派人物，而後他在一九五二年重新掌權並且廢除了憲法)。

卡斯楚積極採取行動：他在一九五三年因為襲擊一座軍營而入獄並流亡海外，接著他率領一支游擊武力入侵古巴，於進行第二次嘗試之際在偏遠省分的山區穩住陣腳。這場準備不足的賭博得到了回報，但從純粹的軍事角度來看，他的挑戰其實微乎其微。切·格瓦拉那位阿根廷醫生兼天賦甚高的游擊隊領袖，可是只率領一百四十八人就出征古巴其餘地區；即使等到即將大功告成之際，總人數也不過增加到三百人。卡斯楚自己的游擊隊則是在一九五八年十二月，才占領了他們所擁有的第一座人口上千的城鎮。[2]他到一九五八年為止頂多只能證明（儘管那已不可小覷），一支非正規部隊可以控制一大片「解放區」並且加以防禦，抵擋被公認為士氣低落的政府軍的攻擊。

卡斯楚之所以勝出，是因為巴蒂斯塔政權本身脆弱不堪，得不到任何真正的支持，只有因循苟且和自私自利的人才會對它表示擁護，而領導它的那個人又由於長年腐敗變得懶散怠惰。一俟從民主資產階級到共產黨的各種政治陣營一致起而反對，獨裁者自己的特務、軍隊、警察和酷吏又認定他已來日無多，巴蒂斯塔政權便立刻土崩瓦解了。卡斯楚證明了它氣數已盡，他手下的人馬便自然而然地接管政府。一個失道寡助的壞政權就這樣被推翻了。反叛軍的勝利讓大多數古巴人真心感覺到，解放的時刻與無限的希望都體現在其年輕指揮官身上了。在短暫的二十世紀，一個到處是魅力領袖人物站在陽台上和麥克風前面被群眾崇拜成偶像的時代，或許沒有任何領導人能夠比這名身材高大、鬍鬚滿面、不守時間、身穿皺巴巴軍裝的男子，更難找到抱持懷疑或心存敵意的聽眾。他一開起口來便滔滔不絕講上好幾個鐘頭，與那一大群凝神傾聽、毫不質疑的聽眾（包括筆者在內）分享他那條理不甚分明的想法。就這麼一次，革命成了一種集體的蜜月經驗。它將通往何方？想必是某個更好的地點吧。

一九五〇年代的拉丁美洲反叛分子難免會發現，自己非但援引了歷史上從玻利瓦爾到古巴自己的何塞．馬蒂等解放者的論調，還借鑑了一九一七年之後的左派反帝國主義與社會革命傳統。……卡斯楚和他的同志們雖然激進，卻都不是共產主義者，而且除了其中兩個人之外，他們甚至不曾聲稱自己贊同任何形式的馬克思主義。事實上，古巴共產黨是拉丁美洲除智利共產黨之外唯一的這種群眾政黨，很明顯地對卡斯楚不表同情，直到黨內部分人員在很晚階段才參與他的活動為止。雙方關係明顯十分冷淡。美國外交人員和政策顧問們不斷爭辯，卡斯楚所領導的那場革命到底是不是一個親共產主義的運動——如果是的話，美國中央情報局就知道該怎麼處置，因為它早在一九五四年即已推翻過瓜地馬拉的改革派政府。但中央情報局得出的結論顯然為不是。

然而，當時的一切都促成卡斯楚的運動走向共產主義——從那些可能進行武裝游擊叛亂的人所共享的社會革命意識形態，一直到美國在麥卡錫參議員時期的十年反共狂潮皆然。這種情況自動導致反帝國主義的拉丁美洲造反派傾向於更友善地看待馬克思。其餘部分則是全球冷戰所造成的結果。如果古巴新政權激怒了美國（它只需要對美國的投資做出威脅就幾乎肯定會這樣），保證能夠從美國的頭號對手那裡得到同情和支援。除此之外，卡斯楚在數百萬人面前發表非正式獨白的治國方式，就連在一個小國或一場革命中都不可能長期適用。民粹主義也需要組織，而共產黨是唯一站在革命那邊、能夠為他提供組織工作的團體。雙方彼此需要，於是融為一體。然而，到了一九六〇年三月，早在卡斯楚發現古巴必須走社會主義路線、而他自己是非常自成一格的共產主義者很久之前，美國已經決定把他當成共產黨來處置。中央情報局隨即被授權做出推翻他的安排。一九六一年，中央情報局委託古巴流亡者入侵豬灣，並以失敗告終。一個共產主義的古巴在距離美國基韋斯特七十英里外的地方倖存了下來，並且於美國的封鎖孤立之下日益依賴蘇聯。

全球保守主義盛行了十年之後，再也沒有任何一場革命更適合拿來吸引西半球和發達國家的左派分子，或者為游擊戰策略做出更好的宣傳。古巴的革命無所不包：有浪漫主義、山中英雄傳奇、昔日學生領袖們慷慨無私地奉獻自己的青春（其中最年長者也才剛過三十），以及歡欣鼓舞的百姓盪漾在熱帶旅遊天堂的倫巴節奏中。尤其重要的是，所有左派革命人士都可以為它歡呼喝采。

事實上，古巴革命更有可能受到莫斯科批評者們的歡呼喝采，因為那些人早已對蘇聯優先考慮與資本主義和平共存的政策感到不滿。卡斯楚的榜樣激勵了拉丁美洲各地的好戰派知識分子。在那個隨時有手指準備扣下扳機的大陸上，人們喜好的是勇敢無私的人物——尤其當他們擺出英雄姿態的時候。一段時間之後，古巴受到格瓦拉的催促，開始煽動拉美大陸上的叛亂活動，格瓦拉則是泛拉丁美洲革命的急先鋒，並號召要創造出「兩個、三個、許多個越南」。一位才華橫溢的年輕法國左派分子（雷吉斯・德布雷）則提供了適用的意識形態。他整理出一套系統化的理論，認為在那個革命已經成熟的大陸上所需要做的，就只是把一小群武裝好戰分子送入合適的山區，構建群眾解放鬥爭的一些「中心焦點」（*focos*）而已。[3]

於是，拉丁美洲各地一群又一群熱情激昂的年輕人，紛紛在卡斯楚、托洛茨基或毛澤東的旗幟下，投身加入劫數已定的游擊鬥爭。除了在已經打下基礎、有非正規武裝力量得到農民支持的中美洲和哥倫比亞，大多數這樣的游擊鬥爭幾乎都立刻以失敗收場，留下了一些著名人物和籍籍無名者的屍體——切・格瓦拉本人死於玻利維亞，那位同樣英俊瀟灑和深具領袖魅力的造反派神父卡米洛．托雷斯則死於哥倫比亞。那是一個極其錯誤的策略，更何況如果條件適宜的話，**早就**可能在其中一些國家建立既有效又持久的游擊隊運動。例如正統共產主義的「哥倫比亞革命武裝力量」自從一九六四年以來便在哥倫比亞為此做出證明，秘魯的例證則是一九八〇年代的毛派「光明之路」運動（*Sendero Luminoso*）。

一九九四年

20

一條硬漢：切．格瓦拉

A Hard Man: Che Guevara

切．格瓦拉成為政治傳奇的速度比我們這一代的其他任何革命者都要來得快（或許唯一的例外是帕特里斯．盧蒙巴[1]），而且幾乎肯定比其他任何人都來得更加渾然天成。此事在他死後的幾天內就很明顯了。如此異常迅速的神化過程，無疑會為歷史學家和社會學家提供豐富的思考與研究空間。但不管出於何種原因，有一點已經非常清楚：格瓦拉的神話與現實無甚關聯。每個人都同意他很勇敢、英俊、相對年輕，是一個為解放被壓迫者而犧牲自己生命的革命者。然而，除此之外就眾說紛紜了。

盛行於充滿政治意識的年輕人之間的格瓦拉形象，顯得他像是一個值得仿效的叛逆者——他同時拒絕了資產階級的成規俗套以及老式共產主義的教條與官僚主義，既放棄例行公事過著游擊隊的生活，又把部長辦公室換成叢林露宿營

1　譯註：帕特里斯．盧蒙巴（Patrice Lumumba, 1925-1961）是剛果民主共和國（薩伊）的締造者、被推翻處決的剛果民主共和國首任總理，以及非洲英雄和薩伊民族英雄。蘇聯莫斯科的「人民友誼大學」在一九六一至一九九二年之間便以他來命名。

地。長髮和鬍鬚甚至還讓嬉皮士認領了他，用他們的新藝術風格裝飾和五彩光影圍繞著他的圖像。假如這個新左派不是諸多截然不同意識形態元素的集合體，我們簡直可以把此種切·格瓦拉形象稱為「後史達林時代革命分子和異議分子心目中的英雄」。格瓦拉固然對所有新左派的組成部分都具有吸引力，但或許對其中浪漫主義、自由意志主義、前衛主義的元素產生了特殊魅力，而這個元素似乎是中產階級青年運動非常重要的一部分。

格瓦拉的形象確實在很大程度上是浪漫的，更不用說是拜倫式的：卡米里變成了一九六〇年代的邁索隆吉。[2] 這就是為什麼那個形象是錯的。格瓦拉的確是一位革命者，不過他的參照對象並非拜倫、柏克萊的學生們甚或玻利瓦爾，而是列寧。

我們還無法追溯他轉向或融入「布爾什維克主義」的經過——「布爾什維克主義」這個術語旨在標誌出一種與自由意志主義處於對立兩極的政治態度。儘管格瓦拉也許在阿根廷就讀大學期間，或者更有可能是在他第一次婚姻的托洛茨基主義氛圍下，受到了馬克思主義的影響，然而當他加入卡斯楚的出征行動時並沒有特別強調自己是馬克思主義者。況且當時不太可能有任何深入參與正統或非正統共產主義組織的人，會在投身於一場看似非常不成熟的冒險行動之際，自發做出那種「心血來潮並略帶衝動的決定」。不過格瓦拉顯然比他的大多數同志更像是一個馬克思主義者，這或許是由於他在瓜地馬拉的人脈和經歷，但他肯定在走出馬埃斯特拉山的時候就已經明確堅定自己的信念，並於擔任工業部長之際勤奮參加的讀書會中，發展出自己對馬克思主義著作的認識。格瓦拉與布爾什維克主義的合流則更加引人注目，因為他顯然未對自己接觸過的各種共產主義組織留下深刻印象，而且對其革命潛力的評價很低。最貼切的解釋或許是，有系統的革命者邏輯讓人在拉丁美洲得出的結論，與在沙皇俄國或中國得出的結論類似。

合流既是一個戰略上的問題（格瓦拉發現自己更接近毛澤東而非列寧），同時也很適合被描述成一種**風格**。布爾什維克主義的典型風格是系統性地反浪漫和反修辭——或更確切地說，它掩藏了「愛的偉大情操」。格瓦拉卻認為「愛的偉大情操」是（知識分子）革命者在「冷靜頭腦」下的主要動機，以及真正鬥士「不動聲色就能夠做出痛苦決定」的能力所在。[3] 布爾什維克的理想人物是高機動性的職業革命家（如布萊希特所說的「換國家比換鞋子更加頻繁」）。對那些人來說，革命就是一種職業技能，隨時準備犧牲自己的生命則是其資格的一部分，同時戰鬥的目的不在於彰顯英雄主義，而是為了要實際提升工作效率。一個嚇破膽的人跟游擊隊是完全扯不上關係的。格瓦拉的《古巴革命戰爭回憶錄》[4] 沒有在恐懼這個問題上

2 譯註：卡米里（Camiri）位於玻利維亞南部，附近險峻山區是格瓦拉在一九六六年前後打游擊的地方；卡米里軍事法庭更是雷吉斯・德布雷受審之處。邁索隆吉（英文：Missolonghi，希臘文：Messolonghi）則位於希臘西南部，是詩人拜倫（一七八八～一八二四）於希臘獨立戰爭期間病逝之處。

3 譯註：作者間接引述了格瓦拉一九六五年十一月發表的〈古巴的**社會主義和人**〉。通用的相關中譯文為：「**真正的革命者**是以強烈的愛感為指南的……他必須把慷慨激昂的精神同總代表的頭腦結合起來，在做出痛心的決定時**一條筋肉也不顫動**。」譯文有不少瑕疵，例如「總代表的頭腦」實為「冷靜的頭腦」（una mente fría／a cold mind）之誤。

4 譯註：*Pasajes de la guerra revolucionaria*（西班牙文版）出版於一九六三年，一九六八年出版英譯版 *Reminiscences of the Cuban*

面浪費任何時間。格瓦拉反而含蓄點出了卡米洛·西恩富戈斯那位革命英雄的弱點，認為「他沒有衡量危險；那對他來說就是遊戲，他玩那個遊戲就像鬥牛士對付公牛一般」，「他的性格殺死了他。」《回憶錄》隻字未提格瓦拉自己的自殺性勇氣（那是拉丁美洲人固有性格中的一種特質）——格瓦拉反而為了從來沒有仔細照顧好自己的武器而感到遺憾。

布爾什維克主義是一種強硬的風格，格瓦拉則把自己變成了一條硬漢。如果缺乏紀律、組織和領導，造反就毫無用處：除非革命先鋒隊的領導幹部既有效率又願意承認自己的職責包山包海、自己的行動不需要任何物質獎勵，否則他根本派不上用場。《回憶錄》主要就是一套翻來覆去的主題，強調光是熱情還不夠，而且游擊隊若是少了紀律（對違紀行為的懲罰是處死）、工作實務的知識和自願的清教徒作風，便將無以為繼。不過《回憶錄》也承認，這些要求與實際上促使大多數戰士加入起義軍的動機相互矛盾。

革命因而是一份全職的志業，與生活中的優雅作風格格不入（除非是在難得一見的閒暇時刻）。格瓦拉把自己從法國詩人波德萊爾筆下那種神經質的孤獨年輕人物轉變成清教徒，並且將其知識分子的興趣範圍限縮到鬥爭的需求之內。他可能是刻意表現得如此，只因為他是知識分子，既具有第一流的頭腦，又能夠在放任自己的時候呈現出一種強有力的、可控制的情緒風格。他還寫得出古典詩人般的散文。然而，他對文化和藝術的罕見精闢觀點，絲毫沒有顯示出對前衛藝術和前衛政治的認同（儘管這種認同鼓舞了許許多多年輕的反叛知識分子），或把「自由」看成是「社會主義寫實主義」的替代品（而且他當然對此做法嗤之以鼻）。

他頂多願意承認，「重新陷入二十世紀的頹廢主義……並不是一個過於嚴重的錯誤，但我們必須克服它，否則就會為修正主義敞開大門。」

簡單總結一下，在把革命左派分割成正統派和反律法派（antinomian）、加爾文派和再洗禮派（Anabaptist）、雅各賓派和無套褲漢（sansculotte）、馬克思主義者和巴枯寧主義者（Bakuninite）的永恆辯論中，格瓦拉都堅定地站在前者那邊來反對後者。但此事在某種程度上遭到了遮蔽，一則因為選擇格瓦拉作為自己象徵之一的叛逆青年運動和異議人士團體當中，多半充滿著反律法與自由意志主義的氛圍；同時也因為志願游擊隊在行動時的特定革命戰略和戰術，主要是跟他的名字連結在一起。然而，這也突顯出他與布爾什維克主義的相似之處。強烈的志願主義毫無疑問是自由意志主義傳統的特徵，渴望將個人從歷史決定論或其他預定論的桎梏中解放出來。但這也是雅各賓式革命者的特點，他們強調積極主動、組織性、領導力和戰略意識所起的作用，以對抗歷史必然性一定會導致的行動癱瘓——更何況在一九一四年之前就如同今天一樣，歷史的必然性似乎並不能預告敵人即將崩潰。格瓦拉和列寧一樣堅定地信奉歷史唯物主義，但列寧也因為贊成精英志願者發動武裝政變而受到批評。

假如格瓦拉未曾被浪漫主義者拿來當成象徵，也就沒必要強調他其實屬於傳統革命派而非浪漫革命派了。把他的一段頗不尋常和相當非典型的嘮叨言論放在《古巴革命戰爭回憶錄》

Revolutionary War。中譯版書名為《古巴革命紀實》。

的書衣上則更是具有誤導性的做法。他寫作和談話時的總體基調展現出一種頭腦冷靜、條理分明、甚至帶有教學式的清晰，而其值得讚賞的簡潔方式再加上適度放棄八股用語，使他得以寫出傑出的散文。只可惜，《回憶錄》並非對格瓦拉作品的最佳引介。書中講的不是歷史，而是個人對事件的描述，著眼於鼓勵別人在記憶褪色和適用的歷史資料消失之前，先把自己的經歷記錄下來。因此該書缺乏縝密而系統化的論證，但那正是格瓦拉其他較完整著作的強項所在。

這本回憶錄質樸而零碎，是由出版商用一些類型互異、或多或少與古巴游擊鬥爭經歷有關的片段拼湊而成——它們都沒有註明日期，而且往往翻譯得不太可靠。格瓦拉不可能會想出版一本如此不完美地描繪古巴游擊隊、實際上具有誤導性的書，但這就是如今發生的情況。令人遺憾的是，這本集子的編選者無論是在引言，或在重印格瓦拉自己的綜合性文章之際（例如令人欽佩的〈研究古巴革命思想意識的筆記〉），都沒有建立起某種觀點。

儘管這本回憶錄很不完美，但它確實可為謎團提供一些線索，解釋了為什麼一個如此精明幹練、頭腦清醒、務實且不具自殺性的革命者，竟然會以他所採取的那種方式結束生命。《回憶錄》揭示出古巴造反分子如何在一九五〇年代末期面臨著一種異常有利的局面：一個處於崩潰邊緣的體制，以及正準備接受**任何**有辦法的替代政府。由於技術上的原因，格瓦拉《論游擊戰》討論得最好的地方是，城市雖然擁有遠遠較為強大的組織，卻無力推翻維持住軍隊和警察指揮權的統治者。另一方面可以清楚地看出，僅僅憑靠幾百名游擊隊員自己（例如參加拉斯比亞斯[5]遠征行動、分別有八十人和一百四十人的兩個縱隊），顯然不可能在軍事上替一個穩定政權帶來決定性的威脅。然而，一等到他們站穩腳步、成為一個替代政府的核心，就在**政治上**構成了決定性的威脅，讓其他的每一個人只能忙不迭地跟他們達成協議，以免為時過晚。卡斯楚完全正確地拒絕討價還價，除了投降之外沒有別的選擇。舊政權則已準備好要崩潰在他的懷抱裡，更何況還誤以為他不是一個社會革命者。在這些情況下，革命黨人的戰略和戰術選擇可以限縮到城市暴動與游擊戰爭、討價還價與拒不讓步之間。游擊隊的目標則是使自己成為**潛在**贏家，並表明沒有其他任何或武裝或和平的反對形式能夠持續下去。

這並不意味著此類游擊隊在不同和更複雜的政治條件下（甚至撇開美國不讓自己再次陷入泥淖的決心不談），也照樣能夠成功——但即便如此，它確實表明卡斯楚運動的許多教訓還是普遍適用的。這更不意味著古巴游擊隊模式是唯一可行的辦法。比方說吧（正如雷吉斯・德布雷所承認的那樣），它與越南的模式很不一樣。舉一個例子，至少在像玻利維亞這樣的國家，一支游擊武力對實現第二次革命而言或許是必要的，但其地位很可能仍然必須從屬於其他的叛亂中心焦點——因此，堅持將游擊隊視同政治領導高層的做法大錯特錯。更何況格

5 譯註：拉斯比亞斯（Las Villas）是一九七八年之前古巴的一個省分（現劃分為三省），位於古巴中西部，首府為聖克拉拉（Santa Clara）。游擊隊根據地馬埃斯特拉山脈則位於古巴東南邊陲。

瓦拉自己曾經觀察到，「歷史唯一不會承認的事情，就是無產階級政策的分析者和執行者犯了錯。」

幸運的是，這種死後出現的成就可能會證明他自己的說法是錯的。革命的「棄卒保帥理論」（gambit-theory）固然通常出自事後對失敗的合理化——例如宣稱有計畫地犧牲了一個皮爾斯或康諾利，[6] 使得愛爾蘭的解放成為可能。不過該理論本身並非總是完全錯誤，儘管在格瓦拉的著作中沒有任何跡象表明他曾經服膺於它。格瓦拉在死後仍然是一股政治力量，即便力量的種類不同，而且不像格瓦拉在世時那麼強大。他繼續是一個鼓舞人心的形象和典範，以及一位革命鬥士和思想家，其言論和行動都值得認真加以研究。但這必須意味著：縱使對那些最贊同格瓦拉事業的人來說，也應該進行批判性的研究。不幸的是，他死後的餘波恐怕會導致其形象掩蓋了實際情況。假如這種情況果真發生，那將是一件憾事。

一九六八年四月

6 譯註：皮爾斯（Patrick Pearse, 1879-1916）和康諾利（James Connolly, 1868-1916）是愛爾蘭一九一六年四月「復活節起義」的主要人物。兩人雖於起義失敗後遭到英國當局處決，但此次事件被視為愛爾蘭獨立運動的里程碑，最後愛爾蘭共和國在一九二二年脫離英國獨立。

21

拉丁美洲的游擊隊

Guerrillas in Latin America

一九六〇年代的拉丁美洲游擊戰，以及與雷吉斯・德布雷和切・格瓦拉等名字有所牽連的各種理論，都是錯綜複雜的問題。這個主題既晦澀又模糊，因此一些相關的註解或許可以有助於釐清。為求簡明扼要起見，這些註解將以條列的方式提出，我們不妨稱之為：關於拉丁美洲游擊戰爭的十二個常見錯誤。或更精確地說，是「南美洲」游擊戰爭的十二個常見錯誤，因為我對中美洲的情況了解太少，無法對之進行有益的討論。

一、拉丁美洲農民是「消極被動的」

有相當多的證據表明事實正好相反，但這並不意味著貧窮的農業人口從以前到現在都態度一致、無論在任何地點都同樣積極主動。從地理上看，地方性農民叛亂傳統存在於墨西哥的某些區域，以及安地斯山區印第安人密集聚居地（尤其是在秘魯）的很大一部分。除了像十八世紀末圖帕克・阿馬魯起事那樣的特殊插曲，此類的叛亂和起義幾乎多半不為人所知。這個事實反映在安地斯各國的歷史學上，但不是反映在它們的農民身上。秘魯最新普遍出現（但分散各地）的農民積極行動，是在一九六〇年代初。然而，某些類型的農民可能的確異常容易涉入叛亂，例如（像艾瑞克．沃爾夫正確認為的那樣）傳統的「中農」，因為他們既沒有像富農那般充分參與新的資本主義市場經濟，也不會過於貧窮、弱勢、受壓迫和缺乏社會組織。固定無地的工資勞動者或種植園勞動者則是鄉村工會的基礎，而非農民叛亂的。受到外部威脅的傳統公社組織往往具有積極主動的潛在傾向，個別的邊疆墾殖者與占地定居者也是如此。機動、活躍，既武裝自己又好勇鬥狠的牛仔和盜匪之輩等等，更當然遠遠稱不上是消極被動，儘管他們在意識形態上還不甚明確。所有這些案例都可以在拉丁美洲大量發現。

二、菲德爾．卡斯楚的游擊隊運動是一個例外現象

例外指的是它既獲得成功又引發了一場社會革命。但就游擊隊運動本身而言，它是拉丁美洲歷史上一長串這樣的運動之一，而且從人數上來說規模也較為有限。即便我們不納入那些經常為地方戰爭或革命注入民間色彩的騎馬狂徒，以及社會盜匪的行為（在巴西東北部出沒無常的「坎加塞羅」被共產國際歸類為農民游擊隊），此類的運動仍然為數眾多。他們大多名不見經傳並且被人遺忘，某些人則直接為現代革命或世界政治帶來衝擊，例如墨西哥在

一八六〇年代打敗了法國人的系統化游擊戰、墨西哥革命中的薩帕塔主義者、一九二〇年代中葉巴西的普列斯特斯「長征」。……游擊戰爭並非開始於馬埃斯特拉山脈。

三、菲德爾・卡斯楚的游擊隊運動是拉丁美洲革命——或特別是游擊戰——的一個通用模式

其成功在過去和現在都鼓舞了革命者，可是它的條件非常特殊而且很難重複。（一）因為古巴在許多方面不同於拉丁美洲的大多數其他地區；（二）因為一九五〇年代晚期的國內與國際局勢不太可能重演，而就是那種局勢使得一支非常英勇和聰明、但規模相當小且準備不足的游擊隊力量推翻了巴蒂斯塔政權；更特別是因為（三）主要是卡斯楚的勝利的影響——現在被動員來對抗拉丁美洲游擊隊的力量，與一九五九年以前認為必要的程度相較之下，遠遠比其更有效、更堅決，而且更得到美國的撐腰。

四、拉丁美洲在一九六〇年代大規模爆發了游擊戰

在一九六〇年的時候，除了阿根廷有可能倖存下來的若干裴隆主義游擊隊，以及玻利維亞的武裝農民和礦工民兵那個特例，鄉村革命者武裝行動的主要例子就是哥倫比亞各地主要由共

產黨領導的一些「武裝自衛地區」——它們往往被誤稱為「獨立共和國」。一九六〇年代也見證了另外兩個運動的發展，一是委內瑞拉那個意義重大卻相當不起眼的運動，顯得從來都不像是政治上的決定性力量；另一則是瓜地馬拉更加令人生畏的運動，[1]而且要不是美國明確的全面敵意阻止人們選邊站，它幾乎篤定可以獲得成功（當初卡斯楚就是因為人們普遍放棄了騎牆的態度而得到了很大助力）。這三個運動都依然存在。哥倫比亞的運動如今增添了卡斯楚派的「民族解放軍」和毛派的「人民解放軍」，正進行著一場更為典型的游擊戰。委內瑞拉的運動起先遭到當地共產黨拋棄，而根據其領導人道格拉斯·布拉沃不久前的抱怨判斷，它最近也被古巴人拋棄了，以致行動更加受限。瓜地馬拉的運動仍未停歇，但它的前景依然撲朔迷離。[2]

大體而言，今日的情況與一九六〇年的時候相當類似。在秘魯和玻利維亞等地組織其他各種游擊隊的嘗試從未真正成功過，在別的地區就更不用說了。

五、這種相對的失敗表明拉丁美洲缺乏革命潛力

古巴革命顯然未能成功在其他任何地方引發後續行動，以致這種觀點正逐漸變得流行。但它其實沒有太多根據。除了前述第四點已經提到的案例，一九六〇年代見證過的情況還包括了或許是秘魯一百五十年來最大的農民動員行動（一九六〇～一九六三）；在聖多明哥的一場既典型又完全成功的城市群眾起義，只因為美國進行大規模直接干預才被阻擋下來；[3]

在巴西的一個極其有趣，但以失敗收場的民粹主義左派激進化進程（一九六〇~一九六四），由於一場軍事政變而告終止；在阿根廷的各種城市暴亂（一九六九年）；以及其他各式各樣通常與社會和政治穩定無關的現象。問題並不在於這塊大陸上是否存在著革命的社會力量，而在於那些社會力量實際找到的確切表現形式、它們爭取成功的手段，以及有哪些替代政策被設計用來消除它們，或用來滿足促成它們發生的各種需求。

六、游擊隊的失敗已經表明，此類行動如今在拉丁美洲根本行不通

強有力的農民武裝行動於哥倫比亞存活（迄今為止）長達二十年的時間，已表明了情況

1　譯註：美國在一九五四年策動武裝政變推翻民選的阿本斯總統、扶植軍人獨裁政權並取消所有改革措施之後，一九六〇年爆發了一場為時長達三十六年的內戰，由獨裁政府對抗「瓜地馬拉全國革命聯盟」（瑪雅原住民、窮人游擊隊、革命武裝組織等等），導致全國十餘萬人喪命。一九九九年三月，柯林頓總統為了美國支持犯下累累暴行的獨裁政權而向瓜地馬拉人民道歉。

2　為求簡單明瞭起見，我省略了這些運動中的各種政治分歧，並且使用諸如「卡斯楚派」（Fidelist）和「毛派」（Maoist）之類口語化的講法，但不涉及有關其意義的畛域之爭。

3　譯註：一九六三年九月，多明尼加軍方在美國配合下發動政變，推翻該國進行社會改革的首任民選總統胡安・博什（Juan Bosch），並成立了軍政府。一九六五年四月，多明尼加軍方的「憲法派」又推翻了不得民心的軍政府，準備恢復憲法並且迎回博什總統。此時美國卻出兵四萬二千人，在內戰期間支持反「憲法派」的勢力並占領多明尼加（理由是「反共」），因而決定了大局。

並非如此。事實是，雷吉斯．德布雷出於政治動機而批駁由共產黨領導的哥倫比亞游擊隊一事（但德布雷現在承認自己從未與他們直接打過交道），[1]讓人對游擊隊成功的機會產生了過於悲觀的印象。相形之下，有幾個更符合德布雷論點的游擊隊行動——尤其是一九六五年秘魯的那些行動，以及切．格瓦拉自己在玻利維亞的冒險——甚至在開始之前就已經注定會失敗。箇中原因在於門外漢的作風（例如對當地印第安語言或當地的情況一無所知）、在於戰略和戰術上的不合時宜（例如未能注意到「反叛亂」措施所帶來的新的可能性和力量）、在於一種高貴但昧於事理的不耐煩態度，而且特別在於根本的政治錯誤。他們認為，既然已經存在著一些革命的客觀條件，因此純粹的自主意願和少數外來者發動革命的決心便足以產生決定性的影響。於是一些規模很小、人數往往相當不足的小團體始終孤立無援，輕易成了對手的犧牲品。畢竟，游擊隊一旦在社會上和政治上缺乏了使之成為游擊隊的「如魚得水」基礎，就只不過是一批裝備不良、兵力不多、很可能還訓練不精的散兵游勇，既沒有預備隊也沒有增援部隊。它固然還是能在非常特殊的情況下獲得成功，但或許只有當它完全無法控制的條件變得異常有利時才會如此。游擊戰的「中心焦點」理論假定（一）這些條件可在更大程度上受到外力的影響，（二）微乎其微的機會，意味著可接受的合理風險。但事實並非如此。馬埃斯特拉山並不能合理化其他許多複製它的嘗試，這就好比加里波底一八六〇年成功入侵西西里島的行動，並不能證明馬志尼在一八五〇年代組織的各種以失敗告終、令人洩氣的類似冒險嘗試也同樣合理。忠誠的馬志尼主義者在一八五八年做出的批評，同樣適用於德布雷和格瓦拉：

在我們看來，嚴重的錯誤包括了：隨心所欲在自己喜歡的時候，把少數人的行動強加給缺乏意願或者尚未準備好的大多數人；相信不費力地組織了一場暴動之後，它就會迅速轉化成一場大規模的叛亂；在內部做好充分準備之前，便從外部強行輸入起義行動；總是使用一些只顧眼前、小得不成比例的手段，以為這樣子就可以自動獲得成功。[2]

七、「武裝自衛」與游擊戰互不相容

「武裝自衛」是特別針對某些情況所採取的一種戰術，像是地方性的內戰（如一九四八年之後的哥倫比亞）、革命後的形勢（如一九五二年之後的玻利維亞），以及國家權力難以施展或鞭長莫及，且武器沒有被壟斷的地點（如許多南美邊疆地區）。它實際上包括成立武裝民兵組織，通常並結合了高度的地方自治。其組建者則是特定地區的公社或政治運動，幾乎總是著眼於保護自己免受外來入侵，但也有可能是為了干預國家事務。對這種戰術最強烈的批評出現在德布雷《革命中的革命》一書。該書認為「武裝自衛」被使用於純粹的防禦目的（這正確無誤），而且在軍事上起不了作用（這卻是錯的）。哥倫比亞軍方在一九六四至一九六五年針對各主要「武裝自衛區」展開的「剿滅行動」(我們現在有一份來自游擊隊那邊精彩的相關報導[3])，只是把這種戰術改造成一般的游擊戰，但並沒有根除它。時至今日(或至少到一九六九年底為止)，武裝游擊隊在同一批領導班子的指揮下活躍於同樣的地區，其中也包括馬奎塔利亞的武裝「自衛」單位在一九六四年等待與政府軍首次交鋒的那個區域。

對這種戰術(起初)純粹防禦性質所做出的批評，混淆了好幾件事情。它可以是防禦性的，(一)因為組織它的那些運動有別於許多左翼人士眼中的非正統共產黨，對革命並不感興趣；(二)因為該國的整體情況和正統共產黨所宣稱的不一樣，並不具有革命性；(三)因為農民除非被攻擊，否則不會願意展開游擊戰或叛亂行動，不然就是不明白為什麼需要那麼做。典型的「武裝自衛區」，是農民運動(或像玻利維亞那樣的礦工運動)於不打內戰的情況下已在地方上取得重大成功，想要確保成果以致產生的區域。政治問題因而真實存在，所有實際組織了此類成功的、地方或區域農民運動的人則都同意(無論是哥倫比亞的正統共產黨，還是像秘魯拉貢文雄的烏戈．布蘭科那樣的托洛茨基主義者)，防禦性的武裝組織(但也有可能為了因應外來攻擊而轉變為游擊戰)是最合適的下一步。如果沒有這樣的組織，游擊戰將會缺乏足夠的根基。路易斯．德拉．普恩特就在秘魯為此付出了代價。引用埃克托．貝哈爾的話，[4]他選擇「純粹以機械化的方式」建立他在拉貢文雄的主要基地，結果孤立無援地戰鬥至死。

對「武裝自衛」的合理批評主要是，任何草根農民運動都傾向抱持純粹地方性的觀點，因此必須從屬於全國性的戰略，並且被納入一支具有更廣闊視野的全國性游擊武力。一支革命游擊隊必須大於其地方性組成的總和。縱使它不能安穩地立足於少數幾個現成的地方武裝行動基地之上，但還是不能把這些現成的基地拋到一邊。任何認真的革命者都必須仔細考量群眾願意理解什麼和做什麼，尤其是在群眾已經武裝起來、充滿自信並且準備採取行動的地點，他們準備做的是什麼。更何況幾乎可以確定的是，全國未來的游擊隊戰士和領導人，將有很大一部分會從中脫穎而出。

八、現代的「反叛亂」措施和美國的干預已導致拉丁美洲無法有效進行游擊戰

除了多明尼加共和國，美國軍隊在一九六〇年代雖未直接進行干預，卻大量提供了直接和間接的支援（財務、裝備、培訓、「顧問」等等）給拉丁美洲各國政府——或較罕見地提供給私人——用於進行反游擊戰鬥的武裝力量。「如果美國進行干預的話將會發生什麼情況？」因而只是一個假設性的問題（儘管越南至少提供了一個可能的答案）。所以我們必須把它放在一旁。

另一方面，各種現代的「反叛亂」技術已經過實際測試，而且效果相當好。它們透過技術上和戰略戰術上的創新，讓游擊隊任務即便在最有利的政治條件下也變得更加困難。直升機就是技術創新方面相當明顯的例子。戰略戰術創新方面的明顯例子，則是有系統地進

行包圍並將游擊隊與其後勤中心和政治基地阻斷開來的戰略（例如強迫農民遷移到集中營、「戰略村」之類）。藉由這些手段，游擊隊的主要優勢——機動性、隱蔽性、融入地方百姓等等——在很大程度上被抵消掉了。有效反叛亂措施的宗旨因而是把游擊隊孤立在一個受到包圍、最好是空曠的空間內，然後顛倒傳統的程序，運用受過專門訓練和使用特殊裝備的反游擊隊（遊騎兵等），有系統地對游擊隊進行追捕和騷擾，直到那些單位遭到拆散或被逼入絕境，能夠以現代科技立刻把優勢兵力增援過來對之進行打擊為止。

一九六〇年代的某些游擊隊顯然直接為這種策略提供了可乘之機。以秘魯為例，德拉・普恩特不僅把他全部的人手和補給都集中在一個偏遠且看似堅不可摧的山區，而且實際上是在宣傳他打算以此作為自己的永久基地。游擊戰的「中心焦點」理論也很可能正中反叛亂策略的下懷，因為其眼中的游擊隊單位按照定義幾乎都是一群來自他方的異鄉人，在當地農民階層缺乏穩固的根基。此外還可以確定的是，就連準備最充分的那些拉丁美洲游擊隊起初也對這種新戰術不知所措，並且犯下了不少嚴重錯誤——正如哥倫比亞游擊隊自己所承認的那樣。

不過哥倫比亞各個游擊隊還是成功地維持自己的活動，儘管他們起初犯過錯，儘管在安排撤離、疏散和重新安置平民人口時必須面對重重障礙，儘管哥倫比亞軍方實力雄厚並具有長期對抗非正規軍的經驗，而且儘管鄉間的政治分歧很深，於長達十五年的內戰之後為軍方提供了潛在的地方盟友，而且其可靠程度遠勝於秘魯安地斯山區堅定反白人的印第安群體。

那些游擊隊的成功不光是由於戰術和技術上的調整，更重要的是對游擊戰的政治基礎之深刻認識。

反叛亂措施使得此事變得更加重要，而非不那麼重要。就此而言有兩個明顯的著眼點。首先是讓游擊隊的實際生活比較耗費體力，藉此突顯出招募農民一事的重要性，因為農民比從外地引進的知識分子甚至城市工人更能應付這種生活。得以立足的拉丁美洲游擊隊主要都是由農民所組成——「哥倫比亞革命武裝力量」（即共產黨）幾乎完全如此；根據我們掌握的消息，哥倫比亞「民族解放軍」某個單位更是高達百分之九十；布拉沃在委內瑞拉的「民族解放武裝力量」則為百分之七十五。[5]

除此之外，農民如今所普遍面臨的極端危險，使得他們比以往任何時候都更需要與游擊隊保持聯繫，並且盡可能為其提供保護。「（游擊隊）的行動和軍事組織獨立於平民百姓群體之外，因此它不需要承擔直接保護農民的責任」，[6]上述德布雷的觀點其實無異自取滅亡。它與哥倫比亞的經驗和做法形成了鮮明對比，後者不僅堅持維護一個民間力量組織根本上的重要性，更堅持以精心構思的方法來保護他們的農民支持者。這一點同時適用於情報活動和作戰行動。因此（根據哥倫比亞的經驗），至關重要的工作就是辨別和篩選當地所有「外來者」，尤其是那些新來乍到者——諸如騾夫、商人和小販、小店主、商旅、走方郎中和牙醫、學校教師和其他公職人員、乞丐、娼妓或其他「外來」婦女等。必須有一個反宣傳機制來抵消反叛亂部隊做出的承諾，甚或其直接的友誼策略（例如讓兒童免費乘坐直升機之類的行為）。必須「向百姓進行黨性教育」，以避免任何可能資敵的不負責行為或意外行為。此外，即便是已為人所知的支持者，也絕對不可洩露其底細，意思就是，必須始終指示他們向軍方提供有關游擊隊行蹤的**正確**消息，並向軍方出示他們為日用品支付的**正確**金額。

這種考驗正在實際進行中。玻利維亞和秘魯的游擊隊在幾個月之內就被清剿，幾乎沒有遇到什麼困難。一九六四至一九六五年由一萬六千名士兵針對哥倫比亞的馬奎塔利亞所展開的行動，總共歷時五百三十三天，並且導致一支全國性游擊武裝力量（哥倫比亞革命武裝力量）的建立。正如我們已經看到的，這支游擊隊伍至今依然活躍，地點就在一九六四年前建立了農民民兵的那個區域。

九、拉丁美洲的革命主要是依靠鄉村游擊隊

毛主義一種想法相當簡單的形式認為，相關各國的游擊隊主要都是由鄉下人組成的。事實上，如今在拉丁美洲只有少數幾個小共和國如此，而且城市化的速度將使得最後幾個大型的農民國家（例如巴西），也很快將會變得以城市居民為主。因此很顯然的是，一個立基於鄉村包圍、進而奪取城市的戰略相當不切實際。那些不是鬧著玩的游擊隊（例如委內瑞拉的道格拉斯・布拉沃）只會認為，革命若要成功就必須結合鄉村游擊和城市起義，軍隊裡的異議分子自然更不在話下。鄉村游擊隊活動於對己有利的社會環境，有時甚至是地理環境之

中，這是其優勢所在。其劣勢則為他們可能是在人口中的少數群體內運作，而且或許更嚴重的是，他們的活動區域遠離了實際決定國家政治未來的地點（例如首都或其他大城市），甚至還遠離了經濟重心地帶。任何未能擬定攻占首都計畫，或不以占領首都為目標的革命者，都不值得認真看待。在拉丁美洲尤其如此，因為那些政權已經習慣了長時間失去對邊遠省分的政治甚或軍事控制權，而不至於受到嚴重影響。事實上，若非因為美國對卡斯楚的歇斯底里反應，哥倫比亞政府很可能不會急著「剿滅」當時尚未構成重大政治問題的那些「武裝自衛區」。

十、城市游擊隊可取代鄉村游擊隊或城市暴動

各種城市游擊行動，或任何可以如此稱呼的事物，在一九六〇年代被廣泛運用的程度不亞於鄉村游擊隊——例如在委內瑞拉、瓜地馬拉、巴西和烏拉圭就是這樣。然而，基於格瓦拉在《論游擊戰》（哈瓦那，一九六〇）一書所討論的那些原因，城市游擊隊的軍事或政治潛力無法與鄉村游擊隊相提並論，在本質上只能被看成是革命鬥爭的預備方法或輔助方法。沒有人能夠言之鑿鑿地提出相反觀點。城市游擊行動在巴西的擁護者認為，它們是建立鄉村游擊隊的第一步，但同時也是一種有價值的鼓動和宣傳媒介。在絕大多數人口為城市居民的烏拉圭，圖帕馬羅斯——這塊大陸上最強大的城市游擊隊——似乎認為自己的作用在於激化社會

與政治的緊張氛圍，而非促成實際的政權轉移。但此事很難一口斷定。城市暴動相當於鄉村游擊戰，是一種潛在的決定性武器（至少在首都如此），但這個武器每次只能射出一發彈藥，而且重新裝彈的時間漫長得難以想像且無法預測。城市暴動在各個省會就不那麼具有決定性，而一九六九年夏天時的阿根廷對此做出了證明——布宜諾斯艾利斯未能追隨科爾多瓦、羅薩里奧等地的行動，因而拯救了那個政權。一九六〇年代曾經有過一次成功的城市起義，那是在一九六五年，發生於多明尼加的首都聖多明哥。它和大多數這類成功的運動一樣是自發性的，而且沒有發生在國家權力問題大勢已定的時刻。此外，委內瑞拉在一九六〇年代早期也有過一次重大但未成功的、有組織的嘗試，而且它同時與城市和鄉村游擊隊有所關聯。目前不可能會有很多拉丁美洲人低估城市游擊行動（或城市游擊隊本身），但還是有必要對此類行動做出區分，判斷其中哪些具有直接的政治目的、哪些是基於操作需要才做出的行動——例如非常時髦的「沒收」銀行之類的做法，便為城市游擊隊提供了維持所需的經費。這些做法雖然有助於提升游擊隊的士氣，卻未必能得到公眾的支持。此外還應該記住的是，此類城市行動在非暴亂時期具有一個重要的政治特徵：鄉村游擊隊仰賴於部分鄉間百姓的**默許**，城市游擊隊則是憑藉大城市的匿名性，亦即有可能在**不被默許**的情況下採取行動。

十一、拉丁美洲革命具有某種單一的配方

或許為了反駁有關各地共產黨消極被動的說法，而且擺明不願意生搬硬套國際間主張「向社會主義和平過渡」的口號，許多拉丁美洲左派人士於是大唱反調，宣稱只有以游擊戰形式進行的武裝起義才合乎要求。這種觀點忽視了情況的複雜性，除了出現於意識形態的論戰，實際上從未被完全運用過。（在甚至連一般政府更迭都往往是以武力來完成的這個大陸上，採取武裝行動的做法當然能夠被每一個人接受。即便最正統與溫和的共產黨員也很少有人排斥這種做法，其中某些人——像是在委內瑞拉、瓜地馬拉或哥倫比亞——還暫時或永久地維持著游擊武力。）舉例來說，委內瑞拉左派從未忽略軍中異議分子積極提供支援的可能性，甚至連以不切實際著稱的秘魯左派有時也夠明智，曉得不應該藉由攻擊兵營之類的先發行動來招惹軍方。

拉丁美洲的革命很可能是一項聯合行動，或是發生於現有政權內部出現政治危機之際，或是因為體制長期不穩定而促成了這種危機，不過這種情況較為罕見。它有可能結合了各種社會力量（農民、工人、城市邊緣貧民、學生、中間階層）、體制內與政治上的力量（例如軍中和教會的異議分子），以及地方力量（像是各共和國非常分歧而異質的區域利益等等）。不幸的是，與外國人的鬥爭（尤其是對抗外國統治者的鬥爭）是這種組合中最有效的黏合劑，但除了在美國習慣於以壓倒性力量直接干預的中美洲各小國，其他地方很難派上

用場——除非，唉，或許就是地方民族主義被使用於對抗拉丁美洲鄰國的時候了吧。拉丁美洲雖在經濟上處於被殖民狀態，但在政治上，它的各個共和國長期以來一直都是主權國家。

不幸的是，除了在極少數國家，馬克思主義左派從來也都不是一支主要的政治力量，如今在大多數共和國更可能過於衰弱和分裂，以致無法提供有效的全國行動框架，或具有決定性的政治領導力量。由於種種原因，一九六〇年代所產生的效應導致它比以往更加衰弱和分裂，使得統一的行動（甚至共同的行動）難上加難。這並不至於排除重大的社會變革，甚至也不會排除革命性的變革，但有可能意味著起帶頭作用的將會是其他的力量——至少在剛開始的時候。

十二、革命運動能夠在缺乏政治組織的情況下運作

在某些情況下，沒有組織的行動也可以推翻政權。列寧曾經預言沙皇體制將在某種自發運動的衝擊下倒台。雖然情況確實如此，但他並未因而得出黨不會在其中發揮作用的結論。預期即將進行一場曠日持久的鬥爭之際（如同革命游擊隊典型理論所設想的那樣），組織會比以往任何時候都更重要，政治分析則必不可少——這適用於任何階段。曼努埃爾．馬魯蘭達以哥倫比亞農民游擊隊指揮官的身分進行撰寫時，他毫不懷疑組織、討論和教育對**游擊隊**

員的士氣至關重要，即便那只不過是為了讓他們在行動之間保持忙碌。[4]（「這就是我們在營地內必須要有一位政治指導員的原因。那裡必須進行政治訓練、軍事訓練、武器清潔和全面整理環境。」[7]）秘魯農民領袖烏戈・布蘭科則發現，將一個大型農民工會運動轉變為「武裝自衛」的主要障礙，就是他無法透過一系列臨時的群眾行動和群眾集會來建立適當的政黨組織結構。[8]就另一個相反的極端而言，格瓦拉頗為隨機地選擇玻利維亞為作戰地點（之前考慮的似乎是阿根廷的鄰近區域），並且決定在沒有任何玻利維亞主要政治力量的支持下橫衝直撞，顯示出他嚴重低估了對這種鬥爭條件進行政治分析的重要性。我們在某些特定環境下可以認為，只需要喚起一個相對同質的爆炸性群體，便足以為革命戰爭創造條件。事實上，部分秘魯印第安人確實提供了這種條件，並且在一九六五年成群結隊地支持過洛瓦頓和貝哈爾的游擊隊，[5]但也隨即慘遭軍隊大肆殺害。革命者毫無必要地暴露和犧牲了他們。革命者本身則由於人數上的弱勢，再加上純粹的不明事理、沒有經驗與缺乏政治分析，以致無法採

4 譯註：曼努埃爾・馬魯蘭達（Manuel Marulanda, 1930-2008），本名為佩德羅・安東尼奧・馬林（Pedro Antonio Marín），為南美資深游擊隊領袖，曾經是一個左派「獨立共和國」的要員。哥倫比亞軍方於一九六四年進行圍剿後，他化明為暗，在一九六六年成立「哥倫比亞革命武裝力量」。曾被美國國務院於二〇〇六年懸賞五百萬美元捉拿。

5 譯註：洛瓦頓（Guillermo Lobatón, 1926-1966），是「革命左派運動」（MIR）三個「中心焦點」之一的游擊隊領導人，與其徒眾在一九六六年被政府軍剿滅。埃克托・貝哈爾（Héctor Béjar, 1935-）則是秘魯「民族解放軍」（ELN）的創始人和一九六〇年代游擊隊運動的要角。貝哈爾一九六八年獲得秘魯軍政府特赦後，配合政府進行土地改革並成為社會學家和大學教授。

取必要的預防措施或提供適當的組織、幹部和領導，結果未能組成一支有效的農民游擊隊，並藉由軍方隨後的殘暴作風使其強固。既然這些弱點在最單純的地方政治局勢下都已經顯而易見，那麼在拉丁美洲大陸所特有的、非常複雜的環境中，它們又勢必將在多大程度上、產生更為重要得多的意義呢？

一九七〇年

22

拉丁美洲游擊隊：一項調查
Latin American Guerrillas: A Survey

古巴革命後的那幾年，將以「游擊隊夢想的歲月」之名走入拉丁美洲歷史。那是一個風雲詭譎的時代，因為夢想與現實之間存在著巨大的不平衡。雖然夢想威力十足，能夠透過切．格瓦拉那尊偶像把自己的形象強加給全世界（他甚至連在遙不可及的錫蘭都能激發農村叛亂），可是按照全球標準來衡量，拉丁美洲各地的游擊隊肯定並非最重要的，而且或許還是最不成功的。除此之外，它們縱使在拉丁美洲的脈絡下也奇特地顯得虛幻不實。在游擊戰歷史比世界上大多數地區都要悠久的那個大陸，難得有人注意到本土歷史經驗的實際價值。整體而言，該地區最成功，而且比格瓦拉時代出現更早、持續更久的那些游擊戰實例（例如哥倫比亞共產黨的那些例子），既沒有被人仰慕、也沒有受到模仿；甚至連馬埃斯特拉山那個相當特殊、被視為典範的案例所帶來的各種教訓，也被成就它們的那些人所忽視。

當夢想還持續的時候，比較沒有人對一九六〇至一九六七年的游擊隊運動和嘗試真正感興趣。不過有些例外，像是一些不具批判性的報告、若干政府出版物，以及屬於革命左派意識形態而非實際歷史的許多論述和綱領性著作。這是相當自然的事情，但令人深感遺憾的是，沒有任何拉丁美洲游擊隊運動能夠找到像巴茲爾・戴維遜那種水準的分析型記者。戴維遜針對他隨行過的幾內亞和安哥拉游擊隊所撰寫的書籍，在價值上不亞於所有以拉美游擊運動為主題著作的總合。當然，戴維遜的優勢在於他曾在第二次世界大戰期間與真正重要的游擊隊運動一同作戰。[1]

等到拉丁美洲的游擊隊運動失敗之後，檢討調查和認真研究開始大行其道。這些調查研究可以分成兩類，但並不總是涇渭分明：一類是「出了什麼差錯」，另一類是「為什麼它永遠成功不了」。前一個問題適用於少數幾個例子，像是瓜地馬拉和委內瑞拉，當鄉村游擊隊起事（單獨行動或結合了其他形式的行動）有過大好機會，或構成合理政治選擇的一部分；或許也像在哥倫比亞，那個各種堅不可摧的武裝農民團體之大本營。在瓜地馬拉，游擊隊本來肯定會在一九六〇年代中葉取得成功，只可惜中美洲各個小共和國的全體資深軍官和政治人物都深深相信，上帝很遠、美國很近，近到隨時能以壓倒性的武力進行干預——多明尼加共和國在一九六五年發生的各種事件只是更強化了這種想法。

在委內瑞拉，發出戰鬥號召是經過深思熟慮的政治戰略的一部分，而且是件千鈞一髮的事情。[2]就哥倫比亞而言，在一九六〇年代幾乎肯定找不到同樣有利的環境了。其中必須加以說明、而且能夠根據當地情況來說明的現象，就是所有的游擊隊——無論屬於正統共產黨、卡斯楚派還是毛派（但只有最業餘的一些除外）——都可以成功地持續活動許多年而非僅僅幾個月；正統共產黨的「哥倫比亞革命武裝力量」甚至更長達整整一代人的時間。

沒有任何地方的農村起事曾經認真進行過政治分析，也完全沒有真正獲得成功的希望。他們頂多跟一八五〇年代入侵義大利的各種既忠誠又注定失敗的馬志尼主義青年團體一樣，只是暴虎馮河罷了（此外我們還可補充表示，那同樣充滿了虛而不實的言論）；而且那些青年團體還與格瓦拉主義者的運動有許多共同之處，無怪乎他們根本不可能成功得了。對各種原因的解釋出現於路易斯．梅西耶－維加（與大衛．韋斯伯特合著）那本有些前後不連貫的著作，《拉丁美洲游擊隊：反國家的技術》（一九六九），此為一九六七年玻利維亞起事慘敗後，許多幻想破滅者推出的反格瓦拉著作之一。簡而言之，他們之所以失敗，是因為他們抵觸了已知關於鄉村游擊戰的一切，以及關於革命如何發生的大多數事情。他們的成功則純粹是僥倖。大多數有組織的馬克思主義團體（絕不侷限於正統的共產黨），在那個階段都反對他們，認識到他們訴諸馬克思和列寧的做法之膚淺性，以及他們對政治的輕忽。正如梅西耶－維加所指出的，格瓦拉主義主要吸引了中產階級知識分子，以及（他沒有如此明確表達出來的）年輕軍官。一個稀奇古怪但並非無關緊要的事實是，有些最激進的游擊隊領袖（瓜地馬拉的圖爾西奧斯．利馬以及容．索沙，巴西的卡洛斯．拉馬爾卡），是從反叛亂跳槽到叛亂的一

1　譯註：巴茲爾．戴維遜（Basil Davidson, 1914-2010）於二戰時期為英國軍情單位的敵後破壞部門服務，在南斯拉夫打過游擊。

2　譯註：指的是一九五八年一月推翻委內瑞拉獨裁者佩雷斯．希門內斯（Pérez Jiménez, 1914-2001）的行動。

方。3

分析失敗的原因不像確定實際發生的事情那麼困難，後者最雄心勃勃的嘗試依舊出現於理查・戈特的《拉丁美洲游擊戰運動》（倫敦，一九六九）一書。不過這本書或許還是過於貼近它的主題了，其原因在於該作者強烈同情格瓦拉主義者，同時也由於他在書中做出開創性的努力，收集相關材料並將之塑造成形。儘管如此，它仍然是以英文撰寫的論述中最重要的一本，即便在分析上不如凡尼亞・班比拉所編輯的兩卷研究文集《拉丁美洲叛亂的十年》（聖地牙哥，一九七二）。戈特的著作已不再能反映出最新的國際政策（即古巴、蘇聯、中國等等對此類運動的態度）、游擊隊繼續保持活躍的那些國家，以及最近出版的文獻。它對城市游擊運動則隻字未提。或許它原本可以提供資料，說明一下墨西哥化外之地格雷羅州的詭異本土游擊隊──據說經濟繁榮便意味著，當地百姓在購買收音機之前，會先買把新槍。例如當地一位名叫赫納羅・巴斯奎斯的學校老師早在一九六八年即已非常活躍，而其運動在他一九七二年遇害後仍然持續不輟。[1]但無論如何，這本書依舊不可或缺。

比起通常陰鬱沉悶的鄉村運動敘事歷史，關於個別游擊隊的專著往往有趣得多。此類專著日益從游擊運動內部浮現而出，告訴我們一些真正有價值的事物，不僅說明游擊戰的技術細節，更披露游擊隊與鄉間百姓之間的關係。秘魯產出了一些有價值的作品，尤其是埃克托・貝哈爾的《秘魯，一九六五年：美洲的解放經歷》（墨西哥，一九六九），既充滿感性又十分寫實。[2]烏戈・布蘭科的《土地或死亡：秘魯的農民鬥爭》（紐約，一九七二），則闡述了一個大規模農民運動如何未能有效發展得超出武裝自衛的基本形式（那是哥倫比亞游擊隊的基礎，卻被德布雷輕率地嗤之以鼻）——布蘭科認為失敗應該歸咎於組織上的軟弱。布蘭科是一個非常能幹的人，對拉丁美洲偏遠地區真正的農民運動有著直接經驗，他所寫的任何東西都必須被仔細閱讀。然而，最豐富和最有趣的文獻卻來自哥倫比亞。其中最有價值的出版物是赫爾曼・古茲曼的《哥倫比亞的大暴力》（卡利，一九六八），以及哈科沃・阿里納斯的《哥倫比亞：人民游擊隊》（巴黎，一九六九）。後者更收錄了對哥倫比亞革命武裝力量的農民指揮官曼努埃爾・馬魯蘭達的精彩採訪（羅伯特・莫斯卻在一九七二年出版於倫敦的《城市游擊隊》一書中，將他誤稱為「臭名昭著的鄉村土匪」）。

隨著鄉村游擊隊階段的崩解，武裝革命活動日益轉移到城市。用於稱呼此類運動的「城市游擊隊」一詞可能具有誤導性，因為這些運動不像鄉村游擊隊那樣明顯地必須依賴百姓的

3 譯註：圖爾西奧斯・利馬（Luis Augusto Turcios Lima, 1941-1966）是瓜地馬拉陸軍中尉，曾赴美接受反游擊訓練。返國後立刻在一九六〇年與容・索沙參加軍事政變反對美國干預瓜國內政。政變失敗後成為游擊隊領袖，一九六六年死於原因不明的交通事故。

容・索沙（Marco Antonio Yon Sosa, 1929-1970）是瓜地馬拉華僑和陸軍軍官，並曾赴巴拿馬接受美軍的反游擊訓練。容・索沙支持一九五四年被美國推翻的哈科沃・阿本斯總統，在一九六〇年政變失敗後成為毛派MR-13游擊組織的領導人，一九七〇年於深入墨西哥境內接運軍火之際，被墨西哥邊防警察擊斃（一說是被謀財害命）。

卡洛斯・拉馬爾卡（Carlos Lamarca, 1937-1971）原為巴西陸軍上尉，是反對巴西軍事獨裁政府的游擊隊領導人之一，一九七一年被軍方擊斃，二〇〇七年獲得平反。

支持或共謀，正好相反，其憑藉的是大城市的匿名性。它們在行動上可以自給自足，所需要的就只是金錢而已——通常是透過「沒收」或贖金來獲得。除此之外，典型毛派或越南式的、從游擊武力演變成軍隊，最後包圍並攻占城市的進程，則並非這裡討論的對象。因此我們必須明確分辨出那些性質類似鄉村游擊隊的城市游擊隊（例如北愛爾蘭的天主教徒和新教徒武裝團體），以及幾乎完全按照定義與城市群眾隔絕的城市游擊隊。他們的政治觀點於是構成了重大的問題（除非他們墮落成意識形態上的警察與強盜衝突，而那與其說是自我獎勵，倒不如說是自我懲罰）。巴西的城市游擊隊在一九六四年的一場大規模運動失敗之後，便著眼於最終創立一支鄉村游擊隊，但從來沒有取得過進展。阿根廷和烏拉圭的城市游擊隊較少受到鄉村夢想的誘惑，它們似乎打算利用大環境持續陷入經濟與政治危機的態勢，一方面展開政治上既轟動又受歡迎的起事行動，同時誘發鎮壓措施來引發民怨，藉此促成群眾的激進化。在烏拉圭還很可能曾經（或仍然？）有機會挑起阿根廷或巴西的武裝干預，以便為一場更全面的人民解放戰爭奠定基礎。

這些視角的弱點在於低估了政府一旦決定拋開議會和法律設下的限制，集中全力打擊武裝團體，所帶來的後勁。烏拉圭發生的各種事件已經表明，不管再怎麼實力堅強、根基穩固、政治明智的城市游擊隊，也比原先看起來更容易受到傷害。拉普拉塔河流域那些武裝團體的優勢，來自他們活動區域的地方動盪和經濟危機。革命的基礎正是此類的動盪和危機，而非城市游擊隊行動與組織的技術細節。應該補充說明的是，「南錐地區」的武裝團體雖然有時直接受到了格瓦拉夢想的啟發（例如圖帕馬羅斯），但還是務實地認識到，他們必須在有組織的政治環境中運作，而且至少在實務上不該試圖繞過（或取代）政黨和有組織的勞工運動。因此，他們很可能就像圖帕馬羅斯已經顯示的那樣，足以產生真正的政治重要性。至於他們自己是否將成為他們協助促成的政治變革之主要受益者，則是另外一個問題。

羅伯特·莫斯在《城市游擊隊》一書中從敵對的角度看待了整個現象。他所寫的大部分內容都不無道理，儘管他對一九六〇年代鄉村游擊隊運動的觀察結果，絲毫不能讓人對他的資訊產生信心。無論如何我們可以同意他的看法，即無論手段多麼殘酷和有效（例如在瓜地馬拉或巴西），僅僅依靠軍事鎮壓並不能鏟除革命動亂存在的根基，而且來自右翼的反作用恐怕會像在那兩國一樣變得不受控制。無庸置疑的是，一九六八至一九七一年之間的巴西城市運動確實失敗了，而且不太可能以同樣的形式捲土重來。若昂·夸爾廷在《巴西的獨裁統治與武裝鬥爭》（倫敦，一九七一）一書實際上承認了這一點——儘管他堅稱「巴西的武裝鬥爭不是一小群極端分子的冒險」，以致模糊了失敗的原因。該書大部分內容是從左派的觀點，針對巴西一九六四至一九六九年之間的發展進行了簡明而有用的探討，但並未充分討論一九六〇年代初期重大失敗的原因。[4]

4 魯伊·毛羅·馬里尼（Ruy Mauro Marini）被收錄於凡尼亞·班比拉（編著），《拉丁美洲叛亂的十年》一書的章節，則對這個問題做出了極為睿智的說明。

羅伯特・莫斯承認，烏拉圭的圖帕馬羅斯是迄今為止最成功的城市游擊運動，也是唯一一個真正享有政治機會的運動。其成功催生了一系列的新聞出版物，而那些文字的主要價值在於（通常是從正面角度）說明了圖帕馬羅游擊行動的技術模式，以及烏拉圭人對那些行動的態度。這些出版物還提供了圖帕馬羅游擊隊的各種文件和聲明。我們只能期待這麼多，因為該游擊運動的成功主要歸功於其組織嚴格保密，以及在拉丁美洲非常罕見的謹慎行事。其餘諸如馬利亞・埃絲特・希利奧的《圖帕馬羅斯》（倫敦，一九七二）那份友好的報導，以及由圖帕馬羅運動贊助的行動報告選集《我們這些圖帕馬羅斯》（巴黎，一九七二），都具有很高的技術價值。[3]

《我們這些圖帕馬羅斯》是由無所不在的雷吉斯・德布雷所完成。他顯然比羅伯特・莫斯遠遠更加清楚該游擊運動自一九六二年成立以來的實際發展，或許（應該是）比後者願意做出更多的說明。德布雷先生長篇大論的該書〈後記〉，缺乏了他之前的活力、自信與（完全脫離現實的）清晰度，而他曾經藉此使得《革命中的革命》既效果十足又災難性地成為格瓦拉主義的宣言。他雖試圖證明圖帕馬羅斯採用了格瓦拉的模式，但我們不必拘泥於此。那些人的有趣之處在於他們改變了什麼，而非他們保留了多少自己最初的想法。他那些關於烏拉圭存在「雙重權力」的論調（「沒有隱喻、沒有誇張、沒有欺騙」——*sans métaphore ni hyperbole ni tromperie*），根本就不正確。我們很難相信，在極度保密與深受壓制的情況下，他筆下該運動的政治民主作風真實存在過。雖然這個規模相對較小、只在單一城市（蒙特維多）出沒的精英運動，或許有可能在幾乎無懈可擊的時期，於壓力之下召開過大會（但此事肯定會帶來安全上的風險？）。德布雷在圖帕馬羅斯那邊發現的許多東西，最晚從一九一七年以來就為老派共產主義者所熟悉。但令人欣慰的是，現在他終於願意承認「自相矛盾地融合了『群眾路線』與祕密武裝行動」之後所產生的價值，而這就是圖帕馬羅斯如此有效率的原因。這不禁讓人納悶，列寧是否也會認為此種組合自相矛盾。

整體而言，最近關於拉丁美洲游擊隊的各式各樣文章仍然屬於新聞性和臨時性的，其主要價值在於原始史料的積累，特別是鄉村游擊隊參與者的第一手經驗描述，但必須從中分辨出宣傳性的採訪，以及游擊隊領導人公開或變相的論戰等等。[4]這就是理查·戈特那本著作、以及來自哥倫比亞和秘魯的幾本簡短回憶錄可能最具有存在價值的原因。關於圖帕馬羅斯和類似的運動，目前則只能夠（或只應該）根據不充分和選擇性的資訊來撰寫臨時性的報告。格瓦拉時期的各種運動仍有待撰寫一部令人滿意的分析歷史，但或許在相當長的一段時間內還寫不出來。

現有的文獻為政治論戰——而且無疑也為「反叛亂」用途的彙編和文宣——提供了大量的素材。[5]如果有人還需要證據的話，此事已證明拉丁美洲革命的關鍵因素並非那些勇於展開鄉村或城市武裝行動的男男女女，甚至亦非他們的技術能力，而是進行這種革命時的社會經濟環境與政治局勢。正如一位來自哥倫比亞的前游擊隊員向我表示的：「在這個國家，任何人都可以在農民當中組建一個武裝團隊。問題是接著會發生什麼。」儘管如此，這種示例不應該讓革命者感到氣餒。因為過去十年雖然已經呈現出來，純粹從技術角度，政府軍應該有辦法消滅、控制或排除幾乎所有的非正規武力，可是那十年也告訴了我們，這些政府甚至連在表面上都很難能夠為經濟、社會、政治和體制的長期穩定創造條件。革命並不像德布雷和格瓦拉認為的那樣「近在咫尺」，但也沒有「超出現實政治的範圍」。甚至正如同「圖帕馬羅斯」所展示的那樣，即便在曾經被稱為「拉丁美洲的瑞士」的那個國度也是如此。

一九七三年

23

美利堅帝國主義與拉丁美洲革命

US Imperialism and Revolution in Latin America

二十世紀沒有任何帝國比美國在拉丁美洲的帝國更強大、更顯然不容挑戰，也沒有哪個帝國主義者會比它更需索無度——儘管出於各種原因，大多數北美人士一直不喜歡被貼上這樣的標籤。英國人很久以前就認識到其印度帝國的脆弱性和最終的無常性，法國人則發現了其非洲帝國的不確定性。二者都非常清楚，自己與依附國的關係是非正式與經濟方面的，需要高度的政治靈活性。只有美國不僅把自己在格蘭德河與基韋斯特以南的持久霸權視為一個自然事實，並且以毫不含糊的方式把它表達出來。

正如傑羅姆·列文森和胡安·德·奧尼斯在其《迷失方向的聯盟》(一九七〇)那本清晰易懂且富有價值的書中所稱，美國在拉丁美洲的安全利益傳統上是由三個命題構成：

一、(可回溯到十九世紀初的門羅主義)美國必須將潛在的洲外敵對勢力排除在西半球之外，藉以阻止他們獲得具有地利之便的攻擊基地。

二、（可回溯到二十世紀初的伊利休・魯特[1]時代）美國已然成為一個資本過剩國家，必須為這種盈餘尋找出路——通常是在國外，而且特別是在拉丁美洲。……

三、（可回溯到一九四〇年代末葉冷戰剛爆發時）拉丁美洲國家的政治背離會讓美國顏面盡失、削弱它在世界其他地區的影響力，並降低重要歐洲國家對美國的信心，懷疑它是否有能力領導「自由世界」對抗鐵板一塊的共產主義集團。

上述命題的提出時間、理論基礎和表述方式皆可受公評，但它們的實質內容卻無庸置疑——那意味著美國不僅可以將任何勢力抵擋在西半球之外，更可阻止任何拉丁美洲政府做出華盛頓所不允許的任何事情。這兩項大前提都立基於整個西半球壓倒性的經濟、政治與軍事支配權。第二項大前提出現於二十世紀之前。第一項大前提成為現實的時候，美國資本和企業則已取代英國，成為世界在這個地區的主導因素，並從那時起持續穩步強化。美國在其他任何地點都承認自己有競爭對手，儘管它們或許實力較弱；在拉丁美洲卻不然，因為競爭對手根本不存在，甚或完全不見蹤影。

或許只有拉丁美洲人才充分感覺到了另一個大前提所產生的影響，此即美國是至高無上的，而他們卻低人一等——不過這種觀點有時會滲透到歷史紀錄當中。據報導，詹森總統的國務院拉丁美洲事務負責人托瑪斯・曼恩曾經表示：「他們的想法和我們不同。他們的思維方式很不一樣。你們必須跟他們來硬的。」這位公僕毫無疑問認為自己僅僅陳述了「顯而易見的事實」，彷彿他扶持美國在拉丁美洲商業利益的著名立場，只不過反映出其同胞們的普遍態度罷了。[2] 反正格蘭德河以南看起來就是不一樣。

然而，跟「美國知道得更清楚」和「拉美利益從屬於美國自身利益」兩個老調重彈的大前提相比，「拉丁美洲甚至不值得去操心」或許是更重要且更惱人的大前提——除了在偶爾打斷長期冷漠輕忽的驚慌失措時刻。讓拉丁美洲人更加感覺受辱的是，這些驚慌時刻往往並非源自他們自己的行為，而在於美國政府真正擔心的其實是一些更重要的國家可能做出的反應，以及其在全世界那些美國地位較脆弱的地區所將產生的影響。至於古巴、菲德爾·卡斯楚和切·格瓦拉的名聲，則當然在很大程度上歸功於他們的拉丁美洲身分，以及老大哥真的必須對他們關注有加。

美國「援助」的歷史生動地勾勒出一個假設，即美國的後院通常可以無人看管。有兩本傑出的書籍讓我們得以回顧過去四十年來美國在此地區的政策，分別是大衛·格林對羅斯

1 譯註：伊利休·魯特（Elihu Root, 1845-1937）（或譯為「羅脫」）曾擔任美國戰爭部長（一八九九～一九〇四）和國務卿（一九〇五～一九〇九），曾於一九一二年獲得諾貝爾和平獎。

2 譯註：托瑪斯·曼恩（Thomas C. Mann, 1912-1999）是資深美國外交官和拉丁美洲事務權威，曾擔任主管經濟、商務和農業事務的國務次卿。一九六四年三月十八日，曼恩在美國駐拉丁美洲全體外交官政策會議上發表祕密演說，強調詹森政府對該地區的政策是完全將經濟利益放在政治改革之上（不對維護美國商業利益的獨裁政權進行干預，對共產政權則無論政策好壞一概干預）。演說內容被洩露給《紐約時報》之後，此政策綱領被稱為「曼恩主義」（Mann Doctrine）。

福「睦鄰」政策興衰的研究(《遏制拉丁美洲》,一九七一),以及列文森和奧尼斯對「爭取進步聯盟」的分析(即前面已提過的《迷失方向的聯盟》),二者都記錄了將拉丁美洲事務置於美國更廣泛利益之下的持續傾向。在一九三〇年代和大戰期間,法西斯主義是刺激行動的因素。國務院政治顧問勞倫斯·達根寫道:「在一九三〇年代初,美國政府的作為甚至比私人組織還少,它根本什麼事也沒做。到了一九三〇年代末,對納粹的恐懼使得美國產生白熱化的激情。這就是其新政策的弱點所在。」一九四一年在玻利維亞發現了一個據稱與德國有關的陰謀,美方在幾星期內便派遣一個軍事代表團過去,並宣布一項金額為二千五百萬美元的援助方案。大戰並促使美國願意解決自一九三七年以來一直懸而未決的墨西哥石油國有化爭端。格林指出,戰爭幫助躊躇不前的「新政」擁護者擺脫困境,讓他們有理由認為,拉丁美洲的經濟發展對反納粹的「半球防禦」(hemispheric defense)至關重要。

另一方面變得越來越清楚的是,在無法為美國戰爭經濟做出貢獻(亦即無法直接用於提供美國在西半球所需原料)的那些方面,拉丁美洲的發展就被犧牲掉了,除非美國可趁機凍結拉美大陸與歐洲——特別是英國——的商業往來,並且使之完全依賴美國市場。儘管我們大多數人當時都同意羅斯福的全球優先級別(而且或許現在還是會這樣做),但這個事實不應模糊了拉丁美洲人的憤懣——他們並不覺得自己受到德國和日本的威脅,而且從來沒有人詢問過他們的意見。阿根廷是唯一保有若干行動自由的國家,而其當時便對自己的經濟和政治利益抱持著截然不同的觀點。

德國的威脅為時很短，美國則無論如何尚未正式確立自己對全球的帝國主張（雖然亨利．魯斯早在一九四一年即已預見於此）。因此「爭取進步聯盟」的時期甚至更清楚地表明，拉美大陸從屬於華盛頓的世界政策。該聯盟乃是針對菲德爾．卡斯楚的回應，而卡斯楚是人們記憶中率先挺身抗拒北方習慣性經濟勒索的古巴政治人物。在一九六一年的埃斯特角會議上，格瓦拉迫使美國承認了自己的強硬立場。[3] 卡斯楚則讓該會議替一九六〇年的《國際咖啡協議》背書，以阻止這種大宗商品的價格下滑，避免巴西、哥倫比亞和中美洲各國的政府陷入危機。

換個角度來看，蘇聯在一九六二年古巴導彈危機中的退讓，立刻使得社會改革、冒險計畫，以及個人商業利益從屬於國家利益的迫切性隨之降低。套用列文森和奧尼斯的說法，「美國停止覺得拉丁美洲離午夜只有一分鐘了。」商人們自一九六四年起重新活躍起來，越南則從一九六五年開始占據優先地位。當美國預算局向開發署長問起該在哪裡削減開支時，他回答說：「從聯盟那邊把錢拿出來。」到了一九六八年，他又認為拉丁美洲獲得的撥款總是超

3 譯註：一九六一年在烏拉圭的埃斯特角（Punta del Este）舉行泛美經濟會議，宣布成立「爭取進步聯盟」（Alliance for Progress / Alianza para el Progreso）。古巴代表團團長格瓦拉拒絕簽字，抨擊該會議「沒有談到帝國主義的經濟侵略問題、向拉美國家保證穩定原料價格……等問題」，並強調「『爭取進步聯盟』必然會成為壟斷集團攫取更大利潤的工具」。美方代表則反唇相譏，表示美國「不承認而且永遠不會承認」古巴革命的現實，並將竭盡全力鼓動古巴反革命分子的活動。該聯盟成立於甘迺迪總統任內，實際上解散於一九七三年。

出其有效運用的能力。實情正如一位官員在聯盟成立之初的玩笑之語：

我們都知道，爭取進步聯盟的貸款只有三個類別：高度優先、歇斯底里、若不貸款共產黨將會接管該國。

等到卡斯楚最初帶來的震驚消退之後，共產黨又似乎從來都沒有要接管任何國家的樣子了。

毫無疑問，這就是為什麼拉丁美洲的美援總金額一直相當有限，其實際價值更非常小的原因。正如國際開發署的計畫處主任在一九六七年所指出的，當地一九六〇年以前的官方資金淨流量不到其他地區人均水準的一半。爭取進步聯盟雖已幾乎——但沒有完全——把資金淨流量提高到平均水準，然而根據列文森和奧尼斯的看法，「它在開發支出中所占的百分比遠低於其他地區。……由於超過一半的外國長期貸款被分期償還的舊債所抵消，外國資本對拉丁美洲的實際資源貢獻相對較小。」爭取進步聯盟充其量只是避免了經濟災難，並沒有刺激經濟發展。

美國對拉丁美洲的態度因而通常是基於這樣一種想法，認為美國的力量在沒有全球因素干預之下幾乎是絕對的，拉丁美洲的實力則已薄弱到可以忽略不計的地步。然而，對西半球內部關係的更仔細分析以及偶爾遭遇的苦澀經歷，卻表明情況恰好相反。美國的力量是有限的，而且任何超出這些限制的嘗試都會導致失敗或挫折。更確切地說，雖然美國的經濟力量具有壓倒性優勢，並且繼續具有決定性，其政治（和軍事）力量卻非如此。更何況就連美國巨大的資本力量，也在某種程度上受制於華盛頓所無法凌駕的政治力量。

「睦鄰」政策和爭取進步聯盟的紀錄都表明了這些限制，而且後者比前者更具戲劇性——因為美國的政治狂妄自大在甘迺迪時代遠甚於羅斯福時代。雖然大衛．格林提出了相反論點，但那兩個時代的**基調**確實存在著巨大差異，即便二者在人員和意識形態方面具有若干延續性。我們可以承認，這兩個時代都把美國自身的利益放在首位、根據自己的經濟和政治優勢來看待拉丁美洲的發展，並反對「好戰的革命經濟民族主義」。然而，一九六〇年代的「新邊疆派」，與一九三〇年代的「新政擁護者」之間有著實質性的區別。

此事在墨西哥表現得尤其明顯。這是一個測試案例：自從革命與反帝的活力在卡德納斯總統任內復甦以來（與美國的新政時期重合），石油公司的國有化使得墨西哥與美國資本發生了直接衝突。美國本來頗有可能揮動大棒，就像它之前在一九三三年對付古巴，以及隨後（大失所望地）對付阿根廷那樣——即便不可否認的是，那也源於其對納粹獲勝的恐懼。（格林先生認為反法西斯主義的論點站不住腳，他的材料卻顯示情況正好相反。）

其實美國處理墨西哥情況時的態度，整體而言既老練純熟又不會表現得歇斯底里。我們很難不產生這樣的印象，即羅斯福領導下的新政健將們感覺到，無論美國的地位面臨何種威脅，他們都幾乎不能怪罪拉丁美洲人——因為他們幫自己爭取的東西，其實就是新政為北美爭取的東西。美國駐墨西哥大使在寄給羅斯福總統的信中寫道，各大石油公司「就像國內的經濟保皇派抗拒進步立法一般，強烈反對這裡的公平工資」。總統本人以一種由衷的（即便是家長式的）善意說道：「就分給他們一份吧。他們認為自己跟我們一樣優秀，而且他們當中的許多人確實如此。」但無疑地，這種表達口吻肯定會讓拉丁美洲人覺得刺耳。

甘迺迪的政策則是對立即的威脅做出反應，是對軍事干預做出的補充。「睦鄰」政策並非誕生自可相提並論的政治威脅（但格林先生未曾說明其實際起源），其目的是要避免採取軍事干預行動，並以其他方法取而代之。這就是它實際的作為。因此，除了前面已經指出的例外狀況，羅斯福的政策比較不容易受到那十年內的政治變化影響，它對各種政治變化表現得相對無動於衷。（美國政府當然並不十分擔心共產主義，部分原因正如另一位駐墨西哥大使在一九四三年所寫的那樣，美國「在很多方面都擁有遠比俄國巨大的優勢」，部分原因則或許在於，當地各國的共產黨在一九三五年後並不明顯反美。）

「睦鄰」政策的失敗是在經濟方面。拉丁美洲的發展與美國的行動並無太大關係，例外情況是戰時的市場供需失調鼓勵了當地的工業化，以便用國產品取代進口貨。與此同時，拉丁美洲藉此累計節省下來的美元（起初看起來主要彷彿像是「一筆三十億美元的無息戰爭貸款」），在戰後證明對拉美各國極為有用。企圖藉由促進工業化、增加當地收入等做法來提高拉美市場吸收美國商品能力的眾多計畫，則沒有取得多大進展。從美國的角度觀之，羅斯福時代的主要成果是把其他帝國主義從西半球排擠了出去。

歸功於列文森和奧尼斯令人欽佩的清晰度和不模稜兩可的表達方式，現在我們得以總結評估甘迺迪總統在一九六一年宣布的「最大努力的十年」——亦即華盛頓有史以來把最大力量集中於拉丁美洲事務的時期。美國試圖在此期間為拉丁美洲的經濟與社會問題提供解決方案，最後以失敗告終。爭取進步聯盟所獲致的結果，是從輕微、斷續的失敗，最後落到全盤皆輸。例如「聯盟存在的時候，創造就業的實際速度慢了下來，在一九六〇年代只有大約百分之六十的求職者獲得了工作。相形之下，一九五〇年代時的比例為百分之六十二點五」。大規模工業化並沒有大量提供新的就業機會。我們即使把官僚機構所創造的職位——低度開發國家向失業的受教育階層提供救濟的著名制度——也一併計算進去，此部門的就業率也僅僅從總就業率的百分之二十三點五增加到二十四點八。值得注意的是，由於「美國企業體系包括了當地的一百多萬名美資公司員工，以及由承包商、分銷商和服務代理商組成的龐大結構」（另一種算法是拉丁美洲工業工人總數的百分之二十），因此北美在該地區所負的直接責任不容小覷——每年的外銷金額占投資的百分之十二至十五，而這相當於拉丁美洲全部出口收入的百分之十二。用一句話來說，與爭取進步聯盟之前的時代相比，今日的拉丁美洲更談不上能夠為其廣大公民群眾提供生活上的保障。

美國還試圖為西半球政治與體制的穩定提供框架。從社會角度而言，帝國的理論家們——亦即「美國人爭取民主行動組織」和新邊疆派的自由主義者——把他們的賭注押在（老式歷史書中所稱）地位不斷上升的「中產階級」身上；從政治角度而言，那就是所謂「民主的、非共產主義的左派」。此類理論家們眼中的台柱是委內瑞拉的羅慕洛・貝當古、秘魯的阿普拉黨，外加哥斯大黎加那個小國的何塞・菲格雷斯，一九六四年以後再補上智利弗萊總統的基督教民主黨。

從理論上講，比較不沉迷於意識形態的帝國主義者們（根據詹森時代的「曼恩主義」），滿足於任何能夠促進經濟成長、保護美國私人投資，並且反對共產主義的人，而不計較那些人對社會改革的態度如何。事實上，他們傾向於押注在某種由精明能幹（最好是主張緊縮通貨）的技術官僚與軍方組成的聯盟，藉以確保他們行動時的政治穩定。各自擁有將軍政權的巴西和阿根廷，就是這種思想流派的典範。新實用主義者拿來安慰自己的想法是，經濟的穩定與成長將會自動解決社會問題；此外，就某種形而上的意義而言，一支由美國付錢、訓練和啟迪的軍隊，必然會「維護憲法」——若非服膺於民主的話。

二者都以失敗收場。今日唯一剩下的有效政治力量，就只有委內瑞拉的「民主左派」（我們極少聽到關於自由中產階級崛起的消息），該國巨大的石油收入讓某些類型的改革具有獨特的可行性。但我們不需要在這裡討論該國到底有多民主或多左傾。就「民主的軍隊」而言，務實派帝國主義者們一旦發現，「維護憲法的」巴西軍政府有系統地大肆引進了甚至讓尼克森政府都無法完全漠視的刑訊逼供，而且甚至對象徵性的土地改革也無動於衷，或許還能夠淡然處之。秘魯的示例卻讓他們很難繼續忍氣吞聲，因為就連當地軍方的政治立場都已不再「可靠」了。簡而言之，正如列文森和奧尼斯所總結的，「尼克森政府在一九六九年一月上任後，找到了一小撮不光彩的方法來因應拉丁美洲發展當中的難題。」它繼續在尋覓某種政策，但至今還是幾乎一無所獲。

列文森和奧尼斯似乎想要指出（儘管二人從未充分明顯發揮此論點），這些失敗都是可以避免的。各種失敗在多大程度上是出自於差錯、誤判、美國拒絕持續一致地將精力集中在拉美事務上、攫取短期利益的誘惑、屈服於商業的壓力、屈服於軍方的權力狂熱之類的呢？這些方面的例子不勝枚舉，而且有些就像秘魯的那個案例一樣，實在是駭人聽聞。假若美國沒有在一九六二至一九六八年之間，為了逼迫秘魯解決與美國國際石油公司在拉布雷亞－帕里尼亞斯油田的爭端，以及為了秘魯應該向美國而非向法國購買噴射飛機，於是實際上扣留對該國的援助（秘魯僅僅獲得七千四百五十萬美元，智利和哥倫比亞卻分別得到五億和四點五億美元），那麼又會發生什麼事情呢？[4] 假若——正如二位作者所未強調的——老舊的「美國人爭取民主行動組織」黑手黨沒有執迷於支持阿亞．德拉托雷的阿普拉黨，那個政治上的阿斗，反而以同等力道來聲援貝朗德，那麼又將如何呢？[5]

列文森和奧尼斯毫不懷疑的是，美國的政策反而幫助了將軍們掌權，登上全國的改革平

4 譯註：一九六八年十月九日，秘魯政府收回了美國國際石油公司在秘魯的石油租讓地，拉布雷亞－帕里尼亞斯（La Brea-Pariñas）油田，並將每年的這一天定為秘魯「民族尊嚴日」。

5 譯註：一九六八年十月三日，秘魯軍方發動政變推翻貝朗德總統並建立革命政府（一九六八～一九七五），即本書下一章所稱「成為革命分子的將軍們」。

台。也許的確是這樣。但有一個事實除外，此即一切所謂的美國差錯和誤判都是系統性的，並且朝著同一個方向傾斜。因此問題還是在於，即使在最佳情況下，美國的政策是否仍能得到它所想要的結果？經驗已經表明情況並非如此。智利獲得的人均援助幾乎是秘魯的十倍，而且（於弗萊總統任內）享有華盛頓幾乎無限的善意，今天卻是由阿言德總統的人民陣線進行統治。事實如同列文森和奧尼斯自己所承認的那樣，正在拉丁美洲發生的事情「是美國或可稍微施加影響，但無法加以主宰或指導的」：

重新調整的過程毫無疑問將在兩個方面影響到美國，分別是它在拉丁美洲的政治關係和財產持有。這些影響難以避免。部分原因單純是由於美國與一個發生根本變革的地區有著這種聯繫，部分則是因為拉丁美洲社會雖在許多方面存在嚴重分歧，卻往往能夠在咄咄逼人的民族主義中找到某種程度——或真實或虛假——的團結一致。……爭取進步聯盟在此動盪地區所傳授的教訓是，美國必須學會接受並期待改變，同時它的反應應該既靈活又有分寸，而非過於僵化和強硬。

那是一個挫折與失敗的教訓，而上述引文的兩位作者對美國利益至上的明顯贊同，使得他們的坦白承認特別令人印象深刻。

另一方面，美國在拉丁美洲持續不斷增加的經濟影響力，使得那種坦白承認顯得不那麼苦澀。因為事實是，儘管美國的**政策**以引人注目的方式失敗了，美國的經濟控制卻得到加強。一九六〇年代的時候，拉丁美洲「對美國而言是排名僅次於加拿大的市場」，而等到卡斯楚短暫帶來的恐慌過去之後，民間投資恢復向南流動，明顯達到了「投資重點從加拿大和西歐轉向拉丁美洲」的地步。

若認為帝國對美國企業來說缺乏吸引力或者無足輕重，是不智的。其實美國投資的結果為美國帶來的幫助，大於對拉丁美洲的幫助。一九六一至一九六八年，投資和再投資於拉丁美洲的金額為三十三億美元，流向北方的利潤和收益則有七十一億美元。與此同時，拉丁美洲商品出口在世界貿易中所占的份額已從百分之七點五下降到百分之五點六。無論政治發展如何，對大多數拉丁美洲國家而言，與美國的關係都極不可能不繼續是主導經濟的因素。然而越來越明顯的趨勢是，美國資本將受到嚴格的政治控管與限制。它將能夠做許多事情，但沒有辦法為所欲為。

現在已經相當清楚的是，即便美國知道如何下手，也不可能把自己對未來的想法強加給拉丁美洲。可是這塊大陸的實際走向並不明朗。它的發展趨勢已被激進左翼作家們進一步掩蓋，他們沉迷於自己的政治至上主義，以致變成華盛頓的一種鏡像。因此他們的許多作品沒來由地顯得懷憂喪志。以結果說來，矛盾的是，左派和右派回顧一九六〇年代的時候都開心不了。

這種批評甚至適用於詹姆斯．彼得拉斯《拉丁美洲的政治與社會結構》（一九七〇）那本傑出的研究彙編，該書為各種重要主題提供了簡明扼要而深入的調查報告，諸如階級與政治、中產階級、遊擊隊運動與革命運動等等。它立基於對該地區和相關文獻的廣泛了解，以及第一手的研究工作，尤其是對智利的研究，而這又詳細反映於該作者一九六九年那篇〈智利發展中的政治和社會力量〉，其語氣雖然並非不抱希望，卻似乎顯得過於消極。該書給讀者的印象為，這個地區已經建立了「一種新的政治平衡」，而且除非發生一場「新的城市和鄉村暴動」，否則「阻礙了某些較大型拉丁美洲國家經歷徹底社會與政治變革的微妙討價還價安排」，恐怕還會繼續運作下去。

似乎有兩個原因導致了這種心灰意冷的態度。激進左派傾向於排斥任何無法明顯帶來接近古巴式革命的改變，並且反對除了武裝起義之外的任何政治策略——至少直到阿言德在智利選舉獲勝為止。（這並不意味著同意任何具體的叛亂方案，例如被佩特拉斯徹底駁倒的雷吉斯．德布雷理論。）可是古巴革命依然陷入孤立，而且儘管取得了驚人成就，顯然仍正在與巨大的國內問題奮鬥。整體而言，武裝起義的策略已經失敗了。

何塞．伊格萊西亞斯的《在那下面》（一九七〇）書中對巴西、秘魯和（阿言德之前）智利的革命左派做出探討，並記錄下他們的勇氣、決心與獻身——但也不經意顯露出他們在該作者尋訪時的孤立無援和缺乏效率。他頂多只能相當正確地指出：儘管遭遇了挫折，革命的行動和情操仍舊活絡，而且古巴一如既往是拉丁美洲左派的靈感來源。書中〈二十五歲以下的古巴〉那有趣的一章有助於我們理解箇中原因。只要左派完全致力於最高綱領，那麼任何低於此的方案都一定會被視為失敗。

然而，左派的失望也可能被證明是由於方法上的錯誤。它尋找一支保證可靠的革命力量，一股不會被腐蝕、同化或吸收到非革命現行體制中的力量，其所採取的做法是瀏覽各個階層和其他社會團體或機構團體的清單，並淘汰不合格的對象——亦即其中的每一個。佩特拉斯於是剔除了農民階層、工業工人階級（一個受到青睞但很容易走上改革主義道路的少數群體），以及中產階級、生意人和官僚。正如佩特拉斯也同樣指出的，他們不是「民族資產階級」，因為他們既不反對自己渴望加入的農業寡頭，也不反對美帝國主義——畢竟他們既想把它當成對抗社會革命的靠山，又打算在美國企業的附屬機構內找份差事。況且他們絕不致力於經濟發展和「現代化」。這當然還不包括剩餘的各種不滿者群體，但令人擔心的是，那些群體最後也可能讓人大失所望，因為他們當中沒有一個可被視為一貫地具有革命性。

但在現實政治中（這不等同於類似馬克思那般，在非常高級的普遍性層次上對社會變革進行的宏觀分析），沒有任何階級能夠於任何情況下都一直是「革命的」。若想尋找一個始終具有革命性的群體，就形同在自己的大前提中寫下了悲觀的結論。重要的問題並不在於社會中的特定群體或機構，而在於歷史的情況。從廣義角度來看，它們是否跟十九世紀末的東歐一樣具有潛在革命性？或者它們不是，而是像同一時期的西歐那般並不具革命性？如果它們不是，革命的力量無論有多麼強大、多麼自覺和組織良好，恐怕——除非成功抓住了稍縱即逝的機會——都會以某種形式被吸附到一個非革命的現行體系(即便只是成為體制外的團體);不然就是偏離了自己的路線。甚至連起義也可能實際上近似於人類學家所稱的「儀式性反叛」,雖然這並不意味著基本穩定的局面就一定會長久保持不變。如果它們是革命性的,情況則往往恰好相反。

就此意義而言,西歐大部分地區在一八四〇年代以後都是非革命性的。資本主義的成長機制發揮了作用,即便它必須不時被大幅度修改,於是不僅面對著內在的短期波動,還會受到重大調整時期的影響。在一個時間點(一九二九~一九三三),它其實曾短暫看似正在土崩瓦解之中。但其社會上和體制上的框架既堅固又穩定,讓它甚至承受得住類似世界大戰那樣巨大的週期性衝擊。革命左派的歷史因而持續是一部充滿失望的歷史(眼睜睜看著馬克思派和後來的列寧派群眾政黨,在實務中相繼轉變為改革派運動或自我棄絕的運動);是一部自欺欺人的歷史;或是一部想方設法尋找某種現實策略,以便在非革命情況下開啟或保存革命可能性的歷史。

曾經有過希望的時刻,例如十月革命之後以及反法西斯武裝抵抗的鼎盛時期,創造出了西歐自從一八四八年以來所知道的、最接近革命的情況。隨著資本主義進入後果難測的結構變化新階段,希望或許又將重新出現。但甚至在一九七一年的時候也需要先努力停止懷疑,才會把共產主義視為當務之急——就像義大利那樣。

另一方面,拉丁美洲之類地區的形勢具有潛在革命性,因為即使是活力相當充沛的「欠發達狀態」，顯然也無法提供機制來解決拉美大陸的經濟與社會問題。正如對「欠發達狀態」的性質分析報告所可能讓人推斷的那樣，這些問題反而變得更加嚴重。拉丁美洲的社會結構既緊張又不斷地在變化，迄今仍未找到一種可媲美「發達」資本主義國家的通用模式或樣板。其政治結構與制度則很不穩定，對相對輕微的刺激因素頗為敏感——例如持續多年的榮景時期，或國際大宗商品市場的價格暴跌。

這些地區就如同身處地震帶，任何一處地面幾乎都可能坍塌。尋找「穩定」或「革命」的保證力量毫無意義。眾所皆知的是，所有現成的解決辦法都只是臨時的。每個人都認為徹底的變革不可避免，大多數人都相信它的必要性，卻並不總是覺得那值得嚮往。更重要的是，所有各種可能的解決方案都意味著反帝國主義，因為欠發達世界共同的問題，本質上都起源於它跟發達世界，尤其是跟美國之間的關係。它們都不認為單純的「現代化」——亦即設法在西方發達經濟體的協助下變得跟西方一樣——是一個適當的，甚或是在大多數情況下行得通的方案。

在此情況下，除了真正的傳統保守主義勢力正逐漸衰弱，革命性的變化或許只會出現在最不可能的地方。例如秘魯軍方是以改革者之姿現身（其最初的意識形態武裝似乎混合汲取了大公會議之前[6]的天主教義，以及法國軍官在中南半島和阿爾及利亞戰爭期間發展出的反

6　譯註：大公會議之前（pre-conciliar）指的是梵蒂岡第二屆大公會議（一九六二～一九六五）。此屆會議由教宗若望二

叛亂策略），而且卡斯楚和阿言德遠比華盛頓當局更能夠接受它的改革方案。一個老派的選舉人民陣線（類似一九三〇年代肯定沒有為法國帶來重大變化的那種人民陣線，而且它今日被歐洲年輕左派分子強烈拒絕，不被承認是選拔新成員的捷徑），更似乎已在智利釋放出革命性的發展——同樣情況也曾經在西班牙那個革命條件成熟的國家發生。因保守作風接近中世紀而聞名已久的拉丁美洲教會，現在則不僅孕育出相當數量的活躍革命分子，而且它本身的某些層級和組織更在一些國家積極介入，要求進行根本的變革。講起這一點，恐怕沒有任何人能在一九五八年做出預測或預料得到，菲德爾·卡斯楚本人將會變成馬克思列寧主義者。

這樣的發展可能不會讓革命馬克思主義者心滿意足，尤其如果——類似秘魯的情況一般——某地的改革派政府既對群眾動員抱持懷疑態度，又至少在國內強烈反對「共產主義」的話。儘管如此，除了社會與政治變革的性質不能按照其領導人掛在領口的徽章來判斷（在拉丁美洲尤其不能），我們更不能因為某些重大變革未能立刻帶來我們所青睞的運動和政策，就把它們斥為無關緊要而不屑一顧。我們也不能因為無法確定是哪一種政治力量最終將從中受益，於是對那些重大變革表示拒絕。

這種不確定性就是政治的職業風險。假如十月革命未曾發生（列寧非常清楚它並非「不可避免」），那麼布爾什維克黨人今天恐怕會受到革命批評家的指責——因為他們在一九一七年九月科爾尼洛夫將軍叛變的時候，同意支持自己的敵人克倫斯基來進行對抗。但不可否認的是，這個聯盟讓當時搖搖欲墜的克倫斯基政府從中獲益的風險非常小，卻很可能強化當時已掌握主動權的布爾什維克。然而，拉丁美洲的左翼馬克思主義者從未將賭注押在對的人身上。除了在一、兩個國家之外，其力量和群眾的支持都相對而言微不足道，而且他們即便在革命的情況下也難得採取主動，更遑論是成為一個享有霸權的有組織運動。

左翼馬克思主義者因而通常被迫在二者之間做出選擇，究竟是應該保持自身的純淨和效率不彰呢，或是加入一個自己起不了帶頭作用、完全無法決定其方向的大型政治運動。它在過去的半個世紀內是否充分利用過自己的機會？這是一個有趣的問題，如今更是一個學術上的問題。但毫無疑問的是，無論是在過去或現在，左翼馬克思主義者都很難處於發號施令的位置。

拉丁美洲的左翼馬克思主義者於是只能在變幻莫測的不利情況下勉力而為。這種自我安慰是消極的，但意義重大。可以預見的是，今天的拉丁美洲並不像一八四八年之後的西歐。拉丁美洲還沒有找到自己的路。它仍舊是一個革命的大陸。

它的未來難以準確預測。但若說它將一系列地複製穩固的西方資本主義形式，則是極不可能的事情。它同樣也不可能多方面採取諸如俄國、中國、古巴、越南之類馬克思主義或共

十三世召開，旨在使天主教會順應時代。其最重成果為授權各國教會在儀式中使用本國語言（之前使用拉丁語），承認被傳教國之傳統可與天主教相容（例如華人教友可繼續祭天、祭祖、祭孔）。

產主義政權的模式，而且這絕不是一個看起來非常認真的觀點。在這兩種可能性之間，沒有人知道群眾的不滿情緒與好戰態度、反帝國主義、爭取改革與發展的民族主義運動，以及馬克思主義知識分子結合起來之後將會通往何方。如果硬要認為那不可能帶來任何令激進左派滿意的結果，未免過於懷疑論。另一方面，若硬要認為它們必然會帶來滿意結果，也同樣地不合理。

事實上，一九六〇年代帶給美國比一九五〇年代更多的挫折，幾乎不會讓人產生上述的懷疑。根據世界某個地區的特定政治波動時刻來判斷拉丁美洲的發展，當然並非明智之舉。……不過縱使我們同意一九八一年時的局面可能會看起來大異其趣，我們仍無法否認它在一九七一年展現出西半球的激進化。西半球大多數國家在政治上並無多大轉變，除非是一些小規模的變天事件，由缺乏代表性的將軍取代了缺乏代表性的平民，或反其道而行。然而，其中一個主要國家肯定已轉為右傾（巴西），其他幾個（古巴、智利、秘魯、玻利維亞）則轉向左邊，而且在大多數情況下比它們歷史上的任何時刻更加左傾。華盛頓的觀察者們意識到了這一點。左派則可能會比以往更加在乎自己的失敗感。

一九六〇年代在拉丁美洲帶給美國的教訓（以及在越南那個更大的教訓），就是即便最強大、最富裕和最重量級的帝國主義統治者，其權力也受到嚴重的限制。這應該是顯而易見的道理，然而我們不難理解，在沉醉於世界霸權的狀態下它是如何不得不被暫時忽視。左派在這十年內得到的教訓應該更加明顯，而且根本不需要學習。它表明在可能發生革命的情況下，前進的道路不止一條。幸運的是，這十年也顯示出革命不能隨興而為。

然而教育的代價一直很高。換取的方式就是犧牲了許多勇敢的男男女女的生命，以及左派組織力量在西半球大部分地區的分裂和隨之而來的削弱。遺憾的是，我們仍無法確定是否已經付出了全部的代價。左派在一九七〇年代所面臨的前景令人鼓舞。跟十年前比較起來，左派能夠更好地掌握住自己的機會嗎？沒有人曉得。

一九七一年三月

V

秘魯軍方的革命分子
MILITARY REVOLUTIONARIES IN PERU

24

成為革命分子的將軍們

Generals as Revolutionaries

一九六五年的時候，秘魯軍隊將許多村莊夷為平地，並且大量屠殺了由於游擊隊承諾進行土地改革而支持游擊隊的農民。沒有人知道被屠殺農民的確切人數，因為——講得婉轉一點——秘魯內陸的統計數字非常籠統不清。反正在那個國家，農民的死活並不是特別重要的事情。沒有人對此感到驚訝。然而，就在今年夏天（嚴格說來是在一九六九年六月二十四日），一九六八年末接管秘魯的軍政府突然宣布開始推動顯然是繼卡斯楚之後拉丁美洲最激進的土地改革。

這個消息自然讓大多數關心拉丁美洲事務的人士驚訝莫名，但其原因並非土地改革的計畫難得一見。在拉丁美洲，很可能每個政府都曾口惠實不至地表示自己對土地改革的支持。正如同十九世紀中葉的歐洲，包括地主在內的每一個人都知道，殘存的農奴制度已經來日無多。依舊主導美洲大部分地區、只在理論上有少數人幫他們撐腰的鄉村寡頭們也十分明白，他們非常強大的政治勢力只不過是延遲末日的來臨罷了。

可是就**軍事**政權而言，即便裝模作樣地推動土地改革也是頗不尋常的事情。其實任何拉丁美洲政府進行這樣的改革都頗不尋常——除非它是革命的一部分，不然就是在面臨劇烈的農民動亂或某種左派群眾運動的直接壓力之下才會發生。秘魯自從大規模農民叛亂在一九六三年由盛而衰，就沒有了來自基層的巨大壓力，而政治上的革命左派離開了大學校園之後便微不足道。

不過無庸置疑的是，目前的改革完全是來真的。它開始於徵收位在海岸肥沃綠洲的九座巨型莊園。換句話說，這影響到秘魯絕大部分的蔗糖生產。改革會觸及絕大多數秘魯農民所居住的高原地帶。某些地區要等到一九七二或一九七三年才會開始改革，那是因為缺乏適用的地圖，或一些特別棘手問題的緣故——例如小農持有地的支離破碎，而這是任何地方的土地改革中最令人頭痛的問題。

但無論如何，到了一九七六年的時候（或該計畫展開五年之後），它將在全國各地大功告成。土地的擁有者將是小農或中農、合作社，而且當然還包括了兩千個以上、多半由印第安人組成的「公社」。

這些都是影響非常深遠的變化，其重大意義足以受到卡斯楚本人的青睞。但在這種情況下究竟會發生什麼事情？會由誰來實施改革？改革是如何進行的？最直接受到影響的人對此會有何想法並採取何種行動？幾個星期前我去了秘魯，而且我認為能夠在利馬以北大約四百公里的奇克拉約找到答案。

土地改革在該地區指的是分別位於圖曼、波馬爾卡、普卡拉和卡亞爾蒂的四座巨型甘蔗種植園，它們由原住民或秘魯化的原住民家族所擁有，其中最大一座的面積約為十六萬英畝。這些巨大的莊園與普通農民從事的農業幾乎毫無共同之處，它們是極為先進、機械化和高效率的農工企業，每一家都僱用了二千一百至三千三百名正職員工——這還不包括由承包商臨時僱用的上千名季節性勞工。（沒有人把他們列入計算。他們的數目往往持續被莊園裡的人低估，而且迄今仍未受到改革的影響。）與之最相似的就是經營自己公司城鎮的老式孤立礦區，只不過種植園主人看待其莊園的態度同時結合了十九世紀工業主與封建大地主的特質。

莊園的狀況因地而異，從完全家長制作風（但具有善意）、最有效率、最繁榮、工作條件最佳的圖曼，一直延伸到好鬥、處於熱帶骯髒環境下的卡亞爾蒂。後者宛如位於炎熱農村地帶的「朗達」[1]，必須依靠既鬥志高昂又無孔不入的工會加以凝聚，以便對抗效率低落且冥頑不靈的管理階層。

莊園提供工資報酬、住房津貼、食品補貼、商店、市場、電影院和學校，實際上是其大多數居民的整個生活天地。

截至目前為止，那個小宇宙當中幾乎沒有出現實質性的變化。圖曼的工資已經提高；卡亞爾蒂則回聘了一些員工——那些人被裁員一事，曾經導致該種植園於其艱困私營企業史上

1 譯註：朗達（Rhondda）位於威爾斯南部，在十九世紀下半葉是英國最大的煤礦區。

的最後一次罷工行動。（有關當局很不喜歡想到，持續不斷地機械化與工會的頑強抵抗結合後，會如何普遍產生冗員過多的問題。）

新「管理者們」小心翼翼地試圖摧毀舊有的封建等級制度形象，同時又要讓他們的技術人員和經理人員感到高興。卡亞爾蒂要求解僱一些技術人員，「因為他們的存在會讓人聯想到舊政權。」而這個要求獲准了。波馬爾卡的管理者卻為自己感到慶幸，因為當地的業主們曾經親手管理自有的莊園，從而轉移了人們對工程師的敵意。

到處都出現了民主的模樣——公司的大街小巷被重新整修和命名；公司的房舍被粉刷得煥然一新；大量的演說、討論和委員會選舉。委員會選出之後，將在唯一關注人性化改革的草根組織，亦即合作社發展辦公室的幫助下，把那些莊園改組成合作社。

合作社發展辦公室起初是為了更小的目標而創建的，裡面充滿著獻身投入、工作過度、才具不足的城市知識分子，正在付出他們最大的努力。對工會瞭若指掌的經理人員則為了一個事實而暗中額手稱慶，那就是反政府的阿普拉黨似乎已經失去了工會的支持。可是沒有人知道該如何看待未來的合作社，或者該如何處理負責把它們建立起來的機構。未來的合作社成員們就更不用說了，畢竟我曾在卡亞爾蒂參加過他們所舉行的既冗長又談不出結果來的會議。他們還沒有**進入狀況**，不像占地農民的「公社」立刻重新占領了他們十年前在塔蘭博「入侵」過的土地、派遣代表加入莊園「特別委員會」，並且受到當局小心翼翼——甚至可謂是戒慎恐懼——的對待。其實每個人都只不過是見機行事罷了，而這或許是所有革命在早期階段的共同現象。

但這是一場革命嗎？是的，因為它驟然出現、幾乎沒有計畫，並且至少可給農村社會帶來深遠的潛在影響。不是的，畢竟它是被將軍們由上而下地施加給至今仍然被動的百姓，而且將軍們肯定不樂見任何已經失控，甚至遭到動員的群眾。傳到莊園內那些人耳中的消息是，「等到合作社來了以後」很快就會出現巨大的變化，變得更好的那種。

他們確信很快就會發生真正重大的事情，對政府抱持極大的信心。甚至在圖曼也是如此，但當地老一輩的人們一如既往堅定地站在老主人那邊。希望與未來的現實之間存在著很大的鴻溝。

人們非常迫不及待想要提出要求。在圖曼是模糊空洞與烏托邦式的要求，當地的家長式管理消失之後，只留下了一群貧窮無知的男男女女。在卡亞爾蒂和其他地點提出的要求卻很明確，因為工會長期以來已給予人們發言權、思考能力和歸屬感。帶著調查問卷來訪的社會學家們只能大搖其頭——每當有人問到勞動者的意見時，他們的回答都是：「去問工會。」不過一位見多識廣、花了十四年工夫處理蔗糖和稻米莊園勞資關係的有識之士卻持不同觀點。「在利馬的那些人以為，圖曼將會變成合作社的成功範例。我可不這麼認為。你不可能在沒有百姓參與的情況下進行這種行動。圖曼的那些人從來沒有為自己做事的經驗，他們始終都像孩子。」

合作社在哪裡能夠運作得最好呢？「在波馬爾卡。他們有一個積極的工會，而且有足夠的見識讓工人成為合作社組織委員會的大多數成員——其中甚至還包括 位女性。不像在其他的莊園，委員會成員只有白領階級和職員。等六個月再瞧瞧看吧。」

我不知道他是否正確，反正對秘魯以外的任何人來說，他正確與否都無關緊要。但他的基本觀點是有效的，而且適用於任何地方。巨大的社會變革不能光是由高層強行施加。改革所照顧的對象必須自行承擔責任。

土地改革——或其他任何形式的改革——若要能夠發揮作用，就必須是一項政治行動，而非僅僅是技術上或行政上的操作。秘魯政府的將軍們並不是唯一還需要記住這個基本教訓的人。

一九六九年十一月

25

秘魯有何新鮮事

What's New in Peru

在一九六〇年代，以拉丁美洲為題的寫作是一個快速成長的文學產業。這種成長的直接誘因來自菲德爾．卡斯楚。他扭轉了外國佬有關拉丁美洲革命應該是何模樣的傳統觀點，隨之也否定了歐洲人的固有成見——亦即認為對世界其他地區的人而言，格蘭德河以南發生的事情在政治上可以忽略不計。拉丁美洲從此不再只是歷史的客體，它成了歷史的主體。但由於並沒有立即迸發出普遍的社會革命，而且全面去殖民化也不再構成重大威脅（拉丁美洲大多數地區雖早已獲得政治獨立，卻仍舊是經濟上的殖民地），於是近來人們傾向於認為這一切都只不過是虛驚一場罷了。約翰．曼德於是將他的新書取名為《非革命社會：在一個變化世界中的拉丁美洲保守主義勢力》（一九六九）。卡洛斯．阿斯蒂茲則在其研究報告《秘魯政治中的施壓集團和權力精英》（一九六九），做出總結如下：

> ……秘魯目前的權力分配呈現出一個明顯的趨勢，將在很長一段時間內基本上維持現狀和之前的情況。……

無論是由上而下的革命或由下而上的革命，似乎都不會很快到來。

而在他匆匆補上的一篇關於現任軍政府的後記中，並沒有改變這個觀點。

這就是按照記者的（或外交官的、來訪專家的、情報官員的、社會科學博士的）時間尺度撰寫歷史時會遇到的陷阱。決定一個大陸未來發展的各種事物，並不會隨著我們不斷變化的短期希望、恐懼和政治判斷，於是便以相同的速度擺動。無論拉丁美洲實際可能發生什麼情況，許多關於拉美的事實都難以否認；其中大部分更是以極快的速度正在變化之中。尤其特別的是，拉丁美洲的人口成長率和城市化程度，高於世界上任何可相提並論的地區，除非出現意想不到的情況，否則拉丁美洲的經濟成長率將會低於——或至少不高於——其人口的成長。與發達國家相形之下，拉丁美洲在很大程度上正變得更加貧窮與落後，即便其停滯不前的現象或許並沒有像第三世界其他地區那麼嚴重。無論如何，它的政治上層結構仍舊是出了名的不穩定。這一切場景看起來都不像是屬於　個維持不變的保守穩定局面。……

但不管怎麼樣，我們能夠這樣子談論「拉丁美洲」嗎？從歷史的角度來看，這麼做當然不無道理——儘管存在著過於一概而論所產生的明顯侷限性，卻仍然比談論「歐洲」更有意義。……畢竟除了巴西之外，這塊大陸三個世紀以來都受到單一強權的殖民，並且在語言上、文化上、宗教上，以及其他一些機制方面水乳交融。這在其他任何同等大小的地區都是前所未有的現象。在此之後，包括巴西在內的拉丁美洲於一個世紀內成為另一個單一強權（英國）的經濟殖民地，接著直到今天又與另一個強權（美國）保持著類似的關係。這種基於共同的過去，並在西班牙語地區藉由共同語言而得到加強的泛拉丁美洲主義，直到今天仍然是該區域一股強大的意識形態力量，遠非其他任何地區的類似信仰所能及——唯獨在「阿拉伯人」那邊除外。……

另一方面，除非是使用於全球經濟分析的目的，否則現在應該到了暫時停止將拉丁美洲視為一個整體的時候。在政治上獨立的拉丁美洲從來都不是一個整體，甚至從來不曾看似將會成為一個整體。除了「低度開發」這個以千變萬化方式影響著拉美各地的普遍事實之外，拉丁美洲在過去和現在的一致性都是外部強加過來的東西。在目前的情況下，就拉丁美洲人而言是對美國主宰地位的共同恐懼和厭惡，就美國而言卻是習慣把所有這些共和國集體視為自己的帝國後院。在世界的其餘地區，即便一個世界強權也需要進行談判、劃清分界線、做出妥協，甚至打一場局部戰爭，因為還有別人的利益需要納入考量。拉丁美洲卻在政治或軍事上不容其他人置喙，而美國在不用核子戰爭的威脅嚇跑外來者之際，則只不過是對它進行「干預」而已。加州和巴塔哥尼亞之間的政治人物都知道，上帝、俄羅斯和中國（更不用說英國、法國、德國和日本）都很遙遠，只有美國就在附近。……

然而，共同的受害經驗並不會耗盡南美洲加上中美洲的所有地方特質。很幸運地，已有跡象表明，各種不同原因導致以特定拉美國家為主題的書籍紛紛出現，補充了關於拉丁美洲的一般性討論。那些書籍當中恰好有幾本涉及秘魯——它們雖然都撰寫於一九六八年的政變之前，卻還是出乎每個人意料之外地將該國放在政治關注的中心。

秘魯在許多方面是非正式帝國（或用現代術語來說是新殖民主義）下的經典範例。換言之，這意味著本地剝削與外國資本的共生關係。一九二〇年代以降，本地剝削來自「寡頭階級」。它結合了沿海莊園經營者、買辦，以及其他涉足國際貿易的逐利者，被嫁接到一批仍在高原地帶掌權的老資格準封建地主身上，於是同樣享有土地貴族的社會與政治地位。外國資本如今則主要來自北美。秘魯在政治上和經濟上分成了一個相對現代化的沿海地帶，以及廣大的印第安山區腹地，維持著自己的莊園、農奴、公社、礦山、貧窮與落後。

秘魯寡頭集團在拉丁美洲統治階級中獨樹一幟，依舊熱衷於自由貿易和反對政府干預經濟事務。這非但突顯出該集團極不情願納稅的態度，同時也表明它認為外國資本的支配就如同洪保德洋流[1]那般，是自然界既成的事實。（就連早年具有革命性質的阿普拉黨，也打算**利用**——而非**對抗**——美國的投資，以現代國家資本主義來替換老舊的準封建主義。）在其他任何國家尋找「民族資產階級」，甚至連尋找本土製造業的一個重要部門，都不會像在秘魯那樣白費工夫。外國人買下了秘魯的初級產品、為自己的業務建造和安裝設備，並日益為製造出來的商品拓展國內市場。回報就是幾百個克里奧家庭獲得了傳統上可供他們在巴黎揮霍的巨額收入，並且有權以自己喜歡的任何方式來欺壓他們的印第安人，若是在沿海地帶，就是以自己喜歡的任何方式來管理這個國家。至於沿海地帶規模較大的中間階層，則是為自己從大餅中分得了寒酸得多的一份。

如此合作一個多世紀下來所產生的種種結果，在不久前都還不引人注目，只有利馬市中心基本上完整保留了殖民地首都的模樣，直到一九六〇年代的房地產熱潮將之摧毀為止。這個合作關係創造出幾條壯觀的山區鐵路，成為維多利亞時代英國工程技術的紀念碑，此外還有沿海綠洲上一些效率極高的棉花和蔗糖莊園、在全球產量占比相對較小的若干金屬，以及大量的魚粉；同時，就面積和人口而言，它是拉丁美洲最落後的國家。除了少數幾個礦場，外國人對容納全國三分之二人口的印第安高原並無太大興趣，甚至連沿海地區的百姓也不是很好的廣告，不適合用來宣傳外國投資所帶來的經濟發展的好處。秘魯國內的社會不公不義和赤裸裸的苦難令人不寒而慄。如果有任何國家曾經需要——而且仍然需要——一場革命，那就是這個國家。然而事情似乎不太可能。

對秘魯統治階級的憤怒和蔑視，再加上了悲觀主義，促使阿根廷學者卡洛斯·阿斯蒂茲寫出他的那本書。像其他觀察者一樣，阿斯蒂茲也震撼於秘魯的巨大潛力、乏善可陳的成就、

1 譯註：洪保德洋流（Humboldt current）亦稱秘魯涼流、秘魯寒流或洪堡涼流，從智利南部湧向秘魯北部。

對美國的百般依賴，以及明顯無力實現任何重大的政治變革。這種感受從何而來？莫非來自脆弱的中產階級，因為他們滿足於跟著他們所依賴的外國人和寡頭亦步亦趨，更不用說是為了在臃腫而無當的文人和軍方官僚體系謀得一官半職而自滿——反正如同在所有的欠發達國家，官僚機構存在的目的不正是為了提供工作給他們嗎？來自養尊處優、有組織、能夠在體制內討價還價的少數種植園工人和工業工人？來自早就成為政治詭詐的一部分，並已被美國收買的阿普拉黨？來自軟弱、孤立和日益裂解的革命左派？

可是阿斯蒂茲的悲觀態度顯然並不正確，因為自從一九六八年以來發生了各種巨大的變化，但根據該書的講法，那些變化是我們既無法預料甚至不能期待的。截至目前為止，它們毫無疑問都只是**風格**上的、而非實質內容上的變化。現在為所取得的各種成就鼓掌叫好還為時過早，因為其出發點明顯有別於土地改革（但也必須提醒懷疑論者的是，現在同樣不能急著把將軍們的反帝國主義一筆勾銷）。雖然如此，還是有了一些驚人的變化。誰能料想到，秘魯政府竟然會挑起與美國的對抗，儘管其目的只是為了達成一筆更好的交易？（以阿斯蒂茲為例，他便未能發現利馬與華盛頓在二十世紀外交政策上所曾有過的任何**意見相左**之處。）誰能料想到，秘魯軍方竟然會徵收甘蔗種植園，而且不光是格雷斯和吉爾德邁斯特，甚至連大寡頭家族所屬的那些也不例外？畢竟就秘魯的政治而言，徵收圖曼莊園一事非同小可的程度，就好比將通用電氣位於紐約州斯克內克塔迪的工廠國有化對美國政壇所產生的影響。誰又能料想到，秘魯政府竟然會把報紙交給合作社經營，並且像現任政府一般地認真考慮讓文盲享有投票權？

秘魯政治中的新因素並不僅僅在於軍方領導人轉向了反帝愛國主義和「發展主義」。因為這在拉丁美洲軍官之間已不再罕見，他們如今是一個中產階級團體，遠離了昔日刻板僵硬的貴族作風或粗暴蠻橫的潛在「考迪羅」。真正的新因素就是遭到遺忘的大多數秘魯人，那些留在家園或移居外地的印第安農民，開始進入了政治。他們在國家生活中真正起的作用總是潛力十足，儘管實際上通常可以忽略不計。該政權的弱點始終在於無法穩定掌握那些鬱悶不樂、無能為力、心有不甘的印第安群眾，他們的頻繁叛亂則幾乎從來沒有被歷史學家記錄下來。寡頭階級的秘魯就像沙皇俄國那般，也生活在火山上，僅僅因為農民的造反行動缺乏領導人，再加上其行動的地域性、短暫性和政治上的無足輕重，才確保了它的安全。

左派雖然知道印第安人的重要性，卻未能有效地動員他們。秘魯殖民經濟的第一個重大轉折，即以美國為導向的沿海地區，贏過了在奧古斯托·貝納爾迪諾·萊吉亞的統治下（一九一九～一九三〇），半封建、以英國為導向的高原地區——這個轉折使得群眾首度現身成為秘魯政治中的一個重要因素。而這足以刺激拉丁美洲產生兩個獨特的現象：拉美大陸最具原創性的社會主義思想家何塞·馬里亞特吉源自本土、但是受到義大利影響的馬克思主義；以及第一個真正的左翼群眾政黨，阿亞·德拉托雷的阿普拉黨。但無論是阿普拉黨，還是馬里亞特吉規模小了許多的共產黨，都未能成功闖入高地印第安群體——即便共產黨在南方建立了一些橋頭堡(特別是在庫斯科那個傳統的印第安重鎮),成為日後更廣大農民運動的基地。印第安人仍然被排除在國家之外,排除在公民身分之外——他們不僅遭到遺忘,而且在政治上幾乎無從察覺到他們。

二十世紀五〇年代和六〇年代的社會地震為他們的政治動員提供了更堅實的基礎。高地社會有史以來第一次分崩離析,而印第安人向沿海城市的大規模遷移就最生動地證明了這一點。一九五六至一九六一年之間,利馬生活在棚戶區的居民人數從大約十二萬人(百分之十)增加到四十萬人上下(百分之二十六)。這個時期的關鍵現象在於高地農民的大規模起事主要是透過一系列分散的「土地入侵」行動——它們開始於一九五〇年代末葉,在一九六三和一九六四年達到巔峰。此階段大約有三十萬農民參與,除了一個高地省分之外,所有高地省分都被捲入其中。

不那麼引人注目、但在政治上同樣意義重大的是喬洛人的出現。他們是印第安人的小資產階級,明顯不同於構成傳統統治階級的梅斯蒂索人和較罕見的白人,首度為當地農民提供了政治領導幹部(或政治領袖)。愛德華・迪尤的《阿爾蒂普拉諾高原的政治:秘魯農村變革的動力》(一九六九)是一份非常有趣的報告,探討了這個社會階層在廣受研究的普諾大區崛起之經過,並且特別談論到卡塞雷斯兄弟的事業生涯——他們的「農民陣線」曾在地方選舉中橫掃了普諾大區的絕大多數省分。迪尤先生那本書雖然相當平實,但他很幸運地於印第安人社會覺醒的時刻,在印第安人口稠密聚居的一個重要地區觀察到了當地草根政治,而且讓我們可以從他的觀察中受益。

隨著印第安人在一九六〇年代有了政治上的能見度，秘魯政治的參數出現了改變。人們第一次不得不認真看待社會火山的轟隆聲，因為它已經表明自己可能會噴發。與此同時，如今出現了繞過現存政治體制的可能性，從而或許有機會把秘魯從落後、從屬的狀態解脫出來；這是除了寡頭集團之外，每一個人的共同目標。貝朗德政府（一九六二～一九六八）之所以會落到失敗的下場，主要是因為它被自己所屬的體制癱瘓了。當初是軍方把它扶植起來，最後又由軍方自行接管。沒有其他人能做到這一點。

有別於一九六四年巴西將軍們的政變，秘魯的接管政權行動並非針對迫在眉睫的革命危機而發——無論此危機是真實的還是想像出來的。軍隊當然不會害怕阿普拉黨，畢竟那隻力量薄弱的紙老虎雖曾多次有過贏得大選的機會，卻總是向軍方的否決權屈服。軍隊同樣不會被革命左派給嚇倒，因為它早已證明自己只要一離開大學校園便無能為力。在一九五八至一九六四年，左派除了引爆它自己控制不了的農民運動之外做不出更多事情；在一九六五年又完全未能發起一場有效的鄉村游擊隊運動——埃克托．貝哈爾在其《秘魯一九六五年：游擊隊經歷筆記》（一九七〇）那本小書便對此做出了悲劇性的展示。貝哈爾先生是一個小型游擊隊運動的領導人，參加過一九六五年的流產起義，在牢房內（他現在仍關在裡面）有閒暇時間來反思一九六五年的失敗經驗，並且針對其團隊在安地斯山區的不愉快遭遇提出了一份寶貴的報告。一九六〇年代拉丁美洲游擊隊具體經歷的相關文獻仍屈指可數，他那本書是重要的補充。但儘管如此，我們還是需要提醒自己（最好是藉由推出哈科沃．阿里納斯《哥倫比亞：人民游擊隊》那本近作的英譯版[2]），此類運動並非全都像在秘魯那樣的不專業或不成功。

秘魯的將軍們無論過去和現在都害怕一場社會革命——一場有朝一日或許將由左派出面領導的社會革命。因為正如貝哈爾也已表明的，農民支持起事行動的潛力十分巨大。但將軍們依舊有時間釜底抽薪地以土地改革的方式來遏止革命，而且馬里亞特吉與阿亞．德拉托雷以降，每一位秘魯知識分子都清楚知道，此舉同時也將摧毀寡頭階層的政治力量。

將軍們是在政治穩定的時候上台掌權。他們仍然享受著這種寧靜，這或許對其政治凝聚力而言是幸運的，對其前景來說卻不怎麼幸運。即便進步的將軍們通常也樂見平民保持安靜，然而進步的將軍們也可能因為平民願意代表他們走上街頭，於是被其從反動將軍的陣營拯救出來。直到不久前，美國礦業巨頭塞羅德帕斯科公司[3]的工人們才開始大規模動員，產生了無法預見的後果。

將軍們究竟想做些什麼呢？其中一位在一九七〇年二月二十日的法國《世界報》解釋了他們的目標：

> 我們發現了一九六五年游擊隊造反的深層原因：貧窮、對大眾的可恥剝削、老舊結構

所帶來的社會不公……。共產主義不是秘魯的問題解決方案。我們的目標於是非常明確：我們必須與對外國的依賴進行鬥爭，因為那是經濟發展落後的根源。這意味著我們必須對抗罔顧秘魯利益的外國利益團體，主要是北美的那些。同時這又意味著我們必須對抗本地的寡頭集團，因為它與外國勢力有著密切的聯繫。

換句話說，他們的消極目標是及時透過改革來避免社會爆炸，並在更直接和更顯著的層面上擊破他們的老對手阿普拉黨；其積極目標則是藉由有計畫的國家資本主義來開發國家資源，以及用比過去更優惠的條件獲得外國援助，並將其直接使用於對秘魯經濟更有利的目的。

至於他們或其他人是否明白到底該如何實現這些目標，那就是另外一個問題了。他們在秘魯內政方面施展強硬手腕，在國際關係上卻小心翼翼地擺出低姿態。就國內而言，將軍們既然缺乏有效的反對派或替代者，其主要問題因而是：他們在不動員潛在支持群眾的情況下能夠走多遠？他們迄今仍未試圖動員群眾，既沒有為領導者建立群眾魅力（那可能會讓其同僚們心生不滿），也沒有組成任何群眾運動或政黨（恐將在創造朋友的同時創造出敵人）。在

2 譯註：該書是以法文出版：Jacobo Arenas, *Colombie Guerillas du Peuple*. Paris, 1969。

3 譯註：塞羅德帕斯科公司（Cerro de Pasco Corporation）成立於一九〇二年（其投資者包括了J．P．摩根公司），壟斷了塞羅德帕斯地區的礦藏。該公司曾經是秘魯最重要的外資企業和僅次於秘魯政府的全國第二大僱主，進而插手干預秘魯的經濟、內政、外交，遂引發民怨。塞羅德帕斯科公司最後在一九七四年一月一日被軍政府國有化。

國際間，他們卻非常容易受制於美國的壓力（例如取消食糖配額），更何況他們當然不樂意面對經濟失調。但萬一壓力太大，他們很可能會不惜面對經濟失調，反正其主要的外交資產就是「有迅速向左轉之虞」。

美國不希望在那麼一個位置遙遠、無法採取快速而廉價軍事干預行動的國家遭遇大麻煩。尤有甚者，許多拉丁美洲人已將目光投向利馬，正在期待激進反帝國主義的示範效果。那些人當中還包括了不同國家深具影響力的軍官們，而他們目前的政治觀點還沒有像秘魯在三年前那樣具有煽動性。但誰又能夠忘記，古巴的卡斯楚和埃及的納瑟被逼得太緊之後去了哪裡呢？因此，華盛頓當局和軍事執政團都心懷戒慎恐懼，雙方都在爭取時間，希望找到一個解決方案來避免衝突。

有可能找到這樣一個方案嗎？理論上有可能。美國已準備把現有的寡頭政治和落後的高地農業體制一筆勾銷。秘魯的將軍們則顯然優先考慮北美的投資和技術開發，而且正如夸霍內銅礦協議所表明的，美國投資者並非無法接受將軍們的條件。沒有人會因為任何美國財產遭到接管而計畫調動海軍陸戰隊，更何況派遣海軍陸戰隊出動並不是那麼容易的事情。既然甘迺迪（已失敗的）政策是鼓勵反共但「經濟上務實」的民主改革者——例如阿普拉黨類型的領導人和基督教民主黨人——那麼尼克森的政策為什麼不能鼓勵改革派的軍政府呢？畢竟就宣傳效果而言，這比起支持巴西的那批嚴刑拷打者高明多了。

這種前景或許是華盛頓能夠接受的。其中的困難則在於，它無法立即為秘魯因落後所造成的經濟、社會和政治問題提供解決辦法，然而那些問題嚴重得非比尋常。不過它可提供緩衝時間，這對一個（不可避免）還在即興發揮、摸索前進的政權來說十分寶貴。它帶來了土地改革（或更確切地說，是高地大莊園的拆分以及沿海農工種植園的所有權轉移），但無論此項措施本身多麼受到歡迎，依舊並非解決秘魯印第安人問題的適當辦法。

土地問題不再是這個國家唯一的重大問題，如今它早已和秘魯社會的其他各種問題糾纏在一起而難分難解。對這些問題而言，目前所找到的解決方案只不過是替同一種理論提供了另外一個升級版，此即帝國主義可於某種程度上，在一個低度開發國家成為國家資本主義的第一階段。秘魯的歷史並不能激發人們對此理論的信心。它反而顯示出，如果不想永久處於相對低度開發的狀態，就必須打破那個經濟自由主義與對外依賴的結合體。

秘魯的改革者無論穿著軍裝與否，都非常清楚這一點。美國的利益和秘魯的利益並不一致。不論雙方多麼有技巧地進行對抗，那終究將只會是一場對抗，而且如果將軍們果真把自己的計畫付諸實施，很可能會產生一種內部動力，以致妨礙到雙方的以禮相待。但如果不對抗的話，維拉斯科總統及其同僚將無法實現他們已經設定的目標。秘魯仍然迫切需要並渴望見到那場社會革命。不管是以和平還是暴力的方式，它早就應該發生了。

一九七〇年五月

26

秘魯：奇特的「革命」

Peru: The Peculiar 'Revolution'

一

當智利的馬克思主義政府對迄今取得的成就——甚至對自己的意圖——保持審慎態度之際，秘魯軍政府卻對自己正在做的事情毫不懷疑。它正在進行秘魯革命。秘魯政府不會滿足於更低的要求，並對任何暗示它僅僅是改革派的說法表示不滿。我在最近一次前往訪問的時候，向來自總統諮詢委員會的一些官員提出詢問：他們希望在多大程度上繼續推動變革的進程？其答案為：直到國家的各個方面都發生了根本性的變化為止。

只要革命可以被定義為經濟上、社會上和制度上的結構變革，那麼這種觀點就能夠成立。將軍們已經改變了秘魯，其程度更甚於納粹改變了德國或裴隆改變了阿根廷。（此項對比並不表示這些政權之間有任何相似之處，反而讓人對秘魯將軍們正在「走向法西斯主義」的輕率預測表示懷疑——不管那到底意味著什麼。）另一方面，若說各種革命都是群眾的運動，那麼秘魯的進程顯然不屬於其中的一部分。它甚至不是如同史達林的集體化或毛澤東的文化大革命之類的，「由上而下的革命」。政府沒有大規模動員民眾力量，亦未曾出現與大規模抵抗運動或頑固對手的鬥爭。群眾就只是置身於已經發生的變革之外。

秘魯軍政府執政三年以來，大部分時間都在政治真空中運作。該政權是一個有組織的軍官聯合體之代言人，這些軍官性質不詳，卻清楚地代表著全國武裝力量。軍政府在一九六八年十月接管了政權，沒有異議紛擾、沒有遇上麻煩，因為別無其他人選，而且如此反倒讓百姓感到寬慰。費爾南多．貝朗德．特里的改革派政府雖然是在一九六二至一九六三年被軍方擁戴上台，而且本來繼續受其支持，卻很快就變得既無能為力又效率低落。縱使軍方跟阿亞．德拉托雷的阿普拉黨沒有多年來的嫌隙，這個主要政黨也絕非替代選項。它同樣已經破產了——現在就連長年對它提供支持的甘迺迪派美國自由主義者也已承認這個事實。[1]一九六五年的游擊隊起事更已證明馬克思主義或卡斯楚主義的左派是一支可以忽略不計的革命力量，甚至連其工人階級少數派壓力團體的角色也因而變得相對不重要。

如今必須做出改變，但既然實在沒有其他勢力願意或能夠上場，將軍們就自己接手了。他們廢除議會、選舉和政黨政治的上層結構，但並未觸及政黨本身。沒有多少秘魯人對舊政體的消逝感到遺憾，因為人們普遍認為它與軍政府的主要差別，就在於其貪腐更加惡形惡狀。政治上的反對派則乾脆逐漸淡出，幾乎不再是個值得認真看待的因素。阿普拉黨已半退隱到自己習以為常的觀望地位（*attentisme*），等待更好的時光出現——就像與它有幾分相近的昔日德國社會民主黨，在什麼也不做和做不了什麼的時候，還有自信能夠保留大量的忠實支持者。

各個極左派團體在政治上仍舊微不足道，但它們或許比較不像從前那樣傾向於互相割喉競爭。親莫斯科的共產黨是唯一努力保持獨立存在的政治團體，而這在很大程度上歸功於它在秘魯總工會中的影響力——但該組織不可與阿普拉黨旗下似乎正在衰落中的「秘魯工人聯合會」混為一談。可是共產黨支持將軍們，而且無論如何都沒有辦法提供一個實際的替代方案。事實上，只要武裝力量保持團結，便無法預見軍事政權被取代的前景。

這有助於解釋軍政府最令人瞠目結舌的一項特色：在其維護下，公民自由的程度非比尋常。看來，將軍們真的非常重視此事，並且對他們的自由主義引以為豪。不僅迄今被殺害或監禁的人數比平民政府時代少了許多，秘魯目前的情況也優於大多數拉丁美洲國家政府的表現。但若期望他們交出一份完全清白無瑕的紀錄，則未免過於強人所難。目前仍存在著一些或舊或新的政治犯、若干海外流亡者，而且雖然沒有了新聞審查制度，非官方的媒體卻還是謹言慎行（儘管並不像在墨西哥之類的國家那樣舌頭打結），只剩下了圖文並茂的《面具雜誌》把少女、時尚與相當不受羈束的政治評論結合在一起。

任何關於秘魯在一九七一年是個專制國家的說法都在胡扯。秘魯當然隨時可能會變成那樣，沒有任何東西能夠阻止它。的確，甚至在今日仍有某些將軍或其他人可能會爭辯說，縱使把若干比較找麻煩的工會成員或極左派積極分子丟進監獄一段時間，這個國家仍然可以繼續保持其自由派的聲譽。不過截至目前為止，軍政府的紀錄還是好得出奇。

畢竟如果沒有反對意見，也就不會有真正的支持。某些人加入了將軍們的陣營，諸如來自舊政黨的若干平民、來自社會進步派之類小團體的眾多幹部、少數左翼知識分子（其中幾乎不可避免地包括了演化出另一種理論立場的前托洛茨基派），再加上一九六五年的游擊隊領導人之一，埃克托．貝哈爾。總體而言，馬克思主義左派依舊抱持反對態度。共產黨雖然是其中的主要例外，但它結合了批判性的支持和組織的獨立性，以致未能得到政府的青睞。不那麼具有宗派性質、兩年前湧入某些土地改革組織的學運活動分子，則傾向於在幻想破滅後悄然退出。不涉足政治的城鄉群眾很可能認為現任政府比前幾任都要更好，並接受它是唯一可望持續很長一段時間的政府。但今天人們對未來的期待，恐怕已低於兩年前土地改革最初幾個月的那段時間了。

這在大城市並不特別令人驚訝，尤其是在住有百分之二十秘魯人的利馬。軍方接管政權之前，利馬大約有百分之四十的居民處於未充分就業或失業狀態，以及有大約同樣百分比的人口生活在從草棚到土坯屋之類的任何東西裡面。[2]此後隨著大量的移民不斷從鄉間湧入，失業率持續上升，實得工資則幾乎肯定沒有增加。近來在食品供應方面的一些難題讓生活變得更不容易。一九六〇年代顯然變得更糟的住房情況不但令人震驚，而且從城市建築工地不斷遭到大規模入侵一事即可看出，它根本就是個不定時炸彈。政府在一九七一年所面臨最接近政治危機的情況源自一起占地事件，它導致一位積極從事社會運動的主教短暫被捕（逮捕他的那位耀武揚威的內政部長很快就被免職），並立即促成一些廣受宣傳的措施，諸如提供建築用地、道路、公共設施等等。總統更親自前往利馬市的薩爾瓦多新市區參觀視察。

農民繼續維持被動一事並不像表面上看起來那麼令人驚訝（農民或許比兩年前期待更少且更缺乏積極性，但秘魯印第安人還很難判斷）。土地改革的確既真實又深刻，而且穩步朝向在一九七五年之前徵收所有大型莊園的目標邁進。儘管整體而言它不像在智利那麼具有戲劇性，[3]但就對地主寡頭階級進行的攻擊而言，其激進與熱烈的程度絕不遜色——寡頭階級已在鄉間的大部分地區被掃地出門，不再是一股社會和政治的力量。這無疑是農村生活的重大變化，情況正如同各種類型的合作社取代了高地和海岸的昔日莊園一般。

農民缺乏積極性的原因有三。首先，他們大多數人還沒有獲得任何土地。自一九六九年以來受益的共計四萬四千戶人家，數量雖然比智利在「自由革命」六年期間得到土地的三萬個家庭多出許多，卻只占理論上有權根據改革規定來要求土地的大約八十萬戶當中的一小部分。其次，農民眼中的土地改革實質上就是瓜分土地，當局者的觀點卻並非如此，更何況官方的合作社政策所引起的懷疑多過了喜悅。農民傾向於竭盡所能跟任何政府保持距離，而合作社被認為是政府的一部分。

第三，對居住在被徵收土地上的人來說，受到來自政府（或理論上甚至來自合作社年度股東大會）的技術人員管轄，似乎無異於受到不在地地主僱用的技術人員管轄。他們的老闆依舊是某某工程師，若非昔日經營同一座莊園的那個人，很可能也是從前經營過其他莊園的人。我向一家大牧場的僕役問起他如今加入的那個合作社，他回答說：「什麼合作社？」同一個「社會公益農業協會」[1]堪稱為改革的展示場，這名昔日牧場工人的態度卻是：「好吧，他們說我們現在是老闆了。但我們是只接受命令而不發出任何命令的老闆。」

更出乎意料的是另外一個階級的被動性。該階級可能是當今政權最明顯的受益者，即便它在貝朗德的統治下也已經過著不錯的日子——此即由喬洛人構成的城市化與現代化的印第安中間階層。[2]印第安富農和鄉村企業家的子弟們擠滿各所大型大學（那些大學的學生人數自從一九四〇年代以來已成長十五倍），替極端激進但為時短暫的毛派學生提供了社會基礎，而那些學生一畢業就迅速轉變成體面的公民。利馬城外成倍數增加的鄉村俱樂部就是以老資格克里奧中產階級和外籍管理高層的類似設施為榜樣，裡面滿滿都是喬洛家庭的成員。那些人從超載的汽車裡蜂湧而出，準備過去消磨整個星期天。其風格類似法國馬恩河畔的印象派餐廳，在多方面仍具有大眾化色彩：都是些小商人、專業人士，也許主要是官僚人員。

與前幾代人不同的是，新喬洛人似乎並不鄙視、也不會想要切斷自己與印第安血脈的聯繫。大多數的成年人除西班牙語之外或許也繼續說蓋楚瓦語，而且肯定喜好「老家」的音樂和舞蹈，那些音樂和舞蹈則依舊是秘魯流行娛樂產業的基礎。法蘭斯瓦·布里科在一九六〇年代使用「喬洛」一詞時注意到，「輕蔑和居高臨下的陰影」正在迅速消失。軍政府積極地支持印第安人（儘管在土地改革的最高階層只有一位印第安人），致力於把印加人理想化，正如同墨西哥官方理想化阿茲特克人一般，但軍政府有著更好的理由，而且很幸運地擁有一位合適的文化英雄——偉大的起義者圖帕克·阿馬魯。軍政府甚至還正在計畫進行雙語教學。

喬洛中間階層對秘魯革命缺乏任何明顯的熱情，而這可能是因為該政權迄今仍未顯著提升喬洛人已經享有的「改善自我」可能性，只有極少數具備技術資格的專業人士群體例外。他們當中的大多數人——至少在利馬——繼續過著奮鬥的生活，對抗著低工資、大家庭、高物價、惡劣的生活條件、沒完沒了的上下班往返行程，以及時而不穩定的物資供應。像大多數秘魯人一樣（敵對的學生除外），他們並不反對政府，但他們也不會積極支持。

1 「社會公益農業協會」（Sociedad Agrícola de Interés Social, SAIS）是一種特殊的合作社形式。它把非常巨大的莊園或各式各樣莊園名下的土地轉移給其昔日的佃戶或傭工（他們在大型牧場的人數可能不多），以及鄰近的農民公社，從而「彌補了一個地區的社會經濟不平等，並且根據身為集體企業共同擁有者的每一個農民群體之發展需求，來分配集體企業的利潤」。

2 法蘭斯瓦·布里科（François Bourricaud）以「喬洛化」（*cholification*）的概念為基礎，對秘魯進行了完整的社會學解釋。他將「喬洛人」（*cholos*）定義為「那些出身自原住民階層，但具備某些社會和文化屬性，因而能夠『改善自我』並獲得更高地位的人」（《當代秘魯的權力與社會》，一九七〇，頁二二）。這本充滿智慧的書初版於一九六七年問世，總結了一九六〇年代的情況，從而有助於了解自那時以來發生的巨大變化。

將軍們越來越對圍繞著他們的政治空虛感到擔憂。其原因不僅僅在於，一個真心誠意致力於讓全體秘魯百姓過著人性化生活的政府——而且至少是該國在每個人記憶中所曾有過的最好政府——免不了會希望獲得更多讚賞。他們知道，缺乏大眾的積極支持會導致他們的任務更加艱難。即使像「秘魯革命」這樣的一場革命，難道真的只需要坐上國家這輛車子，然後讓它朝著所需的方向行進就可以大功告成嗎？在律師和技術人員陪同下，有條不紊、和平向前邁進的秘魯官僚們將會因為有系統地製作出豐富文獻而受到歷史學家的祝福；可是當我這個觀察者置身在一間土地改革區域辦公室，查閱一排排井然有序的檔案文件之際，禁不住向自己問道：革命真的是這樣製造出來的嗎？

事實上，軍政府知道它並不是這樣。軍方缺乏任何真正來自底層的動力或明顯的社會基礎，就已經被推向了一個幾乎獨一無二的角色——它不僅僅告訴百姓該怎麼做，實際上它本身就是政府和行政部門。非但所有的部長全部是高級軍官，就連較低層級的決策者也都是穿著軍服的上校、上尉或中尉。他們必須這麼做，因為無論編制內的行政人員多麼忠誠有效率，都不能指望那些人會為自己注入所需的活力。

有人可能會說，現代軍隊這個日益官僚化的組織已在秘魯接受自己的命運，實際上變成了一個官僚機構。但它並不想這麼做。總統諮詢委員會的官員們強調，在軍官們有辦法把行政工作交還給平民並重返軍事崗位之前，將不會因為他們必須同時執行民政工作，而修改招募、晉升與培訓軍官的資格標準。我毫不懷疑這就是他們所想要的。但看樣子，他們不可能長時間這麼做下去。

儘管如此，他們還是需要人民。歷經好幾個月艱難曲折的幕後討論，軍政府終於在一九七一年夏天推出了一項細節仍待補足的「社會動員」計畫。該計畫將為各種已經把自己命運交給政府的左翼平民提供用武之地，即便它是由一位名叫列奧尼達斯・羅德里格斯的將軍出面主導。但可以預期的是，等到那位英俊的將領把他的新職務與裝甲師指揮權結合起來，我們還會聽到更多關於他的消息。任何軍事政變都不太可能有機會擊敗這一個師的部隊。沒有人確切知道，動員了人民之後到底該做些什麼。但那肯定不會是一個政黨或一場「運動」。

它肯定不會透過任何現有的政黨、派系或獨立組織、工會、農民聯盟之類的團體來運作。政府缺乏自己的民間組織和幹部，也不願將「社會動員」交付給自己無法控制的勢力，尤其是它所害怕的敵人（例如在秘魯最接近群眾政黨的阿普拉黨），或是它不信任的支持者——例如共產黨。（政府對「革命保衛委員會」的態度明顯特別冷淡。該委員會曾經一度受到共產黨的聲援，但從此以後就逐漸淡出了人們的視線。）

官方迄今的聲明和評論都非常含糊不清（諸如「在這個漫長而艱難的過程中，將會出現許多複雜的問題……」、「為創造有利條件做出貢獻，以促進自發性民間組織的出現」等等）。據推測，「動員」將透過由政府創造或贊助的一些團體來進行，像是各種合作社、「工業共同體」，以及棚戶區（如今稱為「年輕城鎮」）的社區組織等等。事實上，誰也不清楚其究竟，只能希望某些事情將會有所開展。

二

即將可能出現的開展取決於政府及其「秘魯革命」的性質。這是一個經常受到左派討論的問題，然而除了卡斯楚和老式共產黨人，其他人都對將軍們抱持比較負面的看法。左派人士認為他們是資產階級改革者，此外如今昭然若揭的是（其自我揭露的時間因評論者而異），他們將不會演變成左翼進步民族主義者，反而於依附新版本全球帝國主義之際同時尋找新的利基。此類論點是由秘魯極左派的同情者以非常天真——或比較複雜但仍在循環論證——的方式所提出。[4]同樣的論點也被阿尼拔．吉哈諾以令人欽佩的清晰理智方式加以提出，其《秘魯的民族主義與資本主義：新帝國主義研究》（一九七二）一書分析了該政權直到一九七一年春季為止的經濟政策，為反對派的立場做出了最佳陳述。

所有這些論點都傾向於假設：（一）秘魯軍方不得不支持資本主義，因為他們拒絕支持社會主義；（二）他們渴望秘魯面對的國際局勢只能被形容成「新帝國主義」；以及（三）秘魯經濟極有可能建立在（仰人鼻息的）本土資產階級基礎上。在某種程度上，此類假設過於簡化了一個非常複雜同時很不明確的情況。

左派的爭論和不確定性的存在，表明了形勢的複雜性。秘魯軍方無庸置疑是真正的改革者，其方案同時卻也幾乎不可能讓人信服。但儘管如此，將軍們仍對之深信不疑，以驚人的一致性堅持了下去，並且保留很大的戰術靈活性。那些聲稱察覺他們已明顯向右轉的人（或較罕見地聲稱他們向左轉的人），傾向於把戰術上的曲折迂迴與大方向的改變混為一談。然而路徑其實已經標示得夠清楚，足以讓人看出軍政府想要走向何方。

胡安．維拉斯科．阿爾瓦拉多總統政權的論點可簡單總結如下。[3] 秘魯在一九六八年以前是資本主義國家，並且在資本主義的影響下依賴成性、低度開發、貧窮落後。於是他的政權既反資本主義又具有革命性，因為僅僅「現代化」是沒有意義的事情，只會讓產生所有這些弊端的體系苟延殘喘下去。讓秘魯不斷陷入困境的機制則是本土寡頭階層與外國帝國主義的結合體。（「秘魯不是始終處於一小群秘魯人的統治之下，而那些人靠著欺壓我們的百姓致富，並且把國家財富抵押給外國人嗎？」）該政權是以明顯真誠的熱情反對寡頭政治，理由並不在於其經濟效率低下，而是因為它構成了帝國主義剝削鏈的關鍵環節。

其土地改革的新穎之處不在於技術方面，而在於政治方面。貝朗德的改革除了只停留在

3 他的每一篇公開演說幾乎都以不同的方式重複這些論點，但我特別關注的是一九七〇年獨立日，以及一九七一年土地改革兩週年紀念日的總統致詞。

紙面上，還專門豁免了國內外主要寡頭位於沿岸地帶的高效率現代蔗糖種植園。將軍們一開始進行土地改革就把這些種植園充公，因為它們代表著最有效率也因而最危險的那些寡頭。另一方面，由於普遍反極權體制的緣故，新秘魯肯定不是共產主義國家。除此之外，這兩種體制目前並非特別具有吸引力的模式：「二者今日都明顯出現了衰弱和危機的症狀。」

軍方給出的答案除了「既非資本主義，亦非共產主義」這個毫無意義的用語，其餘都不太容易簡單描述，有許多讓人回想起將軍們還年輕的時候、在兩次世界大戰之間的社會天主教主義（social Catholicism）。它夢想著要對資方與勞方進行協調，使之在社會有機體中成為相互依存、功能上不可或缺的部分，所以對階級鬥爭或派系壓力團體的機構懷有深深的不信任感。它針對經濟組織的形式進行探索，以便消除（或化解）僱主與工人之間的矛盾關係，在大企業內尤其如此。因此，它對「合作組織」充滿熱情，而且這個用語表明了所有那方面的事情。但它的語意不清和模稜兩可也足以涵蓋一切，從事實上的技術官僚管理一直到集體農場皆然。

儘管如此，反科技的傳統主義雖然在過去經常伴隨此類意識形態出現，這次卻付之闕如。「秘魯主義」並非立基於對延續性以及對昔日公社的訴求，在那些方面甚至幾乎找不到任何可對該政權產生激勵作用的因素——其中或許只有受壓迫、被剝削，而且仍在掙扎中的秘魯（印第安）百姓是例外。不過，該政權對平民百姓的同情心，並未延伸及於農民的傳統主義。

這個積極的方案要麼過於模糊，要麼過於脫離現實。因此問題並不怎麼在於該政權想要達到什麼，而在於它的努力可能會產生什麼結果，而且這些結果必然會有所不同。更何況「從帝國主義桎梏和不發達狀態解放出來的秘魯」以及「一個和諧的社會有機體」這兩大目標並不會自動趨向一致，反而可能出現矛盾。來自左派的批評者認為，由於該政權不屬於社會主義或共產主義（儘管很難找到它實際放棄社會主義的聲明），它只有透過某種形式的資本主義才可發展下去，而且必須以某種方式持續依賴帝國主義。比較天真的左派批評者還罔顧所有證據，把政府宣示的目標看成是個幌子，認為其不過是為了使新版本的依附資本主義方式更能夠符合大眾口味。

來自左派的支持者則抱持較審慎的態度，認為反帝國主義是真的，迄今的改革「是進步的」、或至少與一個進步政府所該做的事情並無扞格之處，而且其立場的思維邏輯可能會把該政權推向左邊。當然同樣有可能的情況是，將軍們恐怕會在面對交叉路口的時候轉錯了方向，但交叉路口還沒有出現。

這些論點說明了，一個不願意被納入任何已知分析範疇的政權，在歸類的時候有多麼困難——但或許也正是因為相關範疇還不存在的緣故。事實是，該政權正設法填補一個真空地帶。即便它有意代表秘魯資產階級或以其名義行事，也很難做到這一點：該政權將只能自己設法取代它的位置，因為秘魯根本不存在民族資產階級。秘魯沒有任何社會現象類似於普遍認知下的革命，至於反革命就更不用說了，甚至連深思熟慮藉由改革來阻止革命的企圖都沒有——儘管某些將軍們心中的確如此盤算。

該政權於是**取代了**革命。革命未曾在一九六〇至一九六三年之間爆發，僅僅留下了一種必要性，表明應該系統化地做出某些改變，而這是其他任何人都辦不到的事情。一九六〇年代初期一連串農民起事在政治上的意義無非是各種局部騷亂累積產生的效應，它們在經濟上和社會上扼殺了傳統的高地大莊園結構，而且業主們非常清楚地意識到這一點。可是農民自己無法埋葬它正在腐爛的屍體。軍方不得不親自接管一個破產的政治體制，除了回應外國企業和本土寡頭帶來的壓力，他們完全束手無策。正如我們已經看到的，他們甚至還必須取代整個國家機器。軍官們唯一真正能夠「代表」的對象，大致就是跟他們一樣的人，亦即從事公職生涯、具有一般下層地方中產階級出身背景的專業人士。但此事本身無法讓我們產生更多理解。

軍方唯一無法取代的勢力是工人階級和各種勞工運動，因為他們早已存在於社會中，而且除了學生之外，只有他們仍舊在新體制下維持著自己的獨立機構。所以政府對阿普拉黨和共產黨同時抱持懷疑態度，畢竟二者在本質上都是以無產階級為基礎（一九六〇年代有組織的農民運動已經瓦解），而且它對工會更是深深不信任。在政治上，規模較小的秘魯工人階級並不是一個嚴重問題。不同於智利勞工階層，秘魯工人階級沒有為任何替代政府提供基礎，它最強有力的組成部分，也就是沿海地帶「農工複合」莊園內的礦工與工人，分別有約五萬名和三萬名成年男性的勞工貴族。但他們有別於農民，不僅構成一股渾然天成的力量，還進而透過工會產生了一種有組織和結構的力量。最起碼他們擁有可以被責怪的領導者。

正如秘魯軍事統治者們在談話中所表明的那樣，他們無法理解工會，而且希望工會根本不存在。他們與工會的關係突顯出秘魯革命的一個主要弱點，並解釋了——但不足以合理化——某些左翼人士對秘魯革命的敵意。政府在勞工政策方面犯過很大的錯誤，例如曾經直接插手干預蔗糖種植園合作社內部的情況。如果對工會措施的不信任感會誘使它直接進行控制，在工業勞動方面也的確有可能犯下類似的錯誤。

儘管軍方統治者一直拒絕相信，工會領導人並未暗中破壞秘魯革命或試圖將其轉變成共產主義革命，但我們可發現除了地方上的一些零星事件，極左派勢力通常只產生暫時性的影響。（一位工會領導人告訴我：「他們很難有辦法維持下去。大學生的行動風格不是工人階級的作風。」）阿普拉黨旗下的工人聯合會和其母體一樣，在政治上處於休眠狀態。崛起中的秘魯總工會對該政權的態度則與共產黨相同，儘管它活躍地組織並發起宣傳活動，要求對基本上未經重整的勞動部進行改革。它當然不希望讓自己積極支持的政府感到難堪。

另一方面，尤其著眼於它的競爭對手們，秘魯總工會必須把自己成員的好戰態度納入考量。他們贊成在城市採取行動，因為實際工資正在不斷下降。與此同時，政府的反帝國主義立場激起了礦工們對其外國僱主的持久敵意，並使得其討價還價的力道更甚於以往。[4] 真正的工人運動領導人不能強迫自己的成員，反而在某種程度上必須跟隨他們，在今天更特別如此。他們與軍官有相當大的不同，雖然軍方人士很難理解這一點。

對工會不了解所產生的反作用，在蔗糖種植園方面表現得尤其明顯。年輕以致相當激進的工會運動所擁有的這些據點（有幾個直到一九六〇年代初才得到承認），也是阿普拉黨在其大本營、所謂「堅固北方」的據點。政府由衷地希望，新的合作社也能夠取代工會。既然工人們已經實際擁有了公司，他們為什麼還需要工會呢？除此之外，或許是為了防止合作社遭到阿普拉黨的支持者接管，它們的選舉制度不僅變得過於複雜且容易操弄，而且政黨與工會的現任和前任幹部沒有資格擔任合作社的代表或工作人員。這簡直像是克萊斯勒工廠被集體化之後，禁止登記在冊的民主黨員和全美汽車工人聯合會積極分子參與工廠營運。甚至有人試圖剝奪工會領導人的合作社成員資格，以致引發罷工要求恢復其資格。

一個強大且得到承認的工會無論政治立場為何都必須與管理階層進行談判，不論管理階層是什麼性質——而且正如莊園的老經理們已經了解的那樣，反之亦然。如果讓舊工會和新經理們自行處理，他們也會這麼做，並且讓實務來解決有關成員們同時以共同擁有者和僱員的身分、在雙重利益之間的複雜問題。順便提一下，這似乎就是徵用之後的最初幾個月，當阿普拉黨在工會內的影響力迅速消退之際，至少在我當時造訪過的那個地區所發生的事情。

政府政策造成的結果，完全與其意圖背道而馳。管理階層（亦即擔任合作社官員的技術人員和白領工人）依舊跟從前一樣地與工人壁壘分明、工會已退居二線並且被邊緣化而變得激進、阿普拉黨的影響力已經恢復，而且地方性工業摩擦的磁吸效應引來了全國各地的極左派激進分子。在過去一年內發生了罷工、近乎暴動的示威、經理人員和委員會成員紛紛求去，罷工領袖們甚至因為「破壞土地改革」而獲判輕度刑期和巨額罰款。這些都是秘魯革命典型案例當中令人尷尬的發展。政府對此的回應就是讓軍警人員越來越直接干預合作社的管理。

三

那麼將軍們正在走向何方呢？最容易預測的就是他們的國際關係，因為意圖和結果在這方面的衝突最不嚴重。軍政府著眼於讓秘魯獨立自主，但由於自己的國家又窮又弱又落後，它夠腳踏實地，知道若無外國的援助根本不可能實現這個目標。更確切地說，它認為單打獨

4 根據秘魯總工會幹練的秘書長古斯塔沃·埃斯皮諾薩（Gustavo Espinosa）所言，總工會擔心礦工和石油工人之類的強勢勞工貴族傾向於將弱勢的大多數工人拋諸腦後（另一方面，強勢勞工貴族亦為秘魯總工會的力量所在）。總工會擔心的另外兩個主要問題，則是組織薄弱和成員的意識水平低下（一九七一年七月）。

鬥的各項成本高得嚇人，而且事實上很可能果真如此。其主要目標是打破美國的強權壟斷，但又不至於陷入對其他任何單一國家的依賴。最適合該政權的情況，就是世界強權——美國、蘇聯，或許歐洲共同市場，或許中國——之間形成了足夠的對抗競爭，讓各個小國分散其所依賴的對象並且獲得最大的迴旋餘地。

秘魯同時也希望（但未必期待），第三世界國家的聯合行動能夠為所有弱小國家多帶來一點力量。目前隨著美國陷入了政治和經濟衰退，前景看起來大有可為，而且秘魯正在針對貿易、技術援助和投資，與從中國到日本和西德、以及美國和蘇聯等每一方進行談判。要是美國恢復了實力又該怎麼辦呢？——那些以最令人愉快的坦誠態度和不瞎扯淡的方式討論相關事宜的官員，聳了聳他們的肩膀。一個既弱小又落後的國家只能盡人事聽天命。

這種立場的缺點在於，一個已知不願意冒大險的弱小國家，只會更沒有討價還價的能力。包括外商在內的某些人認為，秘魯給予投資者的條件優於實際需求。的確，按照目前的國際標準，秘魯最近與外國公司簽訂的石油和銅礦合約相當大方，同時一九七一年的《礦業法》也完全可被外國公司接受。儘管如此，針對權利金或可匯回利潤百分比而起的糾紛，不可與基本面所引發的爭議混為一談。里卡多・萊茨那種把秘魯的政策描述為「毫不猶豫……親帝國主義」的做法，無非是要貶低語言的價值。秘魯刻意不在採礦方面進行國有化（即便國營企業將變得非常龐大），而是由國家壟斷經銷權和大多數的煉油廠，這是一種站得住腳的態度。就石油方面而言，該國所選擇的方式相當於服務合約而非特許權狀。將軍們的政策完全與社會主義無關，但由於他們不自稱是社會主義者，這個觀察結果只是贅述而非批評。換個角度來看，他們的意圖則擺明是反帝國主義。

他們收到的效果肯定正是如此。各家美國公司無疑會像在其他地方一樣，忍氣吞聲在比過去差得多的條件下做生意，並且將發現仍然可以用新的方式賺到錢。其實鑑於美國經濟所面臨的麻煩，他們也必須靠這種方式來賺錢。但他們反而可以用這樣的想法來安慰自己：既然連蘇聯都呼籲西方公司過去設廠，那麼秘魯也將繼續認為跟他們做生意能夠帶來好處。只要資本主義工業國家仍然比社會主義國家和第三世界更加富裕、更加科技先進，情況就會是如此——除非各個社會主義政權回到古老的「公平緊縮」目標，並拒絕使用富裕國家的科技產品。但他們似乎大多不打算那麼做，更何況沒有任何人能夠做到這一點而不付出橫遭隔絕的代價。但美國公司將繼續在秘魯生存下去一事，並不意味著什麼都沒有改變。我們只需要看一看秘魯的北方鄰國，那個最大的香蕉共和國厄瓜多，便能夠發現其中的差別。

即便將軍們正在把所有的基礎產業都納入公共部門，其政策並不反商。他們當然支持本土資本主義的發展，儘管這項工作無疑受到相關國家部門的指揮控制，但也能夠從後者的行動中獲益。這種共生關係如今相當正常，而在拉丁美洲，就連巴西和墨西哥兩國活力充沛的地方資本主義也在很大程度上依賴於它。但秘魯既非巴西也不是墨西哥。那裡實際上並無民族資產階級，而且軍方的決定不太可能創造出該國在好幾個世紀歷史上沒有辦到的事情。

最有可能出現的情況是，本土民營企業的極端弱勢以及對外資參與的限制，將導致公共部門的發展規模遠遠超出政府的初衷。政府不得不這樣做，以免秘魯重新陷入舊有的依賴模式，而這將引發與東歐類似的尖銳問題，即大型國家官僚機構是否適合在落後國家扮演經濟企業家的角色，以及獎勵措施和科技官僚等所起的作用。不過，比方說吧，除非我們把保加利亞或羅馬尼亞看成資本主義國家，否則光是這些問題還不足以將一個國家定性為「資產階級改革派」。當然也不足以把它定性為社會主義國家。

秘魯的發展策略因而值得商榷，但迄今為止還不能被認為是「親帝國主義」或「親資本主義」。秘魯有朝一日恐怕會故態復萌的主要危險在於：其轉型是如此受控制和有秩序、政府對動盪和混亂的恐懼是如此之深，以及蒙混過關而不與美國發生激烈衝突的希望是如此吸引人，無疑會誘使政府做出讓步。替代性的選擇則是冒著陷入「黑鐵時代」的風險，而那一直是革命歷史的正常組成部分。將軍們真正的弱點可能在於，他們想要把革命性的變革跟和平與寧靜結合起來，而這讓他們容易受到外來的訛詐。但若否認他們講的是真心話，或是認為他們沒有強烈確保自己國家的獨立的決心，則未免荒謬可笑。

該政權在社會層面遭到的懷疑比在經濟層面更為嚴重。就此而言有兩個弱點。首先，規畫者和管理者往往專注於能夠產生可衡量結果的「具體」經濟事宜，對政府的社會目標只是口頭承諾。人們不會從他們關於「農業部門」的文件中猜測到那其實意味著一個重大的土地改革，有其特定的和非經濟性的目標與問題。維持生產成長（或至少是不受干擾）、理所當然的願望，則傾向於把生產放在壓倒一切的優先地位，並且讓管理結構保持原樣。

從社會層面來看，鄉間最大的問題在於改革將會導致許多人失去土地（如果它產生出可運作的家庭單位，更將勢必如此）——根據一項估計，其比例可高達百分之八十。[5]但農場管理人員主要關心的是效率低下的問題，以及冗員過多的單位所帶來的高勞動力成本，而且他們往往希望沒有土地的那些人將會遷往外地。從技術層面來看，沿海地區進行的改革更容易收到快速而良好的效果，於是在山區為高效率農耕奠定基礎的那些艱鉅、昂貴但至關重要的工作，因而遭到了延遲。

其次，政府自己為諸如工業、礦業、漁業等「共同體」領域制定的社會計畫，仍然有所不足。這些計畫本質上都是為了促進工人在每個企業內的合作夥伴關係和利潤分享，以及（根據《礦業法》的共同體補償規定）平衡不同盈利能力企業的分紅。但我們不需要贅述相關的財務細節。此外，它們兼顧了對經營管理的參與，但在程度上比西德的共同決定權（*Mitbestimmungsrecht*）低出許多，並且將工會領袖排除在外。這顯然不足以改變管理的性質。政府對「共同體」寄予厚望，而且其中毫無疑問也包括對它們將取代工會的希望。但這是不可能的，因為它們仍大部分處於紙上談兵階段，很難具體說明它們的功用。有一種權威性的工會觀點認為，它們所能做的只不過是讓若干工人對經營管理產生某些有用的洞察。盛行的商業觀點則是，它們將會減少利潤誘因，但可能有辦法加以規避。

將軍們的意圖無庸置疑。至少在理論上，他們認為應該優先達成的目標，是要讓大多數秘魯人過著更好、更人性化的生活，並且把舊政權視若牲畜的那些百姓引導到自己國家的事務。[6]他們要傷腦筋的事情很多，例如就教育改革而言，儘管一九六〇年代明顯出現了大規模（但不平衡）的擴張，目前的體制基本上仍告失敗。全體秘魯人的平均就學時間為三年；百分之八十八的人中學肄業，而且文盲的基本核心並未縮小——官方樂觀給出的文盲人數是四百萬人，另一種說法則是總人口的百分之三十左右。[7]

關於開發人們自己動手搭建的六百一十個聚落（亦即或許百分之四十秘魯城市人口的居住地），也出現了一些合理的想法，但迄今的作為仍不足以實現政府在經濟和社會方面的目標。舉一個簡單的例子：若想把利馬底層百分之二十的人口變成真正的公民（他們在一九六七年僅僅獲得全市總收入的百分之一點三——墨西哥相對應的數字約為百分之六），甚至讓他們進入秘魯工業市場，還需要付出比目前更多的努力。在這個拉丁美洲物價最高的城市，百分之三十七的利馬人每月收入不到五十美元。政府從秘魯共產黨創始人何塞·馬里亞特吉那邊借用了一句精彩的口號：「讓我們秘魯化秘魯。」[8]然而對上述那些人來說，這個目標距離實現還很遙遠。

四

「如果你是秘魯人的話，你會怎麼做？」這是尚未完全投入某個政治派別的年輕知識分子很可能會向來訪者提出的問題，但問題的答案幾乎無從得知。首先，秘魯軍事政權就是導致國內外左派產生歧見的各種現象之一，儘管國際間的謀略與忠誠可能會設法掩飾分歧。人們很容易認為，社會主義者或許會更熱烈支持其他的秘魯政權，但看樣子其實沒有任何一個能夠獲得絲毫支持，而且即使在現任政權結束之後也是如此——更何況從現狀來看那是個不太可能發生的意外。

其次，目前看起來最合理的做法就是批判性地支持現任政權，但這種做法根本不會受到軍方歡迎。部分原因在於他們並不真正相信任何平民，主要原因則是他們不信任任何不完全效忠於他們的人。跟大多數政府一樣，他們想要獲得無條件的支持——但不同於政客們的政府，他們不習慣或不願意聽從那種時而會做出批評的支持者。

另一方面，無論人們多麼同情秘魯知識分子的個人困境，他們並不屬於那個國家的主要問題。即使在最佳情況下，該國的主要問題仍然十分巨大。該國農業是由少數幾片綠洲所撐起——山谷中的一些帶狀條紋點綴著手帕大小的印第安田野、高大山脈和亞馬遜叢林之間的若干狹長地帶，以及高山草原一望無際的粗放牧場及其邊緣的零散馬鈴薯田。自從印加時代以來，一直無人能夠有效地在高原耕種。

秘魯沒有任何產業禁得起競爭，它甚至連智利或哥倫比亞也比不過。其龐大而蓬勃發展的漁業就像之前在十九世紀短暫成功過的鳥糞工業那般，依賴於發達國家的農業——或更確切地說，依賴於西方餵食魚粉的肉雞和豬隻，直到出現更便宜的飼料將其取代為止。它擁有種類繁多的礦業資源，然而此類資源所需要的投資和科技，往往會將秘魯置於外國企業的擺布之下。與其他低度開發的經濟體相比，秘魯唯一的優勢在於不依賴任何單一出口商品。

秘魯或許不像十九世紀的用語所說，是一個「坐在黃金堆上的乞丐」，但它的百姓仍舊一貧如洗且極其落後。印加人已經永遠消失了，但他們的後代正在重新擁有他們的國家。身材矮胖、胸膛寬闊、面有土色的男男女女從高原湧入沿岸區域和亞熱帶山谷，使得各地的棚戶區充滿了奇特的巴洛克基督徒名字和山地的蓋楚瓦姓氏。四百五十年來的屈從只教會了這些身披寬大斗篷的莊稼漢該如何含垢忍辱，如何在他們既狹窄又瀕臨瓦解的農民公社中生存下去，不信任他們的統治者，也不會對其表達出自己的想法。這些資格並不適合一九七〇年代的生活，儘管人們對學習和進步充滿熱情，以致高原上到處設立了小學，城市內的家庭也為子女尋求著更好的教育。

他們的前景呢？如果我們把那些「堅強而冷靜」、已變成喬洛下層中產階級的人撇開不談（研究秘魯的人在此免不了會聯想到沙皇俄國的相似之處），那麼他們所面臨的是社會失序、就業不足和貧窮困頓。如今正在秘魯大規模發生的鄉間人口外流、大都市貧民區成長失控等現象，都是十九世紀晚期歐洲所熟悉的社會變遷之極端版本。然而，資本主義在當時（以及對那些歐洲國家）起了作用——至少它創造出了足夠的就業機會，以稍微提高的生活水準來吸收新移民。因此，除了嚴重而持久的蕭條時期，我們似乎有足夠理由將注意力集中在經濟成長率，就業（和新財富的分配）問題基本上就自己看著辦了。

但這在今天是行不通的，尤其是在秘魯這樣的國家。它只會在山區產生始終解決不了的社會土地問題，既缺乏外地移民自英國伯明罕和義大利杜林帶來的大量匯款（但那使得愛爾蘭與義大利南部的類似地區今日得以生存），而且還創造出一大批新的城鎮居民，讓經濟和社會管理當局窮於應付。

軍政府不該因為無力解決百姓的工作問題而受到指責，畢竟那有待根本的社會重建。在其他欠發達國家，無論是社會主義的還是其他形式的，似乎沒有一個政權會刻意把社會重組置於經濟成長之上，或許中國除外；[5]而且甚至連中國人是否已獲得成功一事也都仍在未定之天，正如該國的其他許多事物那般。但假如秘魯的統治者們忽視自己國家情況的緊迫性，那就非常不明智了。因為一九六〇年代的繁榮時期和舊農村準封建主義的崩潰，碰巧給予他們喘息的空間和機會。

目前秘魯還沒有像一九五八至一九六三年之間那樣，處於社會爆炸的邊緣，但我們沒有

5 譯註：本文撰寫於「文化大革命」期間。

理由相信，原本的緊張局勢將會長期處於鬆弛狀態。土地問題的壓力很可能將在山區死灰復燃，社會不滿情緒則肯定會在巨大的城市叢林內不斷滋生，就如同之前在波哥大和卡拉卡斯一樣——這種情緒在兩地甚至為諸如聲名掃地的前獨裁者羅哈斯．皮尼亞和佩雷斯．希門內斯之類的角逐者，重振了政治命運。（但替極左派樂觀主義者的好處著想，我們必須補充提醒一下：當地馬克思主義運動並未從中得到好處。）秘魯軍方到目前為止相當幸運，除了國家的弱點和落後所帶來的限制，他們能夠一直不受任何掣肘地實施計畫。但現在到了他們應該停下來思考的時候，檢討其政策是否足以實現他們自己的目標。

許多左派人士傾向於輕率地把秘魯軍方統治者們一筆勾銷，但那是有欠公平且毫無裨益的做法。有欠公平，因為他們是一本正經和真心奉獻的人，嘗試對自己國家進行革命性的改革，使之變得獨立自主——無論我們是否有充分理由不同意他們的觀點。他們在與拉丁美洲的各種主要社會革命一爭高下——其比較對象並非過去三十年來的資本主義墨西哥，而是墨西哥革命的抱負。他們的言而有信值得稱許。

毫無裨益，因為就秘魯可預見的未來而言，他們是政治上的最佳選擇。在經濟困難或社會緊張所造成的壓力下，他們恐將成為軍方內部失和的受害者。不過他們最有可能的後繼者將是巴西式的軍事政權，而情況顯然只會更糟。他們可能無法實現自己的目標，而且必須指出的是，他們的意識形態及其政策的本質與侷限性使得他們自稱想做的事情變得困難，甚至不可能完成。可是目前看不見其他任何人真正有機會來完成那些事情，更不用說是進而實現社會主義秘魯的目標了。秘魯的真空繼續存在，仍舊沒有人能夠加以填補。

左派對將軍們的排斥，不僅意味著他們已經走錯了方向或恐將誤入歧途（後者完全可受公評），同時也表示存在著一種替代方案：居主導地位的馬克思主義群眾運動是一個直接的，或至少是近在眼前的可能性。但不幸的是，我們沒有什麼理由期待這一點。拉丁美洲的歷史充滿了真正左派人民社會革命的各種替代品，可是那些替代品很少強大到足以形塑出國家的歷史。

拉丁美洲左派的歷史（扣除古巴和智利之類的罕見例外狀況後），是一部這樣的歷史：必須不斷做出抉擇，究竟應該選擇固守成效不彰的純正黨派教義呢，抑或從各種惡形惡狀當中找出最佳的替代選項——無論那是文職或軍職的民粹主義者、民族主義派系的中產階級人士，抑或其他任何人選。那往往也是一部讓左派後悔不已的歷史，因為他們還來不及與那些政府或運動達成共識，就已經有更壞的東西取代了它們。今天，大多數阿根廷左派人士都意識到，必須與代表著工人運動的裴隆主義者攜手合作。二十年前他們幾乎不會那樣做。秘魯的將軍們則是這種替代現象的一個相當特殊的變體，他們可能會垮台、失敗或者改變其政權的性質。假如他們出現這三種情況的其中之一，那就不是一件值得慶幸的事情了。

一九七一年十二月

編者按：

一位「人類學家」（姓名不公開）寫了一封長信給《紐約書評》編輯部，宣稱所謂秘魯革命政府（「一長串殖民政府當中最新的一個」）進行的各項改革，都沒有試圖將任何權力歸還給印第安人——那些住在安地斯高原和亞馬遜河上游低地、主要講蓋楚瓦語和艾馬拉語、占人口百分之六十至七十的美洲原住民。艾瑞克於是做了如下的回覆（《紐約書評》，一九七二年六月十五日）：

這封信的撰寫者顯然跟我說的不是同一種語言。……我無法明白當他使用「印第安人」一詞的時候，為何從一個可能的衡量標準轉換到另外一個。在最廣泛的意義上（即從前用來定義北美黑人的方式），或許超過百分之六十至七十的秘魯人是印第安人，就生活在「原住民機制」下——例如在「農村公社」（昔日「原住民公社」）——的那些人而言，其比例甚至連在十年前都可能已不到百分之二十……。所以我們不妨設法建立一個共同的語境。首先，就秘魯官方的政策而言，它正熱烈宣揚昔日印加的輝煌、類似圖帕克·阿馬魯那樣的印第安起義者，以及印第安人的美德，實際上還計畫以蓋楚瓦語進行教學。無論空談與現實以及計畫與實現之間的差距有多大，秘魯政府顯然**並未**試圖抹除印第安人的身分。

……我自己並不認為，對印第安人一視同仁、把他們看待成人類與公民的政策，是出自新殖民主義的某種陰謀，儘管它可能會有其他缺點。在這個意義上，把秘魯的政策描述為「同化主義」並不妥當。

其次，關於印第安人傳統生活方式的前景（順便說一句，從經濟和社會的角度來看，其傳統生活方式遠比那位撰寫者所認為的更接近農民在非印第安公社組織下的生活）。秘魯顯然比墨西哥等地更有實力保存印第安人傳統生活方式，而如果秘魯國內未來的發展——尤其是在高原的發展——是要繞過並摧毀這種生活方式，而非建立在它的基礎上，那將是一件憾事。更遺憾的是，單純的城市化並不能令人滿意地解決第三世界的問題。

但事實為，這種生活方式正在迅速地改變和崩潰之中。此現象或許在很多地區已無法逆轉，而且大多數秘魯人很快就會成為——或早就已經是——城市人口。傳統的高原農民生活方式無法充分呈現秘魯已存在的現實，僅僅是保護或逆轉回到過去的樣貌並非恰當的方案。無論印第安人在文化上對未來秘魯的影響有多大，也無論他們特有的傳統生活方式與新的社會環境多麼水乳交融，都不可能把過去重新創造出來。……

不過我同意這位撰寫者的觀點（而且我早就如此表示過），「暴衝式的發展」將無法解決印第安人問題，同時這個問題仍然有待繼續解決。在秘魯百姓——無論是否為公社組織下的印第安人——積極參與自己國家的轉型之前，我們並不能表示秘魯的革命已經發生。

VI

智利的社會主義之路
THE CHILEAN ROAD TO SOCIALISM

27

智利：元年
Chile: Year One

一

自從馬克思在一八七二年將其落於文字，馬克思主義者便在理論上承認，合憲的權力轉移以及向社會主義的和平過渡都是有可能的事情。儘管如此，這種過渡方式的前景仍不明朗。馬克思主義關於這方面的著述仍舊相當稀少，而且相當抽象和不具體。這可能是因為相關討論幾乎完全缺乏實際上的經驗。截至目前為止，除非是藉由暴力或違憲的權力轉移，否則還沒出現過任何社會主義經濟。

這使得智利今日的情況變得相當獨特。直到薩爾瓦多．阿言德在一九七〇年十一月就任總統為止，或許可被稱為合法過渡到社會主義的案例分別屬於三種類型，但都是毫無用處的先例。首先，曾經有過大量和平或非和平的權力轉移、過渡到社會民主或「勞工」政府的案例。不幸的是，它們沒有任何一個試圖引進社會主義，大多數甚至根本不打算那麼做。

其次，我們有過一九三〇年代的人民陣線。它乍看之下與智利的人民團結聯盟頗為相似，本質上是社會主義者和共產主義者的統一戰線，存在於一個範圍更廣的中間偏左選舉聯盟之中。這個聯盟意味著一種非暴力過渡到社會主義的理論（至少在共產主義者之間如此），但這其實是學術性的觀點。

事實上，這些政府的直接政治目標具有防禦性質，旨在攔阻法西斯主義的潮流，而且很難有機會超越這一點。無論如何，政治力量的結構使得共產主義者和認真的社會主義者通常無法主導聯盟，也因此沒辦法走得更遠，而且縱使蘇聯和共產國際的政策鼓勵他們去嘗試也一樣——更何況，政策上其實並未鼓勵他們這麼做。一九三八年的智利人民陣線就處於這種情況，中產階級激進分子仍然是該陣線內的決定性力量。

第三是若干歐洲國家由反法西斯聯盟組成的政府，源自第二次世界大戰末期的反德鬥爭。它們可被認為是人民陣線戰略的合理延伸，而且無庸置疑的是，在共產主義者和許多參加過抵抗運動的社會主義者心中，都曾經有意逐步和平地過渡到社會主義。一九四三至一九四七年針對「人民民主」性質進行的討論清楚表明了這一點。

然而，即使我們忽略了實際上促成這些政權的武裝鬥爭，國內和國際上反法西斯陣線的迅速崩解也很快就終結了這種觀點。在西方，居主導地位的政治力量完全無意容忍這種和平過渡，而東方的「人民民主」則僅僅變成了蘇聯模式正統共產主義統治的一種委婉說法：用理論術語來說，它被重新定義為只是「無產階級專政」的另一個版本。向社會主義和平過渡的道路實際上已在一九四七年中葉遭到封鎖。第二次世界大戰結束後的這段插曲，沒有為將來重新開啟此類道路的嘗試提供任何指南。

因此阿言德統治下的智利處於前所未見的情況。人民團結聯盟政府的目標無疑是社會主義，阿言德則截然不同於萊昂·布魯姆總理，也和克萊門特·艾德禮或哈羅德·威爾遜首相不一樣。人民團結聯盟受到兩個主要的工人階級政黨主導，二者都自稱是革命馬克思主義者。聯盟中唯一有實力的另一方是激進派人士，但其無論如何還是很弱勢，並且在一九七一年四月的市政選舉中又進一步遭到削弱，以致不再構成馬克思主義者的嚴重障礙。

另一方面同樣清楚的是，人民團結聯盟意味著漸進地實現目標（若按照阿言德一九七一年五月二十一日首度向國會宣示的說法，就是「逐步建立一個新的權力結構」），[1]並以符合憲法的方式進行。「智利之路」有別於無產階級專政，是「馬克思主義經典著作所預見，但迄今從未具體實現過的多元化道路」。

這種多元化的道路不等同於資產階級民主。它的合法性並不表示一定要維持目前「滿足了資本主義制度要求的合法性」。「在向社會主義過渡的體制下，法律規範將符合人民努力建設新社會時的需求。但是會有合法性。」它將透過現有的憲政機制對政治體系進行修改，例如用一院制國會取代兩院制國會。儘管如此：

> 這不僅僅是形式上的妥協，而是明確承認合法性原則和體制秩序與社會主義政權密不

可分，即便它們意味著過渡時期的種種困難。……我們承認反對派的政治自由，並且在體制範圍內繼續我們的政治行動。政治自由是整個智利社會構成一個國家時所取得的成就。

阿言德對「智利之路」的執著不僅僅是基於政治考量。這位總統有別於人民團結聯盟之外的極左反對派，以及自己黨內的一些人士，他認為目前的情況並非只是暫時現象，反而有可能成為長期轉型的背景。內部或外部的反革命暴力固然確有可能，但如果沒有發生，合法性與多元化的政治也將繼續存在下去。換句話說，智利開世界各國風氣之先，正在認真嘗試另一條通向社會主義的道路。

這是一個振奮人心的前景，也是一個政治意義重大的前景。任何國家——尤其是小國——最喜歡的事情，莫過於為全世界樹立榜樣。在此情況下，阿言德的聲明或許是正確的：

如同俄羅斯（在一九一七年）一樣，現在智利也面臨著開創社會主義社會的新道路之必要性……。社會思想家們曾經認為，比較發達的國家會率先那麼做——很可能是擁有以馬克思主義為導向的強大工人階級政黨的義大利或法國。然而歷史再次讓我們能夠打破過去，建立一個新的社會模式——並非在理論上最容易預期的地點，而是在創造出最有利條件以實現此模式的地點。今天，智利是世界上第一個實施向社會主義社會過渡的第二種模式的國家。

因此，在來自發達國家的觀察者眼中，智利經驗遠遠不只是政治上的異域風情而已。比方說吧，社會主義永遠不會以中國或越南的方式來到西歐；在智利卻至少能夠觀察到或將出現於工業社會的各種政治局勢之輪廓、也許可適用於工業社會的策略，以及「多元化方式」所可能帶來的種種問題與困難。這並不表示那種方式注定失敗，當然也不表示絕對不可嘗試。

甚至連智利左翼造反派當中最激進僵化的「革命左派運動」，如今也搖身成為人民團結聯盟左翼的壓力團體之一，試圖透過基層群眾行動促成政策的激進化。它固然基本上支持阿言德的努力方向，但仍維持自己的良好組織結構，並且預見到未來的武裝對抗。革命左派運動顯然並不贊同瘋狂左翼邊緣分子的自殺傾向，無意「激化階級鬥爭」以儘快產生這樣的對抗——接著就會出現美好的老式革命，或者（更可能出現的是）完全的挫敗和大量的英雄烈士。[2]

但我們對阿言德政府油然而生的同情心理，以及對它獲得成功的熱烈期望，不應該讓我們對其所面對的複雜局勢視而不見。正因為智利有可能實際成為其他國家的榜樣，我們必須冷靜而務實地看待它的經驗。

二

我這個革命鑑賞家曾在前些日子旅遊來到聖地牙哥，卻遍尋不著人民大解放的氛圍——雖然它難以定義，卻很容易辨識。儘管出現一些全副武裝的學生（但他們並未對街頭情景造成衝擊），除了在書報攤，其他地方幾乎沒有任何明顯的劇變跡象。那裡看不見令人眼熟的大量小冊子、傳單和小刊物，而且與巴黎或美國的極左派書店相比，當地同類店家內容相當貧乏。各種非正式占領土地的事件雖曾受到新聞界廣泛關注，卻可以忽略不計（至少在所涉及的人數上如此），通常都是些十到二十人的靜坐行動。那裡沒有爆炸性出現的官方海報、肖像和橫幅標語，非正式政治塗鴉的數量也沒比平時多。其實秘魯乍看之下跟從前——比方說一九六九年——相差無幾。官方的解釋是智利人「深藏不露」，但這種講法沒有什麼說服力。他們或許不像加勒比海人那樣熱情奔放，然而當他們想要有所表示的時候，也不會按兵不動。

我這個偶然的訪客所能感知到最接近智利的氛圍，是一九三六年法國人民陣線獲勝後最初幾個月（但不是最初幾個星期），或英國工黨在一九四五年獲勝後的情緒。這在有組織的左派人士之間意味著一種踏實的滿足感，在無組織的窮人之間是平靜而不帶有彌賽亞色彩的期望，在有錢人和右派代言者之間則是歇斯底里的反應。勝利的激情已然消散，可是在預期之中（並且預料得到）的麻煩百出與士氣低落的階段則尚未到來。情況對窮人而言已有好轉：人民團結聯盟政府已收到初步效果，而且他們也知道這一點。

另一方面，或許除了在一些組織嚴密並具有強烈政治意識的工廠、礦山和鄉間聚落，生活基本上保持原樣。昔日的統治階級則知道大勢已去，並且把自己對毀滅的恐懼投射到關於極權主義和奴役的預言之中。然而對這麼一個國家來說，各種預言只不過是措辭上的小小變化而已，反正議會競選活動和政治討論就像高爾夫球一樣，是一項廣受中產階級喜愛的活動。在極右派邊緣團體那一方，這種措辭在書報攤上更顯而易見，聲稱諸如「恐怖已在這片土地上蔓延開來」、「警方正在支援左翼刺客團體」等等，可說已經偏執到了粗鄙下流和瘋狂指控的地步。

但實際上到底發生了什麼？

需要注意的第一件事情是，人民團結聯盟上台時面臨著兩個嚴重的政治障礙。它只是勉強贏得了多數票（事實上，它的得票率比一九六四年敗選時還少了將近百分之三）[1]，發現

1　譯註：一九六四年總統大選時，基督教民主黨獲勝（百分之五十六點一），阿言德得票第二（百分之三十八點九）。六年後阿言德在總統大選中險勝（百分之三十六點六一），基督教民主黨則退居第三（百分之二十八點一一）。由於無人得票過半，智利國會必須在阿言德和得票第二高的亞歷山德里（百分之三十五點二七）之間進行表決。國會有效票共二百張，但人民團結聯盟本身只有八十三票。阿言德與基督教民主黨談妥交換條件後，才在其議員的勉強支持下以一百五十三票當選總統。

自己既得不到足夠民意支持，國會也是由反對派所掌控，更別說軍方只不過是受制於人民團結聯盟政府不容置疑的合法性與合憲性。目前的政府必須完全在前任政權的權力和法律框架內運作，唯有在反對派表示同意或無法反對的情況下，現任政府才有辦法通過新的法律——例如沒有任何智利政治人物敢公開反對銅礦國有化，就像不敢公開投票支持一夫多妻制一樣。

事實上，一九七一年一月的憲法修正案使得政府在某些方面比從前更加受到束縛。這是人民團結聯盟為了被允許上台而向基督教民主黨付出的代價。這段插曲已被記錄下來，詳細描述在一本關於阿言德獲勝前因後果的、最有用的書籍當中——埃杜阿多・拉瓦爾卡・戈達德的《在紅色智利》（一九七一）。[3] 政府現有的權力中固然包括舉行全民公投來壓制議會反對派的可能性，可是阿言德政府所享有的些微多數（在一九七一年的地方選舉之後甚至只剩下最微弱的多數），讓這種手段變得多少有些後果難料。

這種情況正好適合薩爾瓦多・阿言德的天賦。他才華洋溢，是一位老謀深算的傳統政治人物，完全熟悉所有能夠使用於黨團和國會的策略與戰術。除此之外，他在克服了種種不利的可能性和預測之後，對自己擁有強大且合理的信心——當初沒有人相信他會贏，連他自己的政黨都曾一度試圖取消他的候選人資格。對這樣一個人來說，上任時雙手都被綁在背後——一隻是被控制國會和司法機關的反對派綁住，另一隻則被他自己那個相互猜忌、離心離德的聯盟所精心設計的方案給綁住——並不是什麼大不了的事。反正他在現有的權力範圍內可以做的事情很多。

憲法和法律為智利總統提供了可觀的轉圜空間，只需要發揮法律匠心，就能在大約一萬七千個有效法條中找到許多有用的東西。於是，人民團結聯盟政府普遍依賴一項從未遭到廢除的法令——它來自大蕭條最嚴重階段一個為時兩星期的短暫左翼插曲，一九三二年由名字相當響亮的馬爾馬杜克·葛洛夫上校[2]所領導的「社會主義共和國」。該法令允許政府接管任何「疏於向人民供應」其商品和服務的工廠或行業。這項法令於是被用在必要時將大型工業部門國有化，僅需先由工人占領相關的工廠，從而確保它們無法「向人民供應」即可。因此即便沒有法律授權，「文明的資源也不會枯竭」（據悉這是英國首相想辦法把愛爾蘭領袖巴奈爾送進監獄時所說的話）。

還沒有充公的銀行系統多半已透過這個簡單機制被收歸國有，而反對派顯然萬萬沒有料到，政府以市場價格買下了大部分股票之後，還會以新東家的身分來接管銀行。（這個機制已在商人之間引起完全非理性的憤怒。他們自己採取的策略被一個社會主義政府實際運用之

2 相對較小的移民後裔群體在智利公共生活中所起的作用，與其規模相當不成比例。於是從該國獨立運動領袖奧希金斯（O'Higgins）開始，非西班牙的名字頻頻在智利公共事務中出現：弗萊（Frei）、托米奇（Tomic）、基督教民主黨的佩雷斯·祖約維奇（Perez Zujovic）、社會主義者當中的阿言德·戈森斯（Allende Gossens）與托哈（Toha）、人民統一行動運動的瓊喬爾（Chonchol）、共產黨的泰特爾鮑姆（Teitelboim）、軍方的施奈德（Schneider）和維奧（Viaux）。沒有排外心理是該國眾多令人愉快的特質之一。

後，卻被他們看成是不公平待遇。）反正不管怎樣，人民團結聯盟迅速推進了自己的方案，而且還不需要依賴反對派的善意。

要是沒有基督教民主黨在一九六四至一九七〇年之間的政策，如此快速的進展當然是不可能的事情。因此我們不應該錯誤地以為，人民團結聯盟會如同今日任何國家（尤其是低度發達國家）的任何進步政府一樣，發現自己面對著「封建主義」，或面對著一個任由私營企業互爭長短的簡單經濟體系。智利在理論上已經是一個由公共部門主導的國家，提供了百分之七十左右的投資、直接僱用很大一部分人口，並且對來自國內外的私人資產進行相當大的干預。

拉丁美洲任何一種經濟發展之路，都必然會導致激進的社會改革、政府在經濟中日益增加的重要性，以及對外國資本的某種控制。但那些措施本身並不意味著社會主義。譬如人民團結聯盟不必刻意通過土地改革法，只需要加快現有法律頗為遲緩的進展即可。人民團結聯盟政府不僅大量掌握一般意義上的權力，更有許多具體的法條和機構可供支配，適用於滿足其特定目的。它能夠建立並保持良好的行動節奏，至少在關鍵的第一年前後，避免控制了國會和法院的反對派進行口誅筆伐。

人民團結聯盟的第二個政治障礙與第一個息息相關。除了支持度不足，它在政治忠誠度方面也沒有預留足夠的空間。從數字上看，它現在可以寄望於大約一半的選民。這雖然已經比一九七〇年九月有了明顯的改善，卻仍過於薄弱，無法在革命政策帶來憲法危機時給予足夠的支持。它有一個堅實的支持者核心：工業與城市無產階級，特別是礦工和現在已經團結起來的各個工會組織。儘管其中存在著一些溫和且商業化的工會（例如在銅礦工人那邊），引發各種經濟而非政治方面的問題，不過阿言德光是在這裡就能夠一呼四應，號召出長年以來竭誠協助各黨派和政府度過事業難關的儲備力量。與大多數拉丁美洲國家相比，這種類型的古典無產階級在智利規模更大、組織更佳，大得足以成為政府的靠山——然而它只占人口的少數。

就人口中的其他三個決定性階層而言，其支持或是有條件的、或是不可靠的，不然就是根本不存在。**鄉間地區**（約占總人口百分之三十左右）反阿言德的依舊居多，即便近年來左派取得了巨大的進展，尤其是在農村無產階級之間。快速土地改革所產生的政治效應幾乎肯定會加深這個階層的內部分歧。但縱使爭取不到這個階層，政府或許照樣可以過得下去。

人數相當多的**中間階層**主要是由白領工人組成，其中許多人在公共部門就職（大約有百分之十二的智利人為政府工作），會如同接受其他政府那般地接受社會主義政府。他們對一個由私營企業構成的社會沒有絕對的堅持，儘管他們當中可能存在著一些強烈的反共產主義偏見，而且對窮人沒有認同感。在另一方面則必須讓他們相信社會主義的力量將持續下去，或者至少會像其他各種非社會主義政府一樣頻繁地捲土重來。然而他們還不相信這一點。

未被動員的潛在左派支持者主要是由成分複雜、難以歸類的**貧窮勞動者**所組成。經濟成長與社會變革的進程未能相對應地提供足夠就業機會，使得這個階層的人數持續不斷增加。政治和社會的術語傾向把他們定義成「半無產階級」（有時甚至是「流氓無產階級」〔Lumpenproletarians〕），或是按照他們之中許多人居住的棚戶區和自行搭建的聚落而稱其為「移居者」（*pobladores*），不然就只是負面地把他們叫作「邊緣人口」（marginal population）。但他們其實並非邊緣團體，反而是拉丁美洲社會的核心，甚至在智利也是如此。這個階層讓傳統的左派困惑不已，因為它顯然沒有被任何自發的歷史進程吸納成為典型的「無產階級」：它既非經由人們熟悉的方式（例如工會）所組織，也不是被某種具有階級認知的意識形態（如馬克思主義）團結在一起。

工會對這些人的重要性微乎其微，由於他們的工作條件使得他們不容易組織起來，以致他們不屬於類似礦工那般收入相對較高、工會化，而且激進好戰的無產階級貴族（占勞動人口的百分之四到百分之五，在智利左翼政治中扮演著不成比例的重要角色）。他們仍處於萌芽階段的政治民粹主義激進但不民主（地方社區組織除外），昔日很容易被煽惑人心的總統們或前任總統們（最好是軍方人士）動員成群眾運動。雖說把總統們的政策看成是純粹的操作這種想法是錯誤的，但毫無疑問的是，一位領袖若懂得資助並且有辦法快速而成功地為某些棚戶區提供道路和水，或為其居民帶來福利津貼，那麼他就會比沒辦法這麼做的人更容易吸引這些居民。

但是不管藉由傳統的勞工運動和社會運動來動員他們有多麼困難，這些人都是左派的天然選民，因為他們很窮，而且他們工作。[3]更何況農民階層如今已是一支快速萎縮的力量，導致這群貧窮勞動者日益成為拉丁美洲群眾中的關鍵部分。基督教民主黨設法吸收了他們。根據一九七一年的地方選舉結果判斷，人民團結聯盟還未能讓他們大規模地回心轉意。

三

阿言德政府迄今取得了哪些成就？它一直試圖做些什麼？它無論過去和現在都敏銳地意識到時間的短促有限。於是該政府幾乎把所有的心思都集中在未來六個月到三年的時間，因為根據各種評估，這個階段將會決定它的命運。而令人遺憾的是，除此之外，這個政府還沒有太多具體的想法。

首先，短期政策乃立基於人民團結聯盟內部六個黨派所商定的方案——它是在選舉之前歷經千辛萬苦才談判出來的詳細綱領，但如今已具有約束力。沒有人知道下一階段的爭論將會帶來何種結果，明智的政治人物們則試圖讓爭論延後發生。不可否認的是，六個締約方之

3 除此之外，如果其他拉丁美洲國家的經驗可為借鑑，那麼他們將越來越被左派的口號所吸引。例如目前最大的群眾運動，哥倫比亞的全國人民聯盟（ANAPO），已被其領袖們大量灌輸了來自切·格瓦拉、卡米洛·托雷斯等人的左派言論。其實若非那些領袖們已察覺到其追隨者的心態，否則無疑會更喜歡使用煽動人心的空泛說法。

中的兩個現在可以忽略不計，激進派的得票率已跌落至百分之八，並且陷入了混亂；人民團結聯盟內的前基督教民主黨左派儘管在選舉中居於劣勢，其意義卻絕非無關緊要，即便那只是因為它代表著許多必須奪得的選票。除此之外，雖然阿言德可能在重大問題上與強大的共產黨看法一致，而且共產黨是人民團結聯盟的核心以及迄今遠遠最有效和最理性的組成部分，但阿言德的社會黨內部各派系之間的紛爭以及他們與共產黨人的分歧卻十分嚴重。

其次，該政府知道得非常清楚，當初是智利國內和國際間異常有利的政治形勢促成它上台，並在很大程度上癱瘓了它在美國的對手，但這種情況恐怕不會持續很長時間。目前軍方已經蠢蠢欲動。政府遲早將面臨抗爭和戰鬥，雖然它們未必是以極左派末世論者所預期的那種直截了當的形式出現——例如軍方政變者與反對群眾之間的對抗，或一場外國的武裝入侵行動。[4] 短期的發展仍在可預測範圍內，不過若時間拉長，即使是中期的發展都難以推斷。

第三，然而也最緊迫的是，智利的經濟問題將在今後兩年內達到最嚴重程度。這些問題衍生自半殖民地國家的兩個特點，而且它們很不幸地都以誇張形式存在於智利，分別是該國對單一出口商品的依賴，以及農業上的低效率。這使得智利（像其他南美洲國家那樣）成為一個越來越大的基本糧食進口國。智利百分之八十的外匯收入取決於銅的市場行情。按價值計算，智利三分之一左右的進口商品是食物，而由於智利百姓在人民團結聯盟統治下吃得比從前好了許多，這個數量將會繼續增加。

智利在短期內對銅價幾乎完全無能為力，如果經濟規畫者的計算正確，銅價必須穩穩保持在四十美分以上才行。許多事情——包括越南戰爭的結束在內——都可能導致銅的市場價格下跌一段很長的時間，並帶來災難性的後果。然而，縱使市場保持穩定，一九七二年也肯定會出現一場嚴重的國際收支平衡危機，但基於各種原因，一九七三年的情況預計不會那麼嚴重。

不幸的是，緩解這場危機的兩個明顯辦法——增加銅的出口量和削減其他商品的進口量——非常難以實現。銅產量無法像希望或計畫的那樣擴大。農業生產必須靠運氣才能夠維持穩定。國內消費的繁榮將提高對工業原料的需求，而工業原料是進口貿易中的另一項大宗商品。智利領導階層對克服銅礦和農業生產在過渡期所面臨的困難相當樂觀，而那是他們最迫切的經濟問題。就連最謹慎的政治人物也認為困難時期不會超過三年。但這三年將既艱辛又具有關鍵性，會讓他們窮於應付。

4 在發表本文之際，銅礦國有化賠償事宜看來正在引發智利與美國的對抗。雙方都面臨著必須站起來抗爭的壓力。華盛頓方面如此，因為那牽涉到大量資金，以及充公一事所開創的危險先例。聖地牙哥方面亦然，因為不支付那些美元總額將大大有助於改善智利的國際收支平衡。更何況「不予賠償」是一個流行的口號，而且小國寡民與美帝國主義巨人之間的對抗，可為人民團結聯盟帶來明顯的政治優勢。但在另一方面，雙方都有充分的理由避免公開衝突。鑑於銅在智利經濟與美智關係中同時扮演的關鍵角色，某種危機將難以避免，但除了兩國之間純粹的經濟戰，目前還無法預測其他可能的影響。

四

在這種情況下，政府追求四個目標：

首先，它著眼於在第一年對經濟進行不可逆轉的「結構性變革」，其背後的理論似乎是一個相當簡單的經濟決定論。正如一位部長所表示的：「如果我們剝奪了資產階級的經濟基礎，它就再也回不去了。」這種方法的本質是徵收，在農業範圍之外則是關鍵經濟活動的國有化。人民團結聯盟的方案致力於一個分成三部分的經濟結構：一是占主導地位的公營部門；另一是公營與私營混合的部門，主要是在必須運用先進技術以及對（包括來自國外的）設備與專門知識進行重大投資的各個領域；第三是它希望由活力充沛的中小企業組成的私營部門。目前銅礦、硝酸鹽、煤礦、鐵礦、銀行、水泥、大部分紡織業和其他的一些公司都已經被政府以某種方式接管，對外貿易也可能會被國有化。

阿言德政府致力的第二個目標是刺激生產從而促進就業，同時也透過刺激需求（即大幅提高工資並凍結物價）來提高生活水準。總的來說，政府正確地認為智利工業仍有大量未使用產能，足以實現這個目標而不必求助於私營企業明顯無意立即進行的新投資。有人進而主張，給窮人更多的錢只會導致就業不平衡，因為他們是在小市場購買勞動密集型行業的產品，而非中產階級市場裡更精緻的商品。千萬不能忘記的是，九百萬智利人當中只有不超過三十萬人是工業界的有效客戶。

這個計畫相當冒險。在九月四日之後最初幾個戲劇性的月分，當資產階級的歐斯底里導致資本大規模外逃和生產暫時崩潰之際，情況看起來並不樂觀。然而時至一九七一年春天，政策終於奏效，讓政府大大鬆一口氣，並且讓外國觀察者感到驚訝，智利百姓所獲得的驚人利益就更不用說了。失業率已達到十年來的最低點，而且若非出現一些嚴重的計畫失誤耽擱了建築業的復興，失業率甚至還會更低。窮人的生活水準大幅度提高，就連麵粉（即麵包）的消費量也增加了百分之十五。有批評人士指出，隨著生產的提高，智利的地方性通貨膨脹也將重新加劇。它通常每年增加百分之二十五至百分之三十，在弗萊總統任內的最後一年則是百分之三十五。不過今年不會超過這個數字的一半。到目前為止，國內經濟政策是阿言德政權的最大成功之處。

對人民團結聯盟來說，展示一個人民政府的物質優勢是必不可缺的工作，因為該黨必須參加下一次的自由選舉。即便阿言德想要這麼做，他也不可能把古巴人在過去幾年內做出的那種物質犧牲強加給他的百姓，而這替政府的政策設定了非常狹窄的限制，儘管一些政府支持者不願意承認這一點。共產黨人最務實，主張在這一屆總統任期內，必須將快速重工業化讓位給輕工業和消費品工業。阿言德或許會表示同意，但這個問題仍在繼續辯論之中。僅僅依靠提高生活水準是否足以為合法革命者的政府帶來充分支持，則是另外一個問題。

其第三個目標則是根據一項盤算所得出：政府必須提高產能，尤其是增加銅和農產品的產量，才能至少穩定食品和消費品的供應。就此而言，阿言德和共產黨再度看對了眼。既然實施配給或不受控制地大幅削減進口將形同政治自殺，「為生產而戰」於是成為第一要務。可是銅礦和農業帶來了截然不同的問題。

智利大部分的銅料產自昔日由美國公司擁有的三座大礦場——埃爾特尼恩特、丘基卡馬塔，以及薩爾瓦多。自從去年九月以來，產量便一直低迷不振（這是個嚴重的問題），而且成本急劇上升（但問題沒那麼嚴重）。[5] 目前仍眾說紛紜，這種情況究竟在多大程度上來自肯尼科特和安那康達兩家銅礦公司的蓄意破壞——或者更可信的說法，是他們如何設法從開採容易和有利可圖的礦藏中獲利，為可能的國有化預先做好準備。這當然是經理人員和監管人員普遍不合作所造成的結果（反對派聲稱他們已有大約三百人辭職），特別是從前以美元領取報酬、能夠在自由市場（如今的黑市）把美元兌換成日益宛如天文數字一般的「埃斯庫多」[6] 金額的那些人。儘管政府意興闌珊地準備用「埃斯庫多」付給那些智利人幾乎任何金額的工資，但停止支付美元之後，便不可避免地降低了他們的實際收入。（一九七一年夏天的非官方匯率已經超過了官方固定匯率的三倍。）

但困難也來自少數銅礦勞工貴族的集體私利——那些人迄今在美國公司的「飛地經濟」中生活得還不錯，但將來恐怕不可能再繼續過著相對較好的日子了。無論他們是否真心支持埃杜阿多·弗萊·蒙塔爾瓦的基督教民主黨政府（總統大選時，人民團結聯盟未能在丘基卡馬塔贏得多數），[7] 此類群體自發的工團主義都容易傾向於犧牲更廣泛的大眾利益。去年夏天爆發的採礦工人和技術人員罷工行動就同時反映出這兩個因素。

農業產量的問題要複雜得多。之前的基督教民主黨政府通常是讓提高產量優先於土地改革，並在相當程度上獲得了成功。二十五萬個無地家庭和小農戶當中，只有三萬個獲得土地，於是等到弗萊的總統任期將盡之際，農民積聚的怨氣已爆發成為一連串土地占領行動和其他各種鄉間衝突。即使阿言德沒有贏得選舉，土地改革的速度還是照樣得加快，否則會在鄉下鬧出大麻煩。人民團結聯盟固然加快了土地改革，但如同類似情況下往往難以避免的那樣，在產量方面付出高昂的代價。

產量實際下跌的程度很難判斷，部分原因在於不可能把它跟一九七一年上半年發生的一些巨大自然災害區隔開來，另一部分則是因為此類的事情無論如何都純屬猜測。產量下跌的原因在於那些害怕收成被充公的人從中進行破壞或將資本變現（特別是一九七〇年秋天，大

5 由於原則上成本是以當地貨幣計算，收入則以美元計算，只要能以適當價格賣出足夠的銅料，就會有辦法繼續賺取珍貴的外匯。

6 譯註：埃斯庫多（Escudo）是智利昔日的貨幣名稱（一九六〇～一九七五），曾經以一千比一的匯率取代老披索（Peso），最後又被新披索以一千比一的匯率取代。

7 譯註：埃杜阿多・弗萊・蒙塔爾瓦（Eduardo Frei Montalva, 1911-1982）是阿言德前任的智利總統（一九六四～一九七〇）。丘基卡馬塔（Chuquicamata）則位於智利北部，是全球最大的露天銅礦所在地。

量乳牛和種畜被賣給肉商的時候）、中農對自己前途的不確定，以及土地改革區域的農民士氣低落。在另一方面，這又是因為人民團結聯盟未能實施任何一貫或明確的政策所造成的結果。每當土地改革官員召開的會議淪為與敵對意識形態的綱領之爭，農民階層很可能會覺得舊政府雖然或許動作遲緩，但至少還有人曉得是由誰做決定，以及他們究竟在做些什麼。

人民團結聯盟內部比較天馬行空或具有自殺傾向的分子，甚至誇大了生產低落的程度。他們不僅令人難以置信地大放厥詞，更毫無證據地表示土地改革區域內的產量下跌了百分之五十，並且宣稱這將從農村階級鬥爭的進展獲得更多補償。最好的預估則是產量可能微幅下降，儘管官方認為今年春天（我們的秋天）的播種，將彌補去年秋季（我們的春季）下降了百分之十左右的播種量。政府做出的反應是減緩了起初非常快速的土地徵收行動，讓大約七百個已被有效接管的莊園（充公的總數則在九百上下）能夠投入生產。官方的徵收行動將暫停到一九七二年四月。政府對非官方徵收行動所持的立場，則反映於阿言德向國會傳達的訊息：

> 不分青紅皂白地占用莊園和農場非但沒有必要，而且是有害的。我們的所言所行應該足以讓人民信任我們。因此政府的計畫及其實施應該受到尊重。

阿言德在這一點上得到共產黨的支持，卻與持反對立場的革命左派運動和他自己黨內的左翼分子起了衝突。

阿言德認為各種占地行動可以控制得了。占地行動也許真的能受到控制，因為它們只在很小程度上是難以掌握的基層騷亂之產物。在一九七一年夏季隨機選取的一天所記錄的一百五十次占領行動中，[4]有大約百分之二十五或三十是馬普切印第安人試圖收復失去的公社土地。這無疑是目前土地騷動當中最自發的一部分，但即便如此，它也不屬於——或不再是——一場群眾運動。這些靜坐行動可能總共只涉及七、八百人，而且只有三次動員了一百人以上，按照拉丁美洲農民占領土地的慣常標準，它們根本微不足道。

其他部分則是無地農民的占領行動，他們雖要求徵收土地以謀取個人利益，但主要都是一些農村的土地爭議事件，並沒有涉及土地擁有權問題。只有極少數人涉及兩種占地類型之一。土地入侵行動登上了國外的新聞頭條，一則因為那暗示著暴亂和無政府狀態，同時也因為一些色彩鮮明、難以駕馭的極左派邊緣人物積極參與其中。然而目前智利距離農村起義還有很長的路要走。

政府的第四個目標是不被推翻。儘管軍事政變的危險依舊存在，但似乎並不迫在眉睫，其主要原因並非軍方的憲政意識——那種意識的確存在，可是真正的理由在於他們知道政變將帶來內戰。悄悄占據某些街道和建築物，並且把總統押進下一班出國的飛機是一回事，但發動一場不可預知的武裝衝突卻完全是另外一回事。

一個合法的馬克思主義政府的主要優勢或許就在於此——截然有別於一般平民民粹主義改革派政府實際上往往並無太大差別的短線政策。那些民粹主義者容易在合乎邏輯但出於無意的情況下，與右派發生衝突而黯然下台：巴西總統熱圖利奧．瓦加斯在一九五四年自殺、雅尼烏．夸德魯斯在一九六一年辭職，若昂．古拉特則在一九六四年政變爆發後流亡海外。馬克思主義改革者們知道社會轉型將會面臨此類挑戰、已經準備好面對挑戰（至少我們必須這麼希望），並且因而降低了爆發此類政變的風險。

人民團結聯盟對軍方鞭長莫及，只能將警察置於可靠的政治控管之下，並且在總統周圍大陣仗地部署從政治幹部中招募的保鏢（多半是昔日革命左派運動的成員），以便在動員群眾之際爭取到寶貴的幾個小時。這兩項措施都遭到右翼人士歇斯底里的辱罵。人民團結聯盟在逼不得已的時候能否打贏一場內戰固然是另外一個問題，不過在短期內，其顯而易見的決心的確能夠遏止軍方的冒險。

右派人士因此寧願不透過武裝暴亂來重新掌權，而這正是基督教民主黨的觀點。智利統治者們已經從穩定而和平的憲政體制中獲益太久了，不至於輕率地將它拋諸腦後。目前碰巧有一種頗具希望的替代策略：把因為四分五裂而導致阿言德趁機當選的反馬克思主義勢力重新團結起來，並且用選票讓令人敬畏的弗萊在一九七六年重登總統寶座。這是真實存在的前景。如果人民團結聯盟無法顯著擴大基本盤，尤其如果它微幅領先的支持率被一九七二至一九七三年可預見的經濟問題侵蝕，那麼右派就可望在一九七三年的國會選舉中大獲全勝，從而使得自己對國會的控制權以及進行拖延和破壞的能力不斷維持下去。換句話說，反對派根據這項分析所需要做的唯一一件事，就只是坐待人民團結聯盟耗盡元氣。這是破壞人民陣線的典型套路，而且它之前也曾經奏效。

其立即目標因而是一九七三年的反左派勝利，以及隨後將出現的漫長跛鴨總統任期。這種狀態才是人民團結聯盟務實派真正擔心的，而非短期的對抗，儘管沒有人會忽視反革命所帶來的直接威脅。我們有充分的理由感到擔憂，即使右派高估了經濟崩潰的可能性，而且它自從一九七〇年以來一直高估了政府的經濟困境，並且對政府的巨大成功感到錯愕。對於來自右翼的威脅，阿言德能做些什麼呢？其實他可以比現在做得更多。

五

人民團結聯盟所面臨的許多問題都超出了它的有效控制範圍，但有三件事情並非如此。首先是它自己的節奏。革命性的轉變有賴於建立並保持**主動性**。憲法革命在這方面與其他革命沒什麼不同。它只需要像下棋進攻的時候那般，在一套既定的規則內保持主動即可。在我看來，人民團結聯盟尚未形成這樣的節奏。競選活動自行產生了推力，令人大喜過望的意外勝選以及各種阻止阿言德上任的失敗企圖，又更強化了這種推力。相反地，智利右派人士因為意外的失敗和真正的革命恐怖而士氣低落並暫時陷入癱瘓。他們在幾個月的時間內缺乏有效策略，除了尋找掩護幾乎啥都沒做。另一方面，人民團結聯盟有必要在第一年內推動自己的方案，並且至少在困難開始出現之前繼續實施下去。

到目前為止，這種初始的（而且在某種意義上是外在的）推動力使得人民團結聯盟滾滾向前。等到那種推動力消耗殆盡的時候，就必須用內在的戰略主動性來加以取代。任何進行改革的政府都傾向於，或至少有潛力以類似的爆發性速度開始上路。各個非革命性的政府一旦耗盡推力之後便無法輕易加以補充，有些甚至會像一九六四年的英國工黨政府那樣，將它一把丟棄。未能自行產生這種推力的政府，將發現自己被國內外的對手和世界級的風險（例如國際收支危機）逼得採取守勢。然後他們就全盤皆輸了。他們將如同許多昔日的人民陣線一般，隨著不斷加劇的內部齟齬而逐漸消失，或為自己提供被推翻的條件。一九七〇和一九七一年的時候，人民團結聯盟不需要自行產生推力，但從現在開始它將必須這麼做。

* * *

人民團結聯盟很難如此下定決心是因為它是個聯盟，而這是它的第二個嚴重弱點。直截了當地說，人民團結聯盟是一輛被設計得更適合剎車而非加速的車子。為了防止任何一方（意指：共產黨）獨霸政府的任何部門，所有的職位均按照一個嚴格的配額制度加以分派，以致任何官員都沒有來自自己黨派的直接上司或直接下屬。為了防止任何一方（再度意指共產黨）主導政策，「總統以及組成政府的黨派與政治運動之行為，應由一個包含所有這些勢力的政治委員會加以協調」——該委員會將負責衡量「政府的各種經濟與社會措施之實用性與適用性，以及攸關公共秩序和國際政策的各種措施，尤其是用於執行它們的方法」。[5]

這意味著國家的每個部門和機構都是由相互交織的對立黨派機制所組成。每一位官員都主要效忠於其中的一個黨派、試圖透過它來運作、盡可能繞過其他人，在繞不過去的時候就讓他們無法掣肘。各種糾紛必須經由黨派之間的協商來解決，主要的爭端往往需要驚動最高層。這又誤打誤撞意味著：（一）人數相對較少的無黨派部長或官員必須依附於某個黨派機制，否則就辦不成事情；以及（二）很難拔除為數眾多的政治酬庸者——那些人雖不適任，卻由於必須維持配額制度的平衡而受到袒護。

最嚴重的是，這更意味著凡是沒有經過選前協議特別規定的事情，實施起來都窒礙難行，而且政府幾乎不可能做出任何快速而明確的決定。這種癱瘓產生了災難性的影響，在土地改革方面尤其如此。任何不能迅速做出決定的政府都會遇到麻煩，而一個不能迅速做出決定的革命政府將會遇到非常糟糕的麻煩。

但必須承認的是，今日各黨派之間的相互信任比選舉前要大得多。甚至連革命左派運動也已經與社會主義者和共產黨產生共識，並且建立了工作關係。但是它跟後者（共產黨）的關係比跟前者（社會黨）來得好，因為革命左派運動認為（這是明顯的事實），「與共產黨建立有機關係從而達成合理協議，是有可能的事情。」與社會黨建立這樣的關係並不容易，因為該黨只不過是各種敵對團體、庇蔭體系和政閥的綜合體，實際上無法扮演一個政黨的角色。該黨如今的主要問題則在於它的左翼。與革命左派運動不同的是，社會黨左翼的各個宗派儘管有著格瓦拉主義和極左言論，卻很難是認真的革命者。有人甚至會說（我引用了一位幻想破滅的無黨派進步人士）：「那些人無法習慣於自己就是政府的想法，因為待在反對陣營簡單多了。」一些不那麼有同情心的觀察者會補充表示：對那些發現自己無法勝任政府新工作的人來說，左翼主義正好是一條簡單的出路。

左翼在社會黨內的重要性很難評估。左翼已在今年稍早選出了新任總書記。但儘管那位卡洛斯·阿爾塔米拉諾[8]顯然渴望成為人民團結聯盟的下一位總統候選人（智利總統不能連任兩屆），卻不太可能認同黨內的任何一個派系。社會黨左翼有可能會得到強化，一則藉由它與共產黨競爭的意願（因為很容易即可從左側包抄共產黨），同時也藉由針對人民政府帶來的失望和不確定性所做出的常見反應。如果左翼或它的任何團體能夠真正把社會黨控制住，這至少是解決存在已久的黨內不團結問題的一個辦法。由於這種情況不太可能發生，所以最好的希望還是在阿言德身上，畢竟他的職位（雖然只是身為真正的選票獲得者）讓他能夠在自己黨內發揮可觀的槓桿作用。但不幸的是，阿言德迄今利用這種槓桿的速度極其緩慢。

簡而言之，人民團結聯盟在議會民主制度之下，深受眾所周知的政黨合縱連橫之害。就組織方面而言，它並不適合自己所接受的任務。「智利的社會主義之路」未必意味著一個單一的，更遑論是鐵板一塊的左派政黨。反正這無論如何不是一個現實的可能性。但它確實意味著，在決策和行動上給予了現有聯盟更大的統一性。

第三，人民團結聯盟迄今未能充分動員群眾的支持。而這再一次反映了其歷史先驅——中產階級議會民主和古典社會主義勞工運動——的弱點。在議會政治人物眼中，群眾動員行動的本質就是為了要獲得選票。傳統工人階級領袖們的盤算則是讓工會或政黨把人們從礦坑和工廠拉上街頭。（有人可能會加上一句，認為二者在歷史上的互補作用產生了一種左翼主義，即拒絕透過「官僚」組織來進行選舉和動員，並鼓吹反其道而行，無論情況如何都要加大基層群眾行動的力度。）

二者都無法適用於實現革命的目的，尤其在全國選舉可能不屬於大眾政治文化的一部分，或是有組織的工業無產階級並非貧窮勞動者典型表現形式的那些國家，情況更是如此。除此之外，自由主義和古典社會主義工人運動所衍生出的各種傳統，都對領袖魅力風格、個人化的政治、面對人群時的融洽關係等等抱持懷疑態度。無拘無束進行煽動的本事就更不用說了，即便那通常意味著對「邊緣人」的有效動員。

8 譯註：卡洛斯・阿爾塔米拉諾（Carlos Altamirano, 1922-2019）是極左派律師出身的智利社會黨主席（一九七一～一九七九），一九七三年九月九日在聖地牙哥體育館發表偏激演說抨擊阿言德總統的和解政策（「對反動派只有嚴厲的打擊！沒有和解！」）為軍方政變派的決心火上加油。九月十一日政變爆發後阿爾塔米拉諾流亡至古巴和東德，因為對東德失望而在一九八〇年移居巴黎，並在一九九三年以社會民主黨人之姿重返智利。

人民團結聯盟內部正在進行許多討論，分別關於如何能在未來的選舉中獲得更多選票，或如何籌備一場可望贏得多數票的全民公投。那裡甚至出現一種傾向，以小題大作的方式來認真看待其他較不重要的選戰。他們多方面擬訂計畫，該如何透過工會來動員有組織的工人，以及建立農民委員會或各種工廠委員會的最佳方式。其左翼成員卻秉持一個相當單純的信念，認為只需要「把鬥爭從根本上轉移到工廠、莊園、貧民窟、高中和大學」，就會萬事大吉。

但事實是，無組織的窮人很難一直在選舉之間的空檔跟政府打交道，政府並不總是為他們而存在。那裡沒有任何事情相當於卡斯楚無休無止與他的人民進行的對話（即便是獨白式的對話），或者類似羅斯福定期在廣播電台進行的爐邊談話。這不僅僅是修辭風格上的問題。為了維持一個人民政府與百姓之間的這種持續對話，煽動人心的技巧是不必要的，甚至可能是不可取的。其關鍵在於政治風格，而不是滔滔雄辯或競選活動。

這個問題涉及阿言德總統個人的程度，更甚於對人民團結聯盟的影響，儘管他或許必須克服其同志和聯盟夥伴對大總統主義的疑慮。（但那些人說不定還記得，因為羅斯福而加入民主黨的群眾，並沒有在他死後停止成為民主黨人：個人化的政治能夠促成對組織的效忠態度發生永久性的變化。）

無組織的貧窮勞動者會聽從阿言德，因為他擁有任何一位總統會有的威望、權力和父職功能，而且因為他代表著一個明顯站在他們那邊的政府。他們很容易就能夠被他動員成為國家的力量，然後轉化為一股持久的決定性國家力量，如同裴隆在阿根廷所做的那樣。阿言德可能將必須選擇一種相當不同的個人風格，與他的朋友卡斯楚有所區別。但他不應該忘記古巴革命也適用於智利的少數教訓之一，此即一位有辦法直接向最遙遠、最不政治化的貧窮國民做出訴求的領導人，是任何革命的主要資產。對一場無法脅迫人民，反而必須說服人民的革命來說，這樣的領導人也許更是不可或缺。

六

我們該如何總結「智利之路」的第一年呢？它已經展現出幾乎不需要證明的東西，此即一個左翼聯盟也可以靠選舉上台執政。它還展現出比較重要的事情，那就是左翼聯盟從此能夠以一定的速度和決斷力來採取行動，儘管它對武裝部隊和憲政體制的關鍵部分缺乏控制權。它更展現出進行社會主義建設的決心，即便它的第一年並未超出非社會主義改革的界限。

到目前為止，它的作為在性質上與其他若干拉丁美洲政府所做過的、正在做或可能打算做的事情，並沒有太大不同。但智利之路有別於其他改革派政府的，就是它堅定地建立在工人階級運動的基礎上，其主要激發力量並非民族主義或「現代化」，而是被剝削者、受壓迫者、弱者和窮人的解放。它已經展現出相當的智慧和政治技巧，而且它的成就——特別是在經濟方面的成就——相當可觀。

所有這些因素都不足以保證該政府將獲得成功。其情況就像大多數低度開發或者欠發達的半殖民地國家一樣，只能任由自己所無法控制的力量擺布——例如它對銅的市場價格行情特別敏感，因為按照第三世界的標準，智利畢竟是一個高度城市化和工業化的國家，有著複雜的社會結構和現代消費模式。我們還不知道它是否有能力克服那種特殊的經濟停滯（此外再加上持續不斷的高通貨膨脹）——這是智利和拉丁美洲「南錐體」[9]其餘部分的共同困擾，也是該地區在經濟上長期依賴的英國所正面臨的問題。經驗已經表明，這些長期的弱點比決策者所想像的更加難以補救。我們也還不知道「智利之路」能夠如何克服經濟低度開發所帶來的主要問題，即工作職位短缺。生產上暫時面臨的各種困難固然嚴重，但它們本身並不具有決定性。

「智利之路」尚未在政治上顯示出，一個人民陣線（不管它多麼充滿活力和善意）是否就等於一場革命（無論它多麼符合憲法精神）。它繼續受到的束縛不僅來自外部力量，更來自它所起源的政治體系與情況之特質，以及共同形塑出那種環境的各種政治勢力。毫無疑問的是，現在對它做出判斷仍為時過早。它還沒有在嚴重危機和真正的挑戰中經受考驗，但是我們不應低估人民團結聯盟克服其目前在作風上、組織上和政治上的弱點之能力。接下來的一年或許會讓它根基動搖，也可能讓它改頭換面。但它不會出現自發的轉變。

……人民團結聯盟會有辦法克服這些危機和挑戰嗎？它的反對者們（其中包括幾乎可確定的美國政府）相信它沒有辦法。智利政府領導人和政治人物則對此抱持審慎樂觀態度——或許更好的說法是他們不覺得悲觀，甚至連在私底下也是如此。跟我交談過的一些非常幹練，而且不涉足政治的智利人士亦是如此。一位博彩愛好者如果因為自己天生對阿言德的同情心而稍稍帶有偏見，或許會開出六比四的賠率（這並不會令人氣餒）。如果完全不把自己的好惡納入考量，他為它訂出的賠率也許會是二比一。即便如此，那也比押注在十月革命後的布爾什維克黨人身上要好得多。或就此案例而言，比十三個月前押注在薩爾瓦多·阿言德的選舉勝利上要好得多。

一九七一年九月

9 譯註：南錐體（Cono Sur）指的是南回歸線以南的拉丁美洲。

28

智利的謀殺案
The Murder of Chile

智利的謀殺案早已在預料之中，因此新聞界曾經頻繁地針對阿言德備受煎熬的最後幾個月，為那些靠著在媒體公開具名發表訃告來度日的人做出了報導——只有華盛頓除外，不斷（在我撰文的時候）保持一種勝於雄辯的沉默。甚至連英國工黨也為智利社會民主的死亡流下了裝模作樣的眼淚，儘管工黨在後者生前對待它的態度通常就像對阿富汗事務一樣地興味索然。此謀殺案暫時讓兇手們感到尷尬，那批人的榜樣則是一場不怎麼為人所知的反革命行動——順便提一下，那場行動還創造出了戰後歷史上規模最大的屠殺，即一九六五年的印尼大屠殺。

政變發生前，反動派年輕人已在聖地牙哥的牆上塗寫出「雅加達」字樣；智利軍方則直到現在都還在告訴電視機前的觀眾，印尼於政變後多麼成功地吸引了外資。外資沒有任何問題，但沒有人曉得究竟有多少智利人將成為國內中產階級復仇下的犧牲品，因為大多數受害者都將是這樣的智利人；除了在他們的工廠、棚戶區或村莊之外，從來沒有人聽說過他們。畢竟，巴黎公社結束一百多年了，我們仍然不清楚到底有多少人在鎮壓後遭到屠殺。

關於那份訃告的主要問題在於，對智利非常有興趣的人其實很少。這個偏遠小國如同一九三〇年代的西班牙那般，其悲劇在於它的政治具有全球意義、堪稱典範，卻不幸沒有受到保護。它成了一個測試版。美國人心裡明白得很，跟「社會主義能否在沒有暴力起事或內戰的情況下實現」比較起來，這個測試版簡單多了。對美國人來說，過去和現在的問題都是該如何維持其在拉丁美洲的帝國主義霸權。但其霸權地位在過去五年開始受到一些政權的侵蝕，不僅在智利如此，也出現在秘魯、巴拿馬、墨西哥，以及在最近裴隆獲得勝利後的阿根廷。最後或許將是裴隆而非阿言德，會使得天平向一場軍事政變那邊傾斜。美國原本相當有信心，能夠透過經濟鉗制慢慢把智利解決掉，因為那個國家一直外債累累、外貿赤字激增，而且只有銅一種出口商品——但銅價於一九七〇年暴跌，並在接下來的兩年持續低迷。可是美國人現在覺得他們不能再等了。反正無論如何，繼續向智利軍方運送武器之舉，已經表明美國始終把政變的可能性掛在心上。

對世界其他地區來說，智利更像是社會主義未來的理論測試版。右派和極左派都興高采烈，想為自己證明民主社會主義根本就行不通。他們的訃告主要是為了誇耀他們有多正確。在二者眼中，一切都是阿言德的錯。

阿言德的人民團結聯盟之弱點和缺失的確非常嚴重。儘管如此，在各種神話完全定型下來之前最好還是先弄清楚三件事。

第一，也是最明顯的，就是阿言德政府並沒有自殺，而是被謀殺了。導致它終結的因素並非政治或經濟上的錯誤和金融危機，而是槍枝與炸彈。對那些問出「阿言德的敵手除了政變之外還有什麼其他選擇？」的右派評論者來說，簡單明瞭的答案就是：不發動政變。

其次，阿言德政府並非對民主社會主義的一場試煉，反而頂多只是為了驗證資產階級在法制和憲政對其不再有利的時候，是否仍有遵守法律的意願。人民團結聯盟缺乏英國工黨政府在當選後所擁有——並且被浪費掉了——的那種憲法權力。它的總統是以少數人的選票合法當選，[1]面對著一個敵對的司法體系，以及一個由政敵控制的國會，可阻擋任何未經反對派認可的法案之通過。阿言德所憑藉的並非憲法賦予他的權力，他只是隨機應變地運用其合法（但在憲法上跛腳）總統的地位。他若無法在今年的國會選舉中贏得控制權，就不可能經由憲法手段取得更多進展。但他沒有贏得控制權。

那麼違反憲法的手段又是如何呢？這裡需要注意的第三點是，以「革命」取代「合法性」的選擇並不存在。無論是進行軍事角力還是政治角力，人民團結聯盟都沒有勝算。阿言德當然痛恨內戰，這是任何具有歷史經驗的成年人都必定會有的態度。然而無論信念再怎麼堅定不移，有時內戰還是必須的。但如果阿言德曾竭盡所能來避免內戰，那是因為他相信自己那

1 譯註：一九七〇年的智利總統大選共有三位候選人，阿言德雖以最高票當選，但並未過半（百分之三十六點六一）。另二位候選人的得票率分別為百分之三十五點二七和百分之二十八點一一。

方會輸，而且他毫無疑問是對的。那是另一方意圖挑起硬碰硬的角力——順便說一句，那是運用工人階級的傳統方法來產生毀滅性的效果。各運輸公司的全國大罷工不僅旨在癱瘓經濟，更是為了要逼迫政府在高壓恫嚇和隱忍退讓之間做出抉擇，從而使得武裝部隊擺脫政治中立的姿態。因為反動派知道，如果武裝部隊必須在左派和右派之間做一選擇，他們會選擇認同右派。罷工行動雖然在去年秋天以失敗收場，但在今年夏天獲得了成功。

阿言德的對策就只是威脅要做出抵抗，但實際上是在質問對方有沒有準備好選擇一場可怕萬分，而且長此以往將會失控的內戰。或許他錯估形勢，誤以為智利資產階級不願意投入其中。左派普遍低估了右派的恐懼和仇恨，也低估了衣著光鮮的男男女女多麼容易喜歡上血腥味。然而，正如此次事件所顯示的，左派進行著有組織的抵抗。只有時間才可證明它是否組織得夠好。也許並不夠，但有別於一九六四年的巴西左派，智利左派仍在繼續戰鬥。如果這個國家現在正陷入黑暗時期，任何人都不會懷疑究竟是誰把燈關了。

阿言德本來還能怎麼做呢？此時探究那些勇敢的男男女女可能犯下了哪些錯誤是一件很不容易的事情，更何況其中許多人已經死去，或很快即將死去。但無論如何，我們不打算加入今日那些拿著海報在阿言德墳前裝模作樣的人，那些海報上面以五花八門的方式寫著：「我早就這麼告訴過你了。」在這個時候甚至難以辨別什麼是錯誤而什麼不是、有哪些事情超出了智利人的控制能力（例如銅價）、有哪些事情理論上能夠改變但實際上改變不了（例如人民團結聯盟內部傾軋所導致的政治癱瘓），以及哪些政策本來可以有所不同。但毫無疑問的是，阿言德政權那場前景並不看好的經濟豪賭已經失敗了。

我自己並不認為，阿言德在一九七二年初以後除了拖延時間、確保已做出的重大改變不可逆轉、維持一個但願可讓人民團結聯盟東山再起的政治體制，還能夠有多少作為。他既不可能也沒有提議在一屆總統的任期內把社會主義建設起來。在過去幾個月內，他實際上更幾乎什麼事情也做不了。無論政變的消息有多麼悲慘，那都在意料之中，並且受到預期。它沒有讓任何人感到驚訝。

一九七三年九月

編者按：

《新社會》刊出這篇文章之前，其結尾部分曾遭到嚴重刪減。艾瑞克「為了平衡論點起見」，一個星期後在該雜誌的下一期（一九七三年九月二十七日）發表了給編輯的一封信，總結出下列幾點：

一、人民團結聯盟儘管成功地在工人和窮人之間擴大了支持度，卻未能鞏固下層中產階級、小農和小商人的支援。這是個致命的失誤，而且阿言德和共產黨都意識到了此事的重要性。

二、由於智利的運動持續進行著武裝抵抗，事情並沒有或不會全盤皆輸——不至於像一九六四年在巴西那樣。

三、智利不太可能回到舊有的民主制度。未來的模式極可能（在略加修改後）遵循目前較受青睞的巴西路線：極右派游擊隊、技術官僚和大量外資。下一個受害者或許將是秘魯軍方的「納瑟主義派」分支。

四、從現在開始的十年內，美國對拉丁美洲很可能不會像現在這樣稱心如意。

VII

晚年的反思
LATE REFLECTIONS

29

殺氣騰騰的哥倫比亞

Murderous Colombia

大多數非哥倫比亞人對這個拉丁美洲第三大——實際上也最不為人知——的國家所知道的唯一事情，就是它供應了古柯鹼，以及加布列．賈西亞．馬奎斯的小說。[1]賈西亞．馬奎斯的確是他那個不尋常國家的絕妙嚮導，卻並非很好的入門。只有曾經去過當地的人才知道，那些讀起來宛如幻景一樣的東西，實際上有多麼接近哥倫比亞的現實。毒品交易不幸也是其中的一個重要因素，即便哥倫比亞有權有勢的人們並不熱衷於討論太多這方面的問題。此外必須承認的是，他們面對毒品交易的態度比他們的北美同儕要淡然許多。而這或許是因為，今日哥倫比亞人無論有權有勢與否，主要擔心的是不斷高漲的謀殺浪潮。

哥倫比亞長久以來就因為一種非常特殊的殺人傾向而聞名。一九八六年九月，「美洲觀察組織」關於當地人權狀況的傑出報告指出，凶殺是該國十五歲至四十四歲之間男性

1 譯註：賈西亞．馬奎斯（Gabriel García Márquez, 1928-2014）是哥倫比亞著名作家，一九八二年榮獲諾貝爾文學獎。

的主要死亡原因，也是所有年齡層的第四大死因。在這個國家，暴力死亡不僅僅是結束生命的一種方式。引用一部既出色又令人毛骨悚然的口述歷史新作，阿爾弗雷多・莫拉諾的《紛亂的年代：暴力的故事》（波哥大，一九八五），它更是一個「無處不在的人物」（an omnipresent personage）。但哥倫比亞人所害怕的不僅僅是死亡，而是重新被捲入泛濫的暴力浪潮。那些浪潮曾經不時淹沒了整個國家，尤其是在一九四六至一九六六年的二十年間，也就是所謂的「大暴力」時期。這個殘酷時代最近受到該國一群優秀年輕歷史學家的認真研究，其中包括卡洛斯・奧爾提斯對一九五〇年代金迪奧省咖啡產區的著作（《哥倫比亞的國家情況與顛覆活動》），卓越地呈現了檔案研究、口述歷史和地方知識相結合之後所能取得的成果。在有系統地將「大暴力」那些年頭與現在連接在一起的嘗試當中，值得一提的有岡薩洛・桑切斯和里卡多・佩尼亞蘭達編著的《哥倫比亞大暴力的過去和現在》（波哥大，一九八五），以及阿圖羅・阿拉佩的《波哥塔索：和平，大暴力》（波哥大，一九八三），後者為一本重要的事件（*hechos*）與證詞（*testimonios*）彙編。

哥倫比亞人對新一波謀殺高潮的恐懼既出自政治原因，也出自社會原因，而上一波的高潮殺死了大約二十萬人。（「美洲觀察組織」在報告中引用的數字為三十萬人，但這個數字並非基於證據，而且幾乎肯定是過於高估了。）[2] 哥倫比亞在其歷史的大部分時間內都曾經是拓荒者的國度，而且在令人驚訝的程度上至今依舊如此。（引用一九七〇年代的描述，那些人的模樣就是「帶著他的斧頭、槍枝和獵狗的典型墾殖者」。）國家的政府和法律仍然只是偶爾從各座城市滲入大部分的鄉間地區，各座城市卻又只是隱約處於首都的控制之下。就連最古老和最強大的國家機構——天主教會——也只有一個骨架組織而已。……

哥倫比亞曾經（而且在某種程度上依舊）彷彿同時結合了狂野西部、二十世紀的拉丁美洲城市化，以及十八世紀的英格蘭。在那個結合中，由分裂成兩個對立黨派（自由黨和保守黨）的豪富家族所構成的立憲寡頭政治，主宰了昔日的政府。哥倫比亞在建立國家之前就已經有了一個全國性的政黨體系。這種寡頭政治的凝聚力以及對選舉體制的忠誠，確保該國實際上從未淪為拉丁美洲習見的獨裁政權或軍事執政團之犧牲品。但其代價是地方性的，有時甚至是蔓延開來的流血事件。因為武器在該國不是任何人的專利，而且出於歷史學家至今尚未找到的原因，十九世紀的平民百姓時而會將自由黨和保守黨視為草根宗教信仰的對立形式。正如哥倫比亞社會學家阿爾弗雷多．莫拉諾在其著作中所呈現的那樣，沒有什麼會比這更具致命性了。

2　編者按：美洲觀察組織的阿里耶．奈爾（Aryeh Neier）在一九八七年二月二十六日的《紐約書評》刊登投書後，艾瑞克曾經表示歉意。因為他在引述該組織一九八六年九月公開的〈巴爾科總統上任之初的哥倫比亞人權狀況〉報告時，誤植了出自其他來源的「三十萬人死於大暴力」這個統計數字。該組織之前發表於一九八六年一月的〈哥倫比亞的中美洲化〉報告，則表示在大暴力期間「超過二十萬人死亡」。

（過去六十年來的哥倫比亞社會轉型）為傳統的社會與政治秩序帶來了很大壓力，而且有時更會使之殘破不堪。傳統的社會與政治秩序今日在多大程度上仍繼續存在，是一個非常巨大且懸而未決的問題。

最初的壓力來自底層，當城鎮與鄉村群眾被動員起來反對寡頭統治的時候。其主要起因是，非凡的民粹主義領袖霍黑．埃列塞爾．蓋坦一九四八年在波哥大街頭遇刺身亡。幾個小時之內，首都便爆發了警察也加入其中的自發騷亂，並且隨著一些同樣自發奪權的地方革命委員會傳播到許多省級城市。我們無從得知，蓋坦究竟是否如同一般百姓自動認定的那樣，遭到了寡頭集團的毒手。但可以確定的是，寡頭集團有害怕這個人的理由，因為他已經牢牢掌握了自由黨，眼看著即將成為總統。畢竟他可是單槍匹馬，以自燃的方式引爆了唯一已知的全國性革命。……原本應該是一場社會革命的事件，結果卻以「大暴力」告終，其原因或許在於，寡頭體制最後一次成功地遏制並接管了那場社會騷亂，將它轉化成黨派傾軋。可是那場戰鬥失控了，而且變得血流成河，因為自由派對抗保守派的武裝鬥爭如今夾雜著額外的社會仇恨和恐懼。保守派寡頭擔心自己的黨派將永遠屈居少數，敵不過看樣子已把新近被喚醒群眾爭取過去的自由黨；窮人對另一方的仇恨則不僅在於他們是世襲的對手，也因為他們是窮人的壓迫者或是善於多賺一點錢的人。

那場衝突中最血腥的階段（一九四八～一九五三），促使哥倫比亞在羅哈斯．皮尼亞將軍的領導下，於一九五三至一九五七年之間短暫建立了一個罕見的軍事獨裁政權。然而，等到皮尼亞將軍垮台後，軍方和社會革命已有失控之虞，寡頭集團於是決定團結起來。在國民陣線出面主導下（那實際上直到一九八六年才告結束），兩黨停止了鬥爭、輪流擔任總統，並且在兩黨間平均分配職位。「大暴力」逐漸淪為政治化的盜匪活動，或多或少在一九六〇年代中葉遭到剿滅——岡薩洛・桑切斯和唐妮・梅爾騰斯在《盜匪、鄉村頭目與農民：哥倫比亞大暴力事件錄》（波哥大，一九八三）一書對該階段進行了非常深入的分析。在那一段時間內，哥倫比亞看似就要成為現代國家了。

然而又一次地，社會變革的步伐和動能超出了社會體制的承受能力。更何況那個社會體制已被統治階級僵化，統治階級對社會改革的緊迫感則已隨著長期成功消滅或驅逐任何不良分子的經驗而萎縮。一九五〇年後的二十五年間，哥倫比亞已經從鄉間人口占三分之二轉變為城市居民占百分之七十的國家。與此同時，「大暴力」又另外掀起一波大浪潮，促使男男女女在脅迫下、於恐懼中，或出於選擇而移居他鄉。在那些地點，夫妻二人可以清理出一些空地、種植足夠的東西來滿足所需，並且遠離政府和有權有勢的富人。新的工業已來到哥倫比亞，它如今生產法國和日本的汽車、美國的卡車，以及蘇聯的吉普車。此外還出現了新穎的初級產品，特別是大麻和古柯鹼，旅遊業也蓬勃發展。新類型的財富和影響力削弱了舊有的寡頭集團。一九七〇年以後，一些並非出身自舊豪門家族的人士，已經在哥倫比亞政壇登峰造極，諸如：米薩埃爾・巴斯特拉納、塞薩爾・圖爾瓦伊、貝利薩里歐・貝坦庫爾。曾經激起一場自發革命的社會緊張局勢，則仍然一如既往地繼續緊張下去。

在鄉間地區，游擊隊運動一直穩步發展到一九八四年。該運動開始於一九六〇年代中期，當時有幾個共產黨武裝自衛團體被驅趕到偏遠和交通不便的地區，但軍方未能將之清除。他們構成了過去二十年來主要武裝運動的原始核心——哥倫比亞共產黨的哥倫比亞革命武裝力量。在一九八四年停戰的時候，哥倫比亞革命武裝力量總共有二十七個「戰線」或地區單位。（哥倫比亞革命武裝力量的首席政委哈科沃．阿里納斯最近出版的《停火》〔波哥大，一九八五〕一書講述了那支游擊隊的「政治歷史」。）那基本上是邊疆墾殖者的農民運動。在一個有著大量閒置土地的國家，「土地問題」的本質並不在於對土地的飢渴。簡單地說，那就是為了捍衛「事實上居住者的權利」（squatter rights），而抗拒地主聲稱自己對廣大未充分利用土地的所有權。儘管地主的要求同樣模糊不清或在法律上站不住腳，卻有更多的政治和軍事力量在背後撐腰，直到游擊隊到來為止。[3]

* * *

除了軍方之外，其他人都長期低估了哥倫比亞革命武裝力量。那是因為其成員出沒於偏遠的內陸地區，也因為城市知識分子沒有把那些「小農夫」（*campsinitos*）當成一回事。它從來沒有停止過成長，而且人數大約占了所有游擊隊的四分之三。[1]一九六五年後，一些較小的競爭對手團體也紛紛加入其行列。受到古巴啟發的民族解放軍，則注定將被切．格瓦拉和雷吉斯．德布雷瘋狂的、讓外地人在內陸發動游擊戰的「中心焦點」理論所摧毀，並成為該理論的實際例證。民族解放軍雖然吸引了神父和學生，卻很快就顯露出自己的漫無意義和缺乏政治目標。它以「叛徒」名義殺害的己方成員或昔日成員，很可能比它殺死的士兵來得更多。然而，民族解放軍就像哥倫比亞所有的游擊隊運動一樣，幾乎無法被根除。它拒絕簽署任何停戰協議，而且目前的支持者非常少——但由於它大敲國際石油公司的竹槓，所以錢多得不得了。

一些脫離了共產黨的中產階級人士還另立門戶，組成毛派的人民解放軍。至於最後一個、也是最廣為人知的游擊隊組織，「四月十九日運動」，則成立於一九七四年，旨在針對羅哈斯將軍於一九七〇年總統大選中被偷走的勝利做出回應。[4] 那位前獨裁者以「哥倫比亞的裴隆」（或其實是「新的蓋坦」）之姿成功地捲土重來，以激進的民粹主義方案廣泛吸引了城市邊緣人，而且收效宏大。他原本無疑已經贏得了一九七〇年的大選。這支新成立的游擊隊

3　在其他地點，農民叛亂的標準原因是為了收復被奪走的公用土地；此事在哥倫比亞卻偶限於昔日的或倖存的印第安公社，成了一個特例。該國第一位獲得合法任命的共產黨籍市長（一九八六年在科亞伊馬，一個典型的印第安人「保留地」（resguardo）），便為了這個原因而長年投身政治。

4　譯註：四月十九日運動（Movimiento 19 de Abril / 19th of April Movement, M-19）——得名自一九七〇年四月十九日，即哥倫比亞舉行總統大選的日子。保守黨候選人以六萬四千票些微差距擊敗羅哈斯，被指控作票。

固然包含一些羅哈斯昔日的追隨者，但四月十九日運動的真正成員展露出拉丁美洲特有的現象——他們是嫌共產黨革命性不夠堅強的一些良家子弟和若干千金小姐。[2] 四月十九日運動的主要領袖們曾經加入過哥倫比亞革命武裝力量，運動本身則生活在哥倫比亞上層中產階級社會的世界，而且其領導幹部把現代宣傳手段視為理所當然。在此世界內，父母親不會因為那些勇敢的年輕人以革命行動來展現青年與生俱來的理想主義，並且藉由當地人所戲稱的「大男人主義列寧主義」（*machismo-leninismo*）來證明自己的男子氣概，於是對他們感到詫異或震驚。直到四月十九日運動在一九八四至一九八六年之間政治破產為止，它都在這些方面獲得了巨大的同情。

倍增的游擊隊運動意味著一種沮喪感。鑑於哥倫比亞人民在社會騷動與武裝鬥爭等方面的潛力，讓人不禁想問：為什麼社會革命顯得如此遙遠？但儘管那些游擊隊並沒有對整個體制構成真正的威脅（羅哈斯將軍短暫動員起來的城市群眾反而要危險得多），它們卻也沒有被兵員少得可憐、只有大約六萬人的哥倫比亞軍隊剿滅。它們宛如大地景觀中恆久存在的一部分，一個個武裝人員團體就跟一條條河流同樣渾然天成。可是當軍隊和游擊隊正在不同的農村地區打得難分難解之際，各種社會和政治問題變得越發具有爆炸性，而游擊隊本身就是那些問題的症狀之一。在游擊隊和軍方眼中（軍方是受到美軍鼓動，而且有許多軍官是美國訓練出來的），唯一爆炸性的發展就是一場共產主義革命。但正如其他哥倫比亞人比任何人都知道得更清楚的，還有一些社會爆炸形式更加危險，因為它們既無中心焦點又非常負面。

貝利薩里歐．貝坦庫爾總統（一九八二～一九八六）率先承認，哥倫比亞問題的解決有待於哥倫比亞事務的重大變革，而且其先決條件是結束這種地方性的和毫無意義的準內戰狀態。他不顧雙方的軍事抵抗，開始著手實現這個目標。他是一位文明的天主教知識分子、一個特立獨行的保守派人士，刻意爭取國民當中越來越多不再根據血緣關係來認同兩黨之一的那些人，以便開啟哥倫比亞歷史上的一個新紀元。他在一九八四年將一位軍方的部長革職，因而能夠與除了「民族解放軍」激進派之外的所有主要游擊團體簽署休戰協議，這使得他在公眾面前取得了極大的成功。然而，等到他的總統任期將盡之時，他的大多數倡議似乎正搖搖欲墜，他的政府則在血泊中沉沒。

除了哥倫比亞革命武裝力量之外的所有游擊隊都重新展開戰鬥；美國破壞了中美洲和平的可能性；拉丁美洲債務國的卡塔赫納陣線——貝坦庫爾最喜歡的另一項倡議——則被證明只不過是一個短命的頭條新聞罷了；[5]與此同時，毒品黑手黨暗殺了他的司法部長（在貝坦庫爾任職期間被殺害的五十七名法官之一）。四月十九日運動對最高法院的襲擊則是一場失敗的宣傳行動，最後以一百人慘遭殺戮告終（死者多半是法官和其他平民），讓軍方、游擊

5 譯註：一九八四年六月拉美十一國代表在哥倫比亞的卡塔赫納（Cartagena）舉行會議，以「如果你欠銀行一千美元，那是你的問題；如果你欠銀行十億美元，那就是銀行的問題了」的態度採取聯合行動，意圖拖延或取消償還巨額債務。

隊和總統本人顏面盡失。

儘管如此，貝坦庫爾仍可能已經在哥倫比亞開啟了一個新的紀元。該國長年以來都是最堅定、最忠誠的美國世界政策支持者，如今卻首次轉向不結盟。新任總統比爾希略．巴爾科是自由主義者，擊敗了選戰中一名極右派的保守黨對手。儘管保守黨如今已成為一個不合作的反對黨，巴爾科仍刻意延續貝坦庫爾的政策。哥倫比亞革命武裝力量則依舊維護停火協議，並且從槍枝轉向選票，藉由自行成立一個新的左翼政黨——愛國聯盟——獲得了比預期更多的成功。但矛盾的是，對一個由無產階級政黨支撐起來的運動來說，它的力量竟主要來自農村。這很可能是哥倫比亞歷史上的第一個農民政黨。（它在大城市的實力反而低得離譜，即便已經比過去大得多：在波哥大四百萬居民中有四萬四千名支持者，在梅德茵二百五十萬人中則有三萬四千人。）巴爾科總統完全致力於實現新的政治多元化，尤其是愛國聯盟成員擔任國家和市政公職的權利。在一場無聲無息但具有爆炸性的民主改革中，目前由地區行政首長任命的市長們很快將經由選舉產生。這項改革和最近的其他改革雖然平淡無奇，但哥倫比亞確實在政治上發生了重大的變化。

＊　＊　＊

這些變化以及對未來的不確定性，再加上兩任總統之間的過渡期，產生出一種緊張、恐懼和前景黯淡的氛圍。這種情況更因為急劇上升的政治謀殺案和更令人擔憂的——「失蹤人口」的新增——而越演越烈。非政治性的殺戮則由於很難被新聞界報導，無法斷定是否有所增加。但我們沒有理由認為，古柯鹼工業在度過了名副其實的「割喉競爭」階段之後，除了暗算有可能援引一九七九年與美國簽訂的引渡條約的法官們之外，還會需要進行更多謀殺。在自由競爭的蠻荒地帶，例如祖母綠的非法開採，反而更具有致命性。一九八六年到目前為止已有大約三百人因此喪生（一九八六年九月二十八日《時代報》），但情況其實一直如此。[3] 真正出現成長的領域是右翼恐怖主義。

這種右翼恐怖行動所採取的形式，就是對工會領袖和愛國聯盟的積極分子進行威脅與暗殺，以致他們在一九八六年九月的遇害率是每天一人，明顯高於左派人士遭到襲擊的比例——據稱後者在貝坦庫爾時代的最後兩年損失了三百人左右。一些「不知名」的殺手小隊甚至更加凶殘，開始以「維護道德和社會秩序」的名義在卡利和梅德茵等城市進行週末突襲，毫不留情地誅殺「反社會」分子，例如小罪犯、同性戀者、妓女，或只是普通的乞丐和流浪漢。哥倫比亞第三大城卡利一九八六年的殺戮統計數字說明了一切：一月死亡八十人、二月八十二人、三月八十四人、四月九十一人、五月九十八人、六月一百一十四人、七月一百人、八月一百零二人，以及九月前十八天死了七十九人（一九八五年的死亡總人數則為七百六十三人）。[4]

在全國範圍內針對左派領導人——特別是當選公職者——進行有系統的暗殺，顯示出某種協調一致的行動，但沒有人拿得出相關的確鑿證據。另一方面，沒有人懷疑，地方軍事指揮官和警察部隊，與準軍事團體和暗殺小組保持著密切聯繫，後者得到了當地土地所有者（其中包括許多昔日官員）與實業家的熱烈支持，更別提那些把搶匪、同性戀酒吧常客、工會組織者和共產世界陰謀分子混為一談的激進右派人士了。此外還有人聲稱（主要是軍方圈內人士），極左派游擊隊應為此類襲擊負責。

無論他們到底是什麼人，無論究竟是誰把他們組織了起來，而且無論迄今為止「失蹤者」的確切人數如何，關於各種暗殺小組和準軍事組織的核心事實始終是：沒有任何人——尤其是與武裝部隊有所牽連的人——遭到逮捕、起訴，更遑論定罪。[5]正如一位消息靈通的記者對我說的：「唯一明確建立的全國性協議，就是決定不對這些殺戮採取任何行動。」哥倫比亞當前局勢最令人擔憂的症狀是，即使在這個長年有著平民執政傳統的國家，勇敢的政治家也必須對武裝部隊抱持著戒慎恐懼的態度。

為什麼會出現瘋狂的右派反彈呢？從表面上看，當前的形勢並不至於讓人歇斯底里。經濟預期將出現成長；窮人沒有比從前更窮，而且跟往常一樣以自己能夠承受任何事情為榮。最近他們還發現了一種廣受歡迎的英雄，具有面臨忍耐極限時依然堅韌不拔的特質——那就是山地自行車手。由於他們的英雄參加了環法自行車賽，哥倫比亞人如今熟悉阿爾卑斯山區地理的程度，更甚於對安地斯山脈的了解。

無論從任何角度來看，游擊隊的情況都好多了。哥倫比亞革命武裝力量旗下的大約六千名武裝人員對明顯的挑釁行為不予理會，堅持遵守停火協議。他們無拘無束地邀請記者前往其偏遠的總部，為他們那位頑強的老領導人，傳奇人物曼努埃爾・馬魯蘭達的形象帶來極佳的宣傳效果。馬魯蘭達的身邊則圍繞著一些同樣頑強不屈的人物，他們的革命化名，諸如提摩琴科、伊凡、菲德爾・拉布拉多，更表明了他們年輕時對自己的期望。[6] 右派人士雖然抱怨像電視之類的公共媒體不應該為叛亂者進行宣傳，但是工於算計的政客們想必會歡迎這種相互伏擊的行動，以便提高自己的照片曝光率。無論如何，愛國聯盟最有可能的未來前景（就像一九一四年之前歐洲議會民主國家的社會主義政黨那樣），並不在於革命奪權，而是要建立一個在邊陲地帶擁有堅實基礎的激進農工政黨。這讓他們有機會與自由派談判協商，而且如果運氣夠好，更可產生對自己有利的政治平衡。

至於仍在戰鬥或重新恢復戰鬥的一千多名游擊隊員（沒有任何統計數字超出兩千人），現在已結合成為所謂的「全國游擊隊協調委員會」6 ——不過哥倫比亞革命武裝力量成功地為自己抓住政治機會一事，已突顯出那些人的政治破產。他們的戰略破產則展現於不同團體的分裂、最近在孤注一擲的行動中幾乎失去了所有高級領導人的「四月十九日運動」，以及

6 譯註：該全國協調委員會只活動到一九九〇年代初期，從一九八七年起的正式名稱為「西蒙・玻利瓦爾游擊隊協調委員會」（Coordinadora Guerrillera Simón Bolívar / Simón Bolívar Guerrilla Coordinating Board, CGSB）。

「里卡多．佛朗哥集團」的高棉式屠殺行動——這是一個脫離哥倫比亞革命武裝力量的反休戰學生團體，最後殺死了被視為叛徒和警察臥底者的一百六十名己方成員（實際上是它的大部分成員）。

令人難以置信的是，根據一些（未發表的）民意調查，各個游擊隊在一九八四年獲得了百分之七十五的支持率，四月十九日運動更是中產階級的寵兒。主要的崇拜者如今出現於棚戶區和貧民窟——那裡的勇敢孩子們夢想著成為英雄。如果近幾個月來游擊隊在瘋狂進攻的背後有著任何策略，那或許就是在這些地區引發叛亂，讓軍方只能藉由不分青紅皂白的轟炸來控制住情況。四月十九日運動的根本盤算，則是企圖透過一些戲劇性的軍事行動，將潛在的叛亂局勢激化成實際的革命。[7]現在發生這種情況的可能性，不會高於當初與軍隊對陣的游擊隊人數多出四倍的時候。游擊隊當時無法在軍事上獲勝，今天照樣打不贏——不管他們再怎麼令人滿意地證明軍方也同樣贏不了。

既然如此，右派為什麼還會緊張呢？或許是因為分崩離析的政黨制度和國家體系（但軍隊除外），再次使得重心從首都轉移到了各個地區——但由於全國的情況相對平靜，地方上的緊張局勢反而看似沒有好轉。這同時也因為如今認為自己受威脅的那些人，與其說是歷經種種更嚴峻挑戰卻仍保持冷靜的舊寡頭家族或真正的超級富豪，倒不如說是中型地產的擁有者、企業家和正在崛起的政界人士。這些人感覺遭到遺棄，因為游擊隊不管戰鬥與否都還帶著武器滯留於鄉間地區，而他們卻擔心著當自己開著上鎖的汽車在波哥大或卡利空蕩蕩的夜間街道通過紅綠燈時，萬一停下車來就會慘遭割喉。對商會、扶輪社、同濟會、獅子會，以及會計師協會的負責人來說（引用某偏遠省分一份憤怒的反哥倫比亞革命武裝力量宣言的簽署者用語）：只有死人才稱得上是好的顛覆分子和反社會者；此外，在哥倫比亞有許多男人（甚至還有一些女人），能夠在價錢對的時候被僱來殺人。[8]

於此情況下，人們在哥倫比亞所可能聽到的最樂觀推斷是：將不會出現任何改變。更悲觀的看法則是國家的阿根廷化甚或薩爾瓦多化，亦即軍事恐怖或內戰。不然也可能是卡利或梅德茵已經存在情況的繼續延伸，出現來自官方武力、自衛幫派、游擊隊支持者和普通罪犯等三或四個方面的暴力混亂。這些前景中較黑暗的部分未免太陰鬱了。哥倫比亞固然有過鼓舞人心的長時間暴力靜止紀錄，但巴爾科總統正在接管的是一個非常焦慮不安的國家。

所有這一切當中，哥倫比亞人在哪裡看見毒品交易呢？這取決於你從哪個角度來看待它。就邊區農民的觀察角度而言，國立大學的三位研究人員對此撰寫了一本最具獨創性的書——海梅．哈拉米約、列奧尼達斯．莫拉，以及費爾南多．庫維德斯的《墾殖、古柯和游擊隊》。古柯主要是一種具有不確定性的投機作物，它賺取利潤的能力以及採摘古柯葉所能獲得的工資，沒有其他作物可堪比擬。成本上升，主要是因為名義上過來清剿哥倫比亞革命武裝力量的士兵（哥倫比亞革命武裝力量則扮演著地方政府的角色），不斷向越來越多的安地斯高原地區要求增加金錢回報。然後到了一九八〇年代初，價格開始暴跌。然而，對古柯種植者來說幸運的是，國家政府在一九八四年之後替毒品販運帶來了很大的困難，於是毒品價格再度穩穩居高不下。邊疆地帶則不存在毒品黑手黨的問題，因為在那些地區從事任何商業活動都是按照地方當局所能接受的條件行事。真正的問題是任一個偏遠地區的暴富所帶來的社會紊亂。孩子們輟學去賺取前所未聞的收入，比如每天五到十美元；來自四面八方的強壯單身漢紛紛加入古柯熱，於是為了他們的福利而在多達五百棟茅屋內塞進四百名妓女；此外再加上每一名冒牌警長熟悉的那種混亂脫序。其中最嚴重的，或許就是墾殖者和游擊隊所賴以生存的簡樸拓荒者價值觀遭到了腐蝕。誰還會再相信，美好的生活就是森林裡清出的一塊空地、一隻獵狗，還有一點絲蘭和香蕉呢？

從較高的角度觀察，毒品交易更特別令人擔憂，不過到目前為止並不是因為毒癮的緣故——哥倫比亞人對此淡然處之。波哥大警方在過去六個月查獲整整五百公克古柯鹼一事，從未登上報紙頭條（引用波哥大一名密報者的話，便是「其數量就跟當下在這棟樓房內，或在任何同樣大小的辦公室裡面一樣多」）。真正令人擔憂的是，那個如今為哥倫比亞提供了比咖啡更多出口收入的行業，已導致貪汙腐敗普遍蔓延。[9]此外，由於涉入的人數不多，這個行業已經製造出該國最有錢的一批人。（由於新的錢財與新的藝術攜手並進，藝術品的收購據說也改變了當地現代繪畫的市場行情。）法官的腐敗，讓人面對著致富或死亡的選擇。誠實的官員們會痛苦地承認，軍方的腐敗已經向上蔓延到了高級將領的層級——畢竟對販毒集團（*narcotrafico*）來說，最有用的東西莫過於武裝部隊的陸地和空中運輸系統。警方也貪汙橫行，游擊隊的腐敗則比較不明顯。但說來矛盾的是，哥倫比亞生活中唯一拒絕讓毒梟登堂入室的領域就是政治。在圖爾瓦伊擔任總統期間（一九七八～一九八二）已有跡象顯示，迫不及待想加入舊體制的毒品大亨們正準備走上干政之路——但儘管各個候選人仍然不斷在他們找得到錢的地方到處募款，業界的知名人物依舊不得其門而入。

國民生活中瀰漫著這種腐敗現象，以致毒品交易合法化被廣泛而認真地視為破除暴利、杜絕貪腐的唯一途徑。古柯鹼被認為只不過是熱帶國家在歷史上繼蔗糖、菸草乃至於咖啡之後，多出來的另一種經濟作物罷了。出口古柯鹼就跟其他的出口業務沒有兩樣，而這項業務之所以存在，只不過是因為美國堅持以日益龐大的數量來嗅聞或吸食那種東西的緣故。根據他們自己的看法和亞當·斯密的原則，梅德茵投資者集團就像當年荷蘭或英國冒險家涉入印度貿易（包括鴉片交易）的時候一樣，並不會把自己當成罪犯看待，而且是以相當類似的方法來處理他們的投機貨物。這個行業痛恨被稱為黑手黨是有道理的。無論在組織結構上還是在社會學定義上，它都截然不同於義大利黑手黨或義大利裔美國黑手黨。

在哥倫比亞人看來，這基本上是一項普通的商業行為，卻被多管閒事的美國定義為犯罪。過去兩年內，業內名聲最響亮的幾個大亨曾經兩次提議代為償還國債，並且從此退出古柯鹼業務，藉此換取特赦與合法地位。但無論如何，一些最大牌的業者如今已退出交易，改行從事貨運保險工作。順便說一句，假如古柯鹼和咖啡一樣合法，而且毒品販子也進行咖啡業務的話，下一代的業者恐怕就不會像上一代那樣大發横財了。反正無論如何，最常聽見的評論就是：假如老美果真像他們所宣稱的一樣重視毒品問題，那麼為什麼不採取類似他們自己在瓜希拉省的做法，也在加州門多西諾郡的大麻田噴灑「百草枯」(paraquat)，並且如同他們在玻利維亞所做的那般，從喬治亞派部隊過去？巴爾科總統已經宣布，無論任何情況都不允許美國軍隊活動於哥倫比亞境內。當他那麼做的時候，幾乎是為所有的哥倫比亞人發聲——包括堅定支持美國外交政策的那些人在內。

然而，毒品並不是大多數哥倫比亞人最關心的問題。他們相當樂意把這個主題更駭人聽聞的一面留給外國作家來發揮——像是查爾斯．尼科爾的《水果宮殿》(倫敦，一九八六)，一本偽裝成漂泊者狂想曲的老派艦隊街八卦報導。[7] 在巴爾科總統上任屆滿一百天之際，他們還有比「跋涉穿越哥倫比亞的古柯鹼地下世界」更讓人傷腦筋的事情需要顧慮。假如我們處在他們的位置，我們也會如此。

一九八六年十一月

7 譯註：該書全名為《水果宮殿：跋涉穿越哥倫比亞的古柯鹼地下世界》(*Charles Nicholl, The Fruit Palace: An Odyssey Through Colombia's Cocaine Underworld*)。艦隊街（弗利特街）則曾經是英國新聞業的中心。

30

拉丁美洲的民族主義和民族性
Nationalism and Nationality in Latin America

民族主義在世界許多地區都是受到學術界密切關注的課題，因為它也是一個迫切的政治課題。本文所探討那個世界的民族主義，在這兩方面都有些異常：拉丁美洲。這乍看之下顯得相當奇怪，因為班納迪克・安德森曾在《想像的共同體》一書中嚴正指出，現代民族主義真正的全球先驅是十八世紀西班牙美洲的克里奧人城市。然而，少數精英群體的民族主義不應與真正的民族主義混為一談。儘管二者之間可能存在著歷史聯繫，但後者是以國族意識——或者依附於民族象徵或民族體制——的形式，而在人民之間擁有或產生了群眾基礎。它更不應與種族或宗教之類排他性較高的國族意識形式混淆。在這兩個方面，拉丁美洲都發展得比較晚。其實它直到今天仍然在很大程度上不受現代種族／文化民族主義的影響。

讓我先簡單回顧一下殖民地時期以及獨立之初的情況。殖民者與主要城市及其居民之間的緊張關係正在加劇，此外，在十八世紀後期的西班牙帝國和大英帝國，移居者的自治要求也甚囂塵上。我們不難在一些克里奧精英自治的代言人當中發現潛在的民族主義分子。在有可能實施克里奧精英自治的地區（例如新西班牙[1]）更是如此，於是創造出了一些神話，宣稱當地的克里奧人和梅斯蒂索人於某種意義上代表著非西班牙的本土傳統（即便那當然已經被基督教化了），亦即延續著前哥倫布時代各個帝國的遺風。現代墨西哥民族主義的強烈阿茲特克風味，便是這種由克里奧人在十七和十八世紀「被發明的傳統」所造成之結果。

然而，這種潛在的民族主義受限於克里奧人對美洲群眾的嚴重不信任感，以及對其社會革命的畏懼——此種革命戲劇性地體現於一七八〇年代秘魯的圖帕克・阿馬魯，以及一七九〇年代海地的杜桑・盧維杜爾。正如同班納迪克・安德森所指出的，克里奧民族主義主要是針對西班牙王室明顯親原住民的政策而發，拉丁美洲的獨立則由於原住民公社對西班牙殖民政權的支持而受到遏制。除此之外，拉丁美洲和英屬美洲解放運動的真正意識形態來自啟蒙運動，而對啟蒙運動的意識形態來說，「國族」並非赫爾德式（Herderian）不具政治性的概念，也不是社會與文化方面的概念。「人民」是在擺脫枷鎖和選擇自由的過程中建構了自己的「國族」，而不考慮其先前的組成方式為何。根據西耶斯神父[2]的說法，一個國族只是「生活在共同的法律之下，並由同一個立法機構所代表的人們之聯合體」。在美國和法國的經典案例當中，它除此之外別無限制。「國族」本身就意味著公開邀請加入。反正無論如何，決定要起而反抗西班牙，並不一定表示要排斥西班牙的一切。……

但是這讓我想起了一個有關拉丁美洲獨立——或至少是西班牙語系美洲獨立——的關鍵

問題（巴西脫離葡萄牙的經過則相當不同）。為什麼北美十三個分離但結盟的殖民地能夠於一七七六年的獨立宣言和世紀末之間，明確而快速地形成為一個國家，在西班牙語系的美洲卻沒有發生過這樣的事情？難道說是因為西班牙帝國面積遼闊又成分殊異，使得像十三個殖民地那樣協調一致的反抗成為不可能？莫非帝國內部的重要地區反對獨立，而且其反對效果遠甚於日後美國的任何反獨立勢力？還是我們只需要提醒自己，十三個殖民地的白人人口雖然在一七九〇年為數不多（略少於四百萬），卻幾乎肯定絕對比加利福尼亞至合恩角之間整個地區的白人總數還要多出許多，而且相對來說更是遙遙領先？據估計，當地在殖民時代末期（一八二五年）的白人總數還不到三百五十萬。此外不應忘記的是，拉丁美洲的主要城市比美國同類型的城市要大得多。美國在一七九〇年舉行第一次人口普查的時候，沒有任何北美城市的人口多於費城的四萬二千人；墨西哥城卻已將近十二萬人、利馬接近五萬三千人，甚至連卡拉卡斯也即將突破四萬大關。[1] 但獨立帶來了拉丁美洲城市精英階層的政治地位衰落，還有鄉間大地主及其武裝力量的崛起。如此一來便意味著，西班牙語系美洲「政治國家」

1 譯註：新西班牙（New Spain / Nueva España）的首府為墨西哥城，在美洲大陸主要包括了墨西哥、除巴拿馬以外的中美洲，以及十九世紀被割讓給美國的大片土地（加利福尼亞、德克薩斯、佛羅里達、亞利桑那、新墨西哥、內華達、科羅拉多、猶他、華盛頓、奧勒岡等州）。

2 譯註：西耶斯神父（Abbé Sieyès, 1748-1836）是法國大革命的理論家之一，其名著為《第三等級是什麼》（*Qu'est-ce que le Tiers-État ?*）。

的天然支持者權力遭到了削弱，因為一旦在大莊園主的操縱下獲得獨立，地方利益和區域利益更有可能居於上風。這一切都是理由。但事實仍為：在那十三個殖民地，由其全體（白色和自由）居住者組成一個獨立國家的想法，早在宣布獨立之前就已經是其意識中的一部分（比起精英階層，或許一般大眾更是如此），而且它們彼此之間不可否認有某種團結一致感。在拉丁美洲很難發現這種感覺，只有巴西除外——葡萄牙帝國的那個部分已經整體脫離出去，成為單一國家。正如我們所知，就連較大規模組建區域聯合體的嘗試（例如大哥倫比亞），也都徹底失敗了。

由此觀之，從獨立戰爭中脫穎而出的那些拉丁美洲國家（或至少是西班牙美洲國家），都並非真正意義上的「國族」或「民族國家」，而且它們也不是**民族**解放運動所造成的結果。在該大陸的很大一部分地區，甚至連殖民地的行政區劃分都相對較新，並且——如同後殖民時代的非洲一般——多方面為新國家提供了框架。它們是西班牙王權在十八世紀（有時是十八世紀晚期）進行殖民地重組下的產物。在所有這些國家當中，或許除了智利（玻利瓦爾本人曾特地稱之為成功的國家），地方和區域層級的對立關係甚至遠比各地精英之間的共同點還要來得明顯。因此獨立後的最初幾十年間，內戰或區域性的戰爭層出不窮，即使像拉普拉塔盆地那樣具有地理連貫性的地帶也不例外。也因此拉丁美洲國家老是傾向組成正式或非正式的聯邦，直到國家的中央權力開始對國家領土建立有效控制為止，而且主要還是在二十世紀才逐漸完成。**事實上**，就連各個新國家的精英們也沒有太多的同質性或共同觀點。他們所居住國家的名稱往往是獨立後的發明，他們之所以認同國家，僅僅是因為這些新國家的機制——尤其是名義上自由的代議制憲法——為他們提供了一個國家級的舞台，讓他們能夠在台上盡情施展自己縱橫捭闔的功夫。也許唯一真正有意讓這些國家成為「國家級單位」的團體，就是建立了這些國家的軍隊，或是在這些國家攫取了政權的軍事強人。一旦新國家的地位不再是個問題，地區分離勢力被排除於政治之外了（地方分離在一八三〇年之後只是偶爾出現，而且是像阿克里[3]和巴拿馬那樣受到外部影響所致），不管自己的首領再怎麼變，軍方都成為實際上涵蓋共和國全境的唯一機構。任何軍事獨裁者所渴望的權力都是全國性的。鑑於過去一百五十年來拉丁美洲國家的軍隊難得讓其他國家的士兵流血（顯著的例外是一八六四至一八七〇年的三國同盟戰爭、一八七九至一八八四年的太平洋戰爭，以及一九三二至一九三五年的查科戰爭），[4]軍事榮耀在南美洲的國家神話中都扮演著不成比例的角色。

我們不妨一致同意地把平民百姓剔除在新國族意識的承載者之外，但巴拉圭和阿蒂加斯[5]的烏拉圭或許是其中特例——兩國在爭取並捍衛獨立的過程中，對抗舊殖民勢力的成分

3　譯註：阿克里（Acre）位於巴西西部，原屬玻利維亞，一八九九至一九〇三年之間三度宣布成立共和國，一九〇三年後成為巴西的一個州。

4　譯註：三國同盟戰爭亦稱巴拉圭戰爭，巴拉圭慘遭巴西、阿根廷、烏拉圭三國聯軍擊潰。查科戰爭則是玻利維亞與巴拉圭之間的領土爭奪戰，最後由巴拉圭獲勝。太平洋戰爭參見第十三章譯註。

5　譯註：阿蒂加斯（José Gervasio Artigas, 1764-1850）是烏拉圭民族英雄和獨立運動領袖，被譽為「烏拉圭國父」。

較少，對抗布宜諾斯艾利斯和巴西的成分居多。墨西哥則肯定是圍繞著前哥倫布時期托南津[6]那位神明的繼承者，瓜達露佩聖母，形成了真正的大眾意識。在伊達爾戈和莫雷洛斯的時代，男人們在瓜達露佩聖母的旗幟下揭竿而起。[7]雖然瓜達露佩聖母崇拜無疑已經和墨西哥民眾的國族意識融為一體，伊達爾戈時代的黑面聖母與其說是**國家**的象徵，倒不如說是**窮人**的守護女神和保護者。那些窮人僅僅因為是墨西哥的貧民，才使得他們在過去或現在具有了國族意識。透過阿爾維托·弗洛雷斯·加林多在《尋找印加：安地斯山區的身分和烏托邦》（一九八六）一書的精闢分析，我們才發現以「印加千禧年主義」（Inca millennialism）形式流行於安地斯山區的意識形態，原來在一九二〇年代之前與當地那些新的共和國根本毫無關係。

我們也沒有任何理由期待一般民眾會對國族感興趣，甚至對它具有任何概念。那些國家的國族意識形態製造者若非對拉美大陸的大部分居民不感興趣，就是——而且更可能是——認為這些居民乃妨害國家進步或其他任何進步的主要障礙。巴西作家安東尼奧·坎迪多以敏銳的觸感比較了下列二者：著書譴責羅薩斯政權在阿根廷鄉間倒行逆施的多明哥·福斯蒂諾·薩米恩托，[8]以及將近六十年後試圖闡明巴西巴伊亞州「塞爾唐」居民現象的歐幾里德·達·庫尼亞。薩米恩托《法昆多》（一八四五）一書的副標題「文明與野蠻」，也非常適合成為一九〇二年歐幾里德·達·庫尼亞《腹地》的副標題。[2]套用阿根廷詩人埃斯特凡·埃切瓦里亞的講法（一八二九年），對薩米恩托來說，這在一方面是由城市代表的「進步、自主和自由的原則」，在另一方面則是以農村為代表的「故步自封、愚昧無知和專制殘暴的反社會無政府主義原則」。薩米恩托時代的城市（但在達．庫尼亞的時代已非如此）不僅居於少數，而且在政治上遭到了邊緣化。

簡而言之，進步主義者需要培養出一種國族情操，藉以取代古老而強大的聯合體與社團（地方的、職業的、宗教的、種族的……），那些都是阻礙進步的頑固障礙。然而，這意味著對拉丁美洲平民大眾所珍視的一切進行正面攻擊。無怪乎當地精英會被實證主義那樣的國際通用意識形態所吸引，因為當握有國家權力、志在現代化的精英人士，面對堅定不移和具有敵意的群眾力量之際，這種主義會變得非常合用。巴西的國族意識形態成了孔德式的實證主義，而且要是沒有那場革命的話，墨西哥的國族意識形態也可能變得如此。

正如我們所知道的，許多相信進步的人對於是否能讓群眾移風易俗深感絕望，以致認

6 譯註：托南津（Tonantzin）是古代阿茲特克人的大地女神或眾神之母。根據傳說，一五三一年十二月，聖母瑪利亞向一名印第安人顯現了五次，地點就在昔日祭祀托南津女神的山丘上（位於今日墨西哥城北部的瓜達露佩）。

7 譯註：伊達爾戈（Miguel Hidalgo y Costilla, 1753-1811）是墨西哥神父和墨西哥獨立戰爭的領導人（其口號為：「殺死西班牙人，瓜達露佩聖母萬歲！」）。莫雷洛斯（José María Morelos, 1765-1815）同樣也是墨西哥神父，他還是伊達爾戈在神學院的學生，於伊達爾戈被捕處決後接手，繼續領導墨西哥獨立戰爭。

8 譯註：羅薩斯（Juan Manuel de Rosas, 1793-1877）是布宜諾斯艾利斯總督和實際上統治阿根廷的軍事強人——拉丁美洲的第一個「考迪羅」（一八二九～一八三二、一八三五～一八五二），於失敗後流亡英國。多明哥．福斯蒂諾．薩米恩托（Domingo Faustino Sarmiento, 1811-1888）則是自學成功的作家、教育家、內閣部長，以及阿根廷總統（一八六八～一八七四）。

為唯一的解決方案就是大規模移入「優等」人種（即歐洲人），並且將印第安人和黑人邊緣化——甚至連當地受到周遭野蠻作風腐蝕的克里奧人也比照辦理。只有墨西哥對此表現得並不熱衷，這不難理解，因為外國佬已隨著墨西哥大部分地區在十九世紀被割讓給美國而紛紛湧入。但儘管如此，換個角度來看，他們在經濟和文化上的影響受到了歡迎，正如英國的影響受到歡迎一樣。十九世紀的進步主義和中產階級民族主義並非針對外國帝國主義而發。他們隨時歡迎外國企業和移民，這完全符合他們的民族主義。我們沒有理由懷疑智利的政治統治階級一直覺得自己是智利人，即便我們想像得到的那些成員（除了一些無所不在的巴斯克人）都有著明顯來自外國的姓氏：愛德華茲、皮諾契特、弗萊、阿言德・戈森斯、亞歷山德里、馬爾馬杜克・葛洛夫、福克斯利等等。[9] 在另一方面，這種民族主義排除了所謂種族或歷史「民粹民族主義」的吸引力。讓我們回想一下阿根廷詩人何塞・埃爾南德斯的高喬人（*gaucho*）史詩《馬丁・菲耶羅》。菲耶羅吟唱道：

高喬人只能強顏歡笑逆來順受，
直到死亡過來將他吞噬；
或者我們得到一個克里奧羅[10] 夥伴，
按照高喬的方式來統治這片土地。[3]

這種地方上的憤懣情緒，在裴隆領導下的民族主義新階段被利用得淋漓盡致，突顯出「真正的阿根廷」對布宜諾斯艾利斯港都人（*porteños*）[11]以及外國人的敵意。裴隆主義的實際真相卻大不相同。裴隆軍隊中一半以上的將軍都是外國移民子弟，顯示出在拉丁美洲以外的世界所罕見的同化意願和同化速度。

所以截至二十世紀，拉丁美洲的民族主義大致可分為兩個階段：一是獨立後階段，儘管有著法國大革命的口號和揮舞的軍旗，但此階段並不是很重要；另一個階段則實際上與反傳統主義幾乎不謀而合。「國家」意謂著進步（亦即經濟發展），以及在全國領土上建立有效的國家權力。只有那些爭取進步或至少願意接受進步的人，才可被視為國家的真正成員。

第三個階段則基本上開始於墨西哥革命，並且與俄國革命遙相呼應。其特點不僅在於各種群眾運動以積極正面的態度，在全國範圍內參與自己國家的政治，同時也在於知識分子和政治人物承認，國家是由人民所組成的——或許是除了熱帶雨林印第安人之外的**每一個**人。

9 譯註：智利的愛德華茲（Edwards）家族來自威爾斯、皮諾契特（Pinochet）家族來自法國布列塔尼、弗萊（Frei）家族來自瑞士德語區、阿言德·戈森斯（Allende Gossens）是巴斯克人和比利時瓦倫人的後代、亞歷山德里（Alessandri）家族來自義大利、馬爾馬杜克·葛洛夫（Marmaduke Grove）是愛爾蘭後裔，福克斯利（Foxley）則是蘇格蘭後裔。

10 譯註：克里奧羅（Criollo）不同於混血種的高喬人（*Gaucho*），是純種或近乎純種的歐洲裔拉丁美洲人。本書通常稱之為「克里奧人」（Creole）。

11 譯註：Porteño在西班牙文意為「住在海港附近」或「來自海港」的人。南美最著名的「港都居民」就是布宜諾斯艾利斯自治市的百姓（多半為歐洲移民的後代）。

有三個例子可以說明這一點。首先是一九一八年開始於阿根廷的科爾多瓦，接著很快在整個拉丁美洲擴散開來的學生運動。它一直蔓延到秘魯、烏拉圭、智利、哥倫比亞、委內瑞拉、墨西哥和古巴，並且明顯激發出新的民粹民主主義和民族主義運動，像是日後秘魯的阿普拉黨，墨西哥的革命制度黨、玻利維亞的民族革命運動黨、委內瑞拉的民主行動黨等等，或許也可納入其中。此類運動第一次從根本上反對帝國主義，並且將「人民」確立為知識分子政治活動的基本對象，所以就這個意義而言它們都是民族主義運動。第二個例子是一九二〇年代的秘魯，當時「原住民主義」（*indigenismo*）——即承認印第安人是秘魯百姓的骨幹——成為秘魯國族意識的核心部分。這不僅被反對派知識分子（例如馬里亞特吉、阿亞·德拉托雷等人）表達了出來，甚至還體現於萊吉亞、普拉多，以及桑切斯·塞羅幾位總統的官方政策中。第三個例子是一九三〇年代的巴西。在那十年間，有三本書無疑形塑了現代知識分子對巴西和巴西民族性的概念，分別是希爾維托·弗雷爾的《華屋與棚戶》、塞爾吉奧·布阿爾克·德·奧蘭達的《巴西之根》，以及卡約·普拉多的《當代巴西的形成》。三個例子的共同點是譴責種族偏見，將印第安人、黑人和混血人種的後裔融入迄今主要以本地或移民白人為主的「國族」。簡而言之，它們的共同之處在於把「國族」的觀念延伸到在地的大眾。

這種延伸之所以變得比從前容易（至少對革命知識分子而言如此），是因為群眾現在似乎已經自己為革命行動做好了準備，並理所當然地認為，革命就是為了要創造一個致力於科學、進步和啟蒙，而且群眾迄今對之不怎麼感興趣的社會。阿亞·德拉托雷則至少和薩米恩托一樣，是一個充滿激情的現代化主義者，而馬里亞特吉也是如此。秘魯歷史學家，同時也是人類學家的路易斯・埃杜阿多・巴爾卡塞爾寫道：「安地斯山區的農民在等待一位列寧。」[4]墨西哥的革命已經證明，至少可以創造出一位薩帕塔和一位比亞。然而，不管「所有農村群眾在等待他們的列寧」這種假設具有多大的誤導性，此後不可否認的是，農村群眾當中的**某些**重要部分能夠被左派所動員。無論如何，左派的群眾運動從此不僅可以如同在南錐體那樣，存在於主要由移民組成的工人階層之間，更可如同在秘魯一般地與非白人無產階級同在。阿普拉黨已成為一個大型的勞工政黨，即便它對印第安心臟地帶的影響微乎其微。從墨西哥革命開始，美洲所有的國族意識形態都納入了群眾。

但我們也不應忽視新民族主義的另外一面，即它所帶來的反帝國主義或仇外心理。它提出了一個新穎的假設，主張國家的首要任務——即透過經濟發展以實現現代化——必須以**對抗**歐洲和美國來進行，而非主要**藉由**外國投資、初級產品出口，以及與一般外國企業的共生關係。由於顯而易見的原因，反帝國主義民族主義雖然之前就已經存在（而且特別是在深受美國砲艦外交之苦的那些地區），現在卻隨著世界經濟大蕭條而蔚然成風。我們不只是在談論一種新流行的民族主義意識——這很容易逕自淪為對外國人或外地人的仇恨，然後就像在墨西哥那般，明顯導致外國人謀殺案的增加。但相當奇怪的是，遇害者多為東方人和土耳其人，而不是美國佬，以致至少有透納那位作者在其《墨西哥民族主義的動力》（一九六八）書中，把它使用為普遍民族主義發展的實際指標。

我所想到的，是我們可在艾利歐．雅瓜里貝等巴西作家身上發現的「發展主義」（*desenvolvista / desarrollista*）[12]意識形態，而且他們並不排斥「民族資產階級」的標籤。對那些人來說，「國家」正如同十九世紀歐洲思想界所認為的，是經濟發展的一個單位——其基礎為「具有能夠促進經濟一體化的連續領土」，經濟一體化發生的難易度，「則與已經存在的文化統一程度成正比」。然而，巴西已發展成為一個依賴歐洲、出口初級產品的經濟體，這個事實阻礙了其一體化的進程。要等到不久之前，雅瓜里貝才在一九五八年出版的《今日巴西民族主義》那本書中指出，此事剝奪了巴西實現那個目標的條件和誘因。最近卻又發展出一種文化民族主義，結合了各類藝術中的現代主義運動和其他創新潮流。隨之而來的，是要求國家開發礦產資源的經濟民族主義，以及認同民主、社會正義，並主張同時強化中央與地方權力來對抗各州權力的政治民族主義。

自從一九三〇年代以來，拉丁美洲民族主義的主流就是「發展主義」和反帝國主義，亦即反對美國、通俗化、關心人民群眾的狀況，並且在政治上傾向於左派。在那十年間，受到歐洲法西斯主義影響的右翼勢力一度看似可與之分庭抗禮，不過希特勒和墨索里尼的垮台排除了這種替代方案。無論如何，這些以法西斯主義為榜樣的拉丁美洲運動，在社會基礎上往往與歐洲的原始版本大相徑庭。這種進步民族主義潮流今日的主要對手，再度是來自經濟新自由主義的「發展主義」——不管那是在平民或軍方的主導下。就目前而言，「民族資產階級」的趨勢、「發展主義」的國家資本主義和社會主義傾向都陷入衰退，儘管這些意識形態在拉丁美洲可能仍然比全球其他任何地區更為強勢。

收尾之際，我們還可以提出另外兩個問題。拉丁美洲**群眾**的國族意識發生了什麼變化？在當前全球民族主義復興的趨勢下，拉丁美洲民族主義的前景如何呢？

一般墨西哥民眾從何時開始自視為墨西哥人，或是宏都拉斯民眾從何時開始自視為宏都拉斯人？這些都不是容易回答的問題。對那些被政府統計、登錄或徵稅的男男女女來說，此舉並不足以讓他們開始認同其政府所聲稱代表的國家。但如果他們在民主政治體系中享有公民權利，他們更有可能認同自己的國家——尤其如果民主的壓力帶來了社會改革或其他對他們有利的好處。我們幾乎可以肯定地表示，巴特列以來的烏拉圭，以及薩恩斯·佩尼亞以來的阿根廷[13]都促進了國族意識。除此之外，被視為某個特定國家海外成員的大量移民，也會發展出國族意識，即便當他們在故里的時候並沒有。……同樣地，如果人們被一股宣揚民族主義的勢力動員起來，他們就會透過它來認同「國家」：所有的阿普拉黨人都意識到自己的「秘魯特質」(*Peruanidad*)，所有的裴隆主義者則很可能都強烈體會到自己是阿根廷人

畢竟有人主張，經由對一位國家代表性**人物**的仰慕而產生的國家認同，比其他形式的政

12 譯註：前者是葡萄牙文，後者是西班牙文的「Developmentalist」。

13 譯註：何塞·巴特列－奧多涅斯（José Batlle y Ordóñez, 1856-1929）為烏拉圭總統（一九〇三～一九〇七、一九一一～一九一五）於任內建立了社會福利制度，被譽為「現代烏拉圭之父」。羅克·薩恩斯·佩尼亞（Roque Sáenz Peña, 1851-1914），為阿根廷總統（一九一〇～一九一四），他改革了選舉制度，有「阿根廷民主之父」的稱號。

治認同更加重要——至少在拉丁美洲如此。無庸置疑的是，熱圖利奧·瓦加斯比之前或之後的任何人都更能夠激勵巴西貧民，讓他們覺得自己是巴西人。就此而言，古老的軍事獨裁統治傳統有時也會引導出現代的民族主義概念，因為一些「考迪羅」已脫胎成為革命或民粹主義運動的領導人，甚至連秘魯的奧德里亞將軍和哥倫比亞的羅哈斯·皮尼亞將軍之類看似不可能的人選也是如此。

儘管如此，創造國族意識最具決定性的力量無疑來自現代大眾文化的發展，尤其是在透過科技強化的情況下。自從有了世界盃以來便絕對可以確定，每個國家凡是接觸得到收音機或電視機的國民，都發展出某種形式的愛國主義（一九六〇年代以來誰不是這樣呢？）——如果那個國家有一支像樣足球隊的話。每個人都應該知道，世界盃可以回溯到一九三〇年，而當時烏拉圭在決賽中擊敗了阿根廷。事實上，拉丁美洲毫無疑問是唯一一個由於足球之爭而導致（或至少促成）實際戰爭的大陸，即一九六九年薩爾瓦多和宏都拉斯之間的「足球戰爭」。廣播的發展同樣事關重大，甚至比電視還要來得重要，因為它帶來了特定類型的音樂，或在國內外普遍被視為國家象徵的特定曲調（我們說的可不是國歌），也因為它把關於國家大事的最新消息傳播到偏遠地區和文盲身邊。有別於印刷文化，新的高科技口傳文化與視覺文化，並不會受到教育水準的限制。

此外，識字率的提高，亦即學校教育的普及，不可避免地有助於產生國家意識，因為各地的許許多多學校都致力於灌輸這種意識。霍華德·漢德爾曼針對兩個秘魯大區進行的比較研究便闡明了這一點。直到二十五年前，庫斯科大區各個公社僅僅百分之八的成年人擁有收音機、不到百分之三十的兒童上學、成人識字率低於百分之二十，而且只有百分之十三的人前往過鄰近城市。然而在胡寧大區，有一半以上的兒童上學、百分之四十五的成年人擁有收音機、百分之三十的人識字。在該地百分之六十的公社中，全體或大多數成員都能夠說西班牙語；庫斯科的百姓卻多半不會說西班牙語，而且幾乎沒有雙語的公社。[5]我們不必刻意鑽研卡爾・多伊奇關於民族主義和社會溝通的理論，即可期待胡寧大區的鄉村政治會更加「國家化」，而且事實的確如此。就瓦西坎查那個剽悍公社而言（加文・史密斯正確地稱之為一個特別偏遠的聚落），早在一九三〇年的時候，有關全國政治局勢的討論「如今已成為村內日常談話的一部分」。[6]但即便意識到他們的鬥爭已達到國家層級，我們也絕不能忘記，那並不表示秘魯在瓦西坎查人心目中的突出地位能夠比得上他們真正重要的問題：與鄰近的圖克雷莊園因土地而起的衝突。然而，時至一九六〇年代已經毫無疑問的是，秘魯的國旗——那個國家的正式象徵——普遍出現在農民的土地入侵行動中，以至於在一個地點甚至有報導指出，農民製作國旗的目的是為了要進行入侵。據我所知，在一九四六至一九四八年爆發的前一波農業騷亂中，情況並非如此。我們只能得出結論認為，在這段期間內，某種形式的國族意識已在群眾中有了實質性的進展。那極可能是一九五〇年代高地大規模移民所帶來的副產品，強化了村民與城市世界之間的聯繫。今天或許只有很少數人會對自己的共和國或原籍國缺乏某種國家認同（甚至拉丁美洲偏遠鄉間的男男女女亦然），即便他們還不清楚這在具體政治方面有些什麼意義（如果有任何意義的話）。

不過有一件事情是清楚的。阿爾蒙德與維爾巴二人在一九六〇年針對義大利和墨西哥百姓所做的比較顯示出，被視為民眾革命的革命，以及被視為真正具有民意合法性的政府，能夠激發出對國家積極支持的態度。[7] 兩國當時皆為具有天主教背景的半發達國家。在義大利只有百分之三受訪者對本國的某些政治方面感到自豪，在墨西哥卻有百分之三十。此外有將近三分之二的墨西哥樣本表示，他們能夠講出墨西哥革命的一些理想和目標，而且真的講得出來：民主、政治自由、平等、土地改革以及——意義重大的——國家自由。

但未來又如何呢？世界其他地區現階段的民族主義有三個特點：（一）它在理由上具有強烈的種族與語言方面，以及／或者宗教方面的色彩；（二）它在很大程度上是分離主義的，著眼於裂解一些較大的國家，像是加拿大、西班牙或英國；而且（三）它具有強烈的歷史主義色彩，因為它使用宗教上、文化上，或政治上的過去為參照點，在極端情況下甚至根據它來制定日後的方案，而且多半如同以色列極端主義分子那般地鼓吹領土擴張。此外可能還有人會表示：（四）它主要是針對**內部**敵人（中央政府、移民、其他少數民族等等），而非針對別的國家。

這表明了拉丁美洲的不尋常情況。就語言來說，那裡大部分地區的共同書面語言是西班牙文或葡萄牙文。雖然也有使用其他一些本土方言，而且其繼巴拉圭的瓜拉尼語之後陸續被承認為官方語言，但**實際**上目前甚至連使用它們的人也不認為那些語言有取代西班牙文或葡萄牙文的潛力。所有拉美國家的宗教背景都是天主教，雖然此外還存在著各種本土宗教和混合教派，但或許除了海地之外，沒有任何國家認為它們對自己的國家認同至關重要——儘管並非無法想像，但巴西有朝一日也可能發生這種情況。來自海洋彼岸的大量移民已在他們具有重要意義的地區（阿根廷、烏拉圭、巴西南部）融入得非常成功，但阿根廷的大型猶太人社區可能除外，因為他們在一、兩代人的時間內既遭到排斥又自我孤立。說來奇怪的是，阿拉伯移民更容易受到接納，並已在不少共和國晉升到最高職位，像是阿根廷的梅內姆、巴西的馬魯夫、哥倫比亞的圖爾瓦伊，以及玻利維亞、厄瓜多的其他一些人。

勞動力的跨境遷移固然在各地都引起了摩擦（例如在薩爾瓦多和宏都拉斯之間，以及新近在哥倫比亞和委內瑞拉之間），但整體而言，類似從玻利維亞和巴拉圭流向拉普拉塔地區的主要移民潮，似乎並沒有帶來太多麻煩——肯定遠遠少於歐洲和北美的類似遷移。反正不管怎麼樣，無論是真實的還是想像出來的種族同質性，皆非拉丁美洲國族意識的一部分，因為它完全屬於上層階級的克里奧人。歷史團結了（並非分裂了）拉美大陸的大部分地區，而且從當地知識分子和外界人士持續傾向於將該大陸視為單一整體的做法，就可以明顯看出這一點。我們甚至可以聽見巴西知識分子談論著「拉丁美洲的思維方式」（*o pensamento latino-americano*）。無論歐盟在布魯塞爾做出了多少努力，歐洲還是沒有可相提並論的團結一致感。像切．格瓦拉那種從阿根廷經由墨西哥和古巴來到玻利維亞的職業生涯，在歐洲根本難以想像。即便那是出自語言上的原因，但真正原因不僅僅在於語言。在卡斯楚的演講中，我們聽得見一位早期全大陸解放者的回響，而且象徵意味十足的是，賈西亞．馬奎斯在卡斯楚夢醒之際寫出了玻利瓦爾的失敗和死亡。[8]

最後，與舊世界相較之下，分離主義的意義顯然微不足道——即便我們不能排除它有朝一日或許會發展起來的可能性。儘管加勒比海島嶼世界中的分離主義不容忽視，但在拉美大陸難得一見而且迄今只是短暫出現的一些特例（玻利維亞的聖克魯斯省，巴西的南大河州），與民族主義並沒有什麼關係。也許傳統上廣受歡迎的聯邦憲法，以及中央國家機器的極度軟弱無能和效率低下，為有效的地方自治留下了比在歐洲更大的空間。

預測未來趨勢是不可能的。各國軍隊之間或許會出現一些軍事爭端，例如傳統上因為邊界不明確而起的週期性衝突（主要是在亞馬遜盆地周邊地帶），但各共和國之間不太可能爆發真正的戰爭。國族訴求無疑將在國內政治中發揮作用，給國內煽動家和民粹主義領導人帶來助力。不過鑑於該地區移工的低調作風，西歐和北美普遍流行的排外情緒似乎並不存在。我們是否可以預期，拉丁美洲的民族大熔爐將會基於種族、語言或其他因素，裂解成為相互敵視的群體呢？這在擁有強大原住民人口的安地斯山區國家並非不可想像，當地印第安人對克里奧人和喬洛人的深層怨恨更是無庸置疑，其明證就是在秘魯總統大選中，非白人（日裔）候選人藤森謙也與小說家馬利歐．巴爾加斯．尤薩對決時所獲得的百分之四十五選票[14]——其中部分無疑是因為那個「小中國佬」（Chinito）[15]看得出來**不是**白人的緣故。墨西哥部分地區可能也存在類似的趨勢。但這些都只是推想而已。在世界其他大部分地區（而且肯定在歐亞大陸），民族主義運動的崛起已是一個迫在眉睫的現實問題。在拉丁美洲，它卻只是臆測的對象。就目前而言，拉丁美洲是幸運的。

一九九五年

14 譯註：藤森謙也（Alberto Fujimori, 1938-）是前任秘魯總統（一九九〇~二〇〇〇）。藤森在一九九〇年大選的第一輪選舉中得票第二（百分之二十九點一），在第二輪選舉中與後來獲得諾貝爾文學獎的尤薩（Mario Vargas Llosa, 1936-）對決，並獲得勝利（百分之六十二點四）。「百分之四十五選票」是藤森兩次得票率的平均值。

15 譯註：小中國佬（Chinito）乃西班牙語系國家對黃種人的暱稱或貶稱，藤森在選戰時的綽號其實是「el Chino」（中國佬）。

31

與拉丁美洲的四十年關係
A Forty-Year Relationship with Latin America

當我在一九六二年首度前往（拉丁美洲）的時候，[1]該大陸正處於普遍充滿經濟自信的週期，而那種信心源自聯合國「拉丁美洲經濟委員會」。它是一個總部設於智利聖地牙哥的智囊團，在一位阿根廷銀行家出面主導下，建議採取按計畫實施、獲政府贊助、主要為國有的工業化行動，透過進口替代政策來促進經濟成長。那個建議看來已經奏效，至少在幅員廣大、通膨肆虐，但欣欣向榮的巴西相當管用。當時捷克裔的儒塞利諾・庫比契克總統為了征服巴西廣袤的腹地，在內陸建造了新的首都。[2]新首都的主要設計者是該國最著名的建築大師奧斯卡・尼邁耶爾。尼邁耶爾為身分已曝光的黨員，巴西共產黨在當地勢力龐大，但屬非法。他曾經當面告訴我，自己在進行設計的時候滿腦子想的都是恩格斯。

1 編者按：指的是拉丁美洲大陸，艾瑞克已經在一九六〇年造訪過古巴。

2 譯註：儒塞利諾・庫比契克（Juscelino Kubitschek, 1902-1976）是母親為捷克後裔的巴西總統（一九五六～一九六一）。巴西於其任內經濟繁榮、政局穩定，並遷都至巴西利亞。一九六四年巴西軍事政變後，庫比契克曾被迫流亡海外。

拉丁美洲各個主要國家也都處於偶爾出現、由文人政府依據憲法來統治的階段，但那只不過是曇花一現。實際上除了加勒比海地區，老式的鄉間土霸王已經蠢蠢欲動。一些隱身幕後、枯燥乏味的軍官即將集體建立暴虐政權。當時南美洲唯一出現軍事獨裁的國家，就是守舊得非比尋常、始終由史托斯納爾將軍執政的巴拉圭。那是一個對流亡海外的納粹分子十分友善的齷齪政權，在風光嫵媚迷人的國土上主要靠走私為生。格雷安．葛林所撰寫的《名譽領事》那部感人作品，即對此做出了非常傳神的描述。……

那些（南美洲）國家最顯著的現象並非與日俱增的財富嚴重不均，而是統治階級和知識階層——亦即訪問學者所接觸的對象——與一般百姓之間的巨大隔閡。當地的學術人士多半來自生活優渥或家世「良好」的白人家庭，不但見多識廣、遍遊各地，而且會說英語並（仍然）使用法語。他們以第三世界常見的方式（但阿根廷人堅決否認自己屬於第三世界），在自己的大陸共同構成一個最稀薄的社會階層……。他們若是從政的話，幾乎都一定有過流亡其他拉丁美洲國家的經驗，否則就是去過卡斯楚的古巴；要是繼續留在學術界的話，便輪流成為某些跨國機構的一員，地點可能是聖地牙哥、里約熱內盧或墨西哥城。由於他們是一個稀薄的階層，若非彼此熟識，至少也都曉得彼此的姓名。……那些人所遊走的世界，是對巴黎、紐約，和五或六個拉丁美洲國家的首都同樣熟悉的世界，卻與膚色較深、較缺乏良好關係的拉丁美洲人所居住的世界涇渭分明。

在已都市化的「南錐地區」（阿根廷、烏拉圭和智利）境外，平民百姓從鄉下湧進人口爆炸的都市貧民窟，把自己在鄉間的生活習慣也帶了過去。在我造訪之前的十年之內，聖保羅市的人口已經加倍。他們侵入城內的山坡地，如同開墾鄉間大莊園無人使用的角落那般，先搭蓋起遮蔽物和簡陋木屋，最後違章建築變成了正式房舍。其進行的方式就跟在村子裡面一樣，由街坊鄰居、親朋好友相互動手幫忙，接著於完工以後舉行派對表達感謝之意。聖保羅街頭的市場擠滿來自東北乾旱內陸的大批群眾，他們在新蓋好摩天大樓的陰影下，分期付款購買襯衫和牛仔褲，要不然就買來一些歌頌他們家鄉地區著名盜匪的廉價畫冊。

在秘魯的利馬，廣播電台用蓋楚瓦語向來自山區的印第安移居者播放節目。他們雖然很窮，但是人數已經夠多到足以支撐一個市集了。偉大的作家、民俗學家兼印第安專家何塞·馬利亞·阿格達斯曾帶我參觀當地一座音樂廳。每逢星期天早晨，來自高地的百姓便在此聆聽有關自己「鄉下老家」的歌曲和笑話（「有人來自安卡什嗎？讓我們幫那些來自瓦努科的小夥子和小姑娘聽一聽！」）。在一九六二時簡直難以想像，三十年以後我會在紐約社會研究新學院指導其中一人的兒子攻讀博士學位。這是個不尋常的經驗，能夠與第一代被用文字記錄下歷史的人共度時光。當時一個來自安地斯山脈高山村落、使用蓋楚瓦語的窮小子娶了不識字的太太，後來學會駕駛卡車並加入工會而成為醫院的司機，於是為自己的孩子開啟了新天地。……

遷徙到都市的百姓至少可以讓人在街頭看見他們。待在鄉下的人民則因為地理上和社會上的距離，與中產階級——那裡面也包括他們自己的革命家，切·格瓦拉——出現了雙重的隔閡。縱使是非常樂意親近他們的人也會發覺生活方式上的差異，再加上對生活水準的不同期待，構成了無法克服的障礙。外來的專家很難有人真正和農民生活在一起，即便他們許多人與鄉間維持了不錯的關係，其中通常也包括一些無所不在、來自一些聯合國相關國際組織的研究人員。……

當我首度前往南美洲時，外面所曉得有關當地「農民」的故事（若有人曉得的話），主要都繞著「巴西農民聯盟」打轉。該運動成立於一九五五年，領導人是一位名叫佛朗西斯科·茹利奧的律師，他同時也是東北部的地方性政治人物，靠著公開支持卡斯楚和毛澤東吸引了美國記者的注意。（十年後我遇見了茹利奧，他是一個矮小、哀傷、落魄的流亡者，為了躲避巴西軍政府而待在墨西哥的奎納瓦卡，受到一位戲劇性的中歐思想家伊凡·伊利奇[3]保護。）一九六二年末我在他們位於里約的辦公室待了幾小時後，即可確定其影響力並未普及全國，而且顯然已開始後繼乏力。

在另一方面，兩大南美洲農民起事或鄉間騷亂事件，在一九六二年底以前卻幾乎無人報導，甚至完全不為外界所知，雖然那是任何觀察者抵達幾天以後便無法視而不見的事實。它們分別是秘魯山地與邊區的大規模農民運動，以及哥倫比亞所處的「混亂、內戰與地方無政府狀態」——自從哥倫比亞著名的民權領袖霍黑·埃列塞爾·蓋坦一九四八年遭到暗殺、引爆內部動亂之後，該國便陷入一場潛在的社會革命。

然而對外面的世界而言，這些事件並非一直遙不可及。那時，秘魯農民大舉占領土地的行動在庫斯科達到了最高潮；即便是不閱讀當地報紙的觀光客，於傍晚時分在高山凜冽稀薄的空氣中沿著印加建築群漫步時，也可以觀察到「農民聯盟」辦公室門外大排長龍、默不作聲的印第安男男女女。當時最富戲劇性的農民暴動成功案例就發生於馬丘比丘古蹟沿河而下的拉貢文雄山谷地帶。馬丘比丘當時已經是南美觀光客眾所皆知的名勝，只需要從那座偉大的印加遺址搭乘火車行駛幾十公里抵達鐵路終點站，接著再花幾個小時乘坐卡車，即可來到當地的省會基亞班巴。我是率先對暴亂事件做出書面報導的外地人之一。[1] 對一個張開雙眼進行觀察的歷史學者而言——更何況他可是個社會史家——縱使那些幾乎稱得上是隨機取樣的第一印象，也讓人頓時眼界大開。……我們又怎能不好好探索一下這個不為人知，在歷史上卻又相當令人眼熟的星球呢？一、兩個星期以後，我在玻利維亞巨大的街頭市場，待在一望無際的山坡攤位之間，其旁蹲踞著裝飾繁複、頭戴圓頂帽的艾馬拉族農婦，我那個信念上的轉變從此大功告成。……

拉丁美洲以外的人似乎都沒有注意到哥倫比亞的存在。這是我的第二大發現。在理論上，該國曾樹立了兩黨代議民主憲政的典範，幾乎可以完全免於軍事政變及獨裁政權。然而一九四八年以後，它卻成為南美洲的殺戮戰場。在我抵達的那個階段，哥倫比亞平均每

3 譯註：伊凡・伊利奇（Ivan Illich, 1926-2002）是無政府主義的奧地利神父及哲學家，其父為克羅埃西亞人，其母為猶太人。他致力於第三世界，曾在墨西哥的奎納瓦卡（Cuernavaca）設立一所跨國文化中心（一九六一～一九七六）。

十萬人就有五十多人被殺，然而即便這種高死亡率，也早已被二十世紀末葉的殺人狂熱比了下去。[2]……哥倫比亞記者使用西班牙文的「集體屠殺」(*genocidio*)這個字眼，描述了發生於農場上和公車乘客之間的一些小規模屠殺事件——這裡死了十六個、那裡死了十八個，另一個地方死了二十四個人。兇手是誰，被殺的人又是誰？「一位國防部發言人表示……無法提供有關兇手身分的明確資訊，因為該行政區（桑坦德省）的那個地帶（維瑞達斯）經常出現傳統政治派系成員之間的一系列『仇殺』事件。」那些傳統派系指的是自由黨和保守黨，而賈西亞·馬奎斯的讀者都曉得，哥倫比亞就連每個嬰兒都因為家庭或地域背景，分別效忠於不同黨派。開始於一九四八年、被稱作「大暴力」的內戰浪潮，若按照官方的說法早就結束了，然而即便在「平靜」的一九六三年仍舊有一萬九千人喪命。哥倫比亞不論在當時或後來都只能證明，自由民主架構內的漸進式改革，並非避免社會革命與政治革命的不二法門（其中也包括那些已失敗或中途夭折的革命），甚至還不是最可行的替代方案。我發現該國由於未能進行社會革命，結果使得公共生活當中充斥著持續進行、普遍肆虐、無所不在的暴力。

「大暴力」到底是怎麼一回事，它究竟所為何來，其實都很不清楚。好在我非常幸運，抵達的時候剛好出版了第一本重要的相關專論。該書作者之一——社會學家奧蘭多·法爾斯－博爾達——是我的朋友，我透過其引導開始認識哥倫比亞的問題。當時我很可能特別注意到一個事實，那就是「大暴力」的主要研究者是一位天主教神父（赫爾曼·古茲曼），而且關於「大暴力」社會效應的初步研究報告，不久前才剛由一位非常英俊的年輕神父印行發表。這位年輕神父出身自當初建立哥倫比亞的家族之一，據說曾讓許多寡頭家族的年輕女性心碎，他就是卡米洛．托雷斯神父。一點也不意外的是，幾年以後拉丁美洲舉行主教會議、從此啟動社會立場激進的「解放神學」之地點，就是位於哥倫比亞山區的梅德茵，但那座城市當時仍然以紡織業而非以毒品著稱。[4] 我曾與卡米洛進行過一些對話，從當時的筆記看來，我非常認真看待其論點，但他在那個時期距離社會激進主義仍很遙遠，要等到三年以後才加入新成立的卡斯楚式游擊隊——也就是直到今天都還存在的「國家解放軍」。

共產黨於「大暴力」期間成立了一些「武裝自衛區」或「獨立共和國」，收容了主動或被迫逃離保守派——時而也有自由派——殺手集團魔掌的農民。最後它們變成了一個名叫「哥倫比亞革命武裝力量」的游擊隊組織進行恐怖活動的基地。此類解放區當中最出名的地點，諸如特肯達瑪和蘇瑪巴斯，與波哥大的空中直線距離短得驚人，但它們位於高山地帶，必須使用騾馬才可穿越那些難以通行的漫長山路。至於遍布大型咖啡農莊的比奧塔一帶，則在一九三〇年代的改革時期已被農民充公，而且地主早就逃之夭夭，所以根本不必打游擊。就連軍方也對該地敬而遠之，於是比奧塔在一位共黨派去的政治幹部監督下（他從前是啤酒廠工人），繼續進行一切日常事務，並以和平方式透過一般貿易商將咖啡賣給國際市場。

4 譯註：梅德茵在一九八〇和一九九〇年代曾是全球海洛因交易的基地。

蘇瑪巴斯的山間地帶遂成為自由男女的化外之地，其統治者是一名土生土長的鄉下領袖。那個天賦異稟的農家子弟躲過了英國詩人格雷於其著名詩篇《墓園輓歌》所預示的命運，沒有成為「某個緘口而沒沒無聞的密爾頓……某個不曾害國家流血的克倫威爾」。其原因是那位胡安·德·拉·克魯斯·瓦列拉先生可既不沉默也不和平。他擔任蘇瑪巴斯領導人的生涯相當多彩多姿，既是著名自由人士蓋坦的追隨者、共產黨員、自家農民運動的領袖，以及革命自由主義者，同時又堅定地永遠站在小老百姓那一邊。發掘他的人是一位不平凡的鄉下老師，而那些鄉下老師就是十九和二十世紀人類解放運動的真正媒介。後來瓦列拉具備了閱讀能力，並成為務實的思考者。……他透過雨果的《孤星淚》來學習政治、隨時隨地都帶著這本書，並將看起來適合他自己情況或當下政局的段落特別標記出來。

至於瓦列拉的馬克思主義，或所謂的「馬克思主義」，後來是汲取自一位現在已遭人遺忘、生前狂熱支持蘇聯的英國神職人員之著作——那位神職人員名叫休立特·約翰遜，曾擔任坎特伯里大教堂的「首席牧師」，以致每個外國人難免都誤以為他是坎特伯里大主教。[5]瓦列拉顯然是從哥倫比亞共產黨那邊拿到了約翰遜的書，而該黨對於農民革命的信念深得其心。他早就被公認為有權有勢的人物，政府的軍隊到不了他那裡，他卻坐在國會裡面代表自己的地區。……哥倫比亞政府與哥倫比亞革命武裝力量之間的首次停戰談判，就是在他的地盤舉行。

哥倫比亞革命武裝力量後來成為拉丁美洲最令人畏懼、延續最久的游擊隊組織。我首度前往哥倫比亞時它尚未成立。不過其長年的軍事領袖佩德羅．安東尼奧．馬林（曼努埃爾．馬魯蘭達）——另一個土生土長的鄉下人——早已活躍於托利馬南部山區，地點就在昔日共產黨鼓動農民並展開自衛行動的根據地附近。該組織之所以會誕生，只是因為哥倫比亞政府為了對付共產黨，於是試用了美國軍事專家新明發的反游擊戰術，將其戰士逐出了位於馬奎塔利亞的大本營。許多年後，我在一九八〇年代中葉來到共黨游擊活動的誕生地（專門種植咖啡的查帕拉爾自治市），於法國歷史學家朋友皮耶爾．吉洛戴的房內住了幾天——他娶了當地女子並以此為家。此時哥倫比亞革命武裝的力量已較往日更加強大，仍然活躍於城外上方的山林地區。……

我回國以後（一九六三年）寫道，哥倫比亞正面臨「最大型的農民武裝動員行動（不論那是游擊隊、盜匪或自衛團體），其規模乃西半球當代史上所僅見，或許只有墨西哥革命的某些時刻可與之相提並論」。[3]但說來奇怪，南美洲內外的當代極左派勢力若非忽略了這個事實，否則就是刻意貶低其重要性（極左派勢力全部的格瓦拉式游擊造反行動都失敗得一塌糊塗）。表面上的理由是，那種農民行動跟共產黨基本教義派關係密切；實際上卻是因為那些從古巴革命獲得靈感的人士既不明白，也不想了解為什麼拉丁美洲的農民會拿起武器進行

5 譯註：休立特．約翰遜（Hewlett Johnson, 1874-1966）曾擔任坎特伯里大教堂的「首席牧師」（Dean, 1931-1963），積極替蘇聯代言並多次前往蘇聯訪問，獲頒「紅旗勳章」及「史達林國際和平獎」。非英國人往往不清楚其頭銜，誤以為他是坎特伯里「大主教」（Archbishop）。某些文獻甚至稱之為「紅色主教」或「紅色教長」！

抗爭。

一九六〇年代初期想當個拉丁美洲專家並不困難。卡斯楚的勝利讓公眾對拉丁美洲極感興趣，但當時除了美國之外，新聞媒體和各所大學對那個地區的探討都乏善可陳。我原本無意專門研究那個地區，儘管我曾在一九六〇年代至一九七〇年代初期講授相關課程、替《紐約書評》和其他刊物撰寫相關論述……。（而且）我在一九八〇和一九九〇年代繼續多次前往拉丁美洲……。

不過，我從未嘗試成為拉丁美洲學家，也不曾如此自許。無論是對達爾文那位生物學家，還是對我這個歷史學者而言，拉丁美洲所帶來的啟發並非侷於某個區域，反倒具有普遍性的意義。那個大陸是一座歷史變遷的實驗室，其發展往往出人意料，而且存在的目的就是為了要顛覆傳統公認的真理。此地區的歷史進化是以飛快的速度推展，實際上在一個人半輩子的時間內即可觀察出結果：從剛剛清除森林以開闢農莊和牧場，發展到農民階層的覆滅；從全球市場穀物供應者的地位盛極而衰，發展到諸如聖保羅之類巨型超級都會區的爆炸性成長——其外來移民的種類比紐約更加五花八門，有日本人、琉球人、卡拉布里亞人、敘利亞人、阿根廷心理分析師，甚至有一家餐廳的招牌上面很驕傲地寫著「正宗北朝鮮烤肉」。就在十年之內，墨西哥城的規模擴大了一倍，庫斯科街頭的主要景象也從以往穿著傳統服飾的印第安人，變成了穿著現代「喬洛」服裝的人們。

即便只是因為拉丁美洲破除了「發達世界」與「第三世界」，以及「現在」與「歷史過去」之間的藩籬，但它還是不可避免地改變了我對全球其他地區歷史的觀點。……拉丁美洲也強迫我們，必須從乍看之下難以置信的事物當中找出道理來。它更做出了「反事實推論」永遠辦不到的事情，為歷史提供了各種不同於過往的結局：鼓舞了勞工運動的右派大老（阿根廷、巴西）；法西斯理論家配合左派礦工聯盟發動革命，並將土地分配給農民（玻利維亞）；全球唯一真正廢除了軍隊的國家（哥斯大黎加）；在一個極度貪腐的一黨國家，其革命制度黨有系統地從最激進的大學生中吸收黨員（墨西哥）。在那整個地區，來自第三世界國家的第一代移民可以當上總統，而且阿拉伯人（當地稱之為「土耳其人」）往往比猶太人還要成功。

這個異乎尋常的大陸之所以會讓歐洲人覺得比較容易接近，是因為其氛圍出乎意料地令人感覺熟悉，這情況就彷彿馬丘比丘後側小徑旁的野生草莓一般。那不單單是因為，像我這般年紀並熟悉地中海地區的人，會把浩瀚無垠、水面呈赭紅色的拉普拉塔河河口灣周圍的居民，看成是兩、三代以來大塊吃牛肉的義大利人；也不是因為我們在歐洲即已熟悉當地克里奧人的大男人榮譽感、羞恥心、勇氣和對朋友的忠誠；更不是因為我們已經見慣了各地的寡頭社會。（直到年輕的革命精英在一九七〇年代向軍政府宣戰之前，格雷安·葛林在《哈瓦那特派員》一書中描繪得淋漓盡致的社會分層法，至少在某些國家仍未遭到廢除——分成「可以被酷刑拷打的」下層階級，以及「不可被酷刑拷打的」上層階級。）對歐洲人來說，在距離我們經驗世界最遙遠的那個大陸，其各種面向已融入歷史學家所熟悉的機制，並與之交織在一起。其中包括了天主教會、西班牙殖民體系，以及諸如「烏托邦社會主義」和孔德「人本宗教觀」之類的十九世紀意識形態派別。這多少同時突顯了，甚至以戲劇化方式呈現出拉丁美洲各種奇特的嬗變，以及它們與世界其他地區的共同之處。拉丁美洲儼然成為比較歷史學家夢寐以求的樂土。

當我首度發現拉丁美洲的時候，它即將陷入自己在二十世紀歷史上最黑暗的一頁，處於軍事獨裁、國家暴力、嚴刑拷打的階段。……巴西的將領們在一九六四年即已攫取政權，到了一九七〇年代中葉，軍人已經統治整個南美洲，只有加勒比海沿岸的幾個國家例外。至於中美洲的各個共和國（除了墨西哥和古巴）自從一九五〇年代就因為美國中央情報局的介入，以及美國所揚言或真正進行的干預，而被穩穩擋在民主外面。拉丁美洲各國的政治難民都集中到西半球少數幾個願意接納流亡者的國家（例如墨西哥與一九七三年以前的智利），要不然就散居北美與歐洲：巴西人去了法國和英國，阿根廷人去了西班牙，智利人則到處都去。（雖然許多拉丁美洲知識分子繼續前往古巴，但很少有人真正選擇那邊作為流亡地點。）

那個「大猩猩的年代」（套用阿根廷人的講法），主要為三種因素湊在一起之後的結果。其一是當地進行統治的寡頭階層完全不曉得該如何應付日益動員起來的城鄉下層人口所構成的威脅，以及如何對待那些顯然已成功獲得支持的激進派民粹政治人物。其二是左派中產階級青年受到了卡斯楚鼓舞，認為藉由武裝游擊行動來加速拉丁美洲革命進程的時機已然成熟。其三是華盛頓對共產主義的極度畏懼非但已從古巴革命中得到證實，同時更因為一九七〇年代美國在國際間的挫折而進一步強化：越戰的敗績、石油危機，以及非洲的各種親蘇聯革命。

我以馬克思主義者的身分斷斷續續前往拉丁美洲訪問時，除了同情其革命分子，自己並涉入那些事務——畢竟這裡跟歐洲很不一樣，革命非但有其必要，而且可能成功。不過我對當地的極左派也做出不少批評，對一九六〇至一九六七年之間毫無指望、受到古巴鼓舞的游擊隊美夢更是嚴詞指責。[4]結果我不顧大學校園暴動者的反對聲浪，為一些不是最好的人選做出辯解。……我所想到的對象，就是在維拉斯科·阿爾瓦拉多將軍主導下，宣布進行「秘魯革命」的改革派軍事執政團（一九六九～一九七六），我還曾經以既同情又懷疑的態度對之做出報導。[5]該執政團將境內的大莊園收歸國有，而且是第一個正視廣大印第安人口的秘魯政府——那些口操蓋楚瓦語的印第安人，當時正從安地斯山區湧入海濱、城市和現代世界，準備成為國家的公民。在那個貧窮無助的可憐國家，之前的每一個人都失敗了。就連那些在一九五八至一九六三年之間大規模占領農地、為寡頭階級大地主敲響喪鐘的農民們也不例外。他們不曉得該如何將大地主埋葬在歷史裡，而且無人願意或是有能力解決土地問題，於是秘魯的將軍們自告奮勇出面效勞。（我必須在此強調：那些將領也失敗了，但他們的繼任者做得更糟糕。）

我的看法無論在拉丁美洲境內或境外都不受歡迎，因為當時仍流行格瓦拉式的自殺性夢想，以為透過小股游擊隊在熱帶偏遠地區的行動即可促成革命爆發。這或許可以幫忙解釋，為何當我現身於利馬「聖馬科斯大學」時，……校內學生做出的反應一點也不好。其原因在於，新近從高原移居過來的「喬洛」（西班牙化的印第安人）中產階級家庭子女所信奉的教條，就是某種形式的毛主義——至少在他們大學畢業以前是如此。

再看看智利，那裡難道就沒有希望了嗎？……我上一次去智利是在一九七一年，從秘魯順道前往報導第一個透過民主程序選出來的社會主義政府，那次的選舉結果讓每個人都大吃一驚，就連阿言德本人也包括在內。[6]儘管我衷心期盼這個政府能夠成功，但我不得不承認，其前景並不看好。完全「不把自己的好惡列入考慮」後，我替它訂出的賠率是二比一。……

以拉丁美洲左派為主題的辯論，在一九七〇年代因為施暴者獲勝而變得學術化；在一九八〇年代隨著受到美國撐腰的中美洲內戰，兼之以南美洲軍事政權的退潮，變得更加理論化；最後進而由於共產黨式微和蘇聯解體，變得完全不切實際。或許唯一還值得注意的老派武裝游擊隊革命嘗試，就只剩下了「光明之路」。其構想出自秘魯南部阿亞庫喬大學一名偏激的毛派講師。我在一九七〇年代末期前往秘魯的時候，他們還沒有展開武裝鬥爭行動。這個游擊組織後來做出了古巴夢想家在一九六〇年代打算證明，卻失敗得一塌糊塗的舉動，就是在秘魯鄉間確實可以靠武力來搞政治。但他們同時也呈現出——至少對我們當中的某些人而言——這種工作絕對不應該獲得成功。事實上，軍方已採取慣用的嚴酷手段把它鎮壓下去，並且從被「光明之路」激怒的農民那邊得到協助。

不管怎麼說，最令人畏懼、最堅不可摧的鄉村游擊隊，還是哥倫比亞革命武裝力量。它繼續繁茂茁壯，但是在那個遍地血腥的國家除了迎戰政府軍，還得對付毒梟手下裝備精良的槍手，以及大地主殘暴的「半軍事化組織」。執政於一九八二至一九八六年之間的哥倫比亞總統貝利薩里歐．貝坦庫爾，則是一個以社會為念、未受美國操控的文明保守主義學者（至少他與我對話時給了我這種印象）。他主動倡議與游擊隊講和，而且這個政策從此時斷時續一直維持下去。他立意良善，並至少成功招安了一個名叫「四月十九日運動」、最受知識分子擁護的游擊隊運動。……就連哥倫比亞革命武裝力量也一度準備遵循憲政遊戲規則，於是創造出一個「愛國聯盟」，希望讓它在選戰中發揮左派政黨的功能——之前在自由黨與保守黨的夾縫中，從未有任何左派政黨能夠真正出頭。該聯盟在各大城市的選舉結果不佳，再加上他們放下武器之後，其陣營內共有大約二千五百名鄉鎮長、民意代表和積極成員在鄉間遭到謀害，哥倫比亞革命武裝力量自然就再也不願意用票匭來交換槍械。……

自從我首次搭飛機降落於拉丁美洲的機場以來，在四十年左右的時間內，那裡發生了多少事情？眾人所預料將會爆發，而且在許多國家確有必要的革命，並未真正出現。革命已遭到本國軍方和美國聯手夾殺，但其失敗也該怪罪於當地人民的軟弱、分裂與無能。現在它再也不會爆發了。自從古巴革命以來，我在現場或從遠方觀察過的各種政治實驗，都未能帶來不同的結果。

只有兩項政治實驗看起來或許不同，但它們出現未久，現在下定論還太早。其中的第一項——巴西勞工黨——應可溫暖每一位老左派心中的皺紋。該黨自從一九八〇年創立以來，便不斷在全國成長茁壯，其領導者及總統候選人「魯拉」（路易斯．伊納西奧．達．席爾瓦），大概是全球各地唯一當上工黨黨魁的工業工人。該黨是古典群眾社會主義工黨及工人運動的現代版範例，類似其一九一四年之前在歐洲出現時的模樣。我的鑰匙圈上還掛著它的黨徽，藉此喚醒自己昔日與今日對它的認同，以及回憶起我和巴西勞工黨及魯拉在一起的時光。……另一個更加戲劇化的里程碑，則是墨西哥在二〇〇〇年底結束了七十年來始終牢不可破、由「革命制度黨」進行的一黨統治。但我懷疑這個里程所帶來的政治替代選擇是否會更好。

顯而易見的是，拉丁美洲的政情保持了一貫以來的風貌，其文化生活亦然（例外情況是拉丁美洲各國也捲入了全球高等教育的爆炸性成長）。就世界經濟大局而言，即便沒有近二十年來各種重大危機所造成的打擊，拉丁美洲也只是扮演著次要角色。在政治方面，它繼續跟往常一樣距上帝很遠、離美國很近。……五十多年來，新聞記者和學術人士都把世紀性的變遷詮釋成一時的政治潮流，但那個地區仍維持了一個世紀以來的狀態，那就是雖擁有許多部憲法和為數眾多的法學專家，政治局勢依然動盪不安。在歷史上，當地各國政府都發覺很難掌控國內的動向，直到現在還是如此。各國統治者試圖規避民主選舉的邏輯，運用各種手段預防百姓投票出來的結果不合己意，其方法包括透過地方大老、利益輸送、大肆賄賂來進行掌控，並不時出現煽動群眾的「人民之父」或軍事統治。這一切至今依舊大行其道。

即便如此，過去四十年來我還是看見了一個全面改變的社會。拉丁美洲的人口成長了將近三倍，但那個主要依靠農業為生而且地廣人稀的大陸，已經失去了大多數農民。農民已遷居至大都市，或從中美洲移民至美國。其規模之大，唯有十九世紀愛爾蘭或者是斯堪的那維亞的移民潮，甚或類似厄瓜多人漂洋過海前往安達盧西亞協助收割的情況能夠相提並論。海外移民的僑匯取代了現代化的偉大夢想。廉價的空中旅行和電話通訊破壞了地方色彩。我在一九九〇年代觀察到的生活模式，在一九六〇年代根本無法想像：例如紐約一名來自瓜亞基爾的計程車司機，一半的時間住在美國、一半的時間待在厄瓜多，而他的太太在厄瓜多經營一家小型印刷廠；例如合法或非法墨西哥移民滿載貨品的小卡車，從加州或德州駛返哈利斯科或瓦哈卡歡度假期；例如洛杉磯已然成為一座由中美洲裔的**政治人物**或工會領袖當家的城市。

大多數拉丁美洲百姓仍然貧困如昔。相對來說，縱使扣除了過去二十年來經濟危機所造成的傷害，他們在二〇〇一年其實比一九六〇年代早期更加窮苦。這不僅是由於那些國家突然出現的貧富不均現象，而且也因為拉丁美洲的國際地位日益低落。巴西的國內生產毛額或許名列全球第八，而墨西哥排名十六，但兩國的**平均國民所得**分別位居五十二與六十名。在全球社會不公平程度的排行榜上，巴西始終名列前茅。但如果我們要求拉丁美洲窮人比較一下，自己在新千禧年之初的生活與父母親的生活之間有何差別（更遑論是與祖父母那一代進行比較），那麼除了少數災區之外，他們的答案或許多半是：我們的日子過得比較好。然而在絕大多數的國家，他們很可能也會表示：現在缺乏確定性，而且更加危險。

我無權同意或不同意他們的講法。畢竟他們的拉丁美洲，是我在四十年前才開始探訪，才發現的地方。……

二〇〇二年

譯名對照

《Bandidos：拉丁美洲盜匪的種類》*Bandidos: The Varieties of Latin American Banditry*

一畫

《一七八〇年之後的民族與民族主義》*Nations and Nationalism Since 1780*

《一九六五年的農民與二十世紀的農民戰爭》*Peasants, 1965 and Peasant Wars of the Twentieth Century*

二畫

〈二十五歲以下的古巴〉Cuba Under Twenty-Five

人民行動陣線（智利）Frente de Acción Popular, FRAP

人民行動黨（秘魯）Acción Popular, AP

人民陣線 Popular Front

人民解放軍（哥倫比亞）Ejército Popular de Liberación, EPL

人民團結聯盟（智利）Unidad Popular, UP

三畫

三國同盟戰爭（巴拉圭戰爭）War of the Triple Alliance

凡爾賽 Versalles

《土地或死亡：秘魯的農民鬥爭》*Land or Death: The Peasant Struggle in Peru*

大西洋省 Atlántico

大哥倫比亞 Gran Colombia

大區（秘魯）；省（哥倫比亞）Department

大莊園主 Latifundist

大莊園地產 Latifundium（複數：latifundia）

「大暴力」（哥倫比亞）*La Violencia*

大衛・海厄姆聯合經紀公司 David Higham Associates

工人教育協會 Workers' Educational Association, WEA

《工會運動回顧，1909-1937》*Reseña del movimiento sindical 1909–37*

〈工黨已停止向前挺進？〉The Forward March of Labour Halted?

四畫

中心焦點理論 *foco* theory

中央畜牧業協會 Ganadera del Centro

《中國建設》*China Reconstructs*

《今日巴西民族主義》*O nacionalismo na atualidade brasileira*

《今日世界》*World Today*

《今日馬克思主義》*Marxism Today*

分租戶（秘魯）Allegados

厄瓜多 Ecuador
太平洋戰爭（硝石戰爭）War of the Pacific
孔德，奧古斯特 Comte, Auguste
孔德派實證主義者 Comtist Positivists
巴伊亞 Bahia
《巴西之根》*Raízes do Brasil*
巴西共產黨 Brazilian Communist Party, PCB
巴西利亞 Brasília
《巴西的獨裁統治與武裝鬥爭》*Dictatorship and Armed Struggle in Brazil*
巴西勞工黨 Partido dos Trabalhadores, PT
巴奈爾 Parnell
巴拉圭 Paraguay
《巴拉圭社會學雜誌》*Revista Paraguaya de Sociologia'*
巴特列－奧多涅斯，何塞（烏拉圭總統）Batlle y Ordóñez, José
巴勒摩（巴勒莫）Palermo
巴斯克人 Basques
巴斯奎斯・羅哈斯，赫納羅 Vásquez Rojas, Genaro
巴斯特拉納，米薩埃爾 Pastrana, Misael
巴蒂斯塔，富爾亨西奧 Batista, Fulgencio
巴雷德斯，薩圖尼諾 Paredes, Saturnino
巴爾加斯，馬里亞諾 Vargas, Mariano
巴爾加斯・尤薩，馬利歐 Vargas Llosa, Mario
巴爾卡塞爾，路易斯・埃杜阿多 Valcárcel, Luís Eduardo
巴爾科，比爾希略 Barco, Virgilio
巴羅斯，阿代馬爾・德 Barros, Ademar de
巴蘭，保羅 Baran, Paul
巴蘭基亞 Barranquilla
戈亞斯州（巴西）Goiás
戈特，理查 Gott, Richard
戈麥斯，勞雷亞諾 Gómez, Laureano
戈森斯，阿言德 Gossens, Allende
戈登，安德魯 Gordon, Andrew
扎貝萊 Zabelê
比利亞羅埃爾，瓜爾韋托 Villaroel, Gualberto
比亞，潘喬（潘喬・維拉／潘喬・比利亞）Villa, Pancho
比亞里卡 Villarica
比亞維森西奧，馬蒂亞斯 Villavicencio, Matías
比奧塔（維歐大）Viotá
比爾卡班巴（維爾卡班巴）Vilcabamba
《水果宮殿》*The Fruit Palace*

五畫

世界莊園 Hacienda del Monde
《世界報》*Le Monde*
丘拉維塔斯 *Chulavitas*
丘喬（阿里亞加，耶穌）Chucho El Roto (Arriaga, Jesús)
以大莊園為主的農業 Latifundism
加貝洛托 *gabelotti*
加里波底，朱塞佩 Garibaldi, Giuseppe
加斯帕里揚，費爾南多 Gasparian, Fernando
加維，馬庫斯 Garvey, Marcus
包卡爾丘克・薩馬尼耶哥，胡利安 Paucarchuco Samaniego, Julian
北桑坦德省 Norte de Santander
卡皮奧，列奧尼達斯 Carpio, Leónidas
卡多索，費爾南多・恩里克 Cardoso, Fernando Henrique
卡米里 Camiri
卡克塔省 Caquetá
卡利 Cali
卡努杜斯戰爭 War of Canudos

卡里奧卡，喬 Carioca, Joe
卡亞爾蒂 Cayaltí
卡拉卡斯（加拉加斯）Caracas
卡茨，弗里德里希 Katz, Freidrich
卡馬圭 Camagüey
卡斯楚，菲德爾 Castro, Fidel
卡斯楚主義 Fidelism (Fidelismo)
卡斯楚主義者 Fidelists (Fidelistas)
卡塔赫納 Cartagena
卡塔赫納陣線 Cartagena Front
卡塞雷斯，安德烈斯・阿韋利諾 Cáceres, Andrés Avelino
卡爾卡 Calca
卡爾達斯省 Caldas
卡德納斯，拉薩羅 Cárdenas, Lázaro
《古巴革命戰爭回憶錄》*Reminiscences of the Cuban Revolutionary War*
古拉特，若昂 Goulart, João
古柯 Coca
古柯鹼（可卡因）Cocaine
古茲曼，赫爾曼 Guzmán, Germán
史托斯納爾，阿爾弗雷多 Stroessner, Alfredo
史威濟，保羅 Sweezy, Paul
史密斯，加文 Smith, Gavin
史達林，約瑟夫 Stalin, Joseph
四月十九日運動 Movimiento 19 de Abril, M-19
尼克森，理查 Nixon, Richard M.
尼拉，烏戈 Neira, Hugo
尼科爾，查爾斯 Nicholl, Charles
尼泰羅伊 Niterói
尼邁耶爾，奧斯卡 Niemeyer, Oscar
布里科，法蘭斯瓦 Bourricaud, François
布宜諾斯艾利斯 Buenos Aires
布拉沃，道格拉斯 Bravo, Douglas
布阿爾克・德・奧蘭達，塞爾吉奧 Buarque de Holanda, Sérgio
布萊希特 Brecht
布爾什維克主義 Bolshevism
布魯姆，萊昂 Blum, Léon
布蘭科，烏戈 Blanco, Hugo
弗里桑喬博士 Dr. Frisancho
弗里德，胡安 Friede, Juan
弗洛里亞諾波利斯 Florianópolis
弗洛雷斯・加林多，阿爾維托 Flores Galindo, Alberto
弗洛雷斯卡諾，恩里克 Florescano, Enrique
弗萊 Frei
弗萊・蒙塔爾瓦，埃杜阿多（智利總統）Frei Montalva, Eduardo
弗雷爾，希爾維托（吉爾伯托）Freyre, Gilberto
民主行動黨（委內瑞拉）Acción Democrática, AD
《民法典》Civil Code
民族革命左派聯盟 National Revolutionary Leftist Union
民族革命運動黨（玻利維亞）Movimiento Revolucionário Nacional, MNR
民族解放武裝力量（委內瑞拉）Fuerzas Armadas de Liberación Nacional, FALN
民族解放軍（哥倫比亞）Ejército de Liberación Nacional, ELN
民粹主義運動 Populist movement
瓜地馬拉 Guatemala
瓜希拉省 Guajira
瓜亞基爾 Guayaquil
瓜拉尼語 Guarani language
瓜達露佩聖母 Virgin of Guadalupe
《瓜德羅斯》Cuadros

瓜德羅斯—比耶納，卡洛斯・費迪南 Cuadros y Villena, Carlos Ferdinand
瓦加斯，熱圖利奧 Vargas, Getúlio
瓦列拉，胡安・德・拉・克魯斯 Varela, Juan de la Cruz
瓦西坎查 Huasicancha
瓦努科大區 Huanuco
瓦哈卡 Oaxaca
瓦基尼亞 Huadquiña
瓦曼・瓦曼提卡，吉耶爾莫 Huamán Huamantica, Guillermo
瓦凱潘帕 Huacaypampa
瓦斯特卡 Huasteca
瓦蘭卡・布基亞，克拉拉 Huaranca Puclla, Clara
甘迺迪總統 Kennedy, John F.
白黨（烏拉圭民族黨）Blanco party
皮爾斯 Pearse
皮諾契特，奧古斯托 Pinochet, Augusto

六畫

伊凡 Ivan
伊孔翁索 Icononzo
伊瓦格（托利馬的首府）Ibagué
伊皮蘭加大道 Avenida Ipiranga
伊利奇，伊凡 Illich, Ivan
伊帕爾 Ipal
伊格萊西亞斯，何塞 Yglesias, José
伊斯庫查卡 Izcuchaca
伊達爾戈（米格爾・伊達爾戈－科斯蒂亞）Hidalgo (Miguel Hidalgo y Costilla)
光明之路運動 Shining Path movement *(Sendero Luminoso)*
全國勞動代表大會 National Labour Congress
全國游擊隊協調委員會 National Guerrilla Co-ordination
列文森，傑羅姆 Levinson, Jerome
列寧 Lenin
合恩角 Cape Horn
吉哈諾，阿尼拔 Quijano, Anibal
吉洛戴，皮耶爾 Gilhodes, Pierre
吉爾德邁斯特 Gildemeister
《名譽領事》*The Honorary Consul*
《在那下面》*Down There*
《在紅色智利》*Al Chile Rojo*
多伊奇，卡爾 Deutsch, Karl
多明尼加共和國 Dominican Republic
夸爾廷，若昂 Quartim, João
夸德魯斯，雅尼烏 Quadros, Jânio
夸霍內銅礦 Cuajone mine
《如何改變世界》*How to Change the World*
安卡什 Ancash
《安地斯山區：土地或死亡》*Los Andes: tierra o muerte*
安那康達 Anaconda
安格拉杜斯雷斯 Angra dos Reis
安提奧基亞 Antioquia
安塔 Anta
安德拉德，勞爾 Andrade, Raul
安德森，班納迪克 Anderson, Benedict
托利馬省 Tolima
托南津（托南辛）Tonantzin
托洛茨基主義者 Trotskyists
托雷斯，赫納羅・奧特羅 Torres, Jenaro Otero
托雷斯神父，卡米洛 Torres, Father Camilo
〈有魅力的獨裁〉Dictatorship with Charm
米卻肯州（墨西哥）Michoacán
米塔制 Mit'a (mita)
米蘭達，卡門 Miranda, Carmen

考卡山谷省 Valle (Valle del Cauca Department)
考迪羅 *Caudillo*
自由大學 Universidad Libre
自由革命運動（哥倫比亞）Movimiento Revolutionary Liberal, MRL
艾馬拉族 Aymara
艾爾帕托 El Pato
艾德禮，克萊門特 Attlee, Clement
艾靈頓公爵 Duke Ellington
西西里法西斯 Sicilian Fasci (Fasci Siciliani)
西耶斯神父 Sieyès, Abbé
西恩富戈斯，卡米洛 Cienfuegos, Camilo
《西班牙美洲歷史評論》*Hispanic American Historical Review*
西塞羅神父 Cícero, Father (Padre Cícero)

七畫

亨特，布普斯 Hunter, Bruce
伯南布哥州 Pernambuco
佛羅倫西亞 Florencia
克里奧人（克里奧羅）Creole (Criolo)
克里奧羅（克里奧人）Criolo (Creole)
克約諾 Quellouno
克倫斯基 Kerensky
利巴諾 El Libano
利巴諾 Líbano
利特爾布朗出版社 Little, Brown
利馬 Lima
努恩，何塞 Nun, José
努涅茲・戴爾普拉多，阿德里爾 Núñez del Prado, Adriel
坎加索（巴西東北部「塞爾唐」的農民盜匪）*Cangaço*
坎加塞羅（坎加索的成員）*Cangaçeiro*
坎皮納斯州立大學 State University of Campinas, Unicamp
坎迪多，安東尼奧 Cândido, Antônio
宏都拉斯 Honduras
希利奧，馬利亞・埃絲特 Gilio, Maria Esther
希拉爾多，皮內達 Giraldo, R. Pineda
廷戈馬利亞 Tingo María
《我們這些圖帕馬羅斯》*Nous les Tupamaros*
杜達河 Rio Duda
《每月評論》*Monthly Review*
沃馬克，約翰 Womack, John
沃爾夫，艾瑞克 Wolf, Eric
貝坦庫爾，貝利薩里歐 Betancur, Belisario
貝哈爾，埃克托 Béjar, Héctor
貝洛什，保羅 Bairoch, Paul
貝倫 Belen
貝朗德・特里，費爾南多 Belaúnde Terry, Fernando
貝瑟爾，萊斯利 Bethell, Leslie
貝當古，羅慕洛（「貝坦科爾特」）Betancourt, Rómulo
貝爾法斯特女王大學 Queen's University of Belfast
貝爾納，埃拉克里奧 Bernal, Heraclio
《走音的快感》*Desafinado*
里卡多・佛朗哥集團（哥倫比亞）Ricardo Franco group
里約熱內盧 Rio de Janeiro
里奧弗里奧 Riofrio

八畫

亞西西的聖方濟 St Francis of Assisi
亞納克馬約河 Yanacmayo river
亞基印第安人 Yaqui Indians
亞歷山德里，霍黑 Alessandri, Jorge

佩尼亞，薩恩斯 Peña, Saenz
佩尼亞蘭達，里卡多 Peñaranda, Ricardo
佩雷拉・德・凱羅斯，馬利亞・伊紹拉 Pereira de Queiróz , Maria Isaura
佩雷斯・希門內斯，馬科斯 Pérez Jiménez, Marcos
使用者協會 Asociación de Usuarios
《和平與社會主義問題》*Problems of Peace and Socialism*
奇布查人 Chibcha
奇布查印第安人 Chibcha Indians
奇克拉約 Chiclayo
委內瑞拉 Venezuela
委託監護主 Encomendero
岡薩雷斯，安德烈 González, André
岡薩雷斯，艾弗瑞恩 González, Efraín
岡薩雷斯・威利斯，路易斯 González Willys, Luis
帕瓦約克 Pavayoc
帕拉蒂 Paraty
帕拉蒂國際文學節 International Literary Festival in Paraty
帕拉福克斯，桑塔納・羅德里格斯 Palafox, Santana Rodriguez
帕埃斯（哥倫比亞）Páez
帕基洛 Paquilo
帕斯・埃斯登索羅，維克托 Paz Estenssoro, Víctor
帕斯托 Pasto
帕爾塔伊班巴 Paltaybamba
帕爾瑪索拉 Palma Sola
帕魯羅 Paruro
彼得拉斯，詹姆斯 Petras, James
《拉丁美洲的政治與社會結構》*Politics and Social Structure in Latin America*
《拉丁美洲的農業問題》*Les Problèmes agraires des Ameriques Latines*
《拉丁美洲叛亂的十年》*Diez Años de Insurreccion en Ameica Latina*
《拉丁美洲研究》*Journal of Latin American Studies*
《拉丁美洲書評》*Latin American Review of Books*
《拉丁美洲游擊隊：反國家的技術》*Guerrillas in Latin America: the technique of the counter-state*
《拉丁美洲游擊戰運動》*Guerrilla Movements in Latin America*
拉卡斯卡達 La Cascada
拉布拉多，菲德爾 Labrador, Fidel
拉布雷亞－帕里尼亞斯 La Brea-Pariñas
拉瓦爾卡・戈達德，埃杜阿多 Labarca Goddard, Eduardo
拉吉普特人 Rajputs
拉貢文雄（拉孔本西翁）La Convención, Peru
拉馬爾卡，卡洛斯 Lamarca, Carlos
拉斯比亞斯 Las Villas
拉普拉塔河 River Plate
拉普拉塔盆地 La Plata basin
拉雷斯 Lares
昆代地區 Cunday
昆迪納馬卡 Cundinamarca
東部平原地區 Llanos Orientales
法弗爾，亨利 Favre, Henri
《法昆多：文明與野蠻》*Facundo: civilización y barbarie*
法爾斯－博爾達，奧蘭多 Fals Borda, Orlando
波多黎各 Puerto Rico
波帕揚 Popayán

波哥大 Bogotá
波哥塔索 *Bogotazo*
《波哥塔索：和平，大暴力》*El Bogotazo: la paz, la violencia*
波特雷羅莊園 El Potrero hacienda
波馬爾卡 Pomalca
波費里奧・迪亞斯，何塞・德・拉・克魯斯 Porfirio Díaz, José de la Cruz
波薩諾瓦 *bossa nova*
爭取進步聯盟 Alliance for Progress
社會公益農業協會（秘魯）Sociedad Agricola de Interes Social, SAIS
《社會主義紀錄》*Socialist Register*
肯尼科特 Kennecott
金迪奧省 Quindío
長槍黨 Falangist
門多西諾郡 Mendocino County
門羅主義 Monroe doctrine
阿內內庫伊爾科 Anenecuilco
阿本斯，哈科沃 Árbenz, Jacobo
阿克里 Acre
阿言德，薩爾瓦多 Allende, Salvador
阿里亞加，耶穌（丘喬）Arriaga, Jesús (Chucho El Roto)
阿里納斯，哈科沃 Arenas, Jacobo
阿亞・德拉托雷，維克托・勞爾 Haya de la Torre, Víctor Raúl
阿亞庫喬 Ayacucho
阿帕契印第安人 Apache Indians
阿拉佩，阿圖羅 Alape, Arturo
阿根廷 Argentina
阿格達斯，何塞・馬利亞 Arguedas, José Maria
阿特基，瑪莉哥德 Atkey, Marigold
《阿勞科人的社會問題》*Problemas sociales de los Araucos*
阿勞科印第安人 Arauco Indians
阿斯蒂茲，卡洛斯 Astiz, Carlos A.
阿普里馬克大區 Apurimac
阿普拉黨（美洲人民革命聯盟）APRA (Alianza Popular Revolucionaria Americana)
阿普拉黨－奧德里亞黨人 APRA–Odríista
阿蒂加斯，何塞・赫瓦西奧 Artigas, José Gervasio
阿雷格里港 Porto Alegre
阿爾戈蘭 Algolan
阿爾戈蘭農業與畜牧業協會 Sociedad Agricola y Ganadera Algolan
阿爾庫扎馬 Alcuzama
阿爾特塔，奧斯卡 Arteta, Oscar
阿爾塔米拉諾，卡洛斯 Altamirano, Carlos
阿爾蒂普拉諾高原 *altiplano*
《阿爾蒂普拉諾高原的政治：秘魯農村變革的動力》*Politics in the Altiplano: The dynamics of change in rural Peru*
阿爾蒙德，加布里埃爾 Almond, G. A.
雨果，維克多 Hugo, Victor
《非革命社會：在一個變化世界中的拉丁美洲保守主義勢力》*The Unrevolutionary Society: The power of Latin American conservatism in a changing world*

九畫

南大河州（南里約格蘭德州）Rio Grande do Sul
南錐體 Cono Sur
《哈瓦那特派員》*Our Man in Havana*
哈利斯科 Jalisco
哈拉米約，海梅 Jaramillo, Jaime
哈恩，丹尼爾 Hahn, Daniel

《城市游擊隊》*Urban Guerrillas*
奎洛馬約 Quellomayo
奎納瓦卡 Cuernavaca
威爾遜，哈羅德 Wilson, Harold
恰帕斯 Chiapas
查令十字路 Charing Cross Road
查帕拉爾 Chaparral
查科 Chaco
查科戰爭 Chaco War
查理曼 Charlemagne
查維茲，烏戈 Chávez, Hugo
洛克斐勒基金會 Rockefeller Foundation
洛佩斯，哈辛托 Lopez, Jacinto
洛佩斯，曼努埃爾 Lopes, Manoel
洛佩斯・米切爾森，阿方索 López Michelsen, Alfonso
洛佩斯・普馬雷霍，阿方索 López Pumarejo, Alfonso
洛斯莫奇斯 Los Mochis
洪保德海流（秘魯涼流，洪堡涼流）Humboldt current
流氓無產階級 Lumpenproletarians（Lumpenproletariat）
玻利瓦爾，西蒙 Bolívar, Simón
玻利維亞 Bolivia
皇家國際事務研究所（查塔姆研究所）Chatham House
〈研究古巴革命思想意識的筆記〉Notes for the Study of the Ideology of the Cuban Revolution
科利斯科 Corisco
科帕坎查 Corpacancha
科恰班巴 Cochabamba
科爾尼洛夫將軍 General Kornilov
科爾多瓦（哥多華）Córdoba
科羅拉多黨（烏拉圭紅黨）Colorados (Partido Colorado)
約翰遜，休立特 Johnson, Hewlett
紅山山脈 Serra Vermelha
美洲農業發展委員會 ComitéInteramericano de Desarrollo Agricola, CIDA
美洲觀察組織 Americas Watch
美國人爭取民主行動組織 Americans for Democratic Action, ADA
美國中央情報局 Central Intelligence Agency, CIA
耶穌會 Jesuits
胡胡伊 Jujuy
胡寧大區（秘魯）Junín
茅茅運動 Mau Mau movement
迪尤，愛德華 Dew, Edward
《面具雜誌》（秘魯）*Caretas*
《革命中的革命》*Revolution in the Revolution*
革命左派運動（秘魯）Movimiento de Izquierda Revolucionaria, MIR
革命左派運動（智利）Movement of the Revolutionary Left, MIR
革命行動統一陣線 Frente Unido de Acción Revolucionaria, FUAR
革命制度黨（墨西哥）Institutional Revolutionary Party, PRI
革命社會黨（哥倫比亞）Revolutionary Socialist Party
革命保衛委員會 Committees for the Defence of the Revolution
韋斯伯特，大衛 Weissbort, David

十畫

《倫敦書評》*London Review of Books*
原住民保留地（哥倫比亞）resguardo

原住民聯盟 Liga de Indigenas
《原始的叛亂》*Primitive Rebels (Rebeldes Primitivos)*
哥倫比亞 Colombia
《哥倫比亞：人民游擊隊》*Colombie, Guerillas du Peuple*
《哥倫比亞大暴力的過去和現在》*Pasado y presente de la Violencia en Colombia*
哥倫比亞工會聯盟 Colombian Labour Federation
《哥倫比亞安地斯山區的農民社會》*Peasant Society in the Colombian Andes*
《哥倫比亞的大暴力》*La Violencia en Colombia. Cali*
《哥倫比亞的國家情況與顛覆活動》*Estado y subversión en Colombia*
《哥倫比亞的顛覆》*La subversión en Colombia*
哥倫比亞革命武裝力量 Fuerzas Armadas Revolucionarias de Colombia, FARC
哥斯大黎加（哥斯達黎加）Costa Rica
埃切瓦里亞，埃斯特凡 Echevarria, Esteban
埃文斯，大衛 Evans, David
埃查拉特 Echarate
埃查拉特莊園 Hacienda Echarate
埃斯皮諾薩，古斯塔沃 Espinosa, Gustavo
埃斯特角 Punta del Este
埃雷拉，莎拉 Ereira, Sarah
埃爾皮拉爾 El Pilar
埃爾南德斯，何塞 Hernández, José
埃爾科萊希奧 El Colegio
埃爾特尼恩特 El Teniente
埃爾索徹莊園 Hacienda El Soche
埃爾喬喬 El Chocho
容・索沙，馬可・安東尼奧 Yon Sosa, Marco Antonio
席爾瓦，維古里諾・費雷拉・達（蘭皮昂）Silva, Virgulino Ferreira da (Lampião)
席爾維諾，安東尼奧 Silvino, Antônio
庫比契克，儒塞利諾 Kubitschek, Juscelino
庫尼亞，歐幾里德・達 Cunha, Euclides da
庫拉，維托爾德 Kula, Witold
庫斯科 Cuzco
庫斯科工人聯合會 Federación de Trabajadores de Cuzco
庫斯科勞工聯盟 Cuzco Labour Federation
庫斯科－聖安娜鐵路 Cuzco–Santa Ana railway
庫斯科農民和公社聯合會 Federación de Campesinos y Comu- nidades del Cuzco
庫斯科農民聯盟 Cuzco Federation
庫欽斯基－高達爾，馬克西姆・漢斯 Kuczynski Godard, Maxime H.
庫維德斯，費爾南多 Cubides, Fernando
格瓦拉，切 Guevara, Che
格瓦拉主義 Guevarism
格林，大衛 Green, David
格倫，佐伊 Gullen, Zoe
格雷斯 Grace
格雷羅 Guerrero
格蘭德河 Rio Grande
桑切斯，岡薩洛 Sánchez, Gonzalo
桑切斯・塞羅，路易斯・米格爾 Sánchez Cerro, Luis Miguel
桑坦德省 Santander
桑定諾，奧古斯托・塞薩爾 Sandino, César Augusto
桑博 zambo
桑德斯，弗蘭西斯・斯托納 Saunders, Frances Stonor
泰南，肯尼斯 Tynan, Kenneth

《泰晤士報文學增刊》*Times Literary Supplement, TLS*
《烏戈．查維茲與委內瑞拉革命》*Hugo Chávez and the Bolivarian Revolution*
烏伊拉 Huila
烏伊羅 Huyro
烏魯班巴 Urubamba
特肯達瑪 Tequendama
特肯達瑪共和國 Republic of the Tequendama
特南戈 Tenango
班比拉，凡尼亞 Bambirra, Vania
秘魯 Peru
《秘魯，一九六五年：美洲的解放經歷》*Péru, 1965: Una Experiencia Libertadora en América*
《秘魯一九六五年：游擊隊經歷筆記》*Peru 1965. Notes on a guerrilla experience*
秘魯工人聯合會 Confederation of Peruvian Workers, CTP
《秘魯的民族主義與資本主義：新帝國主義研究》*Nationalism and Capitalism in Peru: a Study in Neo-Imperialism*
《秘魯政治中的施壓集團和權力精英》*Pressure Groups and Power Elites in Peruvian Politics*
秘魯總工會 Peruvian General Confederation of Workers, CGTP
納辛頓路 Nassington Road
納里尼奧省 Nariño
納瑟主義者 Nasserist
《紐約書評》*New York Review of Books*
《紛亂的年代：暴力的故事》*Los Años del tropel: Relatos de la violencia*
索西奧 Saucio
索諾拉幫 Sonora gang
茹利奧，佛朗西斯科 Julião, Francisco
茹阿澤魯 Juazeiro
《迷失方向的聯盟》*The Alliance That Lost Its Way*
馬丁內斯－阿列爾，霍安 Martínez Alier, Joan
《馬丁．菲耶羅》*Martín Fierro*
馬丘比丘 Machu Picchu
馬托格羅索 Mato Grosso
馬克思，卡爾 Marx, Karl
馬志尼，朱塞佩 Mazzini, Giuseppe
馬里亞特吉，何塞 Mariátegui, José
馬里基塔 Mariquita
馬里基塔－馬奎塔利亞 Mariquita-Marquetalia
馬奇根加 Machiguenga
馬拉努拉 Maranura
馬林，佩德羅．安東尼奧（曼努埃爾．馬魯蘭達）Marin, Pedro Antonio (Manuel Marulanda)
馬奎塔利亞 Marquetalia
馬埃斯特拉山 Sierra Maestra
馬格達萊納 Magdalena
馬格達萊納勞動工會聯盟 Unión Sindical de Trabajadores del Magdalena
馬普切印第安人 Mapuche Indians
馬塔拉佐，梅莎 Matarazzo, Maysa
馬塞拉，巴布羅 Macera, Pablo
馬蒂，何塞 Martí, José
馬爾坎圖納 Marcantuna
馬德羅，佛朗西斯科 Madero, Francisco
馬德羅家族 Maderos
馬魯夫，保羅 Malouf, Paulo
馬魯蘭達，曼努埃爾（佩德羅．安東尼奧．馬林）Marulanda, Manuel (Pedro Antonio

Marin)
高喬人 *gaucho*

十一畫

《停火》*Cese el fuego*
商品作物經濟 Cash-crop economy
國立哥倫比亞大學 Universidad Nacional (de Colombia)
國家土地改革研究所（古巴）National Institute of Agrarian Reform, INRA
國際自由工會聯合會 International Confederation of Free Trade Unions
培生，威特曼 Pearson, Weetman
基亞班巴 Quillabamba
基韋斯特 Key West
基督軍 Cristeros
基督軍運動 Cristero movement
密西翁農場 Granja Mision
《專制與民主的社會起源：現代世界形成過程中的地主和農民》*Social Origins of Dictatorship and Democracy. Lord and Peasant in the Making of the Modern World*
康諾利 James Connolly
曼恩，托瑪斯 Mann, Thomas
曼塔羅山谷 Mantaro Valley
曼德，約翰 Mander, John
梅內姆，卡洛斯 Menem, Carlos
梅西耶－維加，路易斯 Mercier Vega, Luis
梅斯蒂索人 *mestizo*
梅塔省 Meta
梅爾加雷霍，馬里亞諾 Melgarejo, Mariano
梅爾昌，維克多 Merchan, Victor
梅爾騰斯，唐妮 Meertens, Donny
梅德茵（「麥德林」）Medellín
《現代革命》*Modern Revolutions: An Introduction to the Analysis of a Political Phenomenon*
累西腓 Recife
莊園主人，大莊園主 *hacendados*
莫拉，列奧尼達斯 Mora, Leonidas
莫拉諾，阿爾弗雷多 Molano, Alfredo
莫斯，羅伯特 Moss, Robert
莫斯基托 Mosquito
莫雷洛斯，何塞・馬利亞 Morelos, José María
透納，FC Turner, F. C.
麥克萊倫，基思 McClellan, Keith

十二畫

《勞工月刊》*Labour Monthly*
勞役佃戶 Labour tenants
勞役佃戶（秘魯）Arrendires
勞役償債 Peonage
勞役償債者（農場工人／傭農）Peons
勞雷亞諾派 *Laurenistas*
博亞卡 Boyacá
博德，查理 Byrd, Charlie
喬孔塔 Choconta
喬皮馬約 Chaupimayo
喬洛人 *cholos*
喬崖 Chaullay
富安蒂斯，卡洛斯 Fuentes, Carlos
富農 *kulak*
富薩加蘇加 Fusagasugá
《尋找印加：安地斯山區的身分和烏托邦》*Buscando un Inca. Identidad y utopia en los Andes*
提摩琴科 Timochenko
斯克內克塔迪 Schenectady
斯拉塔，理查 Slatta, Richard
斯密，亞當 Smith, Adam
普卡拉 Pucalá

普列斯特斯，路易斯・卡洛斯 Prestes, Luís Carlos
普列斯特斯縱隊 Prestes Column
普拉多，卡約 Prado, Caio
普拉多，曼努埃爾（秘魯總統）Prado, Manuel
普埃布拉 Puebla
普恩特，路易斯・德拉 Puente, Luís de la
普雷圖，里奧 Preto, Rio
普諾 Puno
（智利）基督教民主黨 Christian Democratic Party, DC
智利之路 Chilean Way (La Via Chilena)
〈智利發展中的政治和社會力量〉*Politics and Social Forces in Chilean Development*
棚戶區，貧民窟 Barriadas (shanty towns)
猶加敦（尤卡坦）Yucatan
發展主義 Desarrollismo (Developmentalism)
《盜匪、鄉村頭目與農民：哥倫比亞大暴力事件錄》*Bandoleros, gamonales y campesinos: el caso de la Violencia in Colombia*
《盜匪》*Bandits*
《華屋與棚戶》*Casa Grande e Senzala*
華雷斯，貝尼托 Juárez, Benito
菲格雷斯，何塞 Figueres, José
萊本迪格，恩里克 Lebendiger, Enrique
萊吉亞，奧古斯托・貝納爾迪諾 Leguía, Augusto B.
萊茨，里卡多 Letts, Ricardo
雅瓜里貝，艾利歐 Jaguaribe, Hélio

十三畫

塔蘭博 Talambo
塞阿拉州 Ceará
塞爾唐 *sertão*
塞爾納奎，R Sernaqué, R.
塞羅德帕斯科公司 Cerro de Pasco Corporation
奧尼斯，胡安・德 Onís, Juan de
奧永省 Oyón
奧里諾科河 Orinoco
奧斯皮納・佩雷斯，馬里亞諾 Ospina Pérez, Mariano
奧爾提斯，卡洛斯 Ortiz, Carlos
奧德里亞，曼努埃爾 Odría, Manuel
《想像的共同體》*Imagined Communities*
愛國聯盟（哥倫比亞）Patriotic Union, UP
愛德華茲 Edwards
新自由主義 Neo-liberalism
《新社會》*New Society*
新封建主義 Neo-feudalism
《新政治家》*New Statesman*
新政擁護者 New Dealers
新墾殖者協會 Asociación de Nuevos Colonos
新邊疆派 New Frontier
《極端的年代：一九一四～一九九一》*The Age of Extremes, 1914–91*
瑞格利，克里斯 Wrigley, Chris
《當代巴西的形成》*Formação do Brasil Contemporâneo*
「睦鄰」政策 'Good Neighbor' policy
聖卡塔琳娜聯邦大學 Federal University of Santa Catarina
聖多明哥 Santo Domingo
聖安布羅斯 St Ambrose
聖佛朗西斯科 São Francisco
聖克魯斯省（玻利維亞）Santa Cruz
聖保羅 São Paulo
聖洛倫索 San Lorenzo
聖洛倫索莊園 Hacienda San Lorenzo
聖塔羅莎 Santa Rosa

聖瑪爾塔（哥倫比亞）Santa Marta
《腹地》*Os Sertões*
萬卡韋利卡 Huancavelica
葛拉斯彼，迪吉 Gillespie, Dizzy
葛林，格雷安 Greene, Graham
葛洛夫，馬爾馬杜克 Grove, Marmaduke
裘賓，安東尼奧・卡洛斯（湯姆）Jobim, Antônio Carlos (Tom)
詹森總統 Johnson, Lyndon B
賈西亞・馬奎斯，加布列 García Márquez, Gabriel
農民陣線（秘魯）Frente Sindical Campesino
農民聯盟 Federación Campesina
農民聯盟（巴西）Peasant Leagues
《過去與現在》*Past and Present*
《遏制拉丁美洲》*The Containment of Latin America*
達根，勞倫斯 Duggan, Laurence
雷斯特雷波，耶拉斯 Restrepo, Lleras

十四畫

圖克雷 Tucle
圖克雷莊園 Hacienda Tucle
圖帕克・阿馬魯 Túpac Amaru
圖帕馬羅斯 Tupamaros
《圖帕馬羅斯》*The Tupamaros*
圖曼區（秘魯）Tumán
圖曼莊園 Hacienda Tumán
圖爾瓦伊，塞薩爾 Turbay, César
圖爾西奧斯・利馬，路易斯・奧古斯托 Turcios Lima, Luis Augusto
漢德爾曼，霍華德 Handelman, Howard
瑪雅 Maya
瑪蓮 Marlene
福克斯利 Foxley
福格爾，羅伯特 Fogel, Robert
維拉克魯斯州 Veracruz
維拉斯科・阿爾瓦拉多・胡安 Velasco Alvarado, Juan
維埃拉，希爾維托（吉爾伯托・維埃拉）Vieira, Gilberto
維瑞達斯 veredas
維爾巴，悉德尼 Verba, Sidney
蒙特維多 Montevideo
蓋坦，霍黑・埃列塞爾 Gaitán, Jorge Eliécer
蓋坦主義 *Gaitanismo*
蓋坦主義者 *Gaitánistas*
蓋坦運動 Gaitán movement
蓋茲，史坦 Getz, Stan
蓋楚瓦語 Quechua
裴隆 Perón, Juan
裴隆主義 Peronism
赫希曼，阿爾伯特 Hirschman, Albert O.

十五畫

墨西哥 Mexico
《墨西哥民族主義的動力》*The Dynamics of Mexican Nationalism*
墨西哥城 Mexico City
德布雷，雷吉斯 Debray, Régis
摩爾，巴林頓 Moore, Barrington
摩賴斯，費尼希斯・迪 Moraes, Vinicius de
標準石油公司 Standard Oil
《論游擊戰》*Guerrilla Warfare*
豬灣 Bay of Pigs
《趣味橫生的時光》*Interesting Times*
鄧恩，約翰 Dunn, John
魯拉・達・席爾瓦，路易斯・伊納西奧 Lula da Silva, Luiz Inácio
魯特，伊利休 Root, Elihu

魯斯，亨利 Luce, Henry

十六畫

《墾殖、古柯和游擊隊》*Colonización, coca y guerrilla*
墾殖者 Colonos
盧那 Luna
盧維杜爾，杜桑 Louverture, Toussaint
盧蒙巴，帕特里斯 Lumumba, Patrice
穆拉托人 mulatto
諾蓋拉 Nogueiras
錢卡馬約莊園 Hacienda Chancamayo
錫那羅亞州 Sinaloa

十七畫

戴維遜，巴茲爾 Davidson, Basil
聯合水果公司 United Fruit Company
聯合國拉丁美洲經濟委員會 UN Economic Commission for Latin America, ECLA
謝瓦利埃，法蘭斯瓦 Chevalier, F.
邁索隆吉 Missolonghi

十八畫

總統諮詢委員會 Comité de Asesoramiento de la Presidencia, COAP
《斷裂的年代》*Fractured Times*
薩米恩托，多明哥・福斯蒂諾 Sarmiento, Domingo Faustino
薩帕塔，埃米利亞諾 Zapata, Emiliano
薩帕塔主義運動 Zapatista movement
薩恩斯・佩尼亞，羅克 Sáenz Peña, Roque
薩爾瓦多 Salvador

十九畫

懷爾斯講座 Wiles Lectures
羅林斯，桑尼 Rollins, Sonny
羅哈斯，何塞 Rojas, José
羅哈斯，特奧菲洛（「火花」）Rojas, Teófilo ('Chispas')
羅哈斯・皮尼亞，古斯塔沃 Rojas Pinilla, Gustavo
羅曼維勒 Romainville
羅塞爾，恩里克 Rosell, D. D. Enrique
羅德里格斯，卡洛斯・拉斐爾 Rodríguez, Carlos Rafael
羅德里格斯，列奧尼達斯 Rodríguez, Leonidas
羅薩里奧 Rosario
羅薩斯，胡安・曼努埃爾・德 Rosas, Juan Manuel de
羅蘭 Roland
藤森謙也 Fujimori, Alberto
《關於公民身分的概念》On the concept of citizenship
《關於種族的概念》On the concept of race

二十畫

蘇瑪巴斯 Sumapaz
蘇魯普丘 Sullupuchyo

二十一畫

蘭皮昂（維古里諾・費雷拉・達・席爾瓦）Lampião (Virgulino Ferreira da Silva)

二十五畫

《聽眾雜誌》*Listener*
《觀察》*Veja*

註釋

導言：艾瑞克與拉丁美洲

[1]《趣味橫生的時光》，頁363。
[2]《趣味橫生的時光》，頁255。
[3] 見本書第一章〈古巴的前景〉。
[4] 1984年4月21日寫給安德魯．威爾（Andrew Weale）的信函。威爾曾代表泰南的傳記作者——泰南的遺孀凱瑟琳——詢問起泰南和古巴的情況。（Hobsbawm archive, Warwick University, Box 1.）
[5]《趣味橫生的時光》，頁255。
[6]《泰晤士報文學增刊》，1968年1月25日。
[7] 見本書第二章〈南美洲之旅〉、第四章〈拉丁美洲：世界上最動盪的地區〉、第五章〈拉丁美洲的社會發展〉、第六章〈哥倫比亞的革命形勢〉、第七章〈對哥倫比亞暴力的剖析〉。
[8]《趣味橫生的時光》，頁371。
[9] 見本書第三章〈波薩諾瓦〉。
[10] 見本書第十七章〈政治中的農民與鄉間移民〉。
[11] 見本書第十三章〈農民占領土地行動：秘魯的案例〉。亦參見第九章〈新封建主義的一個案例：秘魯拉貢文雄〉，以及第十四章〈秘魯的農民運動〉。
[12] 見本書第十五章，〈哥倫比亞的農民運動〉。
[13] 見《新社會》對克勞迪歐．貝利斯，《拉丁美洲變革的障礙》（Claudio Véliz, *Obstacles to Change in Latin America*）一書的評論，1965年10月29日。
[14] 見本書第二十一章〈拉丁美洲的游擊隊〉、第二十二章〈拉丁美洲游擊隊：一項調查〉，以及第二十三章〈美利堅帝國主義與拉丁美洲革命〉。
[15]《極端的年代：1914-1991》（1994），頁440。
[16]《衛報》，1972年3月16日。
[17] 見本書第二十五章，〈秘魯有何新鮮事〉。

[18] 見本書第二十四章〈成為革命分子的將軍們〉，以及第二十六章〈秘魯：奇特的「革命」〉。
[19]《新社會》，1975年5月22日。
[20] 見本書第二十七章，〈智利：元年〉。
[21] 見本書第二十八章〈智利的謀殺案〉。
[22]《極端的年代》，頁442。
[23]《紐約書評》，1975年10月2日。
[24]《趣味橫生的時光》，頁369。
[25] 同上，頁376。
[26] 同上。
[27] 同上，頁362。
[28]《衛報》，1984年7月27日。
[29] 見本書第二十九章〈殺氣騰騰的哥倫比亞〉。
[30]《趣味橫生的時光》，頁369。
[31]《觀察》，1975年6月4日。
[32]《趣味橫生的時光》，頁382。
[33] 同上。
[34] 與理查・戈特的私人書信往來。
[35]《盜匪》修訂第四版（2000），頁118-119。
[36]《革命的年代》，頁185。
[37]《資本的年代》，頁121。
[38] 見本書第八章〈拉丁美洲發展進程中的封建因素〉。
[39] 見本書第三十章〈拉丁美洲的民族主義和民族性〉。
[40]《盜匪》修訂第四版的序言，頁x。

7 對哥倫比亞暴力的剖析

[1] 赫爾曼・古茲曼、奧蘭多・法爾斯・博爾達、埃杜阿多・烏瑪尼亞・路那，《哥倫比亞的大暴力》（G. Guzmán, Orlando Fals Borda & E. Umaña Luna, *La Violencia en Colombia*, Vol. I. Bogotá, 1962）。
[2] 羅伯托・皮內達・希拉爾多，《大暴力對托利馬的衝擊：利巴諾的案例》，波哥大國立大學社會學專著六（R. Pineda Giraldo, *El impacto de la violencia en el Tolima: el caso de Líbano.* Monografias Sociologicas 6, Universidad Nacional, Bogotá, 1960.）。亦參見：托利馬省農業廳，《大暴力在托利馬》（Departamento de Tolima, Secretaria de Agricultura, *La Violencia en el Tolima*, Ibagué, 1958）。

8　拉丁美洲發展進程中的封建因素

（本書所採用的版本省略了原文中的部分註釋）

[1] 美洲農業發展委員會，《土地保有權與農業部門的社會經濟發展：哥倫比亞》（CIDA, *Tenencia de la tierra y desarrollo socio-económico del sector agrícola: Colombia*. Washington, 1966），頁46；埃內斯托・古爾，〈安提奧基亞省咖啡種植的經濟和社會面向〉（El Aspecto economico-social del cultivo del café en Antioquia），《哥倫比亞人類學評論》第一輯（*Revista Colombiana de Antropologia*, I, 1953），頁197。

[2] 對其起源的最全面分析，參見法蘭斯瓦・謝瓦利埃，《墨西哥大莊園的形成》（F. Chevalier, *La formation des grands domains au Mexique*. Paris, 1952）。簡譯本書名為《墨西哥殖民時代的的土地和社會：大莊園》（*Land and Society in Colonial Mexico: The Great Hacienda*. Berkeley and Los Angeles, 1963）。

[3] 路易斯・岡薩雷斯，《轉型中的村落》（Luis González, *Pueblo en vilo*, 1968），頁52、56、91。

[4] 引自恩里克・弗洛雷斯卡諾，《墨西哥農業的結構和問題，1500-1621》（E. Florescano, *Estructuras y problemas agrarios de México (1500-1621)*, 1971），頁142。

[5] 同上，頁141。

[6] 巴布羅・馬塞拉，《美洲殖民封建主義：秘魯莊園的案例》（P. Macera, *Feudalismo colonial americano: el caso de las haciendas Peruanas*, 'Acta Historica', XXXV, Szeged, 1971），頁4。

[7] 美洲農業發展委員會，《土地保有權與農業部門的社會經濟發展：哥倫比亞》，頁18。

[8] 同上，頁45。

[9] 隆吉諾・貝塞拉，《宏都拉斯的土地問題》（Longino Becerra, *El problema agrario en Honduras*. Havana, 1964），頁14-15。

[10] 〈秘魯南部的區域發展計畫〉（Plan Regional del Desarrollo del Sur del Peru），引自：羅德里戈・蒙托亞，《當代秘魯經濟的主要資本主義特徵》（R. Montoya, *A proposito del caracter predominantemente capitalista de la economia peruana*. Lima, 1970），頁105。

[11] 居伊・斯特雷塞－佩昂，〈瓦斯特卡或坦皮科地區（墨西哥）的土地問題〉，法國國家科學研究中心，《拉丁美洲的土地問題》（G. Stresser-Péan, 'Problèmes agraires de la Huasteca ou region de Tampico (Mexique)' CNRS, *Les problems agraires des Amériques Latines*. Paris, 1967），頁202。

[12] 馬塞拉，《美洲殖民封建主義》，頁17。

[13] 霍安・馬丁內斯－阿列爾，《安地斯莊園的生產關係》（Joan Martínez-Alier, *Relations of production in Andean haciendas*, 1972）。

[14] 約翰・沃馬克，《薩帕塔與墨西哥革命》（J. Womack, *Zapata and the Mexican Revolution*. 1969），頁47。

[15] 阿圖羅・瓦爾曼（編著），《薩帕塔土地上的農民，一：適應、改變和叛亂》（A. Warman [ed.], *Los campesinos de la tierra de Zapata I Adaptación, cambio y rebelión*. 1974），頁108-109。

[16] 美洲農業發展委員會，《土地保有權與農業部門的社會經濟發展：哥倫比亞》，頁130；《土地保有權與農業部門的社會經濟發展：瓜地馬拉》，頁74；《土地保有權與農業部門的社會經濟發展：巴西》，頁198-199、221、227。因此，根據農民聯盟前任領導人的說法，在東北部「每年所需的（強制勞役）時間非常短，農民怨恨的並非實際的工作，而是被迫無償為地主工作來代替地租的做法所造成的羞辱」。佛朗西斯科・茹利奧，《枷鎖》（Francisco Julião, *Cambão*. Paris, 1968），頁75。

9 新封建主義的一個案例：秘魯拉貢文雄

（本書所採用的版本省略了原文中的部分註釋，以及有關拉貢文雄1862-1962產量的附錄）

[1] 下文廣泛使用有關拉貢文雄經濟發展的資料，主要來源如下。美洲農業發展委員會，《土地保有權與農業部門的社會經濟發展：秘魯》（*CIDA, Tenencia de la tierra y desarrollo socio-económico del sector agrícola: Peru*. Washington, 1966。引用為《CIDA；秘魯》[1966]），尤其是第七章第二部分，〈森林保有權制度的一般特徵——並特別著重於拉貢文雄山谷〉（Caracteristicas generales de los sistemas de tenencia en la selva con referencia especial al valle de La Convención）。恩里克・羅塞爾，〈拉貢文雄省專著節選〉（Fragmentos de las Monografias de la provincia de La Convención），《大學評論》第六輯（*Revista Universitaria*, vi. Cuzco, 1917。引用為Rosell [1917]）。龐塞・德・萊昂，〈庫斯科省的耕地租佃方式與分配問題〉（Formas del arriendamiento de terrenos de cultivo en el Depto de Cuzco, y el problema de la distribución），《大學評論》第七輯（*Revista Universitaria*, vii. Cuzco, 1918。引用為Ponce de Leon [1918]）。伊薩克・圖帕亞奇，〈拉貢文雄計量經濟學隨筆〉（Isaac Tupayachi, Un ensayo de econometria en La Convención），《大學評論》（*Revista Universitaria*. Cuzco, 1959。引用為Tupayachi [1959]）。C・F・瓜德羅斯－比耶納，〈拉貢文雄省的「租佃契約」和土地改革〉（C. F. Cuadros y Villena, El "Arriendo" y la Reforma Agraria en la provincia de La Convención），《大學評論》第二十八輯（*Revista Universitaria*, xxviii. Cuzco, 1949。引用為瓜德羅斯[1949]）。J・管・卡維約，〈庫斯科的食品工業〉（J. Kuon Cabello, Industrias alimenticias en el Cuzco），《大學評論》第五十一、五十二輯（*Revista Universitaria*, li–lii. Cuzco, 1965。引用為Kuon [1965]）。庫欽斯基－高達爾，

〈關於庫斯科永加斯山谷的環境衛生〉(Kuczynski Godard, *A propósito del saneamiento de los Valles Yungas del Cuzco*。引用為庫欽斯基－高達爾[1946])。

[2] H・賓厄姆,《印加故地:秘魯高原探險》(H. Bingham, *Inca Land: Explorations in the Highlands of Peru,* 1922),頁324。亦參見I・鮑曼,《秘魯南部的安地斯山脈》(I. Bowman, *The Andes of Southern Peru,* 1920)。1911年發現馬丘比丘的探險隊,為我們提供了一些關於拉貢文雄當時情況的用有資料。順便說明一下,幸好由於這些山谷的高處靠近庫斯科,以致有幾位早期的歐洲旅行者曾經前往造訪,使得我們有了關於瓦基尼亞和埃查拉特這兩座大莊園的描述,時間至少可回溯到1830年代。

[3] 在我們取得相關統計數據的一個大莊園中,1933至1945年之間因為流行病而死亡或被迫外移的各類承租戶,分別多達65.5%、87%和83.4%。庫欽斯基－高達爾(1946),頁32;《CIDA;秘魯》(1966),頁209。

[4] 相關數字參見《CIDA;秘魯》(1966),頁208;《與大莊園的生死決戰:革命左派運動的土地改革法案》,卡洛斯・馬爾皮卡・席爾瓦・桑蒂斯特凡工程師的研究報告(*Guerra a Muerte al Latifundio: Proyecto de ley de Reforma Agraria del M.I.R. Estudio del Ing.* Carlos Malpica S.S., Lima, s.d.),頁221-223。

[5] 衛斯理・克雷格在《拉貢文雄的農民運動》(Wesley W. Craig, *The peasant movement of La Convención,* Cornell University, 1966,mimeo)強調,該省農民聯盟在1958年就職的第一任祕書長是新教徒,後來以「共產主義者」的身分入獄。我自己則當然遇到過來自拉貢文雄的新教農民武裝分子。我不知道這種現象形成的時間有多早。但第一個農民聯盟似乎是在1934年成立於馬拉努拉(Maranura),那裡長期以來一直是共產黨的堡壘。

10 農民成為社會盜匪

[1] 羅伯特・羅蘭德,〈巴西東北部的民歌手〉('Cantadores del nordeste brasileño', in *Aportes,* 3 January 1967, p. 138)。關於這名盜匪與聖徒之間比較微妙的真實關係,參見E・德・利馬,《坎加塞羅們的古怪世界》(E. de Lima, *O mundo estranho dos cangaçeiros.* Salvador, Bahia, 1965),頁113-114,以及O・安塞爾莫,《西塞羅神父》(O. Anselmo, *Padre Cícero,*1968)。

[2] 內爾坦・馬塞多,《維古里諾・費雷拉・達・席爾瓦隊長:蘭皮昂》(Nertan Macedo, *Capitão Virgulino Ferreira da Silva: Lampião,* 2nd edn. 1968),頁183。

[3] 這方面最引人注目的證據來自米卻肯州山區的聖何塞德格拉西亞村(San José de Gracia)。該地就像許多墨西哥村莊一樣,在基督君王的旗幟下動員起來,表達出民眾反對革命的願望。它成為「基督軍運動」的一部分,因格雷安・葛林《權力與榮耀》(Graham Greene, *The Power and the Glory*)一書而廣為人知。一位研究

這個課題的優秀歷史學家指出，它自然而然地「憎恨革命的大人物」，但只有兩個人除外：分配土地和結束宗教迫害的卡德納斯總統（1934-1940），以及潘喬·比亞。「他們都已經成為受歡迎的偶像」——路易斯·薩雷斯，《轉型中的村落》（Luis González, *Pueblo en vilo*, 1968），頁251。即使1971年在同一地區一個非常相似的小鎮上，一個顯然不怎麼重視文學的地方，一家雜貨店的的商品當中仍包含了《潘喬·比亞回憶錄》（*The Memoirs of Pancho Villa*）。

[4] 艾倫·沃爾，〈好萊塢強盜1910-1981〉，收錄於理查·斯拉塔（編著），《強盜：拉丁美洲盜匪的多樣性》（Allen L. Woll, 'Hollywood Bandits 1910–1981', in Richard W. Slatta [ed.], *Bandidos: The Varieties of Latin American Banditry*, 1987），頁171-180。

[5] 林達·勒溫，〈口述傳統與精英神話：巴西流行文化中的安東尼奧·席爾維諾傳奇〉，《拉丁美洲知識雜誌》5/2（Linda Lewin, 'Oral Tradition and Elite Myth: The Legend of Antônio Silvino in Brazilian Popular Culture', *Journal of Latin American Lore*, 5/2, 1979），頁57-204。

[6] 岡薩洛·桑切斯撰寫的序言，馬利亞·伊紹拉·佩雷拉·德·凱羅斯，《坎加塞羅：巴西東北部的盜匪敘事詩》（Maria Isaura Pereira de Queiróz, *Os cangaçeiros: La epopeya bandolera del Nordeste de Brasil*. Bogotá, 1992），頁15-16。

[7] 岡薩洛·桑切斯、唐妮·梅爾騰斯，《盜匪、鄉村頭目與農民：哥倫比亞大暴力事件錄》（Gonzalo Sánchez, Donny Meertens, *Bandoleros, gamonales y campesinos: El caso de la Violencia en Colombia*, 1987），頁168。

13 農民占領土地行動：秘魯的案例

（本書所採用的版本省略了原文中的部分註釋）

[1] 所使用的資料來源除了報刊和大量的秘魯官方與半官方出版物，主要是土地改革第十區（萬卡約辦公處）和萬卡約「土地法庭」（'Juzgado de Tierras', Huancayo）的文件，以及一些昔日莊園的檔案資料——中央畜牧業協會（Ganadera del Centro）、圖克雷畜牧業協會（Sociedad Ganadera Tucle）、安塔彭戈畜牧業公司（Compania Ganadera Antapongo）。所有這些莊園都位於秘魯的中央高地。

[2] 《關於革命實踐和內部鬥爭II，秘魯共產黨中央委員會全體會議政治報告》（*En Torno a la Práctica Revolucionaria y la Lucha Interna II, Pleno del Comité Central del Partido Comunista Peruano. Informe Politico*. Lima, 1970），頁12。巴雷德斯博士是一位在農民事務方面具有多年經驗的律師。

[3] 同上。

[4] 約翰·沃馬克，《薩帕塔與墨西哥革命》（1969），〈後記〉，頁371。

[5] 對奧斯卡·貝爾努伊·戈麥斯先生（Sr Oscar Bernuy Gómez）的採訪，萬卡約，1971年6月。

[6] 赫里特・豪瑟，《關於農民組織在拉丁美洲土地改革進程中所起作用的研究報告》(Gerrit Huizer, *Report on the Study of the Role of Peasant Organizations in the Process of Agrarian Reform in Latin America*. ILO-CIDA, Geneva, 1969, mimeo)，頁241、243。

[7] 萬卡約土地法庭，Exp. 69.831, fj 35。

[8] 羅德里戈・蒙托亞・羅哈斯，《當代秘魯經濟的主要資本主義特徵》(Rodrigo Montoya Rojas, *A Propósito del Caracter Predominantemente Capitalista de la Economía Peruana Actual*. Lima, 1970)，頁110-111。

[9] 在19和20世紀的秘魯，不時出現以恢復印加政權為號召，或表達對印加支持之意的地方叛亂，這種現象直到1930年代都屢見不鮮。關於印加神話，請參閱阿爾維托・弗洛雷斯・加林多，《尋找印加：安地斯山區的身分與烏托邦》(A. Flores Galindo, *Buscando un Inca: Identidad y Utopia en los Andes*. Havana, 1986)。

[10] 亨利・法弗爾，《墨西哥瑪雅人的變化與延續性》(Henri Favre, *Changement et continuité chez les Mayas du Mexique*. Paris, 1971)，頁269。

18 墨西哥的革命

[1] 艾德溫・劉雯，《拉丁美洲的武力與政治》(Edwin Lieuwen, *Arms and Politics in Latin America*, 1961)，頁21。

[2] 弗里德里希・卡茨，《墨西哥的祕密戰爭：歐洲、美國和墨西哥革命》(*The Secret War in Mexico: Europe, the United States and the Mexican Revolution*. 1981)，頁22。

19 古巴革命及其後果

[1] 瓦爾特・拉克爾，《游擊隊：一項歷史批判研究》(Walter Laqueur, *Guerrilla: a historical and critical study*, 1977)，頁442。

[2] 托瑪斯・休伊，《古巴或追求自由》(Hugh Thomas, *Cuba or the Pursuit of Freedom*, 1971)，頁997、1020、1024。

[3] 雷吉斯・德布雷，《革命中的革命》(Régis Debray, *La révolution dans la révolution*. Paris, 1967)。

21 拉丁美洲的游擊隊

(本書所採用的版本省略了原文中的部分註釋)

[1] 雷吉斯・德布雷對保羅・史威濟和利奧・胡伯曼的回覆，《每月評論》義大利文版(*Monthly Review*, edizione italiana, 11, 1–2, 1969)。

[2] 引自丹尼斯・麥克・史密斯，《義大利復興運動》(D. Mack Smith, *Il Risorgimento Italiano*. Bria, 1968)，頁426。

[3] 哈科沃・阿里納斯，《哥倫比亞：人民游擊隊》(Jacobo Arenas , *Colombie, Guerillas*

du Peuple. Paris, 1969）。

[4] 埃克托・貝哈爾，《1965年的秘魯游擊隊》（Héctor Béjar, *Les guerrillas péruviennes de 1965*. Paris, 1969），頁71。

[5] 道格拉斯・布拉沃，《與道格拉斯・布拉沃在委內瑞拉的叢林中》（*Avec Douglas Bravo dans les maquis vénézuéliens*. Paris, 1968），頁54。

[6] 雷吉斯・德布雷，《革命中的革命》（*La révolution dans la revolution*, Paris, 1967），頁40。

[7] 阿里納斯，同前，頁118。

[8] 烏戈・布蘭科，《我們革命的道路》（Hugo Blanco, *El camino de nuestra revolucíon*. Lima, 1964），頁63。

22 拉丁美洲游擊隊：一項調查

[1] 參見奧蘭多・奧爾提斯，《赫納羅・巴斯奎斯》（Orlando Ortiz, *Genaro Vásquez*. Mexico, 1972）。

[2] 莎拉・貝阿特里斯・瓜爾迪亞，《起訴「圖帕克・阿馬魯」游擊隊組織的農民成員》（Sara Beatriz Guardia, *Procesco a Campesinos de la Guerrilla 'Túpac Amaru'*. Lima, 1972）一書，轉載了1969年法庭審判一些農民和基層武裝分子的經過。這段紀錄既具有悲劇性又發人深省。

[3] 亦參見亞蘭・阿布魯斯，《圖帕馬羅斯》（Alain Labrousse, *Les Tupamaros*. Paris, 1972）。

[4] 此類情況不勝枚舉。它們時而不經意地包含了值得關注的附帶資訊。其中引起我注意的有：《與道格拉斯・布拉沃在委內瑞拉的叢林中》（*Avec Douglas Bravo dans les maquis vénézuéliens*. Paris, 1968）；里卡多・拉米瑞斯，《一個游擊隊員的自傳：瓜地馬拉，1960-68》（Ricardo Ramírez, *Autobiografia di una guerriglia, Guatemala, 1960–68*. Milan, 1969）；馬利歐・梅南德斯，《哥倫比亞民族解放軍領袖法比歐・巴斯凱斯訪談錄》（Mario Menéndez, *Intervista con Fabio Vasquez, Capo Esercito de Liberazione Nazionale di Colombia*. Milan, 1968）；羅賓遜・羅哈斯，《哥倫比亞，出現在拉丁美洲的第一個越南》（Robinson Rojas, *Colombia, Surge el Primer Vietnam en la América Latina*. Montevideo, 1971），以及1960年代哈瓦那的許多出版物。

[5] 其中的一個例子是傑伊・馬林（編著），《恐怖主義與城市游擊隊：戰術與文獻研究》（Jay Mallin [ed.], *Terror and Urban Guerrillas: A Study of Tactics and Documents*. Coral Gables, 1972）。

26 秘魯：奇特的「革命」

（本書所採用的版本省略了原文中的部分註釋）

[1] 參見格蘭特・希利克，《秘魯的改革政策》(Grant Hilliker, *The Politics of Reform in Peru*. Baltimore, 1971)。該書作者闡述了阿普拉黨影響力的侷限性，以及其近年來的失敗。

[2] 海梅・吉亞內拉，《利馬都會區的邊緣化（一項探索性調查）》(Jaime Gianella, *Marginalidad en Lima Metropolitana [Una investigación exploratoria]*. Lima, 1970, mimeo)。這些非常完整的抽樣調查數據收集於1967年。

[3] 儘管這兩項改革的相關規定都過於複雜，無法簡單進行比較，但被徵收業主可繼續持有的土地面積或許更大。細節請參見路易斯・東戈・德內格里，《農業簡編：評論、立法、案例》(Luis Dongo Denegri, *Compendio Agrario: comentario, legislación, jurisprudencia*, 2 vols. Lima, 1971)；該書記錄了1971年2月中旬之前的變化。

[4] 前者的例子是，G・雷辛克，〈秘魯的案例〉，《今日政治》(G. Lessink, *Le cas du Pérou, Politique Aujourd'hui*. Paris, 1971)；後者的例子則為里卡多・萊茨，《秘魯：社會革命還是革命諷刺畫？》(Ricardo Letts, *Peru: Revolución Socialista o caricatura de revolución?* Mexico, 1971, mimeo)。

[5] 參見《1968-1975年土地改革方案的社會面與財務面》(*Aspectos Sociales y Financieros de un Programa de Reforma Agraria 1968-1975*. Lima, 1970, mimeo)。

[6] 參見維拉斯科・阿爾瓦拉多總統1968年12月5日的致詞中所定義長期目標的第1至第4頁。它們被轉載於馬雷特，《秘魯》(R. R. Marett, *Peru*, 1969))，頁275-276。

[7] 《秘魯教育改革：總報告》(*Reforma de la Educación Peruana: Informe General*. Lima, 1970)，頁16。

[8] 馬里亞特吉《關於秘魯國情的七篇論文》(Mariátegui, *Siete Ensayos* [*Seven Interpretive Essays on Peruvian Reality*, Austin, 1971) 的譯本已經出版，並由秘魯歷史學界的祭酒霍黑・巴薩德雷（Jorge Basadre）撰寫導讀，很好地介紹了拉丁美洲迄今最具原創性馬克思主義思想家的作品。

27 智利：元年

（本書所採用的版本省略了原文中的部分註釋）

[1] 《智利之路，阿言德總統1971年5月21日向國會全體會議發表的第一篇國情諮文》(*La Via Chilena, del primer mensaje del President Allende al Congreso Pleno, 21 de Mayo 1971*. Santiago, 1971)。

[2] 參見革命左派運動發表的聲明，否定了VOP（一個名叫「人民先鋒隊組織」的小型恐怖分子團體）暗殺前任基督教民主黨籍內政部長的行為。《終點雙週刊》(*Punto Final*)，1971年6月22日。

[3] 拉瓦爾卡是智利共產黨機關報《世紀報》(*El Siglo*) 的記者，曾因為其處理極左

派的方式而飽受批評（參見曼努埃爾・卡比耶塞斯・多諾索，〈點出歷史〉，《終點雙週刊》〔Manuel Cabieses Donoso, 'Puntualizando la Historia', *Punto Final*〕，1971年5月25日），不過那本書中充滿了關於人民團結聯盟的形成、軍事陰謀和其他事項的寶貴資料。概括而言，阿言德與（左翼）基督教民主黨候選人拉多米羅・托米奇（Radomiro Tomic）在選前精心約定的協議，規範了二人在大選後的關係。它要求：

(a) 如果右派總統候選人——前總統霍黑・亞歷山德里（Jorge Alessandri）——得票第三高，人民團結聯盟（UP）和基督教民主黨（DC）將承認得票最多者獲勝，前提是票數差距超過30,000票。
(b) 如果亞歷山德里獲勝，UP和DC都會在二十四小時內接受他的勝利，前提是其得票數領先100,000票以上。
(c) 如果亞歷山德里排名第二，排名第三者（結果是托米奇）將立即承認敗選，前提是獲勝者至少領先亞歷山德里5,000票以上（結果阿言德領先了39,000票）。

然而大選結束後，DC領導階層在卸任總統弗萊的影響下（順便說一句，他似乎並沒有阻止他事先知道的軍事政變陰謀），要求以憲法修正案作為該黨在國會支持阿言德當選總統的先決條件，因為憲法修正案將正式保障「民主政權的存續」。經過一些談判和更改後，這項修正案隨即獲得通過。參見費爾南多・席爾瓦・桑切斯，《阿言德總統的第一次憲法改革》（Fernando Silva Sanchez, *Primeras Reformas Constitucionales del Presidente Allende*. Valparaiso, 1971）。

[4] 我的消息來源是警方關於這些事項的每日機密報告，我有幸獲准查閱其內容。

[5] 拉瓦爾卡・戈達德，《在紅色智利》（Labarca Goddard, *Al Chile Rojo*），頁235。

29 殺氣騰騰的哥倫比亞

[1] 恩里克・桑托斯・卡爾德隆，《為和平而戰》（Enrique Santos Calderón, *La Guerra por la paz*. Bogotá, 1985），頁108。

[2] 然而，在1984年和1985年短暫的休戰期間，4月19日運動招募了大量女性，大約占人數的30%，參見勞拉・雷斯特雷波，《哥倫比亞：一個背叛的故事》（Laura Restrepo, *Colombia: historia de una traición*. Bogotá, 1986），頁233。

[3] 《時代報》（*El Tiempo*），1986年9月28日。

[4] 《觀察家日報》，1986年9月20日。

[5] 著名記者安東尼奧・卡瓦列羅（Antonio Caballero）於報導300名被謀殺的愛國聯盟積極分子時寫道：「這些案件都沒有被調查過，或即便已被調查過，我們也不知道結果如何。沒有一個人被逮捕，沒有一個人被定罪。」（《觀察家日報》，1986年9月28日。）在過去六年內，因殺人或襲擊而被定罪的士兵剛好是18人。

[6] 參見桑托斯・卡爾德隆，《為和平而戰》，頁303。哥倫比亞革命武裝力量的各個「戰線」固然並非同樣嚴守紀律，不過第十一戰線（馬格達萊納省中部）的336名人員或許相當典型。根據一名叛逃者的描述，他們花時間（一）向農民和地主徵稅以籌集資金，（二）懲罰販毒者和偷牛賊，以及（三）組織農民，一心期盼將來能夠接管政權（《時代報》，1986年9月19日）。

[7] 關於4月19日運動當時的觀點，其昔日領導人之一的兄弟提供了有用的分析，參見埃杜阿多・皮薩羅，〈哥倫比亞的革命游擊隊〉（Eduardo Pizarro, *La Guerrilla revolucionaria en Colombia*），收錄於岡薩洛・桑切斯和里卡多・佩尼亞蘭達（編著），《哥倫比亞大暴力的過去和現在》（Gonzalo Sánchez and Ricardo Peñaranda (eds), *Pasado y presente de la Violencia en Colombia*），頁391-411。

[8] 「不安的氣氛襲擊著烏伊拉省」（'Clima de inseguridad azota el departamento del Huila'），《共和報》（*La República*），1986年9月25日。

[9] 馬利歐・阿蘭戈和霍黑・柴爾德，《毒品交易：古柯鹼帝國》（Mario Arango and Jorge Child, *Narcotráfico: império de la cocaina*. Medellín, 1987）一書，是哥倫比亞對此主題的最全面論述，包含了一些有用的數據。

30 拉丁美洲的民族主義和民族性

（本書所採用的版本省略了原文中的部分註釋）

[1] 參見哈里斯，《拉丁美洲城市的成長》（W. D. Harris Jr., *The Growth of Latin American Cities*, 1971）；貝洛什，《從耶利哥到墨西哥：歷史上的城市與經濟》（P. Bairoch, *De Jéricho à Mexico. Villes et économie dans l'histoire*, 1985）。

[2] 安東尼奧・坎迪多（Antonio Candido）為塞爾吉奧・布阿爾克・德・奧蘭達的《巴西之根》（Sérgio Buarque de Holanda, *Raízes do Brasil*, 20th edn, 1988）撰寫的導言，頁xliii。

[3] 引自羅梅洛，《阿根廷政治思想史》（J. L. Romero, *A History of Argentine Political Thought*, 1963），頁163。

[4] 引自法蘭斯瓦・布里科，《當代秘魯的權力與社會》（F. Bourricaud, *Power and Society in Contemporary Peru*, 1970），頁146-148。

[5] 見霍華德・漢德爾曼，《安地斯山脈的鬥爭：秘魯農民的政治動員》（H. Handelman, *Struggle in the Andes. Peasant Political Mobilization in Peru*, 1975）。

[6] 加文・史密斯，《生計與抵抗：秘魯農民和土地政策》（G. Smith, *Livelihood and Resistance. Peasants and the Politics of Land in Peru*, 1989），頁174。

[7] 悉德尼・維爾巴和加布里埃爾・阿爾蒙德，〈國家革命與政治承諾〉（S. Verba and G. A. Almond, 'National Revolutions and Political Commitment'），收錄於哈利・埃克斯坦（編著），《內部戰爭》（H. Eckstein [ed.], *Internal War*, 1964）。

[8] 賈布列・加西亞・馬奎斯，《迷宮中的將軍》（Gabriel García Márquez, *El General en su laberinto*, 1989）。

31 與拉丁美洲的四十年關係

[1] 見本書第十四章〈秘魯的農民運動〉。

[2] 見本書第二十九章〈殺氣騰騰的哥倫比亞〉

[3] 見本書第六章〈哥倫比亞的革命形勢〉及第七章〈對哥倫比亞暴力的剖析〉。

[4] 見本書〈拉丁美洲的游擊隊〉（1970），以及〈拉丁美洲游擊隊：一項調查〉（1973）。

[5] 見本書第二十四章〈成為革命分子的將軍們〉、第二十五章〈秘魯有何新鮮事〉，以及第二十六章〈秘魯：奇特的「革命」〉。

[6] 見本書第二十七章〈智利：元年〉。

原始文章的日期及出處
Dates and Sources of Original Publication

1 **古巴的前景**

《新政治家》(*New Statesman*),1960年10月22日。

2 **南美洲之旅**

摘錄自1963年7月在《勞工月刊》(*Labour Monthly*)上發表的一篇文章。

3 **波薩諾瓦**

《新政治家》,1962年12月21日。

4 **拉丁美洲:世界上最動盪的地區**

《聽眾雜誌》(*The Listener*),1963年5月2日。本文基於BBC廣播三台兩次訪談中的第一次。

5 **拉丁美洲的社會發展**

《聽眾雜誌》,1963年5月9日。本文基於BBC廣播三台兩次訪談中的第二次。

6 **哥倫比亞的革命形勢**

《今日世界》(*The World Today*),1963年6月。本文基於英國皇家國際事務研究所(查塔姆研究所〔Chatham House〕)拉丁美洲研討會的一篇論文。

7 **對哥倫比亞暴力的剖析**

《新社會》(*New Society*),1963年4月11日。轉載於艾瑞克第一本書《原始的叛亂:十九至二十世紀社會運動的古樸形式》(1959)的西班牙文譯本('La anatomía de la violencia: La Violencia en Colombia' in *Rebeldes Primitivos. Estudio sobre*

las formas arcaicas de los movimientos sociales en los siglos XIX y XX. Barcelona: Ediciones Ariel, 1968; Crítica, 2001）。

8 拉丁美洲發展進程中的封建因素

在波蘭舉行的一次會議上向維托爾德・庫拉致敬的論文。發表於維托爾德・庫拉（編著），《介於封建主義和資本主義之間：社會史與經濟史研究》（Witold Kula [ed.], *Miedzy Feudalizmem a Kapitalizmem. Studia z dziejów, gospodarczych i spoiecznych*. Wroçlaw: Zazùad Narodowy Imienia Ossolínskich – Wydawnictwo, 1976），頁57-74。

9 新封建主義的一個案例：秘魯拉貢文雄

《拉丁美洲研究》（*Journal of Latin American Studies*, I [1], May 1969），頁31-50。本文基於1968年4月在羅馬會議上發表的一篇論文。

10 農民成為社會盜匪

摘錄自《盜匪》（*Bandits*, 1969, 4th revised edition, London: Weidenfeld & Nicolson, 2000），頁20-33、64-69、116-119、162-165。

11 農民起事

摘錄自一篇未發表的論文《農民起事的動機》（The Motives of Peasant Insurrection）。

12 意識形態與農民運動

摘錄自〈哥倫比亞的意識形態與社會變革〉（Ideology and Social Change in Colombia）。該文收錄於瓊恩・納什、胡安・科拉迪與霍巴特・斯伯丁（編著），《拉丁美洲的意識形態和社會變革》（June Nash, Juan Corradi and Hobart Spalding Jr [eds], *Ideology and Social Change in Latin America*. New York: Gordon & Breach, 1977），頁185-199。

13 農民占領土地行動：秘魯的案例

摘錄自發表於《過去與現在》（*Past & Present*, 62/1, February 1974）的一篇文章。該文轉載於《非凡小人物》（*Uncommon People*. London: Weidenfeld & Nicolson, 1998）第十二章，頁223-255。

14 秘魯的農民運動

本文基於1965年10月在巴黎舉行的國際會議上所發表的一篇論文，以〈拉貢文

雄的土地問題〉(Problèmes agraires à la Convención)的標題發表於《拉丁美洲的土地問題》(*Les Problèmes agraires des Amériques Latines*. Paris: Editions du Centre National de la Recherche Scientifique, CNRS, 1967),頁385-393,並以〈秘魯的農民運動〉(Un movimiento campesino en el Perú)的標題轉載於西班牙文版《原始的叛亂》(*Rebeldes Primitivos*. Barcelona: Crítica, 2001),頁241-261。

15 哥倫比亞的農民運動

1969年撰寫的論文,發表於國際社會運動史與社會結構史委員會,《當代世界農民運動》(Commission Internationale d'Histoire des Mouvements Sociaux et des Structures Sociales, *Les Mouvements Paysans dans le Monde Contemporain*, 3 vols. Geneva: Librairie Droz, 1976),第三卷,頁166-186。

16 農民與政治

摘錄自發表於《農民研究期刊》(*Journal of Peasant Studies*, I (1), 1973)的一篇文章。該文轉載於《非凡小人物》(*Uncommon People*. London: Weidenfeld & Nicolson, 1998)第十一章,頁205-215。

17 政治中的農民與鄉間移民

本文發表於克勞迪歐・貝利斯(編著),《拉丁美洲的從眾政治》(Claudio Veliz [ed.], *The Politics of Conformity in Latin America*. London: Oxford University Press for the Royal Institute of International Affairs, 1967),頁43-65。

18 墨西哥的革命

摘錄自〈走向革命〉(Towards Revolution),《帝國的年代:1875–1914》第十二章(*The Age of Empire 1875–1914*. London: Weidenfeld & Nicolson, 1987),頁286-292。

19 古巴革命及其後果

摘錄自〈第三世界與革命〉(Third World and Revolution),《極端的年代:短暫的二十世紀,1914-1991》第十五章(*The Age of Extremes: The Short Twentieth Century, 1914–1991*. London: Michael Joseph, 1994),頁437-441。

20 一條硬漢:切・格瓦拉

《新社會》,1968年4月4日,回顧切・格瓦拉《古巴革命戰爭回憶錄》(Review of Che Guevara, *Reminiscences of the Cuban Revolutionary War*)。

21 拉丁美洲的游擊隊
發表於拉爾夫・米利班德與約翰・薩維爾（編著），《社會主義紀錄》（Ralph Miliband and John Saville [eds], *The Socialist Register 1970*. London: The Merlin Press, 1970），頁51-63。

22 拉丁美洲游擊隊：一項調查
評論文章，發表於科林・哈丁與克里斯多福・洛普（編著），《拉丁美洲書評》（Colin Harding and Christopher Roper [eds], *Latin American Review of Books*, 1, 1973），頁79-88。

23 美利堅帝國主義與拉丁美洲革命
評論文章，1971年3月25日發表於《紐約書評》（'Latin America as US Empire Cracks', *New York Review of Books*, 25 March 1971）。

24 成為革命分子的將軍們
摘錄自1969年11月20日《新社會》的一篇文章。

25 秘魯有何新鮮事
《紐約書評》，1970年5月21日。

26 秘魯：奇特的「革命」
《紐約書評》，1971年12月16日。

27 智利：元年
《紐約書評》，1971年9月23日。

28 智利的謀殺案
《新社會》，1973年9月20日。

29 殺氣騰騰的哥倫比亞
《紐約書評》，1986年11月20日。

30 拉丁美洲的民族主義和民族性
論文，發表於布達・埃特馬德、尚・巴圖、托瑪斯・大衛（編著），《國際經濟史與社會史：保羅・貝洛什紀念論文集》（Bouda Etemad, Jean Batou and Thomas

David (eds), *Pour une histoire* économique *et sociale internationale. Mélanges offerts à Paul Bairoch*. Geneva: Editions Passé-Présent, 1995），頁 313-323。

31　與拉丁美洲的四十年關係

摘錄自《趣味橫生的時光：我的二十世紀人生》第二十一章〈第三世界〉（*Interesting Times: A Twentieth-Century Life*. London: Allen Lane, 2002），頁 368-385。

左岸｜歷史317

革命萬歲

Viva la Revolución: Hobsbawm on Latin America

霍布斯邦論拉丁美洲

作　　者　艾瑞克・霍布斯邦　Eric Hobsbawm
編 選 者　萊斯利・貝瑟爾　Leslie Bethell
譯　　者　周全

總 編 輯　黃秀如
責任編輯　孫德齡
企畫行銷　蔡竣宇
校　　對　文雅
封面設計　日央設計
電腦排版　宸遠彩藝

社　　長　郭重興
發行人暨出版總監　曾大福
出　　版　左岸文化／遠足文化事業有限公司
發　　行　遠足文化事業股份有限公司
23141新北市新店區民權路108-2號9樓
電　　話　02-2218-1417
傳　　真　02-2218-8057
客服專線　0800-221-029
E-Mail　rivegauche2002@gmail.com.tw
左岸臉書　https://www.facebook.com/RiveGauchePublishingHouse/

法律顧問　華洋法律事務所 蘇文生律師
印　　刷　成陽印刷股份有限公司
初　　版　2021年2月
定　　價　620元
ISBN　978-986-99444-8-9

國家圖書館出版品預行編目資料

革命萬歲：霍布斯邦論拉丁美洲
艾瑞克・霍布斯邦(Eric Hobsbawm)著；周全譯.
-- 初版. -- 新北市：左岸文化出版：遠足文化事業有限公司發行, 2021.2
面；14×21公分. -- (左岸歷史；317)
譯自：Viva la Revolución: Hobsbawm on Latin America
ISBN 978-986-99444-8-9(平裝)

1. 區域研究　2.拉丁美洲

578.54　109017311